Mazowsze: Obraz Etnograficzny, Tom I

Oskar Kolberg, Wojciech Gerson

BIBLIOLIFE

MAZOWSZE.

OBRAZ ETNOGRAFICZNY

skreślił

OSKAR KOLBERG

Członek kor. Akademii umiejętności w Krakowie oraz Towarzystw naukowych
w Paryżu, Petersburgu, Lisbonie i muzycznego we Lwowie.

Z RYCINAMI PODŁUG RYSUNKÓW W. GERSONA.

TOM I.

MAZOWSZE POLNE.

CZĘŚĆ PIERWSZA.

Wydanie z zapomogi kasy pomocy dla osób pracujących
na polu naukowem imienia Dra Józefa Mianowskiego.

KRAKÓW.
DRUK WŁ. L. ANCZYCA I SPÓŁKI,
pod zarządem Jana Gadowskiego.
1885.

ZASŁUŻONEMU

BADACZOWI NA POLU ANTROPOLOGII

CZCIGODNEMU

Dr. Józefowi Majerowi

PREZESOWI AKADEMII UMIEJĘTNOŚCI W KRAKOWIE,

CZŁONKOWI WIELU TOWARZYSTW NAUKOWYCH i t. d.

CZŁONKOWI IZBY PANÓW I POSŁOWI NA SEJM KRAJOWY,

KAWALEROWI ORDERÓW,

pracę niniejszą poświęca

O. Kolberg.

Obszary ziem, na których osiadł lud mazowiecki były niejednokrotnie przedmiotem badań i opisów, mających na celu przedstawić historyę, przyrodę, geografiję, statystykę, handel, stosunki i urządzenia prawne i administracyjne tych prowincyj, tak w całości ich, jako i w pojedynczych częściach. W pośród prac tego rodzaju, górowały — jak to z natury rzeczy oraz większej źródeł obfitości i dostępności wypływało — monografije dotyczące stolicy tych ziem, Warszawy. Dzieła te, — których poczet podają *Encyklopedye* przy artykułach o Mazowszu, — mniej lub więcej szeroko i dokładnie rozwijając główny badań swych wątek, wcale nie dotykały etnografii, lub w nader tylko szczupłym podawały ją zakresie. I w ogóle, Ludem, w znaczeniu słowa etnograficznem, zajmowano się u nas bardzo mało. Ztąd też i wiadomości o nim, o jego zwyczajach i właściwościach, podawane były skąpo i pobieżnie; snać ani potrzebę takich sprawozdań uważano za naglącą, ani ich doniosłość powszechnie i dostatecznie została uznaną. Doniosłość tę atoli zrozumieli rychło i gruntownie Gołębiowski i Wójcicki. Niepożytą też położyli oni zasługę, jużto sami umiejętnie do dzieła przykładając rękę (przez wydawnictwa nader cennych swych materyałów, między któremi szczegóły o ludzie mazurskim niepoślednie zajmują miejsce), już też słowem i przykładem własnym zachęcając i zagrzewając nowo-zaciężnych pracowników do kroczenia po wskazanej i dobrze już przez nich utorowanej drodze; — wprawdzie mozolnej, lecz obiecującej, i w istocie też przynoszącej nadspodziewanie obfity plon naukowy, jak tego dowiodły powstałe za ich podnietą n. p. baśni zebrane przez Zmorskiego i Balińskiego, i znakomita K. Kozłowskiego monografija ludu zamieszkującego okolice Czerska.

Korzyści tak dla nauki widoczne, stały się i dla nas samych bodźcem do podjęcia prac podobnych. Więc już około r. 1840, czy też rokiem wcześniej, poczęliśmy zbierać pieśni i muzykę ludową w okolicach Warszawy. Wkrótce dostrzegliśmy ścisłą tych utworów z obrzędami, zwyczajami i całym bytem ludu łączność. Wzgląd ten nakazywał nam przy spisywaniu pieśni i ich melodyi, notować także i ich akcessorya (wedle ówczesnych naszych pojęć) t. j. uwydatniać całą sytuacyę, która je zrodziła, lub do działania powoływała. Powoli, w miarę rozrostu zbiorów i różnorodności nabywanych materyałów, siłą rzeczy parci, nadaliśmy wydawnictwom naszym kierunek i zakrój, jaki nam dyktowało doświadczenie i który im dotychczas przewodniczy. W roku 1840 atoli, w zaraniu prac naszych etnograficznych, wzgląd na muzykę ludową, jakeśmy to powiedzieli wyżej, przeważał i stanowił główne dociekań naszych podścielisko Wtedy to, wychylaliśmy się często za miasto w porze letniej, by świeżem, ożywczem na wsi odetchnąwszy powietrzem, zaczerpnąć też i świeżej melodyi z tryskającego tam bezustannie narodowej muzyki źródła. A znaleźli się (zwłaszcza gdy horyzont badań się rozszerzał) prawie zawsze do wędrówek naszych towarzysze, tymże samym ku rzeczom sielskim ożywieni duchem, przelewający dosadnie na papier dziarskie włościan typy i fizyognomije, lub kreślący z zamiłowaniem myśli i wyrażenia poetyczne tak szczodrze w tych pieśniach i tych przysłowiach rozrzucone. Taką to wędrówkę czterodniową z Warszawy do Czerska odbyliśmy w Zielone świątki r. 1841 w towarzystwie ś. p. Józefa Konopki, ś. p. Walentego Zakrzewskiego i ś. p. Emila Jenikiego. Takie też i w następnych latach, zwracając się w inne Warszawy i Pragi okolice, razem z T. Lenartowiczem, ś. p. Norwidem, ś. p. Ign. Komorowskim, jak niemniej z malarzami: W. Gersonem, ś. p. Karolem Markonim i ś. p. bratem mojim Antonim; — że już zamilczymy o wycieczkach w późniejszym dokonywanych czasie.

Pamięć tych miłych druhów i ich prac pomocniczych, jest nam dotychczas równie drogą, jak nią była ich przyjaźń i życzliwa w swojim czasie dla nas usługa. Wiąże też ona, niby złocista wstęga wspomnień, ideały lat młodzieńczych, dawno ubiegłych, z szarą obecnej chwili rzeczywistością, — więc błogo nam z nią i z niemi. Niektórzy z przezacnych tych towarzyszy zniknęli nam już z oczu, wielu innych dotknęła zimna i nieubłagana Śmierci kosa. Zanim tedy w nieuniknionej czasu kolei, spuści ona i na naszą posiwiałą głowę swe ostrze, niech nam jeszcze danem będzie, posłać żyjącym nasze przyjacielskie pozdrowienie a nieboszczykom, z tego tu padołu ostatnie słowa podzięki za ich trudy, wraz z pokorną do Pana Zastępów prośbą, aby im lekką uczynić raczył tę ziemię, którą za życia tak gorącem miłowali sercem!

O. K.

KRAJ.

Mazowsze obejmowało, podług dawnego podziału, za Rzeczypospolitej, województwa: Mazowieckie, Rawskie i Płockie, ciągnąc się nadto na północ aż po bagna i jeziora Prus książęcych, po za któremi osiadła Litwa. Jako księztwo istniało ono pod berłem jednej z młodszych linii Piastów od r. 1207 do 1526. W przeciągu tego czasu księztwo rozpadało się kilkakrotnie na mniejsze dzielnice, do których wchodziły chwilowo Kujawy, ziemia Dobrzyńska i ziemia Bełzka; spajało się znów następnie, skutkiem sukcessyj, w mniejsze lub większe kompleksa, pod lennem zawsze królów polskich zostające zwierzchnictwem; aż nakoniec w jedną spłynęło całość, którą Zygmunt I, po wygaśnięciu ostatniej mazowieckiej Piastowiczów linii, wcielił do Korony. Stolicą tej całości, a następnie (od r. 1596) i całej Polski była Warszawa. (Obacz Kozłowskiego: *Dzieje Mazowsza*, Warszawa 1858, i wydany przez księcia Tad. Lubomirskiego: *Kodeks dyplomatyczny księztwa Mazowieckiego*, Warsz. 1863).

Wedle podziału za Rzeczypospolitej, składały Mazowsze trzy województwa (obacz: *Starożytna Polska* Balińskiego i Lipińskiego) a mianowicie:

1. Województwo Płockie. Miasta i osady ważniejsze w niem były: Płock, Bielsk, Raciąż, Sierpc, Płońsk, Szreńsk, Niedzborz (Neidenburg), Mława, Bieżuń, Radzanów, Kuczbork, Lubowiz.

2. Województwo Rawskie, które się dzieliło na 3 ziemie mianowicie:

a) Ziemia Rawska. Miasta i osady w niej znaczniejsze: Rawa, Biała, Skierniewice, Jeżów, Łęgonice, Nowemiasto nad Pilicą, Mogielnica.

b) Ziemia Sochaczewska. Miasta i osady w niej znaczniejsze: Sochaczew, Łowicz, Arkadya, Nieborów, Bolimów, Miedniewice, Wiskitki, Jaktorów, Grodzisk, Mszczonów, Radziejowice.

c) Ziemia Gostyńska. Miasta i osady w niej: Gostynin, Gombin, Kutno, Iłów, Kiernozia.

3. Województwo Mazowieckie dzieliło się na 10 ziem, mianowicie:

a) Ziemia Czerska. Miasta i osady w niej: Czersk, Grojec, Warka, Góra-kalwarya, Goszczyn, Karczew, Osieck, Otwock, Garwolin, Siennica, Latowicz, Mińsk, Paryszew.

b) Ziemia Warszawska. Miasta i osady w niej: Warszawa, Ujazdów, Czerniaków, Wilanów, Wola, Marymont, Bielany, Raszyn, Piaseczno, Tarczyn, Błonie, Praga, Jabłonna, Nieporęt, Kobyłka, Radzymin, Okuniew, Stanisławów.

c) Ziemia Liwska. Miasta w niej: Liw, Dobre, Kałuszyn.

d) Ziemia Wyszogrodzka. Miasta i osady: Wyszogród Czerwińsk, Bodzanów, Orszymowo.

e) Ziemia Zakroczymska. Miasta i osady: Zakroczym, Serock, Nowemiasto nad Soną, Nasielsk, Modlin, Pułtusk.

f) Ziemia Ciechanowska. Miasta i osady: Ciechanów, Sochocin, Prasnysz, Rostkowo, Chorzele, Janów.

g) Ziemia Rożańska. Miasta i osady: Rożań, Maków, Sieluń.

h) Ziemia Nurska. Miasta i osady: Nur, Wyszków, Kamieńczyk, Ostrów, Brok, Andrzejów.

i) Ziemia Łomżyńska. Miasta i osady: Łomża, Kolno, Zambrów, Ostrołęka, Nowogród, Myszeniec.

k) Ziemia Wizka. Miasta w niej: Wizna, Wąsosz, Radziłów, Szczuczyn.

Ażeby w należytym porządku przedstawić właściwości etnologiczne kraju tak rozległego, który z tego samego już względu znaczne w charakterze i typie mieszkańców wykazywać musi różnice, podzieliliśmy bogaty materyał etnograficzny ztamtąd pozyskany na 4 części, wedle geograficznego ziem mazowieckich położenia, z których każda da obraz mniej lub więcej w szczegóły obfity, życia mieszkańców część tę zaludniających.

Części te są następujące:

1. M a z o w s z e p o l n e, t. j. kraj zachodni, mimo niemałych jeszcze obszarów leśnych, przeważnie rolniczy, szeroko po l e w e j stronie Wisły rozłożony. Zawiera ono części dawnych ziem: Warszawskiej i Czerskiej, ziemie: Sochaczewską, Rawską i Gostyńską, oraz część powiatu Brzezińskiego, niegdyś do województwa Łęczyckiego należącego, a później (od r. 1815) do obwodu Rawskiego w wojew. Mazowieckiem (gubernii Warszawskiej) przyłączonego.

2. M a z o w s z e l e ś n e, podlaskiem także zwane, (wschodnie) po p r a w e j stronie Wisły, a l e w e j Bugu położone, obejmujące części ziem: Warszawskiej i Czerskiej, ziemię Liwską, a nadto części województwa Podlaskiego z r. 1815 t. j. ziemię Łukowską, dawniej do

województwa Lubelskiego, i ziemię Stężycką dawniej do wojew. Sandomierskiego należącą.

3. Mazowsze stare, po prawej stronie Wisły, prawej Bugu i obu brzegach Narwi rozłożone; obejmujące w sobie byłe województwo Płockie i dawne ziemie: Wyszogrodzką, Zakroczymską, Ciechanowską, Rożańską, Nurską, Łomżyńską i Wizką, oraz części ziem Mielnickiej, Drohickiej, województwa Podlaskiego.

4. Mazowsze pruskie, obejmujące powiaty: Węgoborski, Janowski, Gołdapski, Lecki, Łęcki (Ełk), Margrabowski, Sęsborski, Szczytnicki i Niborski.

WARSZAWA.

Warszawa, miasto dziś tak ludne i do tak znacznych wzrosłe rozmiarów, starożytnością bynajmniej pochlubić się nie może. Mimo to, powstanie jej, stosunkowo dość późne, w legendowej już kryje się mgle podań. Ł. Gołębiowski (w *Kalendarzyku* politycznym na r. 1826, wydanym przez prof. J. Netto) powiada: „Ludów i miast początki, giną zwykle w głębokiej starożytności, są wątpliwe, baśniami upstrzone, i trudno jest wyrzec, kiedy powstały? I Warszawa podobnież, lubo nie sięga dawnością owych miast pierwotnych na polskiej ziemi wyrosłych: Gniezna Krakowa, Poznania i Kalisza, lubo późniejsza od nich, początek jej przecież ukryty i zawikłany. Ta, która później inne prześcignąć miała, nietylko w stosunku do potężniejszych miast kraju całego nikczemna i błaha, ale w prowincyi swej nawet, w Mazowszu, gdy Czersk, Sochaczew, Błonie, Wiskitki, Grodziec czyli Grojec, dziś pozbawione dawnego blasku słynęły, może wioską była zaledwie" [1].

Wspomnieć wszakże należy, jakie co do początków tego miasta, były zdania znakomitych pisarzy. Sarnicki (w opisaniu Polski) za założycieli jej podaje Awarów (!), szukając dowodu w samem brzmieniu wyrazów. Inni (a między nimi Albertrandy

---

[1] ,pisy Warszawy podali z dawniejszych autorów: Jarzemski, Schultz; z nowszych: Ł. Gołębiowski, F. M. Sobieszczański, Alex. Wejnert i inni. Obacz także opisy w *Encyklopedyach* Orgelbranda (większej i mniejszej) i Ungra, w *Starożytnej Polsce* M. Balińskiego, w *Przyjacielu ludu* (Leszno) z lat 1834, 1841 i 1843, gdzie są i Wspomnienia historyczne.

w *Pamiętniku warsz.* na r. 1809), opierając się na tém podaniu, że Kraków od Krakusa, a Kijów od Kija nazwany, szuka twórcy w jakimś Warszu, czy Warcisławie kasztelanie krakowskim i łączy bezzasadnie nazwę jej z Wrocławiem, co zbija znów J. S. Bandtkie. (Obacz także: *Atheneum*, Wilno 1851, tom 2, podanie o Warszu przez A. O.)

Sobieszczański twierdzi, że zawdzięczać ona może początek swój rodzinie czeskiej Werszowców, uszłej dobrowolnie czy też wygnanej z ojczyzny w XI czy XII wieku, z którego to źródła nazwę także przedmieścia Pragi, jak i wielu pobliskich miastu wiosek, wywodzi.

To pewna, że szczupła ta przedtém rybaków osada, wzrastając bezustannie, ściągnęła na siebie oczy książąt mazowieckich, którzy się z czasem przenieśli tu z Czerska. Przywilej Konrada I księcia mazowieckiego (obacz Paprockiego: *Herby*), datowany w Warszawie r. 1224, dozwala z prawa polskiego na teutońskie przenieść wioski: Ślepowrony, Drozdów, Wola, Strachowo. Tenże wspomina o Warszawie r. 1241, nadając Gotardowi synowi Łukasza herbu Radwan, wieś Służewo w nagrodę męztwa w bitwach przeciwko Jazygom okazanego. Albertrandy twierdzi, iż Bogufał, poznański biskup w dyplomacie 1252 r., udzielonym kościołowi parafijalnemu w Górze (Kalwaryi), nakazuje, aby dziesięcina zbożowa jak z innych włości tak i ze wsi Warszawy do tegoż kościoła oddawaną była. (Twierdzenie to prostuje jednak *Starożytna Polska*, I. 396, mówiąc, iż odnosi się to do wsi Warszawice za Wisłą naprzeciwko Czerska leżącej.) W r. 1339 już była Warszawa opasana murem, miała warownię, a w r. 1379 przez księcia Janusza za stolicę warszawskiej dzielnicy Mazowsza uznaną została. (Ob. *Bibliot. Warsz.* z marca 1870 r.: Ślady dawnych murów Starej Warszawy, p. Wilh. Kolberg.) Odtąd częste bywały tu sejmy i zjazdy. Most na Wiśle kazał zbudować Zygmunt August; most ten Jan Kochanowski uczcił rymem. Zygmunt III przeniósł do Warszawy rezydencyę swą z Krakowa w roku 1596, którą także zachowali i jego następcy, skutkiem czego miasto to stało się odtąd stolicą Polski.

Herbem Warszawy (a pierwotnie Starej-Warszawy) jest kobieta (dziewica) z rybim ogonem zamiast nóg, czyli Syrena. Godło to wskazuje na rybackie i żegludze oddane życie jej mieszkańców. Kobieta z rybim ogonem przypomina nadto myty wodne o pływających i tonących w nurtach rzek dziewicach, jak i o tonącej w Wiśle pod Krakowem Wandzie.

Warszawa leży na wyniesioném obszerném płasko-wzgórzu, z jednej strony ku rzece lekko się pochylającém, z drugiej, przeciwnej, wydłużającém się w rozległą równinę. Zajmuje obszar, złożony pierwiastkowo z różnych cząstek, które się z postępem czasu zespoliły w jedność. Najstarszą z nich było Stare-miasto, obok zamku książąt zbudowane i otoczone murem (ob. *Magazyn powszechny*, Warszawa 1837, str. 42: Rynek Starego-miasta, opisał K. W. Wójcicki. — *Biblioteka Warszawska* 1870, marzec: Ślady murów dawnych, przez Wilh. Kolberga).

Nowe-miasto zaczęto budować po przyłączeniu Mazowsza do Korony. Inne części były: Rybaki, Dunaj i przedmieścia, jak n. p. Krakowskie, Nowy-świat; dalej Leszno, Grzybów, Solec, i na prawym brzegu Wisły położona Praga, dziś wcielona do miasta, oddzielne przedtém miały one ratusze, herby i przywileje osobne. Jurydyki (szlacheckie) później również do miasta wcielone, były: Dziekanka, Bożydar, Kałęczyn, Ordynacka, Tamka, Sułkowska, Wielopole, Alexandrya, Bieliny, Gołubska, Oboźna, Skaryszew, Szymanowska, Maryensztad i t. d. Włączono w jego obszary także: Ujazdów, Łazienki i wiele ogrodów i folwarków. W północnej stronie, gdzie były Zdroje i Żoliborz (Joli-bord), zbudowano nowszemi czasy cytadellę. Po za rogatką Jerozolimską leżała niegdyś osada zamieszkana przez Żydów, którzy później do miasta na: Pociejów, Nalewki i t. d. się przenieśli (ob. *Bibliot. Warsz.* 1845, listopad: Wiadomość o *Nowej-Jerozolimie*, miasteczku niegdyś pod Warszawą, podał Tymot. Lipiński).

Jedną z najdawniejszych budowli jest niewątpliwie Zamek, początkowo drewniany, którego jedno skrzydło z muru wzniósł dopiero 1403—6 r. Jan książę mazowiecki. Główną część zbudował Zygmunt III i ukończył w roku 1622. Trzy ma wielkie skrzydła i dziedzińce ten przybytek monarchów. W sali marmurowej są portrety królów polskich. Przy zamku od strony Wisły na tarasie ogród, na śmiałych zawieszony arkadach. Przed Zamkiem, od Krakowskiego - przedmieścia, wznosi się kolumna ze śpiżowym posągiem króla Zygmunta III. Do Zamku należy i tak zwany pałac „pod blachą", w którym mieszkał książę Józef Poniatowski. Obok niego ciągnie się ku Wiśle wspaniały Zjazd do wielkiego mostu żelaznego, kratowego. Z Zamkiem połączony jest galeryą kościół katedralny czyli dawniejsza :

Kollegiata ś. Jana. Założony około r. 1250 przez książąt mazowieckich kościół, przekształcił książę Janusz r. 1390 na wspaniałą kollegiatę. W roku 1402 przeniesiono tu kanoników z Czerska i fundusz na 12tu obmyślono. Jest tu kaplica z figurą Pana Jezusa [1]), której w r. 1602 nie uszkodził wcale gwałtowny wicher, gdy sklepienie i wieżę powalił. W ołtarzu wielkim znakomity obraz N. Panny z Panem Jezusem i aniołami, pędzla słynnego P a l m a n u o v o, Wenecyanina. Spoczywają tu zwłoki Stanisława, Janusza i Anny, ostatnich książąt mazowieckich, jako i wielu innych znakomitych ludzi (ob. *Tygodnik illustr.* 1865, n. 285. — *Kościoły warsz.* p. J. Bartoszewicza).

Kościół po - Augustyjański (ś. Marcina) zbudowany został r. 1355 przez Ziemowita księcia mazowieckiego (na Rawie) dla Augustyjanów, sprowadzonych przezeń z Pragi czeskiej w roku

---

[1]) *Krzyż i Wojak*, legenda o krzyżu w katedrze warszawskiej ś. Jana, przez Jadwigę Łuszczewską (Deotymę). Improwizacyje i poezyje, poczet drugi. Warszawa 1858, str. 321. Treść:
Wojownik z grodu warszawskiego, gdy król nakazał iść na wroga chrześciaństwa, pociągnął na wojnę, lecz w pierwszej zaraz bitwie dostał się do niewoli. Nad Bosforem, basza rządzący dał jeńcowi nadzór nad końmi i pojić mu je kazał. Wojownik ujrzał, jak obok studni postawiono krzyz z wizerunkiem Zbawiciela; u tej Bożej-męki wiązali muzułmanie swe konie, zawieszali swe czapraki i siodła, z krzyża się naśmiewając. Oburzony tém chrześcijański wojownik, gdy nocą został przy studni samotny, ukląkł, a przeprosiwszy Boga i chcąc nadal uchromić krzyż od zniewagi, wyciągnął go z ziemi i w s t u d n i ę wpuścił, poczém sam uciekł i tułając się długo po obcych krajach,' wrócił po wielu latach do Warszawy, do swego dworku (w miejscu gdzie dziś kolumna Zygmunta). Wtém, jednego poranku, dają mu znać, że cud się stał na Wiśle i że środkiem rzeki p ł y n i e w stojącej postawie krzyż z wizerunkiem Zbawiciela. Spuszczono ku krzyżowi czółno z kapłanami, lecz czółno stanęło jak wryte; dopiero gdy weń wsiadł wojownik, ruszyło się ku krzyżowi; krzyż wtedy lekko się pochylił i s p a d ł lekko na ramiona wojownika, a ten poznał odrazu, że to jest t e n s a m k r z y ż, który on zanurzył przed laty do studni u Bosforu, a który snać przepłynął przez morskie głębie, czy też przez wodne żyły pod ziemią. (Ob. Przypisy).

1353. Pożar r. 1478 zniszczył go; jeden tylko obraz Matki Boskiej cudownej z wielkiego ołtarza ocalał. Tu były groby muzyków królewskich.

Kościół Panny Maryi, postawiony r. 1392, w r. 1411 na żądanie księżnej mazowieckiej Anny na parafijalny został przeznaczony.

PP. Sakramentki, kościół i klasztor fundacyi Maryi Kazimiry, żony Jana III. Są tu grobowce dwóch księżniczek z domu Sobieskich (*Pamiętnik relig. moral.*, 1853, t. 24 n. 1).

Kościół i klasztor po-Bernardyński, fundowała r. 1454 Anna księżna mazowiecka. Jarzemski w opisie Warszawy za Władysława IV powiada: „Ten kościół ma wiele ołtarzy cudownych, nad grobami powiewają świetne proporce, huczne w nim organy; tam dzwony biją we dwie oktawie tak ślicznie, jakem nigdzie nie słyszał, lubo bywałem w Warce, w Goszczynie, w Garwolinie, a nawet i w Czersku".

Kościół i klasztor po-Karmelicki (opieki ś. Józefa) na Krakowskiem przedmieściu, z kwesty i darów Radziejowskiego zbudowany. Tu w r. 1705 Karol XII i Stanisław Leszczyński podpisali umowę i zapewnienie wzajemnej pomocy.

Kościół i klasztor ks. Pijarów, poświęcony r. 1643. Ci mieli tu gimnazyjum. Dziś cerkiew katedralna obrządku greko-rossyjskiego. Pijarów przeniesiono do kollegium po-jezuickiego obok katedry.

PP. Wizytki, sprowadzone z Francyi w r. 1667 przez Maryję Ludwikę, żonę Władysława IV, mają kościół i klasztor. (*Pamięt. relig. moral.* 1856, tom 31).

Kościół ś. Krzyża. Przedtem stała tu kaplica i szpital z ogrodem pod tém godłem. Po sprowadzeniu z Francyi księży Missyjonarzy, królewicz Jakób Sobieski położył węgielny kamień w r. 1682 do dzisiejszej okazałej świątyni. Jest tu grobowiec kardynała Radziejowskiego, relikwije ś. Felicyssymy i t. d. Kościół dzieli się na górny i dolny; ten ostatni oparty na 30 kamiennych słupach.

Kościół ś. Jerzego przy ulicy Święto-jerskiej, najstarszy może co do budowy. Jest podanie, jakoby w r. 1133, kiedy to miejsce było puszczą, wystawiono kaplicę, poświęconą śś. Aniołom Stróżom, aby ci strzegli podróżnych od napaści. Wkrótce powstał w tém miejscu kościół i parafija ś. Jerzego. Od r. 1450 należał do kanoników regularnych. Dziś nie istnieje.

Inne kościoły, zwłaszcza dawniejsze, po supprymowanych zakonach pozostałe, jak: po-Jezuicki (z obrazem N. Panny Łaskawej), Paulinów, Dominikanów przy ulicy Freta (z obrazem Matki Boskiej słynącym cudami), Franciszkanów, Karmelitów na Lesznie (z obrazem Matki Boskiej c u d o w n y m), Reformatów, Kapucynów, Bazylijanów, Bonifratrów (ze szpitalem obłąkanych) i t. d. posiadają niemałą liczbę dzieł sztuki, jako i grobowców znakomitych ludzi, o których czytelnik znajdzie wzmiankę w szczegółowych opisach miasta i jego świątyń. (*Kościoły warsz.* p. Bartoszewicza.)

Jezuici mieli tu swe kollegium i dwa klasztory. Kollegium wystawione w r. 1725, nazwane było *Gymnasium Zaluscianum*, od Ludwika Załuskiego, biskupa płockiego, założyciela znanéj biblijoteki, przewiezionej w roku 1795 z pałacu Załuskich do Petersburga.

Kościół mały Ujazdowski, pierwotnie na Solcu przez Władysława Łokietka wystawiony, gdy wylewem Wisły zniszczał, w r. 1493 przez księżnę Annę przeniesiony został w miejsce gdzie dziś Belweder [1]).

Na Solcu zbudowano także kościół i klasztor Trynitarzy w r. 1693. August II oddał pod ich dozór założoną tu przez siebie Kalwaryję, inaczej Nową Jerozolimą czyli drogą Krzyża

---

[1]) Stanisław Herakliusz Lubomirski otrzymał r. 1683 wieś Jazdów (Ujazdów), niegdyś zameczek myśliwski książąt na Czersku. Mówią, że nie wierzył on w nieśmiertelność duszy, i gdy przeciwko temu artykułowi wiary pisał dyssertacyję w domku łowieckim (gdzie dziś Łazienki), ukazał mu się duch wieśniaka, który wyrzekł głośno, iż: Dusza jest nieśmiertelną. Odurzony tém zjawiskiem, padł bez zmysłów, lecz nazajutrz przyszedłszy do zmysłów, wyszedł z domu i biegnąc po gaju, doszedł do kościółka (gdzie dziś Belweder); tu ujrzał zwłoki owego wieśniaka złożone w trumnie, gdy poprzednio dał był wdowie po nim pozostałej sakwę złota na pogrzeb. Skruszony tem, podarł swój rękopis i założył klasztor Bernardynów, gdzie też i ciało jego pochowano, gdy zmarł 1702 r. Legendę tę opowiedziała wierszem Deotyma w *Tygodniku illustr.* Warszawa 1866, n. 328 pod tyt.: Potęga jałmużny.

· nazwaną (ztąd nazwa ulicy Jerozolimskiej). W ołtarzu wielkim statua Zbawiciela kosztowną okryta suknią, słynąca niegdyś cudami (jak mówi Sobieszczański).

Kościoły warszawskie w ogóle nie są tak starożytne jak krakowskie i innych miast dawnych Polski. Ztąd też mniej o nich krąży podań i legend niż o tamtych. Nie tak też suto jak w Krakowie bywają tu odprawiane processyje w dni uroczyste, lubo processyja w oktawę Bożego Ciała na Lesznie ściąga niemal całe miasto.

Z liczby nowszych świątyń wspomnimy tu tylko o kościele ewangielickim, wielkiej rotundzie w r. 1781 zbudowanej z kopułą (po wieży święto-krzyzkiego kościoła w mieście najwyższą, i z której widok na miasto i okolicę rozległy i wspaniały), o kościele ś. Karola Boromeusza, o kościele Wszystkich Świętych (na Grzybowie), o nowym kościele wyznania reformowanego, o kościele ś. Barbary na Koszykach i o nowej wielkiej synagodze.

Niemałą też Warszawa posiada liczbę szpitali i domów przytułku. Do największych należy szpital Dzieciątka Jezus, założony za Augusta III z prywatnych ofiar, zebranych przez ks. Baudoin; prócz niego starożytny szpital ś. Ducha, ewangielicki, ochronka ś. Kazimierza, dom dobroczynności, Żłobek, Zakład ś. Marty i t. d.

Teatr wielki i Rozmaitości wraz z salą koncertową mieszczą się w gmachu przebudowanym z dawnego Marywilu (Marieville), który był rodzajem bazaru [1]). W wydrążeniu kamienia węgielnego kaplicy Marywilskiej były relikwije i tablica srebrna z napisem, że „Maryja Kazimira, żona Sobieskiego, na pamiątkę zwycięztwa pod Wiedniem i na cześć Najświętszej Matki, której obraz Jan III miał zawsze przy sobie i której opieki wzywając, pokonał nieprzyjaciół, budowlę tę wystawiła r. 1696.“

Ratusz, naprzeciwko wielkiego teatru położony, po spaleniu w r. 1863 odbudowany został.

Ulica Krakowskie-przedmieście, Nowy-świat i inne, mają mnóstwo pałaców, po większej części po dawniejszych magna-

---

[1]) O teatrze warszawskim podali wiadomości M. Karasowski, K. Estreicher i inni. F. M. Sobieszczański pisał o cechach czyli zgromadzeniach rzemieślniczych, o żegludze parowej na Wiśle (hr. And. Zamojskiego) i t. d.

tach pozostałych; niektóre z nich uległy restauracyi. Do nich
należą: pałac Radziwiłłowski, później namiestnika królewskiego
(Zajączka), pałac Saski (dziś dwa domy z kolumnadą w pośrodku), przerobiony z rezydencyi Augusta III przy ogrodzie i placu
Saskim, pałac Brylowski, pałac dawniej obszerny i wspaniały
Kazanowskich (dziś dom Towarzystwa dobroczynności), pałace
Potockich i Uruskich, pałac Kazimierowski, później koszar ka-
deckich z obszernym placem i ogrodem; tu umieszczono później
Uniwersytet, biblijotekę i gabinety przyrodnicze. Dynasy (pałac
ks. de Nassau, dziś Uruskich), pałac na Tamce, na Ordynackiem
(od ordynatów, ks. na Ostrogu i Zasławiu), jakoby ufortyfikowany
zamek; dziś w nim instytut muzyczny [1]). Dwa pałace Krasińskich; przy jednym z nich (gdzie dziś sąd apelacyjny) ogród pu-
bliczny zwany Krasińskich. Pałac Zamojskich, Bank polski, pałac
b. komisyi skarbu, pałac Mostowskich czyli b. komisyi spraw
wewnętrznych, pałac Prymasowski czyli b. komisyi wojny, pałac
Towarzystwa kredytowego, pałac Kronenberga, pałac drogi żel.
warsz. wied., pałac Branickich (Frascati), pałac Ujazdowski, pałac
obserwatoryjum astronomicznego w ogrodzie botanicznym i t. d.

Od placu Trzech Krzyży, przy którym wznosi się kościół
ś. Aleksandra, rozpoczyna się długa aleja Ujazdowska, w wille,
piękne domy i ogrody bogata. Tędy odbywają się ulubione Warszawian przechadzki do Szwajcarskiej doliny, do ogrodu bota-
nicznego, do pałacu i ogrodu Belwederskiego, wreszcie idąc na
dół ku Wiśle, do wspaniałego parku: Łazienki, z pałacem
(zbudowanym przez Stanisława Augusta), amfiteatrem, pomarań-
czarnią, z licznemi innemi zabudowaniami. (*Księga świata* r. 1856,
str. 147, przez J. Bartoszewicza.) Nad Wisłą ciągnie się przedmieście zwane Solec, gdzie ostatniemi czasy wiele pobudo-
wano fabryk.

Z zakładów naukowych wymienimy tu: Uniwersytet, prze-
kształcony w r. 1865 (co do dawnego, obacz: *Przyjaciel ludu*,
Leszno, 1845, rok 11 n. 39, 41—46, rok 12 n. 5—14: *Obraz
histor. Uniw. Warsz.* przez J. J.) i kilka gimnazyjów, z których

---

[1]) W piwnicach tego gmachu i w głębiach pod niemi mają być
nieobliczone skarby, których pilnuje jakaś księżniczka w kaczkę
zaklęta (ob. Przypisy).

jedno mieści się w pałacu b. Towarzystwa przyjaciół nauk, przed
którym stoji pomnik Kopernika dłuta Thorwaldsena. Do zakładów dobroczynnych należą: Instytut oftalmiczny (ob. *Tygodnik
illustr.* r. 1865 n. 282), Instytut głuchoniemych (ob. *Pamiętnik
relig. moral.* Warszawa 1842, t. 1, str. 243, 335, 489. *Kalendarz
Ungra* na r. 1861 artykuł T. Dziekońskiego) i kilka innych.

Ł. Gołębiowski w dziele *Gry i zabawy* str. 119 pisze:
„W Warszawie za Stanisława Augusta, na Hollandyi, przy ulicy
Pańskiej, koło czerwonego wiatraka, był zwyczaj strzelania do
tarczy okrągłej białej z czarnym punktem we środku. Kto naj-
bliżej środka strzelił, ten wyższą odbierał wygraną, kto w sam
środek, wszystko. Składka według upodobania bywała; z początku strzelano o pieniądze, naczynie cynowe, później o gęś
karmną. Za Augusta III, król sam i znakomitsze osoby w Saskim ogrodzie, strzelały do tarczy *pro proemiis*". (I w nowszych
także czasach była strzelnica obok ogrodu Saskiego).

Na prawym brzegu Wisły, połączone z Warszawą dwoma
mostami, leży przedmieście P r a g a, stanowiące 12-ty cyrkuł
miasta. Niegdyś wieś, należąca do rodziny Praskich, została w r.
1648 miastem. Po klęsce, w r. 1794 doznanej, podniosło się
to przedmieście znacznie, osobliwie od czasu wybudowania trzech
dworców kolei żelaznych (petersburskiej, terespolskiej i nadwiślań-
skiej). Ma kościół parafijalny, cerkiew w roku 1867 zbudowaną
i obszerny park nad brzegiem Wisły. W północno - zachodniej
stronie powstała osada Nowa-Praga.

Kościół parafijalny mieścił przy sobie domek Loretański
z obrazem Matki Boskiej, r. 1642 ze składek królów, książąt
i magnatów wzniesiony przez ks. Bernardynów (podług Sobie-
szczańskiego) na Pradze, która wówczas była własnością biskupów kamienieckich. Co sobotu odbywały się do niego pielgrzymki
z Warszawy, osobliwie studentów ze szkół pijarskich i jezuickich
pod przewodnictwem profesorów. W porze zimowej, kiedy Wisła
stanęła, odbywał się uroczysty pochód przez rzekę z muzyką,
chorągwiami i światłem. Niekiedy zakłady naukowe, współzawodni-
czące zawsze między sobą, starały się w okazałości jeden drugiego prześcignąć, zkąd powstawały nieraz kłótnie i bójki na
lodzie. Ołtarz domku Loretańskiego z wizerunkiem Matki Boskiej stanowi też główną część herbu miasta Pragi, którego

drugą częścią jest herb Ogończyk (rysunek herbu podaje Wejnert w II. tomie *Starożytności*).

Przysłowia i zdania
dotyczące Warszawy.

Gazeta Warszawska z r. 1860 n. 137 podaje kilka przysłów tyczących się Warszawy, zebranych przez Tymoteusza Lipińskiego. A mianowicie:

1. Kraków pan, — Poznań (v. Lwów) ojciec
   Warszawa matka, — Lublin siostra
   każdemu Polakowi.

Tak mówi w kazaniu ksiądz Bratkowski na początku XVII wieku. Przysłowie to, co do Warszawy, tłumaczy Duńczewski w *Kalendarzu* na r. 1730: „Matka Warszawa, gdyż najwięcej tam matek".

Inne przysłowia i zdania, nieco dawniejsze, mieszkańców tyczące się, wyrobów wsławionych lub ulic, są następujące:

2. Lepsza wody szklanka
   niźli Warszawianka.

3. Warszawiak w pracy, a wilk u pługa,
   jednaka z nich posługa.

4. Warszawski trzewiczek,
   Toruński pierniczek,
   Gdańska wódeczka,
   Krakowska dzieweczka,

są u nas najsławniejsze, powiadali jeszcze w XVI wieku, co dowodzi, jakto już dawno słynie warszawskie obuwie.

5. Jak cię zwalę,
   to polecisz na Podwale.

6. Na Gołębiej ulicy
   mieszkają miłośnicy.
   Z Wierzbowej wieści dają,
   gdzie tańcują albo grają.

Przysłowie nowożytne, od czasu wychodzenia *Kuryera Warszawskiego* Dmuszewskiego, na tej ulicy mającego swą redakcyę.

7. Na Ciepłej mieszkasz, — nie masz się z czém chwalić,
Ciepła nie ciepła, — jak niema czém palić.

W jednym liście z XVI. wieku, szlachcic m a z o w i e c k i,
pisząc z Wilna do swego przyjaciela w Warszawie, powiada, że
znalazł wówczas na Litwie cztery dziwy, a mianowicie:

8. Wiele pościeli bez piór (m a t e r a c e),
   wiele trzewików bez skór (ł a p c i e, c h o d a k i),
   wiele miast bez murów (z d r z e w a),
   wiele panów bez gburów (p o d d a n y c h).

OKOLICE WARSZAWY.

Z prawego brzegu Wisły.

Kępa Saska (niegdyś **Kawcza i Kępą solecką** zwana) jest
naprzeciw Solca, na wybrzeżu prawém Wisły, przedzielona łachą
wiślaną od Pragi i mostem z nią połączona. W czasie wojny
z Karolem XII, kilka tysiący wojska saskiego miało tu swoje
stanowisko (Załuski, tom III, str. 278). August II częste tu dawał hulanki i jednemu ze swych pokojowców sute tu wyprawił
wesele. Teraz, w niedzielę, letnią zwłaszcza porą, udaje się mnóstwo ludu niższej warstwy miejskiej na Saską Kępę, gdzie urządzone są gospody i szynkownie z huśtawkami i karuzelami i spa-
cerujący raczą się chłodnikami, śmietaną lub piwem w folwar-
kach i ogródkach kolonistów. W pobliżu wsie G r o c h ó w,
G o c ł a w, pamiętne (podobnie jak i na północ od Pragi poło-
łożona wieś Białołęka) bitwą r. 1851.

Tarchomin z pięknym wiejskim domkiem, naprzeciwko
Młocin.

Jabłonna z pałacem i ogrodem przez Michała Poniatowskiego, arcybiskupa gnieznieńskiego, założonym; później własność księcia Józefa Poniatowskiego.

Nieporęt, wieś, o 3 mile od Pragi, własność dawniej Prażmowskich, ulubione niegdyś króla Jana Kaźmierza mieszkanie.

Z lewego brzegu Wisły.

Czerniaków, z kościołem i klasztorem Bernardynów w roku 1691 wystawionym przez Stanisława Lubomirskiego; tu spoczywają w dolnej krypcie poza wielkim ołtarzem w szklannej trumnie zwłoki ś. Bonifacego, ofiarowane w Rzymie miejsca tego właścicielowi w r. 1694. Do Czerniakowa wielka część mieszkańców Warszawy w maju odbywa przechadzki a (na trzydniówkę śś. Pankracy, Serwacy i Bonifacy) odprawia pobożne pielgrzymki, zwłaszcza na czas odpustu w dzień ś. Bonifacego (*Księga świata.* Warszawa, 1651, str. 10, opis przez Jul. Bartoszewicza).— Niektórzy ze zwiedzających używają osiadającego na szklannej trumnie potu z zaduchu, jako l e k a r s t w a n a b ó l o c z u, i oczy nim sobie pocierają.

Mokotów, wieś, a przy niej piękny ogród z pałacem i wielu domkami, dziś na villegiaturę urządzonémi, założony w r. 1775 przez Izabellę z Czartoryskich Lubomirską.

Królikarnia, piękny, niegdyś Tomatysa, później ks. Radziwiłłów pałacyk, ozdobnej architektury z kopułą, na wyniesieniu, z widokiem na Wilanów i Łazienki; ma staw i ogród z kwiaciarnią. Za Augusta II była tu hodowla królików. (Ob. *Bibioteka Warszawska,* 1852, marzec: Królikarnia z podania ustnego, napisał A. Waga).

Służew, wieś. W pobliżu leży:

Ursynów, dawniej **Roskosz,** dom (willa) i ogród naprzeciw bażantarni na wzgórku blisko Służewa, przez księżnę Lubomirską wystawiony, później w posiadaniu Julijana Ursyna Niemcewicza.

Gucin, pałacyk z ogrodem, w którym osoby, ceniące pamięć Staniaława hr. Potockiego (ministra oświecenia) mnóstwo drzew posadziły.

Wilanów, wieś, przedtém Milanowem zwana, z pałacem, r. 1677 przez króla Jana III. wzniesionym, niegdyś nad samą Wisłą, dziś nad jej odnogą czyli łachą leżącym. Drzewa pięknego ogrodu tutejszego sadzone ręką Jana III. Wiele téż pamiątek po tym królu, który tu zmarł r. 1696. Dziś jest własnością hr. Potockich i ma biblijotekę i galeryję obrazów. (Ob. *Album Willanowskie* wydania Orgelbranda, 1878). W pobliżu ogrody i pałace w Morysinie i Natolinie.

Raszyn, wieś, pamiętna bitwą r. 1809. (Ob. *Przyjaciel ludu*, Leszno, 1847, rok 14, n. 8: Wspomnienia wędrówek).

Falenty, wieś o 1½ mili od Warszawy, w pobliżu Raszyna, gniazdo niegdyś Falęckich. Stojący dotąd pałacyk zbudował około r. 1620 Opacki, podkomorzy warszawski. W roku 1787 posiadał wieś tę bankier warszawski, Piotr Tepper. (Ob. *Księga świata*. Warszawa, 1852, str. 145, opis Jul. Bartoszewicza).

Pruszków z pałacykiem i ogrodem. Stacyja drogi żelaznej.

Wola, wieś, na równinach której było miejsce elekcyjne czyli wyboru królów polskich. Tu był pałac i ogród starosty hr. Brühla, później przez Ponińskiego nabyty. Bywały tu odpusty na św. Stanisław. Słynie zaciętą bitwą w roku 1831, skutkiem czego nastąpiło poddanie Warszawy. Dziś tu cerkiew i cmentarz obrządku prawosławnego.

Czyste, ogród spacerowy, gdzie okazywano jasełka, puszczano balony i palono sztuczne ognie. Urządzoną także była strzelnica.

Górce, niezbyt od Woli oddalone, ma pałacyk i lasek, niegdyś do Tyszkiewicza należący.

Powązki, wieś z ogrodem i pałacykiem, niegdyś przez rymotwórców sławiona; dziś mało już śladów okazują tych ozdób, któremi je niegdyś wzbogaciła księżna Czartoryska. W pobliżu był tu w r. 1815—1830 obóz wojska polskiego.

Między tą wsią a miastem znajduje się założony w r. 1790 obszerny i znany cmentarz katolicki (ob. Wójcickiego: *Cmentarz Powązkowski*); dalej nieco leżą cmentarze innych wyznań, z których mianowicie ewangielicki odznacza się wzorowym porządkiem.

Marymont (Marie-mont), pałacyk, przez Maryję Kazimirę Sobieską wystawiony. August II. to miejsce lubił, a August III. tu myśliwskie stanowisko miewał. Później była tu szkoła rolnicza. Młyny tutejsze wyrabiały sławną niegdyś mąkę marymoncką. W pobliżu piękna Kaskada i ogród z mieszkaniami letniemi i stawem, zwany R u d a.

Bielany. Nad Wisłą, na górze zwanej Pólkową, pod którą zdrój i grota. Władysław IV. wzniósł r. 1639 w lasku kościół i, dopełniając uczynionych ślubów, postawił i domek przy nim, w którym sam przebywać lubił. Wkrótce za przykładem monarchy, osoby możniejsze zbudowały na Bielanach do 20 domków. Jan Kazimierz dokończył budowy klasztoru r. 1667. Michał Korybut téż to miejsce upodobał i serce swe w nim złożyć rozkazał. Dawniej w drugim tylko dniu Zielonych Świątek odwiedzały kobiety bielańską świątynię; zaraz potem ławki i podłogi myto; już teraz zwyczaj ten ustał. Na cmentarzu kościelnym pochowano w r. 1826 zwłoki Stanisława Staszyca.

Gazeta Codzienna (Warszawa 1853, n. 129, 132) powiada: „Na wzniosłym pagórku, którego stopy obmywa Wisła, a wierzchołek opina sosnowego lasu wianek, wznoszą się mury świątyni i klasztoru, za którémi już ciągnie się lasek aż do głównej drogi (a który przedłuża się wzdłuż Wisły ku Młocinom). Lasek ten nazwano B i e l a n y; w cichym zaś klasztorze mieszkają pustelnicy św. Romualda — Kameduli. D,wie drogi, jedna z Kaskady druga z Marymontu, prowadzą do Bielan. Druga jednak, tocząca się po piaszczystych wybrzeżach Wisły, urozmaicona pięknémi widokami, daleko jest dogodniejszą, krótszą i przyjemniejszą. Zbliżając się do celu wycieczki, napotyka się zdrój świeżej i zimnej wody (obmurowany w r. 1853); od samego zdroju pod górę prowadzi szeroka, wygodna droga przed kościół i klasztor Kamedułów, fundowany przez Władysława IV. i uposażony niegdyś wsiami Polkowem i Rudą, dziś 13 celek i domków zakonników obejmujący. Ustronie to słynie odpustami w drugi dzień Zielonych Świątek; w dzień ten, od czasu mianowicie Stanisława Augusta, podobnie jak krakowskie Bielany przez Krakowian, licznie aż po dziś dzień odwiedzane było przez mieszkańców stolicy".

(Obacz także: *Lud*. Ser. V, str. 31, 293). (*Dziennik Warszawski* z r. 1851, n. 68—70, opis Bielan i uroczystości w Zielone Świątki, wraz z legendą przez Sz.).

Młociny, wieś, pałac i ogród niegdyś Brühla, później Ponińskiego, miała starostwo. Położenie nad Wisłą zwabia tu niekiedy gości z Warszawy.

Ćwikowa Góra. O 3 mile od Warszawy, w lasach rządowych straży S i e r a k ó w (ku wsiom: Łomna i Kazuń) ciągnie się więcej jak na milę, wysokie wzgórze piaszczyste, podobne do długiego wału. Wał ten, ręką przyrody wysypany, nazywają Mazury Ć w i k o w ą - g ó r ą, bo tu przebywał zbójnik wielki Ć w i k, tak nazwany dla tego, że ludziom w ciało i w pięty zabijał ćwieki. Różne o nim prawią powiastki. Jednego, co na fuzyję przysiągł a nie dotrzymał przysięgi, miał on rozszarpać dzikiemi końmi.

Za wzgórzem wśród olszowego gaju, w nizinie i po łące, rozrzucone są gęsto wielkie kamienie granitowe; na samym czele leży głaz ogromny, a przy nim jakby przytulony, o dziesiątą część mniejszy kamień. Podanie mówi, że opodal, na miejscu, gdzie stoji stary krzyż drewniany, mieszkał w dworku ksiądz bardzo nabożny i świątobliwy. Chciał on murowany zbudować kościół, choćby z kamienia, na chwałę Panu Bogu. Z drugiej strony Ćwikowej-góry leżały właśnie w kupach kamienie, o których sprowadzenie począł się modlić gorąco. Na serdeczną modlitwę świętego człeka, kamienie ruszyły się same i przeszły przez górę Ćwikową; na przodzie toczył się ów wielki kamień, a mały tuż przy nim. Już było na świtaniu rannem, jak doszły do gaju i łąki; wtem im baba drogę zaszła, a kamienie jak stanęły na miejscu, tak leżą i leżeć będą do sądnego dnia (K. W. Wójcicki: *Album literackie* na r. 1848).

KRAJ DALSZY,

Z lewego brzegu Wisły.

Piaseczno, osada nad rzeką Jeziorną, była od r. 1492 miastem erygowanem przez Jana ks. Mazowieckiego i miała starostwo niegrodowe. Starożytny, murowany kościół tutejszy wzniesiony był w początkach XIV wieku.

Jeziorna, wieś nad rzeką Jeziorną, ma wielką fabrykę papieru, niegdyś bankową.

Jazgarzew v. **Jazgorzew**, wieś nad rzeką Jeziorną; z kościołem św. Wawrzeńca r. 1479 zbudowanym.

Góra Kalwaryja (o której wspomina i Krasicki w swej *Podróży po kraju)* nad Wisłą, o ćwierć mili od Czerska odległa. Tu na wzgórzu, które zwano Kalwaryją, wybudował w r. 1670 biskup Wierzbowski kościół św. Krzyża, który z początku ks. Filipinom, a później księżom świeckim Komunistom oddany, zupełnie zniszczał. Wierzbowski urządził stacyje i kaplice i miasto

Nową Jerozolimą przezwał. Prócz tego zbudowano tu klasztory dla Dominikanów na górze zwanej S y o n, dla Pijarów przy kościele B e t l e e m, a Bernardynów osadzono przy kościele Wniebowzięcia N. P. *Gazeta Codzienna* (Warszawa 1853, n. 211) powiada: „Tradycyja niesie, że statua św. Antoniego (dziś w ołtarzu kaplicy ks. Bernardynów w Górze Kalwaryi) w czasie wylewu Wisły wyrzuconą z wody została na Górę, przed dzisiejszym ogrodem ks. Bernardynów [1]). Inna tradycyja, co do wystawienia kościoła, mówi, że: „Gdy raz żydowi w podróży za handlem skradziono konie, a szukającego ich w gęstwinie napotkał zakonnik i wskazał mu miejsce, gdzie się znajdują jego konie, które téż znalazł; żyd ucieszony tém, chciał podziękować dobroczyńcy swemu i pobiegł do klasztoru, gdzie mu o. gwardyjan wszystkich przedstawił zakonników. Lecz żyd oświadczył, że żaden z nich nie był jego dobroczyńcą, ale wskazał na figurę św. Antoniego, mówiąc, że ta jest zupełnie do jego dobrodzieja podobną. Cudowny ten wypadek skłonił żyda do przyjęcia wiary Chrystusa, a dla świętego wybudowano kaplicę".

„Dawne trakty, prowadzące do Góry, odznaczają się mnogością pomników i figur świętych, ustawionych po drogach. Są one prawie wszystkie murowane z wyobrażeniem świętego we framudze, i z dawnémi, po większéj części już nieczytelnémi napisami. Początek ich odnieść należy do czasów erekcyi miasta Góry (w r. 1670), jak to styl budowy okazuje".

(Ob. *Biblioteka Warszawska* r. 1842, grudzień: Miasto Góra-Kalwaryją, opis historyczny, skreślił Tymot. Lipiński. — *Starożytna Polska* (Warszawa, 1844, str. 397. — *Gazeta Codzienna* 1853, n. 194—215: Wiadomość historyczno-statystyczna o m. Górze-Kalwaryi).

Czersk, jedno z najstarożytniejszych miast polskich (założone być miało już za czasów Lecha, a według innych dopiero przez Bolesława Chrobrego), dziś niewielka osada na wyniesieniu nad Wisłą. Było niegdyś stolicą ziemi Czerskiej, od któréj dawni książęta Mazowieccy tytułowali się także książętami na

---

[1]) Na jednym z dzwonów po-bernardyńskich czytamy: „Deum lando, populum convoco, demones fugo, nebula spargo, defunctos deploro, anno D-ni 1663".

Czersku. Są tu szczątki starożytnego zamku, z którego pozostały trzy baszty [1]).

Mikołaj z Czerska napisał *Kronikę mazowiecką* przy końcu XV wieku, której ułamki znajdują się w historyi *Monasterii Plocensis Ordinis s. Benedicti* Stanisława Szczygielskiego.

Opis Czerska przez Kornelego Kozłowskiego mieści się w dziele jego ojca: *Dzieje Mazowsza za panowania książąt*, Warszawa 1858. Obacz nadto:

Starożytna Polska (Warszawa 1844, str. 389). *Tygodnik illustr.* Warszawa, 1864 n. 231. — r. 1868 n. 2 i 5: Zamek Czerski. — *Kłosy*, Warszawa, 1871 n. 335: Wiosenna wycieczka w Czerskie, przez Edwarda Chłopickiego.

Księga ziemi Czerskiej (sądowa, Warszawa, 1879, str. V).

Sobików, wieś z kościołem św. Krzyża, istniejącym już r. 1437.

Chynów v. **Chinów**, wieś z kościołem ś. Trójcy, założonym r. 1434.

Pieczyska, wieś z kościołem Matki Boskiej, słynącej cudami. Dziewce jednej, która w święto Matki Boskiej Zielnej żęła, p r z y r ó s ł s i e r p do ręki, i odpadł dopiero po gorącej modlitwie w Pieczyskach. Niedaleko ztąd jest k a m i e ń [2]), na którym pokazują ślady stóp Matki Boskiej, gdy z kotkiem cho-

---

[1]) W księgach parafijalnych m. Czerska jest pod r. 1603 przy wizytacyi wzmianka, aby proboszcz pozbierać kazał włosy kobiece przywiązane do postronków od dzwonów i nie dopuszczał, aby na przyszłość dziewki warkocze swe wiązały do postronków tych dzwonów (Ad funes campanarum tam intra quam extra ecclesiam, puellarum crines non alligentur, et si qui alligati fuerint, abscindantur et in ignem conjiciantur. Wizytacyja kościoła paraf. w Czersku nad Wisłą r. 1603 z rozkazu Goślickiego, biskupa poznańskiego, w *Decreta Visitat*).

J. I. Kraszewski w *Ikonotheca polskiej* wspomina, iż: najstarszy u nas dzwon jest kollegiaty św. Piotra i Pawła w Czersku, w którym jednak data 1004 roku może być niedokładnie wyczytaną.— I tak też jest w istocie, gdyż data ta nosi r. 1664 (*Księga ziemi Czerskiej*, str. V).

[2]) *Księga ziemi Czerskiej* (Warszawa 1879, str. LXX) daje podobiznę tego kamienia granicznego, na którym zwykle wykuwano s t o p ę l u d z k ą, gdy go cechował sąd kmiecy (p o d k o w ę zaś, gdy sąd szlachecki). „Kamień ten graniczny (Markstein), znaj-

dziła po świecie (ob. Kornela Kozłowskiego: *Lud* w Czerskiem, Warszawa, 1867, str. 386).

Konary, wieś nad Wisłą, z kościołem ś. Trójcy, niegdyś dziedziczna biskupów Poznańskich.

W pobliskiej wsi **Magierowa Wola** ma być dół, którego zasypać ziemią wcale nie można, gdyż za każdym razem, skoro tego kto chce dokonać, **zapada się** na nowo. Kapłan bowiem, — gdy lud, zamiast w kościele w Konarach odprawiać modlitwę, rozgadywał się i lżył, — **miejsce to przeklął.**

Ostrołęka, wieś z kościołem starym, murowanym w r. 1429, którego akt erekcyi przez biskupa Poznańskiego przytacza autor *Księgi ziemi Czerskiej* (Warszawa 1879, str. XXII). Akt wspomina o potrzebie niesienia rychłej pociechy religijnej mieszkańcom z powodu częstych w tém miejscu (przy ujściu Pilicy do Wisły) wylewów, a ztąd przypadków i nieszczęść.

Pilica, wieś o milę od Warki odległa, dziś mająca kościół ewangielicki, niedaleko ujścia rzeki Pilicy, z pięknym parkiem i ogrodem, założonym przez ks. Maryję z Czartoryskich Würtembergską, dziś własność hr. Prozor'a. W parku jeden cypel nad parowem, dzielącym ten park od kościoła, zowie się **Łysa-Góra.** Dają się tu widzieć ślady zgliszcz pogańskich; dziś wzniesiono tu krzyż wysoki, panujący nad okolicą (ob. *Kłosy*, Warszawa 1871, n. 306).

Warka nad Pilicą, niegdyś stolica jednej dzielnicy mazowieckich Piastów, było jedném z najznaczniejszych w księztwie Czerskiem, a później Warszawskiem. Miało 7 kościołów; dochowały się parafijalny i po-franciszkański, spłonął zaś dominikań-ski, w których były groby kilku książąt Mazowieckich. Ucierpiało wielce od przechodu Szwedów, jak i od pożaru w r. 1650. Słynęło niegdyś z browarów, a piwo wareckie na całe rozchodziło się Mazowsze.

Wrociszew, wieś. Założenie parafii, wedle podań, sięga wojen krzyżowych. Rycerz, pan licznych włości tutejszej okolicy, dostawszy się w niewolę, zagnany w dalekie kraje, kiedy stracił

---

dujący się w parafii Pieczyska, samotny, położony wśród łąki i lasu wyciętego, jest przedmiotem czci z pobożnej miejscowej tradycyi wynikłej, złączonej z kultem obrazu N. P. Maryi w Pieczyskach".

nadzieję powrotu na łono rodziny, poślubił, że w razie wolności założy parafiją i wzniesie przybytek Panu. I stało się: Bóg rycerza z niewoli wybawił, wrócił on do kraju, założył parafiją, a na uposażenie duchowieństwa odciął część swoich gruntów od folwarku Palczew i nazwał Wrociszewem. W dzisiejszym kościele jest w wielkim ołtarzu obraz Matki Boskiej, który z Sokala sprowadził starosta rożański, Hipolit Michałowski (tu pochowany); jest też list jego własnoręczny w aktach kościoła z opisem, zkąd obraz pochodzi i jaki się stał cud przy jego sprowadzeniu (*Księga ziemi Czerskiej*, str. XXV).

Boglewice, wieś kościelna, dziedzictwo możnej niegdyś rodziny Boglewskich.

Promna, wieś kościelna, siedziba możnej niegdyś rodziny Biejkowskich.

Przybyszew, osada nad Pilicą, dawniej miasteczko. Mieszkańcy są rolnikami. Kościół śś. Piotra i Pawła. Podanie twierdzi, że kościół pierwotny był założony przez Piotra Pawła, Benedyktyna, niby-to brata ś. Wojciecha (brat ś. Wojciecha nazywał się Radzyn, towarzysz zaś apostoła, Benedykt). W Wyśmierzycach na prawym brzegu Pilicy jest kościół ś. Wojciecha, założony przez Arnolda, opata płockiego w 1378 r.

Mogielnica, miasteczko nad rzeką Mogielanką, przeważnie przez żydów zamieszkane. Należało wraz z pobliską wsią Otałąż do Cystersów Sulejowskich.

Goszczyn [1]), miasteczko, należące niegdyś do wsi Bątkowa, dawniej stolica starostwa niegrodowego, z kościołem ś. Michała. Mieszkańcy trudnią się rolnictwem, a dawniej wyrabiali słynne sita, któremi rozległy prowadzili handel.

Łęczeczyce, wieś kościelna. Jan Głowacz, starosta, założył tu parafiją w r. 1392.

---

[1]) *Encyklopedya mniejsza* Orgelbranda (Warszawa, 1873) powiada: G o s z c z, z sanskr. g o s h t h a, znaczącego zgromadzenie pokolenia i hurt na krowy u Indów, na równi z w i k, w e j t a (ojkos, vicus, wieś), mir, gród i inne, stanowi zakończenie wielu nazwisk miejscowych w Słowiańszczyźnie: Mała-goszcz, (Bydgoszcz), Wolo-goszcz (Wolgast), a szczególniej Redi-gost, brane fałszywie za nazwisko bożka, którym jest Retbra (Rudra) i od którego całe pokolenie Redarów bierze nazwisko.

Lewiczyn, wieś, miała już w XIV wieku kościół pod wezwaniem śś. Wojciecha i Marcina. Początek parafii podanie odnosi do zwycięstwa, otrzymanego na tém miejscu: wojsko na pamiątkę usypało górę i postawiło kościół. Ażeby dać środki dla naprawiania kościoła i budynków i sprawiewia aparatów, 12 kardynałów z kardynałem-biskupem Albano na czele, udzieliło sto dni odpuszczenia pokuty tym, którzy w uroczyste święta odwiedzą tę świątynię (tak opiewa dokument z r. 1499). Kościół odbudowano w r. 1608. Ma on cudowny obraz Matki Boskiej [1]).

Lipie z klasztorem po-karmelickim.

Jezioro v. Jeziorka, z kościołem Podniesienia ś. Krzyża. Dobra były własnością Benedyktynów.

Grojec dawniej **Grodziec,** miasto, niegdyś stolica starostwa niegrodowego, nad strugą Molnica zwaną. Przedtém zamożne i ludne, słynęło z wyrobu piwa i strun muzycznych. Miejsce urodzenia księdza Piotra Skargi (r. 1536) jezuity, kaznodziei i pisarza. Kościół parafijalny ś. Mikołaja na wzgórzu, obszerny, ma starożytną chrzcielnicę. (Obacz *Tygodnik illustr*. Warszawa, 1867, n. 381.

Drwalew, wieś kościelna, ma dzwon najstarszy w ziemi Czerskiej, bo z r. 1306.

---

[1]) Pierwsze łaski przy obrazie pojawiły się w czasach klęsk za panowania Jana Kazimierza, mianowicie poczynając od r. 1665. Szereg łask stwierdziły komisyje z r. 1678 i 1679 za rządów ks. Andrzeja Gołkowskiego, a za biskupstwa Stefana Wierzbowskiego, sławnego mistyka z czasów króla Jana III. Wśród otchłani nieszczęść, zarazy, ognia, wojen, pobożne serca zwracały się nieraz ku „wieżom czerwonym" kościoła Lewiczyńskiego. „Szalony człowiek (mówi kronika cudów pod r. 1721), aż do Poznania nago biegał, na cmentarzu w piasku zagrzebanym, nieraz znaleziony, po spowiedzi zeznał, jako od roku biegając tak bezrozumnie po świecie, dzwony tuteczne słyszałem, które echo na to tu miejsce święte przyprowadziło, to zkąd z łaski Boga zdrów na ciele i na duszy odchodzę, niech Bogu będzie chwała". Inne opowiadania, jak Anton. Zaborowskiego, oboźnego W. ks. L. z r. 1745, o przygodzie, jaka mu się zdarzyła w Boglewicach w roku 1702, odmiennego od poprzedniej charakterem, w sposób ciekawy maluje czasy i ludzi, niby ustęp z pamiętników Kitowicza (*Księga ziemi Czerskiej*, str. XXXIV).

Prażmów, wieś, gniazdo rodziny Prażmowskich, miał na wzgórzu nad łąkami kościół ś. Wita. Tryczowie, dwaj księża i ich synowiec, wydzielili z parafii prażmowskiej trzy wsie (ich własność): Pieczyska, Wolę Pieczyską i Barcice i utworzyli w Pieczyskach r. 1452 nową parafiją z kościołem pod wezwaniem Poczęcia N. Panny i ś. Maryi Magdaleny (obacz: Pieczyska).

Tarczyn, miasto od r. 1353 nad rzeką Tarczanką. Kościół tutejszy parafijalny ś. Mikołaja, wielokrotnie przebudowywany, jest jednym z najdawniejszych w ziemi mazowieckiej. (Obacz *Pamiętnik relig. moral.* Warszawa, 1852, tom 23, str. 358, przez W. H. Gawareckiego.)

Nadarzyn, osada, niegdyś miasteczko rolnicze. Starożytny kościół murowany.

Grodzisk v. Grodzisko, wyniesione do rzędu miast w roku 1522; ma pałac i ogród. Dziś jest tu stacyja drogi żelaznej. Miejsce urodzenia Grzegorza Knapskiego, autora słownika polsko-łacińskiego. (Obacz *Pamiętnik relig. moral.* Warszawa, 1854, tom 26, str. 225, p. W. H. Gawareckiego).

Błonie, miasteczko nad rzeczką Utratą, z kościołem, fundowanym około r. 1290 przez Konrada, księcia Mazowieckiego. Niegdyś stolica starostwa niegrodowego; miejsce urodzenia Mikołaja z Błonia, teologa, i Macieja z Błonia, lekarza nadwornego króla Aleksandra. — W pobliżu pod wsią Utratą znajdują się okopy, które lud szwedzkiemi nazywa (*Pamiętnik relig. moral.* 1848, tom 14, str. 457).

Rokitno, wieś kościelna. Wielki odpust na Matkę Boską Zielną, gdzie (jak powiada Gołębiowski), zgromadza się do 6000 pieszych i do 600 pojazdów i bryczek.

. **Radziejowice**, wieś, gniazdo głośnej w dziejach polskich rodziny Radziejowskich, z zamkiem dziś zrujnowanym i ogrodem, w którym podejmowano królów i królowe w r. 1637, 1642 i 1646. (Obacz: *Księga świata*, Warsz. 1859, część I, str. 83, opis p. Jul. Bartoszewicza). — (*Pamiętniki o dawnej Polsce*, tom 4).

Mszczonów, miasto nad strugą zwaną Obszesza, niegdyś ludne i handlowe, później podupadło zniszczone przez pożary, morową zarazę i wojny. Do starostwa mszczonowskiego, niegrodowego, należało miasto z wójtostwem i wieś Zator z wybranectwem. W okolicy mnóstwo znajdowało się drobnej sslachty, o której niekorzystnie wyraża się Święcicki. O milę ztąd wieś

Korabiewice, dalej Korabiewska Wola, Puszcza i Za-
klasztorne.

Ruda guzowska, osada i stacyja drogi żelaznej. Jest tu fabryka wyrobów chemicznych. W przyległej osadzie:

Żyrardów (tak zwanej od założyciela swego F. Girarda);
jest wielka fabryka płócien, która obecnie (w r. 1882—3) produkuje rocznie towaru za 6,000,000 rsr., a działalność jej i stosunki z każdym rozszerzają się rokiem.

Wiskitki, osada, dawniej (od r. 1595) miasto wśród lasów
i stolica starostwa niegrodowego, niegdyś ulubione miejsce książąt Mazowieckich, którzy się tu łowami zabawiali. Władysław
Jagiełło, wracając po zwycięztwie Grunwaldzkiem, bawił tu 4 dni
u siostry swojej Aleksandry, żony księcia Ziemowita, polująo na
ż u b r y i t u r y. Za Stanisława Augusta było w posiadaniu
Ogińskich.

Jaktórów, wieś nad rzeką Tuczno, wśród dawnej puszczy.
Mieszkańcy winni byli utrzymywać i żywić t u r ó w, które to zwierzę, mimo-to, wygasło tu około r. 1620.

Bolimów v. Bolemów nad rz. Rawką, założone przez Ziemowita, księcia Mazowieckiego około r. 1370, z kościołem farnym
ś. Anny. Niegdyś otaczały je rozległe lasy, siedliska rozlicznego
zwierza, a między innemi i t u r ó w. Dziś znacznemu lasy te uległy
zniszczeniu. Za miastem dwór drewniany z wieżą (ma nazwę
zamku) i ślady dawnych bruków. Podanie mówi, iż na przyległych łąkach istniało niegdyś miasto, które się dla grzechów
mieszkańców zapadło. Na piaszczystych wydmach są tak zwane
groby aryańskie (mogiłki, z których wydobywają urny).

Miedniewice, wieś nad Suchą-Strugą, z klasztorem księży
Reformatów, fundowanym r. 1676 przez starostę Grudzińskiego.
Słynie odpustami i cudownym obrazem Bogarodzicy, który się
objawił r. 1675 w stodole na sosze u kmiecia Jakóba Trojań-
czyka, i w r. 1757 ukoronowanym został. Ambroży Grabowski
podaje do pisma: *Biblioteka Warszawska* (z r. 1849, lipiec, str. 171)
wiadomość następującą: Ks. Koralewicz w dziele *Additament do
kronik Braci mniejszych ś. Franciszka* (Warsz. 1722 na str. 120)
takie zamieścił podanie: „W Miedniewicach na fundamenta klasztorne kamienie sprowadzając, znaleźli·ludzie niektóre mogiły
na niwach wsi Woli; więc gdy tamże głazy brali, doszli, że to
były dawnych wieków pogańskie groby i żale, bo w jednej takiej

mogile pod kamieniami, znaleziono jakieś z popiołami naczynie, mieczami starodawnemi obłożone, które rdza od dawności zepsowała; oprócz co u jednego nieco się dobrego znalazło żelaza, to odkupił JP. starosta Gołubski, a potem zakazał tych śmiertelnych ruchać mogił, przestrzegając odpoczynku umarłych". Tamże jest wzmianka o znalezionym kotle z starą monetą pod korzeniem wielkiej olszy w strudze wsi K o z ł o w i c e.

Szymanów, wieś, ma cukrownię i rafineryę cukru (pierwszą co do czasu w naszym kraju). Cukrownię ma także i pobliski G u z ó w.

Sochaczew, miasto nad rzeką Bzurą, jedno z najstarożytniejszych w Mazowszu. W początkach XIV wieku było stolicą udzielnego księztwa (jednej z dzielnic Mazowsza), a później starostwa grodowego. Tu Ziemowit starszy, książę Mazowiecki, w r. 1377 rozkazał spisać pierwotne zwyczajowe prawa mazowieckie i nadał im sankcyję. Był tu zamek na wyniesieniu, nad Bzurą, którego drobne tylko pozostały jeszcze szczątki. (Obacz *Pamiętnik relig. moral.* Warsz. 1848, tom 15, str. 111: Miasto i fundowany w roku 1245 klasztor księży Dominikanów, p. W. H. Gawareckiego) [1]).

Żelazowa Wola, wieś, miejsce urodzenia Fryderyka Szopena.

Kromnów, wieś nad Wisłą, naprzeciw Czerwińska. Legenda mówi, iż święty Jacek, chcąc pod Czerwińskiem przebyć Wisłę, gdy nie znalazł łodzi, p ł a s z c z swój r z u c i ł na wodę i po tym płaszczu przeszedł suchą nogą całą rzekę.

Łowicz, miasto nad rzeką Bzurą, którego nazwa ma pochodzić od łowów lub łowienia ryb (ma ono w herbie: pelikana), oddawna głośne jarmarkami na ś. Mateusz (21 września) w starém i nowem mieście naprzemian odbywanemi. W r. 1240 wieś Łowicz darowaną była arcybiskupom Gnieźnieńskim przez Konrada, księcia Mazowieckiego, na odpokutowanie grzechu za zabicie Jana Czapli, scholastyka płockiego, za co obrzucony był klą-

---

[1]) Bielski *(Kronika)* mówi: „Roku 1555 trafiło się było, że w Sochaczewie dziewka jedna, uboga ziemianka, we dni wielkanocne u Dominikanów Ciało Pańskie w usta wziąwszy ukraść chciała y potym dostawszy go (z ust), w chustkę schowała i do żydów przyniosła y im za pieniądze wydała. Co gdy się wynurzyło, była na gardle karana i kilku żydów spalono".

twą. Arcybiskup Gnieźnieński, Jarosław Skotnicki, wystawiwszy zamek (na pobliskiem błoniu, dziś zburzony) [1]), wyniósł je do rzędu miast r. 1356. Teraz miasto to z przedmieściem Bratkowice, porządnie zabudowane, zdobi szczególnie wspaniała kollegiata, fundowana r. 1100, w której spoczywają zwłoki 10 prymasów [2]). Prócz tego jest tu parę innych kościołów (dawniej z klasztorami było ich 11), gmach misyjonarski, ratusz, szkoła realna, kanonije i pałacyk z ogrodem po generale Klickim pozostały. (Obacz: *Pamiątki histor. Łowicza*, według W. H. Gawareckiego, Warszawa, 1844 (Orgelbrand). — *Athenaeum*, Wilno, 1845, tom 2, recenzyja Kraszewskiego.— *Przechadzka po Łowiczu* (Łowicz, u księgarza Oczykowskiego).

Arkadya, wieś o milę od Łowicza, nad brzegiem rzeki Skierniewki położona, niegdyś nędzna wioska zwana Łupia, na płaszczyźnie piaszczystej rozrzucona, w r. 1777 przez ks. Michała Radziwiłła od arcybiskupa Ostrowskiego nabyta, dziś we wspaniały przeistoczona ogród. Helena z Przeździeckich ks. Radziwiłłowa postanowiła z tak opuszczonego z natury zakąta, zrobić ułomek owej greckiej krainy, tak opiewanej przez poetów dla piękności położeń, żywości pastwisk i szczęścia mieszkańców, i zamiar ten choć w części z wielkim kosztem doprowadziła do skutku. Ogród zdobią budowle w stylu klasycznym ówczesnej mody wzniesione. Domek wiejski, świątynia Dyanny lub przyjaźni, grota pustelnika, cyrk rzymski, amfiteatr (robiony z rudy żelaznej, kopanej w okolicach Łowicza), wreszcie wyspa, grobowiec z piaskowca i t. d., zdobiące te miejsca, każą podziwiać wytrwałość i hojność twórczyni. (Klementyna z Tańskich Hoffmanowa opisała to obszernie w *Rozrywkach*, a następnie powtórzył *Przyjaciel ludu*, Leszno, 1836, rok 3, n. 5).

---

[1]) Ad. Am. Kosiński (przy opisie miast i wsi) pisze, że w ruinach zamku łowickiego przeszkadzało, to jest: pokutował kanonik katedralny bez krzyża na piersiach.

[2]) Kardynał Lippoman zwołał r. 1556 synod w Łowiczu, który uwięził Luterankę stanu szlacheckiego, ubogą Dorotę Łążecką i kilku żydów, oskarzonych o to, że kłuli hostyją, którą im taż Łążecka wydać miała potajemnie, a z której butelka krwi naciekła. Skutkiem wyroku tego synodu, zbór Łążecką spalił, a żydów kazano wrzącą smołą po karkach polewać, aż w mękach pomarli (Berwiński: *Studya*, II, 162.— *Lud*, Ser. IX, str. 9).

Nieborów, wieś z pałacem, w XIV wieku należąca do Nie-
mierzów, a od roku 1774 do ks. Radziwiłłów. Koło pałacu jest
ogród w staroświeckim francuskim i włoskim guście założony.
Ulice proste, szpalery obcinane pod liniją. Przy wejściu do ogrodu dwa piękne kamienne stoły, wyrobione z krajowego granitu.
Słynna tu była pomarańczarnia (dziś w Łazienkach w Warszawie). W oranżeryi mnóstwo jest rzadkich roślin. Biblioteka i ga-
lerya obrazów sprzedana do Paryża. Piękna, wysadzana drzewami
droga prowadzi ztąd do sąsiedniej wsi Arkadyi.

Skierniewice; miasto to nad Skierniewką, od r. 1468 było
własnością arcybiskupów Gnieźnieńskich, i miało rezydencyję,
w której często przesiadywali osobliwie prymasi Łubieński
i Ostrowski. Dziś należą one do księztwa Łowickiego, mają pałac
i ogród cesarski i piękny dworzec kolei żelaznej. (Obacz: *Księga
świata*, Warszawa, 1859, cz. II, str. 45, 117, opis J. Bartoszewicza).

Rawa nad rzeką Rawką, niegdyś stolica jednej z dzielnic
księztwa Mazowieckiego; miała warowny zamek, później na wię-
zienie przerobiony. Ostatnim księciem rawskim był Władysław,
syn Janusza Starszego (Warszawskiego), zmarły bezpotomnie
roku 1461, poczém przeszło księztwo to do Korony, i utworzono
z niego województwo rawskie. Z 5ciu kościołów obecnie w dwóch
tylko odprawia się nabożeństwo; najcelniejszym jest po-jezuicki.
Na północ miasta o 1½ mili, leży wieś S t a r a - R a w a. (Obacz:
Magazyn powszechny, Warsz. 1840, str. 82, p. W. H. Gawareckiego. — *Starożytna Polska* (Warsz. 1844). — (*Przyjaciel ludu*,
Leszno 1845, rok 11, n. 39. Zamek w Rawie, p. W. H. Gawareckiego).

Biała, dawniej (od r. 1521) miasto nad rzeką Białką, dziś
osada, należąca do gminy Maryjanów. Święcicki nader niekorzystnie wyraża się o jej mieszkańcach.

Nowe-miasto nad Pilicą, miasteczko z klasztorem Kapucynów. Pałac z ogrodem hr. Małachowskich.

Łęgonice, wieś nad Pilicą, własność niegdyś kapituły gnie-
znieńskiej. Tu Jan Kazimierz zawarł ugodę z wojskami Lubomirskiego r. 1667.

Inowłódz, osada nad Pilicą, ma zwaliska murów i zamku,
zbudowanego przez Kazimierza W., w którym królowa Bona
przebywać lubiła. Kościół ś. Michała i drugi kościółek ś. Idziego

na górze, wystawiony r. 1082 przez króla Władysława Hermana. Jest tu kopalnia kamienia wapiennego i wody żelazne, opuszczone. Dziś mieszkańcy trudnią się rolnictwem, rybołówstwem i spławem drzewa *(Pamiętnik relig. moral.* Warsz. 1849, tom 16, str. 522, Inowódz, stary kościółek ś. Idziego, nowy kościół ś. Michała i kaplica Matki Boskiej w puszczy Giełzowskiej, przez ks. Karola Jasieńskiego). Obraz Matki Boskiej, objawionej cudownie, z Giełzowa (w gubern. Radoms.), gdzie przy pożarze kaplicy jej pozostał nietkniętym, przeniesiono do kościółka ś. Idziego, a następnie do kościoła ś. Michała.

Lubochnia, wieś z kościołem, w którym obraz cudowny Matki Boskiej. Czasopismo *Kronika* (Warsz. 1858, n. 230) taką w liście zamieszcza legendę o źródle wśród łąk tej wsi. Gdy nad wsią i okolicą, tak wielka raz panowała posucha, że ludzie i bydło i cała natura obumierała z pragnienia choć kropelki rosy lub dżdży, ojciec jeden wybiegł zaczerpnąć dla chorej dzieciny wody u stoku, lecz mimo trzykrotnego zanurzenia wiadra, ani kropelki wydostać nie mógł, — biegnie on do chaty, porywa krzyżyk ze ściany, całuje go i zanurza, modląc się:

> Boże! zanurzam Cię w głąb cembrzyny,
> Panie! swemi ramiony wydobądź wody z głębiny!

Wówczas wytrysnęła woda, która do dziś dnia płynie i leczy chorych; w głębi zaś źródełka, gdy kto w nie spojrzy, błyszczy światełko z tego krzyża. Zdrój zowią B o ż ą M ę k ą.

Pod bliską wsią M a ł e c z (do dóbr Tomaszowa należącą), stoją w przyległym lesie szczątki modrzewiowego kościółka, w pośrodku których wyrosła r ó ż a. Kwiat ten wyrósł (jak lud twierdzi) z w o n i modlitw dawnych gorących i kadzideł kościelnych. Strzegą tych ruin dwa posągi z piaskowca.

Tomaszów, miasto nad rzeką Wolborką, założone przez Tomasza Ostrowskiego, prezesa senatu, wyniesione zostało roku 1818 do rzędu miast staraniem jego syna, Antoniego Ostrowskiego, który tu liczne założył fabryki, głównie sukna i żelaza.

Pośród wielu gmachów przemysłowych wznosi się pałac Ostrowskich i kościół w r. 1863 zbudowany.

Ujazd, osada, dawniej miasteczko, po pożarze r. 1613 odbudowane przez Piotra Tłoka, miecznika Łęczyckiego. Kościół z grobowcem prymasa Olszowskiego.

Będków, osada, dawniej miasto, ma piękny kościół gotycki i ruiny rozpoczętej a niedokończonej budowy giełdy.

Brzeziny, miasto powiatowe (niegdyś należało do województwa Łęczyckiego, nad rz. Mrożycą, z przedmieściami: Szydłowiec i Lasocin siedliskiem fabrykantów Niemców), dawniejsza siedziba rodziny Lasockich, których zamek wznosił się w miejscu, gdzie dziś kościół ś. Ducha, i łączył się podziemnemi drogami z dworem na Kałowiznie; wśród nich miały być schadzki Aryanów, czy też klasztorek, mieszkanie jakiegoś inkluza lub inkluzki. Tuż obok kościoła parafijalnego jest źródło zdrowej i ozdrawiającej wody, a przy niem figura ś. Jana Nepomucena. Kościołek ś. Anny posiada dzwon z r. 1123. — Słynęły niegdyś brzezińskie piwa. (Obacz *Pamiętnik relig. moral.* Warsz. 1851, tom 20, str. 1, 93, 189, p. ks. A. Szeleckiego).

Jeżew, miasteczko, miało klasztor Benedyktynów.

Stryków, osada starożytna nad rz. Moszczenicą, niegdyś miasteczko znaczne, dziedzictwo Łaskich. Miejsce urodzenia historyka Macieja Stryjkowskiego.

Główno, osada z ludnością rolniczą, niegdyś miasteczko.

Bielawy, osada nad rz. Mrogą (dawniej w ziemi Łęczyckiej), z murowanym kościołem farnym. Głównym mieszkańców przemysłem był w XVI i XVII wieku wyrób piwa.

Piątek, osada nad rz. Moszczenicą, w ziemi Łęczyckiej. Należało do dóbr stołowych arcybiskupów gnieźnieńskich. Jagiełło potwierdził przywileje jego w roku 1429. Słynęło wyrobem piwa.

Sobota, osada o milę od Łowicza, nad rz. Bzurą, dawniej (od r. 1451) miasteczko w ziemi Łęczyckiej rodziny Sobockich. Mieszkańcy trudnią się rolą i drobnemi rzemiosłami.

Orłów przy ujściu Ochni do Bzury, wieś, niegdyś miasteczko w województwie Łęczyckiem.

Kutno nad rz. Ochnią, miał założyć, przybywszy z Czech do Polski, w r. 997 Piotr z Kutna, na pamiątkę swej majętności w Czechach. Jego potomkowie przybrali nazwę Kucińskich. Miasto miało wiele swobód i jarmarków. Kościół św. Wawrzeńca. Dotknął je mocno pożar w r. 1753.

Gostynin (Gostynia), miasto nad rzeką Skrwą, w XIII wieku należało do dzielnicy książąt Kujawskich, a następnie do książąt Mazowieckich, częstokroć przemieszkujących na tutejszym zamku, który odebrał Krzyżakom r. 1286 książe Konrad. W zamku tym osadzono w r. 1611 jeńców wojennych, trzech braci Szujskich, z których dwóch tutaj zmarło. Zamek istniał do końca XVIII wieku.

Gombin v. Gąbin (Gambijn), miasto obdarzone prawem niemieckiem przez Ziemowita, księcia na Rawie, przywilejem danym w Sanikach r. 1437. Zniszczył je pożar r. 1545 i Szwedzi w r. 1656.

Słubice, wieś z pałacem i ogrodem, niegdyś Mikorskich.

Iłów. Król Aleksander przywilejem r. 1506 pozwala synom Radzanowskiego, stolnika płockiego, zamienić wieś ich Gylów na miasto, t. j. przenosi ją z prawa polskiego na niemieckie.

Kiernozia. Gminne podanie niesie, iż przed wieki polując w tutejszych kniejach jakiś książe, zabić miał ogromnej wielkości dzika (kiernoza) i ztąd powstała nazwa miasta. Przywileje jego (dla starostów Łączyńskich) odnowił w r. 1784 Stanisław August. Z obszernego rynku wnosić można, iż drewniane miasteczko było niegdyś nierównie ludniejsze i rozleglejsze; a że każdy rynkowy dom miał wyniosły murowany fronton, przyznano przeto miejscu temu w żartobliwym sposobie jedyny w całym kraju zaszczyt że: w niém przed każdym domem stoji kościół murowany, — co nawet w przysłowie weszło:

W Kiernozi —
przed każdym domem kościół Boży.

L U D

3*

LUD.

~~~~~~

Mazury, szeroko rozsiedleni po obu brzegach Wisły (u środkowego jej biegu), Narwi i dolnego Bugu, liczne na Podlasiu i Rusi mający osady, stanowią jedno z najwybitniejszych i najdzielniejszych plemion polskiego narodu. Początek ich nazwy rozmaicie bywa tłumaczony [1]. To pewna, że nazwa ta, w pojęciach ogólnych innych dzielnic Polski, oznacza — odnośnie do ludu — człowieka silnéj budowy, barczystego, odważnego i rześkiego, ale zarazem nieco ograniczonego umysłowo, nieokrzesanego i hałaśliwego w obejściu towarzyskiem.

Zdania takie lub tém podobne napotykamy w relacyach wielu dawniejszych autorów, z których tu kilka przytaczamy wyjątków.

Ł. Gołębiowski w dziele: *Lud polski* (Warszawa 1830, str. 59) mówi: „Mazury oddzielną składały prowincyją; cenieni

---

[1] Autor artykułu w *Encyklopedyi mniejszej* Orgelbranda (Warszawa, 1874) powiada: „Mazury, plemię słowiańskie, pod nazwą Manimi (Tacyt, Germ. c. 43) i Omani (Ptolomeusz II) liczeni w starożytności do Ligijów, a przez Nestora pod nazwą Mazowszan do Lachów, nazwę swą wzięli od mas (manuça, mensch, mas-culinus), człowiek. Naruszewicz, Maciejowski i Lelewel błędnie (?) wywodzą imię Mazurów od Massa-getów, Mosbach i Kętrzyński od mazuras (litews. „krępy‟), Chodakowski od wsi Mazowsze w Lipnowskiem‟.

Sądzimy, iż wywód od źródłosłowu mas, na lingwistycznych jedynie oparty dociekaniach, nie wykluczałby bynajmniej pochodzenia od Massagetów, ale owszem stwierdzałby je; lubo i lud Mezów nasuwa się tu także do porównania.

byli, czego dowodem przysłowie (znane już Rysińskiemu), cztery najlepsze rzeczy wyliczające:

Koń Turek, — chłop Mazurek,
czapka magierka (krakowska), — szabla węgierka.

„Nazywano ich jeszcze prawowierne Mazury [1]). Spotykała ich wszakże i nagana; tak mówiono: „ślepy Mazur od ciemnej gwiazdy“, — a nawet kiedy powiadano „mądre Mazury“, to w szyderskim sposobie, że innych oszukać umieją [2]). Inni utrzymują o Mazurach, że po urodzeniu, jak szczenięta, do 9 dni nie widzą („ślepy Mazur“) [3]). Zarzucano im także i ich ubóstwo [4]).

O Mazurach Święcicki w dziele swojém: *Topographa Mazoviae* tak się wyraża: „Lud wiejski hoży, wesoły, odważny i bitny, w rozrywkach swych dźwiękiem jednostrunnego (?) instrumentu

---

[1]) Obacz: *Colloquium charitativum* albo: „Rozmowa braterska Polaka reformata (protestanta) z Mazurem starym katolikiem“, przez X. Alb. Sikrańskiego, plebana Swinołożęckiego; w Krakowie u Cezarego r. 1652, in 4to.

[2]) Stanisław książę Jabłonowski, objaśniając (r. 1740) to przysłowie, mówi: „I Mazurek w końcu, kiedy się przetrze, przyznać, że dobry bywa żołnierz i prócz tego do wszystkiego są Mazurowie sposobni. Żartują z nich insze nasze województwa i powiadają, że się ślepi rodzą. Ale ja i z relacyi starych i z własnego doznałem przekonania, że gdy ślepy Mazur przejrzy, głębiej patrzy podczas, niż Włoch albo Hiszpan. Powiadają i to o Mazurach, że gdy go oddadzą do dworu, to pierwszego roku wszyscy drwią z niego, drugiego roku on drwi z drugich, a trzeciego i z samego pana. Co zaś do żołnierstwa, naturalne mają serce, i ran i śmierci lekceważenie, bo się sami między sobą jak psy biją. Zły jarmark, kiedy tylko pięciu zabiją. Co zaś ran i owych „pęknij-no mię!“ — to jest jak chléb z masłem. Ja ci to piszę (mówi w końcu Jabłonowski) na Rusi zrodzony, ale sobie mam za honor, żem purissimus Mazowita z przodków moich, na granicy płockiej i ziemie Ciechanowskiej, kędy Jabłonów“.

[3]) Według Grajnerta (Studya nad podaniami, *Biblioteka Warsz.* 1859, lipiec, str. 99), wyrażenie ślepoty Mazura powstało za czasów Władysława Hermana, kiedy Mazowsze trwało jeszcze w bałwochwalstwie. Urodzonych w bałwochwalstwie do czasu przyjęcia chrztu świętego, kroniki także ś l e p y m i zowią. Wyrażenie to i po dziś dzień słyszeć się daje: ślepy Mazur od ciemnej gwiazdy.

[4]) Obacz pieśni o nich: *Lud.* Serya V n. 371.—Ser. XII n. 516.

lub trąby (ligawki?) zabawia się. Strzelbę na odpusty i jarmarki każdy z sobą nosi; ztąd wiele kalectw i zabójstw się zdarzyło".

Wiadomości tu podane przez Gołębiowskiego, do których dołączono kilka słów o tańcach, mowie i ubiorze mazowieckim, nazbyt są ogółowe, gdyż zapatrują się jednakowo na wszystkich Mazurów z tej i tamtej strony Wisły, Bugu i Narwi mieszkających, zbyt téż krótkie, aby jasne o właściwościach pojedyńczych tego plemienia odrośli dać mogły wyobrażenie. Tem bardziej, gdy maluje on ludzi dawniejszych a nie dzisiejszych; lud bowiem, lubo istotnie zachowawczy w utrzymaniu wielu cech po ojcach odziedziczonych, przepomniał niektóre i odstępuje od nich stopniowo, a zwłaszcza w tem, co się bytu fizycznego dotyczy, ulegając równie jak i stany wyższe, acz mniéj szybko i stanowczo, wpływom czasu, mody i różnych innych okoliczności. Że mamy tu głównie na uwadze Mazurów w ścieśnionym obszarze po lewej stronie Wisły osiadłych, do których oczywiście słowa Gołębiowskiego w części tylko zastosować się dadzą, więc dorzucić nam tu wypada spostrzeżenia bardziéj szczegółowe, jakie o ludzie tym posłyszéć i zebrać nam się udało [1]).

Otóż o Mazurze, na tym obszarze mieszkającym, powiedzieć można, iż ma on w ogóle oblicze pogodne, oko wesołe i przenikliwe, przytomność umysłu i bystrość w odpowiedziach niemałą; duch także religijny nieskażony. Niemal wszędzie jeszcze pozdrowi cię też kmiotek „pochwalonym", co rzadko już usłyszysz w dalszych ku zachodowi. okolicach miast fabrycznych, a rzadziej jeszcze w samej Warszawie, lubo ludność jej za nie-religijną bynajmniej uważaną być nie może.

Wzrost Mazura wysokim nazwać wypada; w okolicach Warszawy wynosi on częstokroć 170 do 180 cm. Barwa oczu siwa lub piwna, barwa włosów zwykle blond w rozmaitych odcieniach, chociaż trafiają się niezbyt rzadko szatyni, a nawet i bruneci. Włos u dzieci zawsze prawie jasno-blond, ciemnieje z postępem czasu. Brodę i faworyty mężczyźni starannie golą; wąsy podstrzygują, zostawiając atoli niekiedy maleńki pasek włosów pod

---

[1]) Pisali między innymi także o Mazurach i Mazowszu: W. A. Maciejowski (*Tygodnik Literacki*. Poznań, 1840, nr. 9.) — Jul. Bartoszewicz (*Kalendarz* J. Ungra, Warszawa, 1865, str. 97). (Obacz Przypisy).

nosem. Dziewczęta splatają włos we dwa wstęgami strojne warkocze, które po rozpuszczeniu ich w czasie wesela, bywają niekiedy obcinane po szyję, a częściéj w jeden warkocz ujęte i zakryte czepcem.

Kornel Kozłowski (w dziele swém: *Lud* w Czerskiem, 1867) powiada: „Włosy na głowie chłopi noszą dość długie, z tyłu obcięte równo z karkiem, z przodu rownież pod liniją tuż nad brwiami, tak, że całe czoło niemi jest zakryte. Twarz golą całkowicie; wąsów nie noszą, tylko niektórzy, i to już stateczniejsi, pozostawiają sobie wąziutki pasek włosów przystrzyganych tuż nad wargą. Kobiety zamężne zaplatają włosy z tyłu w jeden warkocz, starannie ukrywany pod czepcem lub pod chustką; włosy zaś z boku twarzy czeszą na skroniach w tak zwane m u s c k i (zapewne od słowa: muskać) [1], i zakładają zą uszy, obcinając równo z szyją. Dziewki noszą podobneż muscki i zaplatają sobie dwa warkocze, które w znacznej części wyprowadzają na widok z pod chustki za uszami“.

W ruchach swych Mazur mniej okazuje się zwinnym niż Krakowiak, lubo ociężałym nazwać go wcale nie można. We dworze, wobec pana, zachowuje się bez zbytniej dlań uległości, lubo z należytém uszanowaniem; w odpowiedziach stara się być grzecznym, acz doborowych wyrazów na wyrażenie tej grzeczności nie używa. W ogóle, Mazur od Warszawy i Łowicza powściągliwszym zwykle w wyrażeniach swych bywa od pobratymca z prawego (płockiego) brzegu Wisły. Raz, gdy chłop wszedł z towarzyszem do pokoju pańskiego, gdzie było kilka osób, a towarzysz ten wkrótce znaglony potrzebą, z pokoju wyszedł, pan zaś pozostałego chłopa o powód wyjścia towarzysza zapytał, chłop, by się grzecznie znaleźć, odpowiedział zaraz: Z p r z e p r o s e n i e m N a j w y z s e g o B o g a i p a ń s t w a g o d n y c h o s ó b, p o s e d z w o d ą n a - d w ó r!

W karczmie za to, puszcza on wodze swej krewkości, a gdy jest podchmielony, staje się prawdziwym zawadyaką. Klątwy i pogróżki najrubaszniejszej natury sypią się wówczas jak grad między uczestników swawoli, miotane przez niby-to pokrzywdzo-

---

[1] Czy nazwa ta nie jest raczej reminiscencyją nazwy owych kitajkowych muszek (mouches)? z zagranicy przejętych, u naszych dam niegdyś przylepianych na twarzy, osobliwie koło skroni.

nych i obrażonych i są zapowiedzią obelg czynnych, z niezwykłą applikowanych siłą, którym straż miejscowa położyć tamę zaledwie jest zdolną. Dawniej, gdy policyja była mniej czujną i sprężystą, zawsze prawie kończyły się one krwawo.

W chorobie i kalectwie ucieka się po pomoc włościanin, tak tutaj jak wszędzie u nas, do wyleczyć go mających bab, zażegnywaczy, owczarzy i cyganów (Obacz: Przesądy).

Włościanie, zwłaszcza w okolicy Warszawy mieszkający, są zamożni, a zarzut ubóstwa, nieszczędzony Mazurom przez Wielkopolan, dotycze głównie Zawiślaków, t. j. mieszkańców prawego brzegu Wisły, a lewego Bugu i Narwi.

Gazeta Warszawska z r. 1871 n. 164 powiada: „wiadomo o tém każdemu, że włościanie z dóbr Willanowskich są w ogóle dosyć zasobni w gotówkę. Niektórych z nich można nawet za względnie majętnych uważać. Niedawno gospodarz z Willanowa, nazwiskiem Lepianka wydał córkę za mąż i wypłacił za nią 1650 rubli posagu. Trzecią to już córkę Lepianka za mąż wydaje, a dwie pierwsze zostały takąż samą sumą wyposażone. Kapitał ten Lepianka zebrał po większej części na handlu drobiem. Zięć Lepianki nazywa się Malec i posiada przeszło 2000 rsr. majątku, które to pieniądze Malec zarobił głównie na sianie".

K. Wł. Wójcicki wyraża się: „Mazury jest-to lud przemyślny, zabiegły i zwykle dosyć zamożny. Znają się na wartości rzeczy i na targu oszukać się nie dadzą. Owszem, sami, gdzie mogą, wszystko na korzyść swoją obrócić umieją". Jako próbkę ich oględności, przytacza Wójcicki (Przejażdżka chwilowa w Mazowszu, *Album Literackie*, Warszawa, 1848) sposób, w jaki nastroszą fury sianem, na sprzedaż do Warszawy zwożoném, by miały pozór niezmiernie ładowny, pełny i ważny. Podobnież umieją ładować fury szczapami drzewa lub też wiązkami drewek krótkich na łokieć, powiązanych rokiciną lub wierzbiną cienką. Wiązki te małe drzewa rąbanego z gałęzi i grubszego chrustu, które sprzedają na kopy lub pojedyńczo do Warszawy, zowią kuropatwami.

Gazeta Codzienna (Warszawa, 1853, n. 258) zamieszcza list z okolic Łowicza, w którym powiedziano, iż: „Niedaleko Łowicza leży kraina tak zwanych Budników, owe niegdyś słynne z olbrzymich drzew i mnóstwa zwierza grubego, tudzież świetnych łowów, puszcze Kampinowska i Jaktorowska, zkąd rozrodzone na trzebiskach i popiołach plemię rozsypało się i po Polesiu litewskiem, wołyńskiem i ukraińskiem. Budnicy u nas tworzyli jakby oddzielną kastę przemysłową, która miała swe właściwe zwyczaje, a nawet i język techniczny, jaki osiadły w puszczy lud, przy wyrabianiu klepek i paleniu drzewa na węgiel, potaż i popiół, utworzyć musiał. Nikt nie zwracał na lud ten uwagi; sam tylko Kraszewski skreślił piękny obrazek Budnika-Poleszuka, który jest tylko cienistém odbiciem pierwotnego mazowieckiego typu. Budnicy nasi tutejsi pochodzą z miejscowych Mazurów i z przybyszów litewskich, a w cząstce małéj i z niemieckich. Słomka, Dudek, Kurek, Mężeński i t. p. są tubylcami. Spuda lub Szpuda, Rydel, Szmit, Ligtmund i inni są przybyszami. Budnicy ci słyną z umiejętności niszczenia najobszerniejszych i najzamożniejszych w budulec lasów. Kto chce widzieć budnika naszego, już nie owego mieszkańca i niszczyciela lasów, lecz przemysłowego rolnika na jałowéj ziemi, bo na trzebiskach boru osiadłego, niech zajrzy w okolice Kampinosa, Jaktorowa i Wiskitek. Tam obaczy pracę ze swobodą połączoną; tam jeszcze przeszłe życie przemysłowca leśnego przebija się w typie rolnika; tam jeszcze panuje chętka do wycinania, godziwie lub niegodziwie, ostatków zapasu drzewa, które połupane drobno i w wiązki zebrane pod nazwiskiem kuropatek, w wysmukłych furkach, co piątek do Warszawy przywożą i po sklepikach zbywają się. Lecz i tu już są znaki gospodarza rolnego, bo na tychże furkach niejednokrotnie dostrzeżesz: garnuszek masła, kilka sérków, korczyk żyta lub grochu, albo inne produkta wiejskie. Grunta tutejsze niepszenne, więc rośnie tylko żyto, kartofle, groch, owies, który często po dołkach zamaka, i siano nie złe bo wcześnie zbierane, mimo łąk po większej części mokrych. Myślistwo również ulubionem bywa zatrudnieniem budnika, który więcej od innych włościan ma wprawy do strzelania. Zresztą, tryb ich życia mało się różni od trybu innych współbraci i współtowarzyszy osadników".

Lubo Mazur od Warszawy i Łowicza jest w ogóle zabiegły i przemyślny, co mu dobrobyt przynosi, to jednak i na Mazowszu, jak wszędzie, napotykają się ludzie pieniactwem [1]), próżniactwem

---

[1]) *Księga sądowa ziemi Czerskiej* (Warszawa, 1879) pokazuje, że i za dawnych czasów skarżyć i procesować się lubiono; wszakże

i nałogami do wielkiej doprowadzeni biedy. A zdarza się to nietylko wśród włościan, ale i wśród drobnej szlachty, która czę-stokroć, utraciwszy całe mienie, chłopieje.

Kornel Kozłowski (*Lud*, str. 14) powiada o niej: „Dopóki szlachcic mógł utrzymać najdrobniejszą choćby fortunkę, póty trzymał się swojej szlacheckiej ambicyi, — skoro wypadki losowe lub nędza wygnały go z ostatniego kawałka ziemi, porzucał szlachectwo, szedł w służbę za parobka, a jego dzieci traciły wszelką pamięć dawnego pochodzenia. Mieszkając przez jakiś czas w okolicy, w której się jeszcze dosyć zaścianków utrzymało, widziałem tego liczne i codzienne prawie przykłady. Drobny szlachcic, żyjący w nędzy i ciemnocie, dopóki ma choć parę morgów własnej ziemi, zachowuje całą staroszlachecką ambicyę, która głosiła, że: „szlachcic na zagrodzie, równa się nawet wojewodzie“. Przyszedłszy do ostatniej nędzy, skoro już utrzymać swego kawałka roli nie może, wyprzedaje wszystko cokolwiek posiada, nie sieje, nie orze, wyprowadza ostatnie ziarno, ostatnią słomkę do ludzi, płot pali, dach ze stoły obdziera, i dopiero spuściznę swoją sprzedaje, zostawiając następcy tylko niebo i ziemię. Wówczas wynosi się gdzieś o parę mil na komorne, dopóki ostatnia potrzeba nie zmusi go wejść w służbę i tym sposobem nie przemieni go w chłopa. Nędza i ciemnota, w połączeniu ze szlachecką hardością, doprowadza biednych tych ludzi do zepsucia i występku, stosunkowo daleko częściej niż chłopów. Ogromna masa szlachty tym sposobem przeszła w chłopów i z niemi się pomięszała; są w kraju okolice, niegdyś zaludnione prawie wyłącznie zaściankami, jak okolice Czerska i Góry-Kalwaryi, w których dziś nawet nie posłyszy o zagonowym szlachciou. Gdzież są resztki albo wspomnienia, jakie szlacheckość w pieśni albo tradycyach powinna była pozostawić? — Spuścizna, jeżeli jaka była, powinna była przejść do ludu wiejskiego, i rzeczywiście przeszła, jak tego dowodzą szlacheckie pieśni i melodye, tu i owdzie pomiędzy ludem powtarzane. Żyją wreszcie szczątki ostatnie tego społeczeństwa, czekając rychłej zagłady — i możemy przekonać się naocznie, że takowe w domowém pożyciu,

---

procesa te były krótsze i mniej od dzisiejszych kosztowne, a wykonanie wyroku następowało raźno.

w obyczajach, niczém się nie różnią od chłopstwa, niczego się nie nauczyły, ani też — prócz szlacheckiej ambicyi — niczego z przeszłości nie zapamiętały [1]).

Ludność ta wraz ze zbiedniałą wieśniaczą, przyjmując obowiązki i służbę u zamożniejszych gospodarzy i rzemieślników, gdziekolwiek takowa się nastręczy, przenosi się częstokroć do miast, i tu niemały także dostarcza kontyngens proletaryatowi miejskiemu. Napływ z tego źródła, oprócz miejscowych żywiołów, wytworzyły niewątpliwie z czasem i warszawski także proletaryjat, którego typy dosadnie i wiernie w niektórych pismach swych przedstawił nam wprawnem piórem Wacław Szymanowski i inni, a kredką zillustrował Kostrzewski (obacz: *Tygodnik illustrowany, Kłosy, Tygodnik powszechny, Kalendarze* i t. p.)

Do ludności takiej zaliczyć trzeba całą niższą warstwę mieszczaństwa, wielu rzemieślników ze swą czeladzią, służących obojga płci, dorożkarzy, woziwodów, przewoźników, tragarzy, przekupniów i przekupki, rybaków, ogrodników, handlarzy, szmaciarzy, drwali i traczów (p i ł a t ó w), muzykantów (k a t a r y n k a r z y), kuglarzy, szynkarzy, najemników wszelkiego rodzaju i t. p. Są tu i f a j e r y k i, zajęci w browarach opalaniem; są i w e r e c i a r z e, t. j. najemnicy, którzy nad Wisłą przesiadują i najmują się do dźwigania ciężarów i do różnych robót przy statkach na Wiśle; biedacy ci, okryci zwykle tylko workiem (w e r e t ą) z dziurami na przetykanie rąk, są nierzadko żywym nędzy i zepsucia obrazem. A niebrak też w tém społeczeństwie żebraków, rzezimieszków i złodziei [2]).

Żebracy, którym policya utrudnia przemysł żebraczy na każdym kroku, pokątnie jedynie chodzą po mieście po proszonym chlebie. Za miastem za to, tém jawniej i natarczywiej pukają do serc litościwej publiczności. Więc też cmentarni osobliwie żebracy i kalecy (czy to prawdziwi czy udani), wyciągając rękę i czarkę po jałmużnę, odzywają się nieraz napuszysto do

---

[1]) Obacz także *Księga ziemi Czerskiej*, str. XXXIX.

[2]) Złodzieje ci, równie jak i osoby nierządem żyjące, mają swoją gwarę; o złodziejskiej mówi K. R. Rusiecki w dziele: *Małe tajemnice Warszawy* (Warsz. 1843, tomów 4). Wiadomość szczegółową o tej gwarze wraz ze słowniczkiem podał także K. Estereicher.

przechodniów: „Cudowna łaska boska posilająca!" —
„Błagam wedle miłosiernego najświętszego zasilenia" i t. p. Dziady znów i baby, zalegający drogę do Czerniakowa i progi klasztorne podczas odpustu na św. Bonifacy,
w przerwach od zawodzonych kantyczek, z większą już logiką
i doniosłością starają się kruszyć serca pobożnych: „Na miłość
Boską, na gorzkie rany Chrystusowe, proszę też
pięknie o wspomożenie!" — lutościwe państwo! —
żeby wam Pan Bóg stokroć odpłacił! — żeby Bóg
pomagał w każdém pomyśleniu, żeby Bóg ratował
w każdém poćciwém poruszeniu, w każdém poćciwém stąpnięciu, w każdém poćciwem słowie, w każdém poćciwém spor-zieniu!" [1]).

Wśród proletaryjatu takiego napotyka się częstokroć i dzieci
także, które, by żebractwo ich zamaskować, przez rodziców do
rozmaitego użyte i wytresowane bywają przemysłu; najczęściej
do noszenia piasku [2]).

---

[1]) Złośliwe bowiem spojrzenie, zły rzut oka, rzuciłby na kogoś urok
i chorobę.

[2]) *Kuryer Warszawski* z r. 1848 n. 18 pisze: „Hej piasku białego wiślanego! wołał mały chłopczyk, dźwigając na ramieniu woreczek. Biedne to stworzenia! ich całym majątkiem silne
piersi i piasek, one w samej wiośnie swojego życia uginają się
pod ciężarem piasku, jakby po śmierci do tego ostatniego mało
mieli czasu. Właśnie wtenczas przechodzili dwaj młodzi ludzie,
do których drżący od zimna chłopczyna zbliżył się, częstując
swojim towarem; młodszy z nich gniewnie fuknął, mówiąc: „Idź
precz! a mnie co po piasku?" Ale starszy dając 10 groszy
chłopcu, rzekł: „Masz, moje dziecko, dziesiątkę, a piasek sprze-
daj gdzie-indziej". Gdy chłopak cokolwiek oddalił się, młodszy
zaczął żartować ze swego przyjaciela, że bardzo kosztowne to-
wary skupuje po ulicach, a jeszcze ich nie bierze. Na co mu
tenże odrzekł: „Mój przyjacielu, to dziecię może jeszcze dziś nic
nie jadło; co do wartości towaru, bardzo się mylisz; — albowiem piasek ściśle jest z przeznaczeniem człowieka połączony,
bo tylko rozważ: Człowiek gdy jest dzieckiem, bawi się piaskiem; gdy chodzi do szkół, potrzebuje piasku; gdy wyrośnie na
młodzieńca, miłosne listy przysypuje piaskiem; w dojrzałym wieku pragnie także złotego piasku; — a w starości, gdy skończy tę doczesną pielgrzymkę na ziemi, spokojnie zasypia pod
piaskiem". Młodszy, zawstydzony dowodzeniem swojego przyja-

W ogóle lud Warszawy (jak mówi Gołębiowski w r. 1826) jest pobożny; liczne kościoły i w powszedni dzień w niektórych przynajmniej godzinach nie są próżne, a w niedziele i święta przepełnione. Czterdziesto-godzinne nabożeństwa, passyje, kazania zwłaszcza postne, obrzędy wielko-tygodniowe, obchodzenie grobów i muzyki wtenczas kościelne, rezurekcya, processyje Bożego Ciała z różnych kościołów przez całą oktawę, z których celniejszym towarzyszą cechy z chorągwiami i władze rządowe, piękność ołtarzy wtenczas na ulicach stawianych, roraty i jutrznia, czyli msza pasterska przed Bożem Narodzeniem, zawsze mnóstwo ściągają osób. Pogrzeby niekiedy są wspaniałe, a cmentarze (za miastem): Powązki i Ewangielicki, a w mieście Świętokrzyzki (dziś zniesiony) niemało pięknych liczą grobowców. Odpusty i w kościołach stolicy i w przyległych miejscach bywają ludne. Takiemi są: Emaus u Bonifratrów w Warszawie, odpust u Kamedułów na Bielanach nad Wisłą w drugi dzień Zielonych Świątek, we wsi Woli na ś. Stanisław (dziś tu cerkiew i cmentarz greko-rossyjski); we wsi Czorniakowie na ś. Bonifacy, w kościele ś. Karola, za rogatkami Powązkowskiemi w ostatnią każdego miesiąca niedzielę; wreszcie we wsi Kobyłce i we wsi Rokitnie o 3 mile od Warszawy na N. Pannę Zielną.

Mówiąc o ludności warszawskiej, nie od rzeczy może będzie wspomnieć i o dziwakach, ukazujących się od czasu do czasu na horyzoncie tej stolicy i powszechną na siebie zwracających uwagę. Ci — wyznać trzeba — jeśli osobą swą i zachowaniem się dawali nieraz pochop do uszczypliwych spostrzeżeń i żartów, to z drugiej strony pobudzali też zawsze mieszkańców i do litościwej dla nieszkodliwych tych oryginałów względności i hojnego wsparcia. O jednym z nich wspomina Dominik Magnuszewski, mówiąc: „Warszawa miała wówczas (około r. 1790) trefnisia swego; siadał on najczęściej w bramie Saskiego ogrodu i zagabywany, dowcipnemi odśpiewywał krakowiakami. Podobno zwał się J a c u ś; jednak za historyczność nazwy nie ręczę. Za mojej

---

ciela, a bardziej poruszony tą myślą, że dziecko może jeszcze dziś nic nie jadło, doścignął chłopczyka i ofiarował mu dwa złote. Litość w młodém sercu może tylko zadrzymać, ale nigdy zasnąć na zawsze.

pamięci, równym przedmiotom ciekawości i żartów miejskich był — cio, półwaryat, mający niekiedy przy karykaturalnej mimice, chwile pociesznych żartów". (*Tygodnik literacki*, Poznań, 1840, nr. 50, str. 389). Najgłośniejszym jednak był tak zwany Niebieski płaszcz, o którym szeroko rozpisuje się Wójcicki [1]. A był też i Czerwony płaszcz. Innym znów był tak zwany Hermafrodyta, łączący z silną postawą i mężką twarzą, na której bujny wykwitał wąs i zarost (które rzadko kiedy golił), wzięcie się kobiece, skromne i nieśmiałe; ten, opasany białym fartuszkiem, trzymał prawie zawsze bukiet ziół i kwiatów w ręku, których pęczek czasami i we włosy sobie także wplatał, a dyg i uśmiech wiecznie jego towarzyszyły rozmowie. *Gazeta Codzienna* (Warszawa, 1853, nr. 113, 114) wspomina o trzech jeszcze tego rodzaju osobistościach. Pierwszą z nich był tak zwany Kożuszek barani, na imię Walenty; około roku 1790 przybył on z Podola czy Ukrajiny i różne płatał tu figle; ubrany w krótki kożuszek, w czapkę przystrojoną piórami, i zwykle chodząc boso [2]. Wesoły i psotny, sprzeciwiał się przekupkom, terminatorom, niekiedy i damom; a sekundowany był przez chłopaków, którzy mu w pomoc z pełnemi konewkami przychodzili. Biegając po ulicach, śpiewywał:

> Kożuszek barani,
> czapeczka z piórami, —
> nie zastawszy jegomości,
> figle płata jejmości.
> (Obacz *Lud*, Ser. II, n. 305).
> Ser. XVII n. 136).

Był dowcipny i prawdy różnym osobom trafnie, lubo nie do smaku, gadał. W roku 1801 rząd pruski osadził go w domu zarobkowym, a w r. 1806 w Spandau, gdzie zmarł, mając nie-

---

[1] *Dziennik Warszawski* z r. 1853, nr. 210, daje także artykuł: *Niebieski płaszcz*, ostatni lirnik warszawski, z rękopisu: Domowe wspomnienia i powiastki R. Zmorskiego (Wójcicki w *Starych gawędach* jako datę śmierci jego podaje lata 1816—18, Zmorski zaś 1826—29).

[2] J. I. Kraszewski wprowadził także tę postać do jednej ze swych powieści.

spełna lat 40. — Drugim był Staś trefniś z tejże epoki; ten znów przeciwnego był usposobienia; chodził smutny, nie zaczepiał nikogo, lecz sam sobie wyśpiewywał. Dostał pomięszania zmysłów z miłości. Nosił kapelusz damski, a na ręku miał kilka kotków, które suknią damską przykrywał. Za jałmużnę dziękował w imieniu swojich kotków. Umarł r. 1809. — Trzecim był Stefanek, właściwie Stefan Wyszotrawka z Wołynia, z dóbr starościny Chodkiewiczowej. Był to marnotrawny błazen, który otyłym tylko pannom dawał bukiety, a sam chodził w białym fraku, czarnych spodniach i pończochach, i w kapeluszu z dużemi skrzydłami. Trudnił się krawiectwem i koncepta palił. Uszedł do Pękałowa na Wołyń w r. 1806.

UBIÓR.

Ubiór wieśniaka mazowieckiego, osobliwie gospodarza osiadłego na roli, przedstawia się dosyć dostatnio; jest więc oznaką istotnej jego zamożności. Na przestrzeni Mazowsza, będącej przedmiotem naszych badań, jako dość rozległej, ukazuje ubiór ten wedle okolic niemałe różnice, które w opisie naszym postaramy się uwydatnić, o ile z notatek, jakie mamy pod ręką, uskutecznić to można.

Z okolic bliskich Warszawy, podaliśmy już wizerunki włościan wraz ze szczegółowemi ich ubioru opisami w seryi Iej, wydanego w roku 1857 dzieła: *Lud* (Pieśni ludu). Zawiera ono 9 tablic, przedstawiających typy chłopów z Ołtarzewa, Rakowa, Czerniakowa, Willanowa i Obór, oraz dziewcząt i niewiasty z Czerniakowa i Raszyna.

Do niniejszego zaś dzieła dołączamy 4 tablice wizerunków.

Tablica 1 przedstawia ubiór włościan z okolic Nadarzyna i Piaseczna. Chłop tu ma buty czarne juchtowe, z wyłożoną nieco cholewą żółtą. Pas niezbyt szeroki z zielonej i czerwonej włóczki. Gacie płócienne zgrzebne białe, a na gacie wyłożona koszula płócienna z dosyć szerokim kołnierzem leżącym, podwiązanym kolorową (zwykle różową) chusteczką perkalikową z kokardką. Na koszulę przywdziewa on na święto sukmanę granatową długą aż po kostki. Sukmana ta (v. żupan) ma sukienne wyłogi u kołnierza, i rabaty (klapy) na piersiach c z e r w o n e (w różnych odcieniach: amarantowe, ciemno-karmazynowe i t. d.), u brzegu obszywane lub dzierzgane tasiemieczką białą lub jasno-błękitną. Takież wyłogi u rękawów u dołu z podobném-że obszyciem. Sukmanę zapina 5 guzików białych lub żółtych (mosiężnych) na dziurki obszyte pętliczkami białemi. Kapelusz nizki z czarną aksamitką, obszytą brzeżkiem wązką czerwoną i białą tasiemką.

Baba ma na sobie suknię sukienną zieloną aż po kostki. Suknia ta, zwana p r z y j a c ó ł k a, podbita jest u góry futrem; z boku także futerko przy kieszeniach. Na głowie czepek duży biały z falbankami. Na nim zawiązana suto chustka kolorowa, której końce spadają na plecy. Na nogach trzewiki filcowe kolorowe (różowe, amarantowe, fijołkowe) z kokarką i podeszwą skórkową.

Tablica 2 przedstawia parobka i dziewczynę ze Służewa i Wilanowa. Parobek ma kaftan, a raczej żupanik sukienny bez rękawów, długi po kolana, granatowy; pod szyją dwie małe wyłożone klapy, obszyte wązką białą tasiemką; pięć guzików metalowych zapina sukmanę na dziurki obszyte biało. Koszula biała z szerokiemi rękawami, ściśniętemi przy dłoni i z wyłożonym kołnierzem, związanym chusteczką na szyję (lila) z fontaziem. Gacie pod żupanem. Kapelusz niski z aksamitką obszytą taśmą. W dzień powszedni, letnią porą, chodzą boso.

Dziewczyna ma białą płócienną lub perkalową koszulę z rękawami ściśniętemi przy dłoni, i wyłożonym dość szeroko kołnierzem. Na koszuli gorset [1]) niebieski lub pstry (z materyi) z 8ma klapkami czyli kaletkami u dołu, obszyty czerwoną tasiemką i ściągnięty na przodzie na krzyż czerwoną tasiemką lub sznurkiem. Pod nią spodniczka perkalowa różowa w kwiatki lub kratki; na niej szeroki fartuszek kolorowy (żółty, orzechowy, jasno-brunatny) w paski białe lub ciemne. Na szyji sznurek lub dwa sznurki paciorków czerwonych. Na głowie chustka suto zawiązana, z wiszącym na plecach (na warkoczu) końcem; najczęściej żółta w niebieskie i innej barwy kwiaty. Trzewiki zielone (filcowe lub pluszowe) z czerwoną kokardką i skórkową podeszwą.

Tablica 3 przedstawia grajka (skrzypka wiejskiego) z Powsina, którego ubiór podobny jest do ubioru chłopa, podanego na tablicy 1.

---

[1]) Gorset u wieśniaczek niéma w sobie owych sprężystych fiszbinów, używanych w wyższych społeczeństwa warstwach.

Gazeta Codzienna (Warszawa, 1853 n. 213) powiada:
„Kmiotek z okolic Góry-Kalwaryi i Czerska nosi włosy nie-
strzyżone, z przodu nad czołem równo podcięte. Na głowie kapelusz z dość szerokim rondem, z czarną tasiemką i sznureczkami
do koła czerwonemi, białemi lub szychowemi, z pod których wystają zwykle pawie piórka. Kołnierz u koszuli jest nizki, czasem
misternie wyszywany, zapięty pod brodą spinką lub związany
wstążką amarantową na kokardę. Kapota granatowa z wąziutkim
kołnierzem odkładanym, z klapami lub rękawami czerwonemi;
stan u niej szeroki, długi i nierozcinany; niekiedy małe, płaskie,
mosiężne guziki służą do zapinania kapoty, ujętej w stanie pasem wełnianym“. (Suknia ta zdaje się być przyjętą od kapoty
dawnych mieszczan czerskich).

„Kobiety noszą kapotki majowego (jasno-zielonego) koloru,
obszyte tasiemkami. Spódniczka w paski najczęściej białe lub
amarantowe z odmiennej barwy fartuszkiem. Na głowie zwykle
czółko dość wysokie, różnokolorowemi wstążkami opięte; z po-za
wstążek wystają pawie pióra, liczniejsze tu jak u kapeluszów
męzkich. Inne, mniej strojnie ubrane, mają na głowie chustki
upięte wieńcem kwiatów“·

Kornel Kozłowski *(Lud* z Czerskiego, Warszawa 1867, str.
371) z ten sposób opisuje ubiór włościan z okolic Czerska (Czaplin, Czaplinek, Wągrodno, Sobików i t. d.): Ubiór włościanina
jest następujący:

„Letnią porą w dnie robocze chłopi najczęściej chodzą boso,
a jeżeli w butach, to z cholewami wywiniętemi i opuszczonemi
aż do kostek, w spodniach płóciennych z wyciągniętą na wierzch
(spodni) koszulą, zapiętą w biodrach paskiem skórzanym, u którego wisi na rzemyku c y g a n e k albo k o z i k, to jest nożyk
w drewnianej osadzie. Na głowie kapelusz nizki, filcowy, obcią-
gnięty u dołu białemi i czerwonemi sznurkami, złotym szychem
i przyozdobiony na przodzie pawiém piórkiem“.

„Kobiety zamężne noszą spódnice w białe i niebieskie pasy,
z tak zwanego s z o r c u, takież fartuchy. Na szyji kolorowa ba-
wełniana chustka; głowa zawiązana w chustkę białą lub kolorową. Tak samo chodzą i dziewki; nadto kładą na ramiona fartuch
szorcowy, na podobieństwo płaszcza, zawiązując go na piersiach“.

„Dzieci nieodmiennie zimą i latem chodzą w jednej tylko koszuli, bez czapki i boso; starsze dopiero, które zaczynają bydło lub świnie pasać, odziewają się fartuchami matczynemi, kładąc je na głowę, zawiązują pod szyją; tym sposobem robią sobie rodzaj płaszcza, mając zarazem i nakrycie na głowę. Na nogi wdziewają (w zimie) stare ojcowe buty, ztąd chód wieśniaków od lat najmłodszych staje się powolnym i ociężałym".

„Zimową porą chłopi na codzień kładą kożuchy, na które wdziewają sukmany z grubego siwego sukna. Kobiety ubierają się w długie kaftany kolorowe, na wacie; zresztą ubiór ich mniej jest ciepły od męzkiego".

„Na święto używają chłopi granatowej kapoty, długiej do kolan, z czarnemi guzikami, bez żadnej innej ozdoby ani czerwonych klapek, jak to ma miejsce u sukman i żupanów pod Warszawą. Na wierzch przepasują się wełnianym pasem w kilku kolorach, najczęściej w czerwonym, niebieskim i zielonym. Koszula kartonowa (z rzadkiego perkalu), zawiązana u szyji na faworek czyli wstążeczkę, zwykle ponsową. Buty z długiemi cholewami, ściągnięte u kolan rzemykiem jak podwiązką. Na głowie kapelusz powyżej opisany; czasem barania wysoka czupka, a dosyć często tak zwany kaszkiet (casquette) czyli furażerka, to jest zwyczajna czapka (miejska) z daszkiem. W ogóle strój ten nie jaskrawy, wygląda poważnie i porządnie".

„Strój kobiet świąteczny jest taki: Spódnica albo kiecka powinna być kwiecista; na kartonowej koszuli gorset ponsowy lub niebieski, albo innego koloru byle jaskrawy, najczęściej z wełnianego adamaszku. Na szyji kilkanaście sznurkow korali i paciorków z bursztynu lub szkła kolorowego, szkaplerz na czarnej tasiemce i mentalik (medal, medalik). Chustka kolorowa na ramionach. Na głowie u kobiet zamężnych duży czepiec z białego tiulu, — u dziewczyn chustka czasem biała, a zwykle kolorowa z puszczonym z tyłu końcem, za którą w lecie zatykają pęki kwiatów, żółtych nagietków, włoskiej piwonii, bzu i t. p. W zimie bogatsze gospodynie używają tak zwanych przyjaciółek sukiennych, jasno-zielonych i takąż taśmą bramowanych, z mosiężnemi guzikami, podbitych barankiem, z klapami i kołnierzem lisowym. Uboższe noszą przyjaciółki bez futra, granatowe, lub — jak pod te drogie czasy — używają najczęściej długich watowanych kaftanów".

„W innych okolicach kraju, wiejskie kobiety gospodarniej-
sze są niż w Czerskiem; wyrabiają same płótno, pasy dla mężczyzn, a nawet sukna na sukmany i szorc dla siebie na kiecki.
Ale w okolicy Czerska rzadko która z kobiet umié robić płótno,
a wszelkie odzienie kupuje się na jarmarkach w Górze-Kalwaryi,
Grójcu i Warce. Dostarczycielami są Żydzi; cena zaś odzieży
w czasach obecnych (1867) nieproporcyjonalnie się podnosi. Za
sukmanę, za którą płacono przed laty kilkunastu złp. 18, dziś
potrzeba dać złp. 40; buty męzkie kosztują dziś złp. 24, trzewiki
skórzane dla kobiety złp. 8 do 9; kożuch barani złp. 80 i więcej;
pas złp. 18 do 22; kapelusz złp. 2 gr. 10. Jeżeli mieszkańcy
miast narzekają na drożyznę, widzimy, że wieśniacy tém bardziej
drogo muszą opłacać swoje potrzeby. Parobek służący, biorący
dziś w Czerskiem rocznie gotowizną (oprócz ordynaryi) złp. 150
obecnie, t. j. 1866 — mówi Kozłowski — (parobcy płatni są po
złp. 180, a w innych okolicach kraju po złp. 120, a nawet i ta-
niej),—w żaden sposób nie jest w stanie za jednoroczną płacę sprawić sobie całkowitego ubrania“.

Przyjaciel ludu (Leszno, 1846, rok 13, nr. 18) [1] mówi
w ogóle o ubiorze mazowieckim (bez wskazania miejsca), że:
„W dni świąteczne noszą chłopi Mazowsza sukmanę niebieską, która dochodzi do kolan, z wyłogami i sznurkami koloru
amarantowego. Spodem mają kamzelę z sukna niebieskieg‹› lub
zielonego, obszytą na przodku aksamitem czarnym lub białym.
Spodnie są zawsze z płótna w paski. Naokoło ciała noszą pas
czerwony. W dnie robotne noszą sukmanę białą, czarną lub szarą;
koszula spada na spodnie, i nogi są bose. Czapki nizkie i w różnych kolorach, są obszyte barankiem. Latem noszą kapelusz słomiany, lub z wełny białej lub szarej, zwyczajnego (!)
kształtu“.
„Kobiety noszą spódnice w różnych kolorach, fartuch
w kwiatki lub paski, gorset koloru jasnego, kaftan niebieski lub
zielony. Reszta ubioru podobna krakowskiemu (?)“.

---

[1] Dołączono tu i kopiję wizerunku Mazurów ze zbioru ubiorów
ludu polskiego L. Zienkowicza, wydanego w Paryżu r. 1841.

Tablica 4 naszego dzieła przedstawia wizerunki mężczyzn i niewiast, spieszących na jarmark do Łowicza. Według tego obrazka, chłopi z okolic Łowicza noszą najczęściej sukmanę (kapotę) z białego sukna długą po kostki; kołnierz wyłożony obszyty błękitną lub białą tasiemką; zapinana na pętlice; klap szerokich i kolorowym podszytych suknem na piersiach niéma. Niektórzy, majętniejsi, mają sukmany granatowe z granatowem obszyciem; u rękawów na dole niekiedy czerwony płatek lub pod spodem rękawów kawałek czerwonej podszewki. Spodnie a raczej gacie białe lub z żółtego albo różowego płócienka, niekiedy fałdziste. Kapelusz wysoki, czasami stożkowy i jakby zgnieciony z wierzchu. Buty czarne juchtowe.

Baby mają katanki czyli sukmanki bez obszycia, długie po kostki niemal, również z sukna granatowego, spięte na haftki, z wyłożkami czerwonemi u rękawów. Mają też i kaftany granatowe, po biodra sięgające. Pod sukmanką spódnica kolorowa w paski (zwykle białe z czerwoném). Trzewiki skórkowe czarne, i białe pończochy. Na głowie chustka (czerwona zwykle), związana ściśle, z węzłowatym na wierzchu głowy czubkiem, małą na przodzie kokardką i wiszącym na plecy końcem.

Ksiądz Szelewski, w artykule o mieście Brzezinach i okolicy (w *Pamiętniku religijno-moralnym*, Warsz. 1851, tom 20, str. 11) powiada:

„Niéma lud tutejszy ogłady miast wielkich, ale niéma też i ich zepsucia. Jest on pobożny, pracowity, cierpliwy i powolny, przestająay na małém i nie szukający zbytku. Mężczyźni noszą starodawny swój ubiór: kapotę ciemno-zielonego sukna własnej roboty, kamizelkę sukienną aż pod szyję, chustkę na szyji białą lub kolorową, spodnie dawnym krojem (t. j. fałdziste) w buty wkładane, i czapkę rogatą (czarną lub ciemną). Kobiety w ubiorach swojich więcej się stosują do dzisiejszej mody".

„Niemcy tutejsi używają sukna granatowego na odzież. Niemki noszą tuniki z takiegoż sukna".

ŻYWNOŚĆ.

Śniadanie, często tylko z kawałka chleba złożone, jedzą włościanie bardzo rano, gdy idą na robotę w pole. Czasem, gdy jest ciepłe, niosą im dzieci na pole w dwojakach. Obiad około południa (z dwóch złożony potraw), wieczerza po zachodzie słońca.

Pożywienie wieśniaka mazowieckiego (pod Czerskiem, Grójcem, Mszczonowem), mało się różni od tego, które i innym służy prowincyom. W przyrządzaniu jedynie potraw, są pewne, odrębne nieco sposoby; nie tak jednak wybitne, aby, o ile zauważyć mieliśmy sposobność, zmieniały smak i naturę danej potrawy. Bliższych wszakże szczegółów co do przyrządzania tych potraw powziąść nam się nie udało. Do najpowszechniejszych należą: żur, barszcz, kluski, zacierki, kartofle (gajdaki), kapusta, kasza i bączka czyli bącka (kasza jaglana z serwatką lub maślanką). Nabiału (prócz séra i serwatki) niezbyt wiele używają, woląc takowe spieniężyć, gdy do tego mają łatwość, niż skonsumować bez korzyści. Mięso i rosół jadają zwykle tylko w niedzielę, a miejscami i po dwa razy na tydzień (we czwartki); jak również, i wtedy bardzo obficie, w czasie pewnych uroczystości, jak np. wesela.

Z mięsiwa najulubieńszą jest wieprzowina, a prosiak prawdziwém łakociem. Lubią także kiszki, a osobliwie kiełbasy, które pragnęliby mieć tak długie, aby się niemi opasać można. Dowodzi tego piosnka (od Mszczonowa):

> Kiełbasa bez pasa (przez pas),
> nadziana kicha (kiszka);
> osolić, opieprzyć,
> będzie pełna micha (miska).

Wielce téż pożądaną (jak i w całej Polsce) jest tu kapusta, którą udeptaną chowają w beczkach najczęściej w sieni [1]).

Za napój słuźy dzisiaj włościanom powszechnie woda i gorzałka. Piwo piją jedynie (przeplatając je gorzałką) podczas wesela lub innej jakiej uroczystości.

Piwo było oddawna w powszechném, tak u szlachty jak i u włościan użyciu. Wr. 1543 już mamy wzmiankę o Wareckiem i Piątkowskiem piwie (mówi Gołębiowski), a od 1654 r. Łowickie, Skierniewickie, Głowaczowskie, Białobrzegskie, Gielniowskie, Skaryszewskie, Jeżowskie, Drzewickie, Końskowolskie, Kaźmiérskie, Brzezińskie, Mławskie zaczyna być znaném i sprowadzaném do Warszawy; z obcych zaś: Wrocławskie, Czarne pruskie, Gdańskie i Toruńskie. Później słynęło z krajowych: Bielawskie, Wilanowskie, a od r. 1826: Staropolskie warszawskie, Kaźmirusa, Jałowcowe, Łomiankowskie w gatunkach: marcowym, dubeltowym i ordynaryjnym.

Prócz tego wyrabiano po prowincyi miody, a na Pradze wiśniaki i maliniaki (miody). Wódka dopiero w XVII stuleciu w powszechniejsze weszła użycie, kawa u szlachty w XVIIItém a herbata w XIX stuleciu.

Co się tyczy pieczywa, nadmienimy tu tylko, iż około roku 1820—30 słynęły w Warszawie bułeczki tak zwane poznańskie (z dwóch spojonych z sobą wałeczków złożone) i siedleckie czyli montowe. Późniéj zastąpiło je pieczywo zwane wiedeńskie (kejzerki), rożki, pieczywo angielskie i t. d.

---

[1]) *Kuryer Warszawski* z r. 1849 n. 311 pisze: „Nie próżno to, już oddawna, przesuwają się po ulicach miasta, widywane co rok i to o tej porze figury, z maszynami na plecach do s z a tk o w a n i a (cięcia) kapusty. Widać, że czas po temu, i że skrzętne gosposie, jak zwykle tak i w tym roku, zaopatrują się w ten tak użyteczny i niewyczerpany w swej rozmaitości przysmak na zimę. O ile jednak sięgamy pamięcią, to zdaje się, że i owe maszynerye i towarzyszące im ubijaki, niezbyt dawno weszły w modę, i że za czasów prababek naszych prosty n ó ż i para, ale tęgich n ó g, odbywały tę czynność, pierwszy k r a j ą c, a drugi d e p c ą c ową krajaninę, że aż beczkę rozsadzały. I dziś jeszcze znajdziemy takich, którzy oddają pierwszeństwo kapuście d e p t a n e j. Kto ma racyę, nie wiemy, albowiem przysłowie łacińskie mówi: *de gustibus non est disputandum.*

Wiadomo, iż na pewne dni uroczyste pieczono tak po miastach, jak i na prowincyi zwyczajem uświęcone ciasta i mięsiwa. I tak: Boże-Narodzenie nie obejdzie się bez strucli, zapusty bez pączków, wielkanoc bez święconego, a ś. Marcin bez gęsi.

Ł. Gołębiowski (*Opis Warszawy*, str. 187) pisze: „S t r u c l e z mąki, ciasto w podłużnych bochenkach, używane w wigiliją B o ż e g o N a r o d z e n i a, pomiędzy ludem od tego dnia aż do Trzech Króli chléb zastępują. Wyraz to i zwyczaj niemiecki (Stritzel). Kacper Janicki pod r. 1732 wspomina, że dwóch czeladzi od piekarza Szyleona (w Warszawie) struclę na ramionach dźwigało, jakby jednego cielca, którą on darował podmarszałkowi królewskiemu p. Kropnitz, a ludzie nad tém się dziwowali. Bywają i teraz (1826 r.) po dwa i po trzy łokcie długie, ceny od jednego do dziesięciu złotych. W r. 1823 miało ich wyjść 17.000 sztuk".

„W Z a p u s t y (mówi dalej Gołębiowski), ku końcowi nadewszystwo, są rzeczą niemal powszechną p ą c z k i z konfiturami wewnątrz lub powidłami tylko. Tych w tłusty Czwartek 1822 roku (jeżeli rachuba statystyczna *Kuryera Warszawskiego* jest dokładną) sprzedano 31.000 u (w cukierni) Lours'a, Minie'go na rogu Freta ulicy, u Calstelmur'a w Starém-mieście, u Ferrari'ego i t. d. nie licząc smażonych w prywatnych domach; cena ich od 4 do 6 groszy za sztukę".

Ś w i ę c o n e. „Ten zwyczaj w kraju całym i w stolicy trwa od kilku wieków (mówi Gołębiowski); najuboższy człowiek chociażby jeden placek, jaj kilka i trochę wieprzowiny postawi na stole. Był dawny zwyczaj, że miasto Warszawa rozsyłało kołacze wielkanocne siedmiu osobom znakomitym: kanclerzowi. marszałkowi i podskarbiemu koronnemu, biskupom: Poznańskiemu i Inflanckiemu, referendarzowi koronnemu i pisarzowi dekretowemu koronnemu (na co w r. 1672 dozwolono podskarbiemu miasta wydać 300 złotych), nadto dziekanowi albo suffraganowi warszawskiemu [1]. W r. 1826 najokazalsze były Święcone wielkanocne u księcia namiestnika (Zajączka), hrabiów ordynatów Zamojskich, prezydenta miasta i po wielu innych domach".

---

[1] Podobnież na wiliją Bożego Narodzenia rozsyłano tymże osobom ryby i t. d.

O piwie wspomina Gołębiowski, iż w Warszawie było robione na miejscu, lub zkądinąd przywożone; pierwszego te były gatunki znane: dwuraźne, czarne szmelcowane, a w roku 1685 pierwszy raz wspomniano szlacheckie. Robiono je na Lesznie, Grzybowie, Nowém-mieście i Pradze (w Golendzinowie). Z dwóch korcy pszenicy i 10 korcy jęczmienia war piwa, beczka 36 garcy powinna trzymać; kara na szynkarzy fałszujących piwo 14 grzywien. Prócz tego robiono miody, a od r. 1687 pędzono i wódkę.

MIESZKANIE.

Wieś mazowiecka, tak w okolicy Warszawy jak i w dalszym od niej promieniu, o ile stara, pobudowaną jest na sposób, jakiego w ogóle trzymali się dawni Polski mieszkańcy, a o którym napomknęliśmy już w poprzednich Seryach naszego dzieła, osobliwie przy opisie Kujaw. W szczegółach dopiero spostrzegać się dają pewne różnice.

Wieś np. Czerniaków, ciągnie się (idąc od Warszawy) długim szlakiem z północy na południe, równolegle prawie od koryta niezbyt ztąd oddalonej Wisły. Droga czyli ulica wsi piaszczysta, dosyć jest szeroką.

Po prawej, a dalej i po obu jej stronach pobudowane chaty włościańskie czyli c h a ł u p y, szczytami obrócone do drogi, przegrodzone są jedna od drugiej płotem lub parkanem, w którym umieszczono wrota, wiodące na podwórko [1]). Z podwórka wchodzi się drzwiami po prawej ręce (niezbyt nizkiemi i o żelaznej klamce) do sieni chałupy, a ztąd drzwiami na prawo do izby (zwykle z podłogą), której okno jedno (o 4 lub 6 szybkach),

---

[1]) Obacz także: Konstrukcya budowli wiejskich (z widokiem chaty z przyźbą w Nieborowie) w *Encyklopedyi rolniczej* (Warsz. 1874) tom II, str. 1107.

umieszczone naprzeciwko drzwi, wygląda na ulicę. gdy drugie, po lewej stronie, patrzy na podwórko. Tak pod jedném jak i pod drugiém oknem stoji ława, a ławy te łączą się niekiedy pod kątem prostym w rogu izby. Przed ławą okna przeciwległego drzwiom, stoji stół niewielki na krzyżowych nogach, a przed nim niekiedy mniejsza ławka lub parę stołków pomalowanych ciemną farbą. W tejże izbie, po lewej ręce ode drzwi, mieści się piec i komin z przypieckiem, zapieckiem i czeluścią, idącą do komina, wyprowadzonego po nad dach. Obok pieca bywa czasami i szabaśnik. Dalej na lewo idą drzwi prowadzące do komory, a za niemi łoże lub łóżka gospodarzy, zasłane pierzynami i poduszkami. Obok nich kołyska dla niemowląt. Na ścianach izby obrazy świętych, a czasami i parę światowych rycin warszawskich, i lusterko bez ram zwykle. W komorze z okienkiem stoji skrzynka z odzieniem, łóżko lub tapczan dla dziewcząt i młodszych dzieci, i różne faski i sprzęciki na ziemi i na półkach poustawiane. Po drugiej stronie sieni, jest druga izba i komora, z gratami i sprzętami gospodarskiemi i zapasami, w której mieszkają niekiedy parobcy lub komornicy. W głębi podwórka naprzeciw wrot wchodowych, jest szopa na wóz i drzewo, a tuż obok stodoła lub śpichrz; bliżej chaty zaś obora, stajenka i chlew. Wśród podwórza bywa piwnica czyli dół, ziemią osypany, na przechowanie kartofli i t. d. Niektórzy mają obok domów maleńkie ogródki[1]).

W środku wsi tej wznosi się kościół i klasztor ks. Bernardynów. Od niego rozciągają się na południe dwie niemal równoległe ulice, z których prawa okazuje oberżę i restauracyę z ogrodem spacerowym, obwiedzionym murem i prowadzi ku Wilanowu, gdy lewa, ciągnąca się i rozszerzająca znacznie dalej ku studni, zabudowaną jest po obu stronach chałupami, w podobny jak wyżej opisane, urządzonemi sposób.

Wieśniacy, chałup tych mieszkańcy, jakkolwiek mają grunta dosyć lekkie, są w ogóle zamożni, a zamożność swą winni oni bliskości stolicy, która nastręcza im sposobność zarobkowania w rozliczny a intratny dla nich zawsze sposób. — Pomna-

---

[1]) Ogrodów owocowych w ogóle nader bywa mało przy zagrodach kmiecych.

żają też te korzyści spacery częste Warszawian, jak i pielgrzymka tychże do Czerniakowa w dzień ś. Bonifacego.

————————

Kornel Kozłowski (Lud, 1867, str. 369) opisuje mieszkania w ziemi Czerskiej (głównie w Czaplinie) temi słowy:

„Spojrzawszy na chałupę, poznać to zaraz można, jeżeli w niej jest dziewka mająca chęć pójścia za mąż. Są to białe znaki, któremi dziewki całą chałupę od dołu do góry, pod poszycie, dokoła wapnem obznaczają. Około takiej chałupy zdaleka widnej, bywa zwykle dość porządnie. Przede drzwiami codzień zamiecione, pod okienkiem kilka kwiatków, najczęściej żółtych nagietków albo malw, chruścianym płotkiem ogrodzonych. Porządek ten bywa w oczach parobka, szukającego żony gospodarnej, rekomendacyą dobrych przymiotów dziewki".

„Na progu chałupy przybitą być powinna p o d k o w a końska, dla ochrony mieszkańców domu od uroków i czarownic. Zwyczajem też jest, w wigilią ś. Jana wtykać gałęzie b y l i c y w poszycie chałupy, czyli w kryty słomą dach; takowej kilka wiązek wraz z p i o ł u n e m rzuca się także i na poszycie" [1].

„Wewnątrz takie jest mieszkanie gospodarza: Wchodząc z sieni, po jednej stronie jest mieszkanie ludzi, po drugiej bydląt, zwłaszcza krowy, a zwykle świnki lub wieprzka. Prosto z sieni wchodzi się do izby; tu znajduje się komin, piec do chleba czyli s z a b a ś n i k, m u r e k czyli zapiecek, będący w zimie siedzibą kur, opłacających się za to wczesném niesieniem

————————

[1] W opisie podróży uczniów Instytutu agronomicznego (Kalendarz Warsz. Jaworskiego na r. 1854) czytamy: „We wsi O ż a r o-w i e znaleźliśmy zabudowania dobrze utrzymane, dachy pokryte słomą targaną, czyli d e k o w a n e. Dekowanie uskutecznia się zwykle w tych miejscach, w których słoma otrzymuje się z młockarni, i sposób ten pokrywania dachów uskutecznia się prędko, lubo potrzebuje wielkich przygotowań. Przeciwnie zaś poszywanie czyli pokrywanie budowli wykręcanémi snopkami, którego prawie wszędzie lud nasz używa, jest z tych względów dogodném, że łatwo się wykonywa przez mało usposobionych ludzi, oraz iż nie wymaga tyczek i wici, bez których się przy dekowaniu obejść nie można, a wreszcie że naprawa jest bardzo łatwa.

jaj i wysiadywaniem kurcząt. Stoji tu łóżko zasłane niebieską lub różową pierzyną, czasem dwa ; parę stołków czerwono malowanych, stół na krzyżowych nogach, pułki albo szafka malowana wewnątrz niebiesko z wierzchu czerwono, do zatykania łyżek i stawiania mis i garnków, a na ścianach kilka okopconych Częstochowskich obrazków, palma z Kwietniej niedzieli, tudzież wianki z Bożego Ciała, mające swoje lekarskie, zwłaszcza dla dobytku, przeznaczenie. Jest-to dla chłopa wystarczające ; w tej izbie on przesiaduje, sypia, jada wraz z żoną, z dziećmi i parobkiem, a codziennym bywa tam gościem i wieprzak, któremu gospodyni ładuje szaflik ciepłych pomyjów. Jeżeli przytém przybędzie gospodarzowi wśród zimy cielę lub gromadka prosiąt, wychowują się one wspólnie, korzystając wzajemnie z ciepła, z jednego pochodzącego ogniska".

„Z tyłu chałupy za izbą, jest k o m o r a czyli a l k i e r z, zwykle ciemny, bez okna, tylko wpuszczający światło przez wyciętą dziurę w ścianie, zamykającą się odpowiednim kawałkiem bala, osadzonym na czopie. Komora ta jest właściwie tak, jakby skarbcem włościanina ; tam się przechowuje odzienie, płótno, przędziwo, zboże w worku, beczka z kapustą, często pieniądze w garnku w kącie piaskiem przygrzebane ; stoją tam skrzynki na kółkach lub bez nich, malowane pstro w żółte i czerwone kwiaty ; tam sypiają dorosłe dziewki, jeżeli te znajdują się w chałupie".

„Wychodząc z mieszkania na robotę, zwłaszcza wśród lata, lub do kościoła, albo na jarmark lub wesele, zamykają chałupę na kłódkę. Jeżeli w izbie są małe dzieci, bywa to często dla nich powodem nieszczęśliwych wypadków śmierci z oparzelizny lub spalenia, przez rozgrzebanie ognia przysypanego popiołem na kominie, i brak ratunku. (Ulegają temu najczęściej ś t y r a k i, t. j. dzieci na czworakach się czołgające). Zamykanie to nie chroni nawet mieszkania od złodzieja, gdyż takowy dostaje się najczęściej do izby, wystawiwszy okno, słabo na zewnątrz wsadzone i tylko gwoździem ze dworu przybite".

Tuż za chałupą pod oknem, znajduje się piwnica zwana d o ł e m, ziemią obsypana, w której zamożniejsi gospodarze trzymają produkta takie, których w izbie lub alkierzu pomieścić niepodobna, jak np. kartofle i kapustę. W pewném zaś oddaleniu od chałupy jest stodoła i obórka [1]).

---

[1]) *Księga ziemi Czerskiej* (Warsz. 1879, str. LXVII) powiada: „Domy (szlachty) stawiano (w XV stuleciu) na sposób zagraniczny i te się zwały domy wielkie, jaki np. znajdował się w Tarnowie (blisko Łaskarzewa) w r. 1449, i domy te na sposób wieśniaczy (rusticana), nazywane „c h i c z e" (gaza, caza, thola). Stawianie domów pozwalali sobie tylko możniejsi; szlachta i kmiecie mieszkali w chyżach. Chicz miała izbę z piecem (stuba cum fornace), sień (palacium) i komnatę (comnata).

„Chyż kmiecia, pokryta dranicami, miała 10 łokci długości, śpichrz (granarium) długości od 8 do 10 łokci, stodoła (ollodium, hollodium) mieściła do 30 kóp zboża, obora (stabulum) i chléw z chrustu; ogrodzenie z przęsł, od ulicy nazywane p r z e d n i e m, w niém brama (valva). Osiadłość tak urządzoną nazywano „c h i c z o p r a w n a" lub „z a c u t h a" (zakuta).

„Ruchomości skromne: pierwsze miejsce zajmowała broń, u niewiast — perły. Wszeborka z Głoskowa wzięła w posagu łokci siedm pereł w r. 1439, a Paweł Warszewicki dał po łokci 17 córkom w r. 1482. Po perłach szło srebro; rodzina szlachecka niemal każda posiadała łyżki srebrne. Resztę ruchomości składały szaty (sukna wyszywane srebrem), futra (lisie i królikowe), ubranie na zwojki (zwojki), pościel (pierzyny, poduszki, prześcieradła, kołdry, ręczniki) i t. d. (o koszulach nie znajdują się zmianki), woźników parę i wóz i t. d. Ruchomości nazywano jednym wyrazem „s z e b r z u c h i" (alias omnia domus supellectilia), chowano w kufrach (cista apostata). Kmiecie miewali po dwa kufry ruchomości. Z czego się składały rachomości kmiece, osądzić można z roty, którą zaprzysięgła Wigandowa z Ostrołęki (nad Pilicą) kasztelanowa czerska w r. 1455 (dzisiejszą pisownią): Jakom ja nie zwiała (nie wzięła) Wincentemu z Starej Warki dwu wołu i konia, dwu owcu, wieprza karmnego, połcia mięsa, dwu koszu, siedmi korcy żyta i trzech korcy pszenice i trzech wozów siena (siana), ośmi korcy owsu, wszego za cztery kopy (groszy pragskich).

„Drogi, po kredycie drugi warunek należytego powodzenia handlu, dzielono na s t e g n y (calles), idące w obrębie gruntów wsi; przecznice pomiędzy wsiami, i gościńce czyli drogi ludzkie (viae luthczkie) pomiędzy miastami. Na Wiśle przeprawy były dwie; właściciele byli obowiązani mieć łodzie, przewoźników, oraz pozwolić na brzegu pastwiska długości 10 prętów i dwa razy tyle szerokości; na Pilicy most jeden pod Brankowem".

PRACA.

Rola. Służba. Przemysł.

Głównem zajęciem włościanina, tak tu jak i w całym kraju, jest uprawa roli. Zajęcie to, jak wiadomo, wedle prowincyj, rozlicznym ulega odmianom, jako uwarunkowane klimatem, naturą i urodzajnością gleby, uzdolnieniem i gęstością ludności i t. d. nie mówiąc już o warunkach historyą, prawem i zwyczajami nałożonych [1]. Gospodarstwo rolne tej części Mazowsza, którąśmy nazwali polną, mimo znacznych jeszcze w niej obszarów leśnych (szczątków dawnych puszcz), znakomity już wśród szlachty przedstawia stopień rozwoju w stosunku do innych części Królestwa, acz nie jest ono jeszcze tak systematyczném i racyonalném jak w Ks. Poznańskiém. Włościanie, lubo miejscami, zapatrując się na korzyści z tak ulepszonego gospodarstwa płynące, poczynają i u siebie w pewnych szczegółowych gałęziach zaprowadzać zmiany, trzymają się jednak w ogóle jeszcze dawnej gospodarowania rutyny. Sądzimy przeto, że i oni, siłą okoliczności parci, wezmą się do ulepszeń i płodozmianu, tém bardziej, gdy ziemia tej części, jak i całego prawie Mazowsza, mimo nader urodzajnych pasów, tu i owdzie rozrzuconych, jest w ogóle lekką i wymagać będzie coraz sztuczniejszych użyźnienia sposobów, by sprostawszy rosnącym wciąż na niej ciężarom, zysk odpowiedni wyłożonemu nakładowi i pracy, przynieść dla rolnika była w możności [2].

---

[1] *Księga ziemi Czerskiej* (str. XL) poucza, w jakiej mierze warunki te dotyczyły własności ziemskiej i stosunku stanu kmiecego do innych stanów w XV stuleciu.

[2] *Encyklopedya rolnicza* (Warsz. 1874, t. II, str. 1105) zamieszcza szczegółowy opis gospodarstwa włościanina Stanisława

Grunta na wyżynie w okolicy Warszawy dosyć urodzajne, jałowieją cokolwiek, gdy się posuwamy na zachód ku stronie Wiskitek i Łowicza. Trzebież świeża znacznych lasów dała pod uprawę grunt, którego produkcyjność z czasem dopiero w korzystném wykaże się świetle. Notatka z podróży uczniów Instytutu agronomicznego (w *Kalendarzu* warsz. Jaworskiego na rok 1854) mówi: „Opuściwszy Bolimów, po kilku godzinach podróży stanęliśmy w Nieborowie. Na okolicznych równinach spostrzegliśmy wielką ilość kamieni granitowych, mikowych i gnejsowych, które — można powiedzieć — stanowią niemal wierzchnią powłokę gruntów tutejszych. Widzieliśmy też wiele budynków z tychże kamieni poustawianych, a wieśniacy, grodząc sobie niemi swe osady, podwójną ztąd odnoszą korzyść; nietylko bowiem że zabezpieczają swój kawałek ziemi od szkód, ale oczyszczają grunt i czynią go łatwiejszym do uprawy. Grunt we wszystkich polach Nieborowa jest piaszczysty, ale troskliwa uprawa dobre sprowadza urodzaje".

Rolnicy w okolicach Warszawy orzą wszędzie końmi. Sieją po większej części żyto, a rzadziej pszenicę i inne ziarno. Siejba na polach zwykle odbywa się w dni suche, w miesiącu Wrześniu przypadające. Dzień sobotni, jako dzień Matki Boskiej, głównie bywa na dopełnienie tej czynności, starą tradycyą uświęconego zwyczaju nakazanej, przeznaczony.

Gospodarz w Czerniakowie tak się wyraził o urodzajach: „U nas to lato suche je(st) lepse; bo tu na Cyrzniakowie grunta misko(nisko), to chociaz ta wysechnie, to nie tak źle; gorzy, jak je mokro, co wygnije. A jak zasie desc, to zboze tak zbuja, ale nie tak będzie rzęsiste (ścisłe) ino letkie. Oj, desc to tak płanetami idzie; jakeśmy byli w boru (za Wisłą), to woda była po kostki, a ostaje dalij, to ani kanuni! (ani kapki, kropelki).

Miejscami uprawiają len, lubo nie na wielkie rozmiary. *Kalendarz* Jaworskiego z roku 1855 zawiera obszerny artykuł

Orzyńskiego w Wilanowie pod Warszawą. Dalej (t. II, str. 1103) opis gospodarstwa Stanisława Sitarka w Małejwsi (gmina Belsk, powiat Grójecki). Wreszcie (t. II, str. 1108) opisuje ona gospodarstwo małe w blizkości Warszawy.

o uprawie i obrabianiu lnu (w Mazowszu), gdzie autor radzi zważać na zmiany powietrza i gatunek ziemi, i dopełnić należycie uprawy roli, siewu, plewienia, rwania, zbioru; a następnie na przyrządzanie lnu, zależne głównie od trzech czynności, to jest: moczenia czyli roszenia, tarcia i trzepania.

Gdzie jest rzeka, rosi się go w rzece. W braku stosownej wody rzecznej, odbywa się moczułach czyli dołach, umyślnie na ten cel kopanych i czystą napuszczanych wodą.

Po zasiewach wiosennych, pierwszą pracą, jaka na polu spotyka rolnika, jest zbiór siana, zwany zwykle podług okolicy sianożęcie'm albo sianokos'em. Czasopismo *Kłosy* (Warszawa, 1871, n. 307) mieści artykuł: Zbiór siana w okolicach Warszawy, i mówi przy tej sposobności: „Lud nasz utrzymuje, a ta wiara jest powszechną w całym kraju rolniczym, że są pewne zioła, które ścięte k o s ą, deszcz ulewny, a często i burze sprowadzają. Z dawnych przesądów, które sięgają pewnie czasów Piastowskich, pozostało przysłowie wiejskie:

Kiedy człowiek łąkę kosi,
lada baba deszcz uprosi, —

wysnute z zabobonu, że niémasz wsi, w której-by nie było czarownicy, a taka baba dla szkody ludzkiej, łatwo w czasie sianożęcia deszcz sprowadzi, ażeby ten z m o c z y ł p o k o s y, i nie dał pogodzie zebrać siana, by je ułożyć w stogi, lub zwieźć na poddasza. Rycina (w *Kłosach*) załączona przedstawia chwilę, kiedy skoszoną trawę i wysuszoną zgrabiają dziewuchy wiejskie w k o p i c e.

W okolicach Warszawy, gospodarze godzą wspólnie pastucha na całe lato dla gromadzkiego bydła, który je pasie aż do pierwszego u p u s t u (pierwszego upadnięcia śniegu). Zgodziwszy go, zganiają potem co rano wszyscy swe bydło, na jedno umówione miejsce, a pastuch następnie bydło to pędzi na pastwisko. Jest on zwykle komornikiem u któregoś z gospodarzy, a zdarza się nawet, że miewa swoją własną także chałupę.

Do żniwa, czyli zbioru zżętych snopów z niewielkiej swego pola przestrzeni, rzadko kiedy chłop bierze najemnika, mogąc sam z parobkiem i synami (jeżeli ich ma) robocie tej podołać. Większe tylko obszary pól dworskich, bez najemnika obejść się

nie mogą, i takowego, gdy trudność jest pozyskania ludzi miejscowych, poszukują i zwabiają w rozliczny sposób.

Tygodnik illustrowany (Warszawa, 1865, n. 293) powiada:
„W poszukiwaniu prac rolniczych, ludność (wędrowna za zarob-
kiem), z małym wyjątkiem, nie puszcza się nigdy daleko; co
najwięcej z okolic ludnych przechodzi do mniej zaludnionych.
Przybysze tacy zowią się zwykle B a n d o c h a m i, zapewne dlatego, iż zbiérają się w pewne bandy czyli gromady z jednej wsi,
z jednej okolicy i w niedzielę po kościele wylegają, na jarmarki do poblizkiego miasteczka. Obozują na rynku, czasami dni
kilka, póki obywatele i oficyaliści nie ugodzą ich, czy to razem
czy częściowo. Zwykle odbywa się to w porze żniwa. Bandochy
ugodzeni, ładują się na furmanki, lecz żadne z robotników lub
robotnic nie siądzie bez obfitego litkupu, czyli poczęstnego wódką. Na czele takiej kawalkady pędzi wóz z grajkami, rzępolą-
cemi od ucha, przy głośnych śpiewach reszty orszaku. Tak wjeż-
dżają do wsi wesoło i tańcami dzień kończą, aby nazajutrz roz-
począć znojną pracę z sierpem lub kosą".

„Mistrzami w robieniu tą ostatnią są Górale, lud przyby-
wający zdaleka, z ubogich górskich okolic Podtatrza, tęskniący
za swemi halami, ale potrzebujący zarobku, aby w biednej swej
ojczystej zagrodzie spędzić zimę na łonie rodziny. Próbowano
górala osiedlić, zachęcając go nęcącémi ofiarami: napróżno! po-
wracał zawsze do swoich. Górale ze swych hali i połonin schodzą także gromadami, pod przewodnictwem tak nazwanego maj-
stra, który jak watażka posiada prawo zarządu, rozsądzania spo-
rów i umawiania się o robotę. Najmują się do żniwa i do
sianokosów na wymiar lub hurtem, i wtedy pracują z godnym
podziwu zapałem, sumiennie, ale bez przeciążania siebie, z oględ-
nością na siły, stanowiące cały ich kapitał".

„Ubieganie się wiejskich gospodarzy o górali, wywołało
spekulacyę sprowadzania podgórskiej ludności galicyjskiej. Nędz-
ny to jednak i niemoralny robotnik, gorszy od naszego bandocha
w Królestwie Polskiem. O ile więc góral stosunkowo tanim jest ro-
botnikiem, o tyle owe włóczęgi podgórskie drogim. Górale rozchodzą się na wszystkie strony, a każda partya, raz dobrze przyjęta,
ma już swoje okolice, których stale według możności się trzyma".

„Niepodobna nareszcie pominąć coraz liczniej w ostatnich
czasach przybywającej do Królestwa ludności rolnej (polskiej)

z W. Ks. Poznańskiego, jakkolwiek ona ma tylko cechę półwę-
drownej, gdyż łatwo się osiedla, jeżeli warunki sprzyjające znajdzie po temu. Immigracya ta, o ile jest dobrowolną, a nie pod-
szeptami przemysłowych handlarzy ludźmi wywołaną, przynosi
korzyść krajowi; robotnik to bowiem wykształceńszy umysłowo,
a gdy trzeźwy, to porządny i użyteczny". *A. W.*

Handlem i przemysłem, w szerszém wyrazów tych znaczeniu, włościanie się nie zajmują, nie mogąc pod tym względem
współzawodniczyć z zalegającymi wszystkie niemal targi żydami.
Pojawiają się jednak i wśród włościan przemysłowcy. Takiemi
są np. gońce czyli ci co skupują i spędzają do Prus świnie;
ubierają się oni w kurty czyli kuse kaftany różnej barwy i pochodzą zwykle z okolic Mszczonowa.

W lasach znów pracują tak zwani budnicy, których tryb
życia opisaliśmy na str. 41. Osadnicy ci, skutkiem znacznego
przetrzebienia już lasów, po większej części w rolników zamie-
nieni, mało już zachowali cech wyróżniających ich od okolicznej
ludności mazurskiej. Wielu z nich oddało się rzemiosłu, osobliwie tkactwu, gdy inni przyjęli służbę po dworach i miastach.
O dzieciach takich osadników tkaczy, krąży następująca przypo-
wiastka, dowodząca jak czułemi są ich starania o wychowanie
tych dzieci.

W niedzielę — dzieci w kościele
w poniedziałek „ na wałek
we wtorek „ we worek,
we środę „ we wodę (kąpać),
we czwartek „ na bartek,
w piątek „ w kątek,
w sobotę dzieci kończą robotę.

Kuryer Warszawski z r. 1864 (n. 75) podaje co następuje:
„W miesiącu kwietniu, mówi stary manuskrypt, słońce wstępuje
w konstellacyję Byka; owoż i woły w jarzmo wstępują, a orka
na dobre się rozpoczyna. Owce myj i strzyż około niedzieli,
którą zowią Exaudi; karpie sposobne wpuszczaj na tarlisko
w dzień ś. Grzegorza; melony i inne delikatne frukta siej w dzień
św. Jerzego, groch rzucaj na rolę w Wielki Czwartek, konopie
siewaj w dzień św. Marka". W tym miesiącu, przy otwarciu żeglugi rzecznej, wspomnieć nam należy o głównych produktach,
które niegdyś gdański handel stanowiły, a które „industria ludzka

zwykła dla swego zysku i pożywienia zbywać, a témi były: zboża, prowianty różne, woski, miody, łoje, przędza, płótno, potaże, galmon (sic), glejta, ołów, minia, żelazo, stal, woły, skóry, klepki. Jednak wprzód krédką obliczyć koszt i zysk porachować, dopiero w Imie Pańskie z swoim na defluitacyją pośpieszyć ładunkiem". Statki, którémi odbywały się te transporta, były: „Szkatuły, dubasy, komięgi, byki, kozy, wiciny, lichtony, galery, czołny, płytko według czasu budowane, udychtowane, osmalone często, aby się podczas wielkiego gorąca nie zsychały. Naczynia przy tych statkach: maszt, roja, karnaty, sztak-tryl, to jest: polna-lina, obceje, trysk, prysk, kluby, powrozy, kotew, żagle, wory, szelki, koty, poberły, stroisze, tarcice do futrowania, pojazdy, laski, drągi, szufle, maty, goździe, siekiera, świder, piła, dłuto i toporek. Prądu i haka, aby rotman i sternik pilnie przestrzegał dla szwankowania (uchowaj Boże) statków. Sztembarku, bakortu, środka pilnować. Cła mają być słusznie odprawione, aby do juramentu niewinnych ludzi nie przywodzić (chcesz-li by cię Bóg błogosławił)".

Nadbrzeżni mieszkańcy Wisły oddają się niekiedy flisactwu czyli orylstwu, i łączą się nierzadko dla wspólnej żeglugi z flisami krakowskimi.

Wójcicki *(Stare gawędy*, III, 100) powiada, co czynią flisy, gdy chcą wiatr uprosić, a co sam widział na Wiśle pod Wyszogrodem [1]. Kiedy wychodzą z Gdańska, kupują piszczałki i skrzypce, a gdy ich długa cisza pod tę porę zachwyci i żaglem wiatru ułapić nie mogą, w on-czas płachtę umaczaną w smole zapaliwszy, rzucają na wodę, i zaraz grają na fujarkach i skrzypicach, bo takim sposobem można jeno wiatr uprosić, by gwiznął w żagle. (Obacz także str. 29. Kromnów).

Rybołówstwo w Mazowszu podług dawnej dokonywane bywa rutyny. Pora tarcia się ryb z wiosną, zręcznym rybakom

---

[1] Prąd w języku flisowskim znaczy drzewo wyrwane z korzeniem i sterczące na powierzchni wody, — wilk zaś drzewo przegniłe. Stare podanie mówi, że Narew nie mogąc pogodzić się z Wisłą, po przepłynięciu prawym jej brzegiem, oddziela się od niej, przybierając nazwę Nogaju; ztąd miejsce rozdziału nazywa się Gniewem (patrz: *Flis* Klonowicza. — *Bibliot. Warsz.* 1854 (listopad) poemat S. z Ż. Pruszakowej: Powiśle).

obfitego dostarcza połowu. W miejscach, gdzie ryby gęsto przepływają, rybacy uzbrojeni ością żelazną, dopatrzywszy większą
rybę, ość w nią wbijają, i tym sposobem piękną zdobycz do domu przynoszą. Podziwiać tu trzeba nietylko zręczność i siłę rzutu,
lecz i wyborny wzrok naszych rybaków. Nieraz także w czasie
tarcia myśliwi czatują na ryby zbliżające się do brzegu i kulami
biją nieprzywykłe do tego rodzaju łowów; często zatem żarłoczny
szczupak co nie jedną przebił matnię, lub chyżo uszedł ości,
ginie od strzału.

Od maja rozpoczyna się także i połów r a k ó w, kilka trwa-
jący miesięcy. *Kuryer Warszawski* z 25 kwietnia 1865 r. mówi:
„Dotąd nie widzieliśmy jeszcze ogłoszeń o ogródkach szparago-
wo-rakowych, tyle zawsze wziętości u Warszawian mających.
Znajdą się jednak bezwątpienia przedsiębiorcy, którzy czy to
w samej Warszawie, czy na Pradze urządzą wkrótce stosowne
ku temu zakłady".

Szczególna rzecz, że u nas dawniej rymopisowie na raki
powstawali. Dowodem tego stary wodwil:

> Indyk z sosem, — zraz z bigosem,
> jadły dawniej pany,
> dzisiaj raki — i ślimaki
> jedzą jak bociany.

A dalej znowu przysłowie:

> Kto nie jada — jeno raki, flaki a ślimaki,
> nie chowa — tylko kozy, koty i kaczki,
> nie sieje — oprócz jarmużu, jarkę i tatarkę,
> a do tego ma jeszcze żoneczkę Barbarkę,
> nie pytaj go, jak się ma,
> jeno: jeśli jeszcze żyw!

ZWYCZAJE.

Wigilia Bożego Narodzenia

24 Grudnia.

Dzień ten w całym świecie chrześcijańskim, a osobliwie słowiańskim, obchodzony bywa biesiadą wieczorną postną, ale nie suchą. Aby zachować przepis postu, raz tylko na dzień, i to dopiero gdy się ukazały gwiazdy (lub gdy się ściemniło) jadano wieczerzę, strzegąc się wszelkiego nabiału; co dotąd lud przestrzega ściśle. Do potraw koniecznych należą także kluski i łazanki z makiem. Jabłka, orzechy, pierniki muszą być i u najuboższych.

Do obchodu wilii należy s t r u c l a czyli kołacz pszenny podługowaty, na końcach palczasty, przez środek plecionką z ciasta obłożony i posypany czarnuszką. W Krakowie i innych miastach tak je wielkie pieczono, iż na saniach ciągnione być musiały. Ł. Gołębiowski, przy opisaniu miasta Warszawy, jest tego zdania, że i zwyczaj i wyraz przejęty jest od Niemców. U ludu prostego, od wilii Bożego Narodzenia aż do Trzech Króli, strucla miejsce chleba zastępuje. Bywały, i jeszcze gdzie-niegdzie bywają, strucle po 2 i 3 łokcie długie (obacz str. 56 Żywność).

Izba jadalna słomą, a stół do jedzenia sianem pospolicie był zasłany lub podesłany, dla pamiątki, iż narodzony Chrystus na słomie był złożony. Dnia tego zaścielane nawet były słomą i podłogi w kościołach, która tak w nich przez wszystkie święta zostawała.

Przy rozpoczęciu zachowywano zwyczaj ł a m a n i a s i ę o p ł a t k a m i (to jest podawano sobie wzajem opłatki białe do przełamania), życząc jedni drugim do s i e g o w i e k u, to jest (jak wielu sądzi) lat życia starej Doroty (obacz: dzień 6 Lutego). Łamanie takie pamięć braterstwa chrześcijańskiego w pierwiastkach kościoła zawiązanego odnawia i piękny gościnności słowiańskiej wystawia obraz [1]). Przestrzegano téż, aby u stołu było osób do pary.

Przy końcu wieczerzy, panny i chłopcy wyciągali z pod obrusa źdźbło siana; jeśli z i e l o n e, w zapusty dziewica przywdzieje wieniec ślubny, ożeni się kawaler; gdy z w i ę d ł e, muszą jeszcze na męża lub żonę czekać, a kiedy całkiem ż ó ł t e, zła wróżba — umrze starą panną lub kawalerem do zgonu pozostanie. Ze snopów kłosy wyciągano, wycierano ziarnka i liczono je; do pary, związek małżeński oznaczały; nieparzyste, dłuższą samotność.

Ł. Gołębiowski *(Lud polski,* str. 317) mówi: Przejęty od Prusaków jest zwyczaj w Warszawie, upominkiem dla dzieci stawiać na wiliję: sosenkę z orzechami włoskiemi złocistemi, cukierkami, jabłuszkami i mnóstwem świeczek lub kawałków stoczka różno-kolorowego. Czasem pomiędzy gęstwiną wyrobiona szopka i w niej Narodzenie Pańskie, czyli z wosku starannie wyrobione dziecię w żłobku leżące, patrząca nań czule N. Panna i ś. Józef; chuchają na dziecinę wół i osioł, przybiegają pasterze, ulatują anioły, a wszystko jak najbogaciej oświecone.

K o ł y s k a P a n a J e z u s a. „Za Augusta III był jeszcze ten zwyczaj (jak nas rękopis ks. K i t o w i c z a uwiadamia), że w celi ks. Bernardynów w Warszawie, przysposabiano kołyskę Pana Jezusa, w bogate materye i kwiaty ubraną; w niej było wyobrażenie dziecięcia, N. Panna i ś. Józef obok. Zakonnicy klękali w około, śpiewali pieśni z kantyczek, dewoci i dewotki były obecne. Kiedy po wszystkich krajach przedtém starano się religijne uroczystości zmysłowo przedstawiać, i ludowi takie wi-

---

[1]) Proboszcz i z pobliższych miejsc duchowni, albo ich organista, roznoszą jak przedtém po domach pęk opłatków białych, żółtych i czerwonych; teraz i inne kolory przydają. Na tacy przykrytej serwetką je ofiarują, i dostają za to nagrodę, a za p e r o r ę i życzenia, podziękowanie. Łamiący i pożywający opłatki życzą sobie nawzajem doczekać drugiej wilii, w jak najlepszém zdrowiu i powodzeniu.

dowiska czyniły upodobanie, nie dziwmy się, że i u nas był ten zwyczaj" [1]).

Gdy się ludzie d o b r z y dłużej i ochoczo w wilję bawili, wtedy źli używali niegdyś tej doby do korzystania z nieostrożności cudzej, by coś porwać, co się nazywało: s z c z ę ś c i a p r ó b o w a ć. Zwyczaj ten tak się był upowszechnił, nietylko w kraju naszym ale i u obcych, iż stolica Rzymska i sobory kościelne, jako-to: Antyziodoreński, Turoneński i t. d. użyć grozy klątwy na przestępnych przymuszone były.

Jest jeszcze u ludu prostego w zwyczaju, iż drzewa owocowe w sadzie obwiązuje gospodarz domu przewrósłem, którém związana była słoma pod stół (obrus) podesłana, aby lepiej rodziły i nie przemarzły od mrozów. Gospodarz idzie wtedy z siekierą do sadu swego, przystępuje do drzew, które mało lub wcale owoców nie rodzą, zamierza się jakoby je chciał ścinać, lecz odstępuje, gdy żona lub czeladnik prosi za niemi i ręczy, że się poprawią, — i dopiero powrósłem drzewa obkręca.

Boże Narodzenie
25 Grudnia.

Jedno z najprzedniejszych świąt, G o d y niegdyś zwanych. W świecie katolickim radość powszechną kapłani trzema mszami, lud pobożny okazuje śpiewami, które już od północy (od mszy pasterskiej) zaczynać się zwykły.

Przepowiadano, że gdy niéma zimy (mrozu) na Boże Narodzenie, zima pokaże się na Wielkanoc, i przeciwnie. Mówi to przysłowie:

Jeśli pola z i e l o n e, gdy się Chrystus rodzi, —
to gdy zmartwychwstaje,
śnieg z mrozem kołaczom przeszkodzi.

---

[1]) Urządzano je po wszystkich w ogóle klasz·orach Bernardynów i Bernardynek.

Starzy gospodarze uważali długiem doświadczeniem, iż wróżyło to nieurodzaj, gdy:

> Zielone Boże Narodzenie,
> a Wielkanoc biała,
> z pola pociecha mała.

Gdy inne znów powiada:

> Jakie święto God, takie też ostatki (zapusty),
> taka Wielkanoc, — i takie Świątki (Zielone).

Do wesołości świąt należały dawniej komiczne dyalogi, które żaki i publicznie i po domach wyprawiali [1]. Ciż bawią dotąd jeszcze lud jasełkami, w których wystawiają w niezgrabnych osóbkach narodzoną dziecinę na łonie matki lub też złożone na słomie, trzech królów z darami, starego Józefa, skoki i przygrywania pasterzów i wszystkie okoliczności tych dziejów; towarzyszyć im zawsze winien wół i osieł, żyd z żydówką, dyabeł i baba z maślnicą. Wyraz jasełka znaczy kołebkę przykrytą, budkę.

Ś. Szczepan
26 Grudnia.

Świętego Szczepana, pierwszego wiary Chrystusa męczennika, pamięć jest czczona zaraz po Narodzeniu Bożem. Lud dawniej owies na ten dzień święcić dawał, i gdy kapłan miał go

---

[1] Od Bożego Narodzenia rozpoczynają się zabawy karnawałowe, trwające aż do Zapust. Pieką wówczas i smażą na smalcu ciasta karnawałowe okrągłe zwane pączki, i podługowate, kruche, zwane chrust czyli faworki. Pączki, ciasto kuliste, wielkości jabłka (zwykle dużego), z konfiturami lub powidłami wewnątrz, spożywane bywają w największej liczbie w tłusty Czwartek i ku końcowi Zapust.

Gdy szlachta i mieszczanie zamożniejsi zimą w Warszawie dają bale, kuligi, zabawy tańcujące, pikniki i t. d., lud w dnie świąteczne w mnogich zgromadza się szynkowniach, gdzie przy odgłosie katarynki (Dreh-orgel), albo innej okazalszej muzyki, wywija ochocze tany. Sala Wrocławską zwana, za koszarami Mi-

kropić święconą wodą idąc środkiem kościoła, rzucano nań garściami owsa, jakoby dla pamiątki ukamienowanego męczennika.

Dzień ten jest też i dla czeladzi ważnym, zwłaszcza w Mazowszu, iż w tym czasie tak po dworach jak i chatach zmienia się ona. Starający się o nowego sługę gospodarze i gospodynie zmawiają do siebie upatrzonych służących i raczą ich wódką. Że parę dni upływa, nim parobek zgodzi się do którego z gospodarzy i te dnie spędza swobodnie, a jeszcze prosić się go trzeba, by objął obowiązek, więc mówią, że:

   1. Na święty Szczepan — każdy parobek pan.

lub też

   2. Święty Scepán — kazdy se pán.

   3. Święty Scepán — więcej sługa (znaczy) jak pán.

Jasełka czyli Szopka.

Początek Jasełek czyli Szopek odległych sięga wieków. Powstały one bowiem najprzód w kościele katolickim z samego obrazowania wydarzeń, będących podstawą świąt w okresie Bo-

---

rowskiemi zwabiała służących około r. 1820 muzyką janczarską; miała galeryę dla widzów, kiedy inni bawili się tańcem, grali w bilard lub karty.

L a t e m zaś, gdy zamożniejsi rozjeżdżają się na wieś lub za granicę kraju, lud w dnie świąteczne zbiera się do wycieczek na Saską Kępę, na Czyste i t. d., gdzie wabią karuzele i huśtawki, lub zabawia się w licznych ogródkach w mieście i na przedmieściach, gdzie bywają kręgielnie (dziś i teatrzyki), do zasilenia żołądka przekąski i napoje niekosztowne.

Ł. Gołębiowski *(Opis Warszawy,* str. 220) wspomina o odbywanych w Warszawie zabawach z tańcami i maskaradach (za Augusta II maski wchodzić mogły na każdą zabawę w czyjimkolwiek domu, trzy tańce jeden po drugim przetańcowały i demaskowały się albo odjeżdżały). Dawano reduty, renelagi, pikniki, bale i baliki, bale płatne, bale gminne z widowiskami, włoskie śpiewy (koncerta), ognie sztuczne. Teatr stały otworzono dla publiczności dopiero za Stanisława Augusta.

tego Narodzenia oznaczonych. Otóż owe wydarzenia, ściągające się do narodzenia, dziecięctwa i młodości Chrystusa, uważano za stosowne dla pojęcia ludu i dzieci, plastycznie uwydatnić w urządzonych po kościołach jasełkach [1]).

Pierwszy do nich pomysł podał św. Franciszek z Assyżu, żyjący we Włoszech od 1182 do 1226 roku. Zjawiły się one tedy najprzód w całej Europie po kościołach, będących pod zarządem zakonników reguły św. Franciszka, a z nimi przeszedł ten zwyczaj i do nas.

Podług notat, jakie posiadamy do historyi Warszawy, najdawniejsze jasełka wystawiane były w kościele św. Anny przy Krakowskiem-przedmieściu, gdzie pokazywano nadto już nie w kościele, ale w izbie gościnnej przy furcie klasztornej kołyskę Chrystusa Pana. Była to kolébka suto w kwiaty i bogate materye przystrojona. W kolébce leżała osóbka Pana Jezusa, miary zwyczajnego dziecięcia, 'a nad nią stały figury N. Panny i św. Józefa. Wystawiano ją raz w rok w sam dzień Bożego Narodzenia, w którym to czasie odbywały się przy niej śpiewy i grała muzyka. Najpiękniejsze atoli jasełka ruchome pokazywano jeszcze na początku zeszłego stulecia w kościele św. Antoniego (Reformatów) przy ulicy Senatorskiej. Była tam urządzona szopka, w której lalki na sprężynach wyprawiały rozmaite sceny z historyi Narodzenia Pańskiego. Lecz gdy często zaczęto przytém pokazywać niesmaczne dziwolągi, obrażające przybytek święty, z tego względu zakazał je najsurowej biskup Czartoryski, nietylko w Warszawie po wszystkich kościołach, ale i w całej dyecezyi, dekretem wydanym w r. 1711. Za jego przykładem zakazywali podobnych przedstawień i inni biskupi. Zaczém, ruchome jasełka zupełnie z kościołów usunięte, przeniosły się do prywatnych domów i zakładów przemysłowych. Takie prywatne jasełka były w r. 1749 na Pradze pod Warszawą w domu obywatela tamtejszego Zawadzkiego. Składały się one z tysiąca

---

[1]) Obacz Gołębiowskiego: *Gry* i *zabawy*. — *Pamiętnik religijno-moralny*. Warsz. — *Kalendarz* warsz. Jaworskiego na rok 1856: *Szopka* przez Sewerynę z Żochowskich Pruszakową. — *Tygodnik illustr*. Warsz. 1860, n. 15: Szopka warszawska p. Wacł. Szymauowskiego. — *Pamiętnik muzyczny i teatralny*. Warsz. 1862. 2—15: *Jasełka* p. Józefa Sikorskiego.

figur, wyprawiających obok nabożnych i świeckie najzabawniej-
sze sceny, na których oglądanie spieszyła cała Warszawa.

Przeistoczone w ten sposób jasełka, zmieniły się z czasem
na obnoszone po ulicach szopki, które właściwie są pomysłem
francuzkim [1]. Niejaki bowiem Jan Brioche, dentysta w Paryżu,
będący w krytyczném położeniu, aby się z kłopotów wydźwignąć,
wpadł na myśl nowego zarobkowania, urządzając w roku 1680
przenośne jasełka, i z takiémi szopkami zwiedzał Francyą i kraje
okoliczne, gdzie dużo zarobił pieniędzy. Tak zaś były zręczne
i sztuczne w tych szopkach przedstawienia, że w Szwajcaryi
oskarżono go o czary i wzięto do więzienia, z którego wtedy dopiero został uwolniony, gdy wyjaśnił mechanizm swojich lalek.

Brioche umarł w r. 1700, lecz szopki jego miały już wzię-
tość ustaloną, a coraz dalej rozpowszechniając się, ukazały się
obnoszone po ulicach Warszawy pierwszy raz w r. 1701, jak to
zapisał w swojich notatach obywatel warszawski Janicki. Z początku współzawodnicząc z jasełkami po kościołach, przedsta-
wiały one także wyłącznie sceny religijne, ale gdy tamte upadły,
zaczęły włączać rzeczy świeckie, przeplatać je śpiewkami, naśla-
dować przedstawienia teatralne i t. p. Wreszcie stopniami z rąk
do rąk przechodząc, zeszły na rodzaj przemysłu, który teraz
wyzyskują dowcipni i obrotni ulicznicy warszawscy.

Ł. Gołębiowski (według Kitowicza) mówi: „Był zwyczaj,
że po kościołach ruchome pokazywano jasełka. Najpiękniejsze
w Warszawie bywały u ks. Kapucynów, Reformatów, Bernardynów, Franciszkanów; okazywano je od obiadu do nieszporów.
Wyobrażały narodzenie Pańskie, trzech króli, inne przytém sceny: to wojskowych, to pochód, zabawy, miłostki i tańce; to
szynkarkę, dojące krowy dziewczęta; to dziadów, żyda nareszcie
oszusta, którego porywał i unosił diabeł. Że sceny i deklamacye
pokazujących, za-nadto silne wzbudzały śmiechy, uniesienia radości, hałasy, a czasem bywały gorszące, przychodziło do tego,
że zgromadzenie widzów i pokazujących sztuki, rozganiali słudzy
kościelni. Zakazał nareszcie jasełek ruchomych po kościołach
Czartoryski, biskup Poznański. Wszakże gdzie-niegdzie pozostały
doborniejsze, więcej pobożne, nieruchome szopki; i te spowsze-

---

[1] *Tygodnik illustr.* Warsz. 1867 n. 381.

dniały atoli; przeniosły się jednak, zwłaszcza pierwsze, do partykularnych domów, do szynków. Okazywano je w stolicy, po miastach, miasteczkach i po wsiach od Bożego Narodzenia aż do Zapust; bawiły lud i dzieci; czasem i możniejsi przypatrywać im się lubili, a przedsiębiorcy okazując je, śpiewali pieśni z kantyczek, prawili oracye, brali nagrodę, która niemały czasem przynosiła im dochód z całej pielgrzymki".

Szopka warszawska.

Szopki pokazują się już w pierwsze, a bardziej jeszcze w drugie święto Bożego Narodzenia na ulicach Warszawy, zkąd są wzywane do domów prywatnych dla uweselenia dzieci i służebnej gawiedzi. *Kuryer Warszawski* z r. 1848, nr. 18, pisze: „Wyjrzyj tylko ze zmierzchem na ulicę, a spotkasz się niewątpliwie w krótkiem bardzo czasie. z niejedném towarzystwem żaków, z których najsilniejszy, jak ów A t l a s, co podług podań bajecznych, kulę ziemską dźwigał, dźwiga ogromną s z o p k ę z j a s e ł k a m i; reszta zaś jego towarzyszy, cudacznie ubrana, otacza tę główną figurę, niosąc różne rekwizyta do szopki przynależne. Wezwani do domów, żaki owe, przy okazywaniu szopki i figurek w ruch wprowadzonych, recytują niekiedy oracye, a głównie nucą pieśni rozmaitej treści".

„Szopki warszawskie (jak twierdzi Anczyc) nie dorównywają krakowskim. Składają się zwykle z dwóch czworobocznych wieżyczek, niezgrabnie z papieru uklejonych, pomiędzy któremi dach zwyczajny papierowy się wznosi; długość ich i wysokość nie przechodzi trzech stóp, i zwykle jeden człowiek na plecach je nosi. Przybór wewnętrzny niedbały, firanki nie odznaczają się czystością, ani ozdobnością sukienek. Przedstawienie samo również niema wartości pod względem pamiątkowym ani w dyalogach ani w pieśniach" (obacz: *Lud*, Serya V, str. 209).

Nadmieniamy, iż jakkolwiek sąd Anczyca surowy, do ogółu szopek warszawskich zastósowany, może być słusznym, to jednak w szczegółach bardzo liczne widzimy .wyjątki, gdyż wśród małoznaczących ukazują się szopki większe, ozdobniejsze, a i dyalogi dosyć przy nich bywają zajmujące; lubo nie przeczymy, iż — dawniejszémi mianowicie czasy — często i niedorzeczne także słyszeć się wśród nich dawały elukubracye. Okoliczność ta spowodowała niektórych literatów i nauczycieli warszawskich do zastąpienia ich utworami lepszej faktury; wszakże w drugą ypadnięto ostateczność, dając dyalogi gładkie wprawdzie i rozumne, ale najczęściej bez interesu dla badaczy, jako pozbawione naturalnego wdzięku i dziecięcej nieraz prostoty w pieśniach zawartej i gadkach tradycyjnych.

Przedstawienie rozpoczyna zawsze jedna z pieśni kolendowych, narodziny Chrystusa opiewających, znanych z kantyczek.

Po jej ukończeniu. podnosi się zasłona szopki, i występuje na scenę kominiarz, który śpiewa:

1.

Choć'em czarny choć'em brzydki a—lem chłopiec grzeczny, nie dbam wcale

na dźwięk marny kiedy'm po—sy— teczny.'

1. Choć'em czarny, choć'em brzydki
   ale'm chopiec grzeczny,
   nie bdam wcale o dźwięk marny,
   kiedy'm pożyteczny.

2. Co-by to na świecie było,
   gdyby nas nie stało?
   Dla tej myśli wszystko miło,
   ruszam w komin śmiało.

3. Za cóż ja wam tak niemiły,
   za co wam obrzydłem?
   Kogo zbrodnie oszpeciły,
   ten-to jest straszydłem.

Potém ukazuje się chłopiec z woreczkiem piasku na plecach i śpiewa:

2.

Piaskarz jestem swego ro—du, nacier—pię się zimna, gło—du,

Pia—sku bia—łe—go wi — śla — ne—go.

1. Piaskarz jestem swego rodu,
   nacierpię się zimna, głodu.
   Czy mam narzékać dla tego,
   ten głos leci z gardła mego:
   piasku białego,
   wiślanego!

2. Niech alegant głodny, modny,
   błyskotkami bidę kryje;
   ja wytropię i pokażę
   i opowiem, jak on żyje.
   piasku białego,
   wiślanego!

3. Piaskarz jestem z mego rodu,
   z piasku żyję i dla niego,
   nacierpię się zimna, głodu;
   czy mam narzekać dla tego.
   Piasku białego,
   wiślanego.

4. Niech alegant płacze, ślocha
   przed ołtarzem modły wznosi,
   że pod pachą złego nosi,
   każdej powiem, co go kocha.
   Piasku białego,
   wiślanego!

Po nim wychodzi na scenę druciarz Góral i śpiewa pieśń rzewną, zamieszczoną w Seryi XIII n. 98.

Po druciarzu wpada rześki Krakowiak w czerwonej rogatywce, z peleryną u sukmany, zdobną w świecące blaszki i z mosiężnémi kółeczkami u pasa, i śpiewa:

tekst ob. *Lud*, Ser. VI n. 271.

Niebawem wsuwa się téż i pożądana przezeń Krakowianka.

5.

Od te—re—ma do te—re—ma je—sce mo—ji Ja—guy niema.
Wychodź Jagna, wychodź żywo, bo cię ce—kam nie—cierpli—wo

O—li da da—li da je—sce moji Jaguy nie — ma.
bo cię cekam niecier—pli — wo.

Kiedy rola zaorana,
będą dobre żniwa.
Ja się roboty nie boję,
jestem tęga dziwa.

Cyli w piątek, cy w sobotę,
nie będzie mitręga,
ja się roboty nie boję,
Krakowianka'm tęga.

Poczém ucałowawszy się, stają obok siebie, a dotykając się bokami, intonują razem:

6.

Al—bośmy to ja—cy ta—cy, toć—my kra—ko—wia—cy. Cerwo—na
fartuch o —

ca—pe—cka i bia—łä suk—ma—na,
ko—li—sty i wianek sier—dzi—sty.

Złożywszy publiczności ukłon, odchodzą. Czasami jednak, nim odejdą, wpadnie na scenę małe krakowskie wesele, które wraz z niemi skacze, a muzyka przygrywa:

7.

Gdy się wesele wyniosło, pojawia się majtek w kurtce i gatkach z płótna żaglowego, z wiosłem w ręku, którém wciąż machając, śpiewa:

8.

Maj — tek ubogi   puścił się na morze,   sostawił żon—kę ślicznicjeszą jak zorze
Żono kocha—na,   czyjeż to jest dzićcie.   Mężu kocha — ny, Pan Bóg mu dał życie

tekst obacz *Lud*, Serya XVII, nr. 13.

Po nim wychodzi Niemiec, Francuz, lub téż Węgier z olejkami.

9.

Po - lak Węgier dwa bra—tanki,   i do szabli   i do szklanki

Czy w Warszawie   czy to w Budzie,   zawsze myśmo   do—brzy ludzie

Po odejściu węgierskiego olejkarza, wyskakuje dziarski Mazur i Mazurka i tańczą mazura, do czego przygrywa muzyka.

Ob Ser· XIII nr 112, Ser. VI nr 586   **10.**

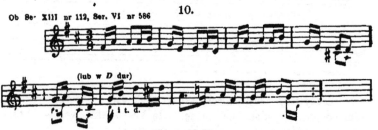

(lub w *D* dur)

i t. d.

Po Mazurze wychodzi Wielkopolanin w szarej kapocie i wysokim kapeluszu.

Nuta Ser. XII. nr 471. Ser XIII. nr 136.   **11.**

I—dę so — bie w swoją po — dróż, w tak swo — bo—dne czasy,

i—dę (sobie) do méj lu—béj bes bo—ry bes   la—sy.

Teraz wpada na scenę w podskokach i prysiudach Kozak i śpiewa:

12.

Jedzie kozak z U—kra—jiny pod—ków — ka — mi krze—sze,

ja—dzie za nim grzeczna panna zło — ty warkocz cze — sze

1. Jedzie kozak z Ukrajiny,
   w podkóweczki krzesze,
   jedzie za nim grzeczna panna
   złoty warkocz czesze.

2. Czesała go grzebieniem,
   czesała go szczotką,
   smarowała miodem gębę,
   żeby miała słodką.

3. Siedzi baba na dachu,
   trymaje tabaku,
   przyjechali kozaki:
   dawaj babo tabaki! —
   — Ja tabaku ni-maju;
   dawaj babu samuju!

Obacz *Lud*, Ser. V, str. 217, n. 24.

13.

Na téj górze mo — gi—la, sta—ja—ła tam dziewczyna.

1. Na tej górze mogiła,
   stojała tam dziewczyna,
   ćwiet kaliny łamała,
   na kozaka kiwała.

2. Pójdź kozaku Zawoju,
   ja ci konia napoju,
   i siana mu założę,
   i wody mu naleję.

3. I wieczerzę zgotuju
   i sama się najedżu.
   Białe łoże uścielę,
   i sama się układę.

14.

Miała matu — linka siedem córek za — zem: je—dnéj by—ło
trze—ciéj by—ło
pią—téj by—ło

U—li—janna, dru—gi by — lo   Ma—ryjanna,   by—ło   Ma — ry—jan—na
Ka—tary—na, czwarty by — lo   Podpe—ryna,   by—ło   Pod — pe—ry—na
Te—o—dora,   só—sty by — lo   Nasie—bryna,   a siódméj Ko — sty—ja.

Miała matulińka siedmiu synów razem: i Uryś i Baryś i Uryła i Baryła,
i Iwan i Dywan i Nikita sam.
Ser. XIII n. 402.

Wchodzi następnie na scenę odstawny żołnierz, i (niby-to
po rossyjsku) śpiewa:

15.

Szto ja bi—dny   sołdat,   szto ja na—ro — dił sia,   ko—nik wrody

ja mo—ło—dy szto ja nie że — nił sia.

1. Szto ja bidny sołdat,
   szto ja narodił sia,
   konik wrody, ja mołody,
   szto ja nie żenił sia.

2. Kazała mi maty
   konika predaty,
   a mnie maty, a mnie maty
   na wojnu wysłaty.

3. Jedź synu na wojnu,
   wojnu niespokojnu,
   a skoro sia skończy wojna,
   to pryjiżdżaj do mnia.

4. Z wojny pryjichaty,
   nima szczo kuszaty; —
   nad haziajką, nad haziajką
   szablą wytręsaty.

5. Haziajka sia boji,
   pry kominku stoji,
   a kozaczek w lustereczki
   wuśiki se stroji.

6. Wuśiki (wąsy) se stroji,
   czupryneczku musce —
   a daj-że mi, Panie Boże,
   do Rossyji jesce.

7. Boć ta w tej Rossyji
   jest-ta chleba dosić,
   a w tej w Polszce jeszce sie trza
   o kartośki (kartofle) prosić.

Zaledwie żołnierz zeszedł ze sceny, a już wskakuje na nią
wąsaty huzar i śpiewa:

16.

Jestem ci ja   u — zar   s pułku ce—zar — skie—go,

nie znaj—dzie   na świe—cie   drugie—go   ta — kiego.

1. Jestem-ci ja uzar
   z pułku cesarskiego,
   nie znajdzie na świecie
   drugiego takiego.

2. Kędy ja stojałem
   dwa dni na kwatérze
   w Warszawie u żyda, —
   dziś zaśpiewam scérze.

3. Tam to przy ulicy
   onej Ogrodowej,
   u staro-zakonnej
   Sury Abramowy.

4. Ślicną-ci kwaterę
   przez te dwa dni miałem,
   szczęście, że z drabiny
   karku nie złomałem.

5. A ja uzar młody,
   chcąc swojej wygody,
   proszę ją o wódkę,
   ona dała wody.

6. Ja się rozgniewałem
   na żydówkę młodą,
   wąsa podkręciłem,
   tupnąłem se nogą.

7. Ściany się zatrzęsły,
   szyba w oknie pękła,
   aż się Abramowa
   klassycznie przelękła.

8. — O co panu chodzi!
   cokolwiek szabasu,
   zlituj-że się waspan,
   nie rób mi hałasu.

9. Dam waspanu wódki,
   na przekąskę chały,
   aby te strzelania
   w domu poprzestały.

10. — Ja'm się wódki napił,
    jeszcze'm bardziej hojny,
    aż Abram wychodzi:
    „bądź waspan spokojny!

11. — O co panu chodzi!
    cokolwiek szabasu,
    zlituj-że się waspan,
    nie rób mi hałasu!“

12. — Ja'm się barszczu najad(ł),
    znowu po swojemu:
    — idź-że z Panem Bogiem,
    daj pokój każdemu.

13. Już się szabas kończy,
    trzeba nam się cieszyć,
    świczki pozapalać,
    do bóżnicy spieszyć.

14. Albo wór na plecy,
    handel! — handel! — śpiewać,
    Surę z bubrem wysłać,
    choć się będzie gniéwać.

15. Na to nie uważaj,
    niech śledziem handluje,
    niech żyd jako może,
    gojmów oszukuje.

16. Na to nie uważaj,
    chociaż w kark dostanie,
    zawsze trza pochlebić:
    kup, wielmożny panie!

17. Żyd-ci, żyd, żydem był,
    i żydem zostanie,
    choć mu brodę zgolą,
    już ma odwołanie.

   Tu do żydówki:

Daj buzi! bo już sie siabes kończy.

(Uzar ją całuje i ucieka) [1]).

Zaledwie huzar zeszedł ze sceny, wpada kilku chłopców z dziewczyną, i skaczą przy śpiewie:

---

[1]) Prócz tych śpiewów, wtrącają często różne aryjki z oper, pieśni rzewne i czułe melancholików i więźniów i t. d., które wkładają w usta różnym figurkom, ubranym z miejska lub ze szlachecka, występującym na scenę między wyżej opisanemi.

17.

Za gó — ra—mi za la — sa—mi tań←co—wa—ła

Mał—go—rzatka z chłopá — ka—mi

1. Za górami,
   za lasami
   tańcowała Małgorzatka
   z chłopakami.

2. Przyszedł ojciec,
   przyszła matka:
   pójdź do domu, pójdź do domu
   Małgorzatka.

3. Oj nie pójdę,
   daję słowo,
   mam czépeczek, mam czépeczek,
   suknię nową.

4. Mam sukienkę
   z falbanami,
   i czépeczek i czépeczek
   z wstążeczkami.

5. Małgorzatka
   tańcowała,
   póki się nie, póki się nie
   podstarzała.

6. Nie ma już pięknej
   kochanki;
   Baba nosi, Baba nosi
   obwarzanki.

7. Ojciec, matka
   leżą w grobie;
   Małgorzatka, Małgorzatka
   słocha sobie.

8. Pocznie w zimno
   w palce dmuchać:
   oj trza było, oj trza było
   matki słuchać.

Lud, Ser. IV n. 247.

Po ich odejściu, wchodzi na scenę żyd i wyrzeka wciąż: aj waj, aj waj! (o weh!). Wkrótce potem przybywa zgrabna jak panienka żydóweczka, a chłopcy za sceną śpiewają:

18.

I—dzie ży—dek drogą płacze lamen—tu—je Czego żyd—ku płaczeszľ

Rad—by ja Panna go się do—py—tu—je że—by ze—by śniada—neczko?

Jad—by ju, Jad—bi ja.
Zyd ska—cze ——————— zyd ska—cze.

1. Idzie żydek drogą,
płacze, lamentuje.
Czego żydku płaczesz?
Radby ja.
Panna go się dopytuje:
żeby, żeby śniadaneczko?
Jad(ł) by ja.

2. Idzie żydek drogą,
Płacze, lamentuje.
Żeby do pokoju?
Radby ja.
Panna go się użaliła,
do pokoju go wpuściła.
— Żyd płacze.

3. Idzie żydek drogą,
płacze, lamentuje.
Żeby do łóżeczka?
Radby ja.
Panna służeczkę posłała,
łóżeczko mu słać kazała.
Żyd skacze.

Poczem tańczą tak zwanego Chussyta (Chassydym).

19.

Żydzi stawają w tym tańcu naprzeciwko żydów, a żydówki naprzeciwko żydówek, i kiwając się robią do siebie lekkie prysiudy, wreszcie obracają się jedni koło drugich, nie dotykając się rękami. Wreszcie biorą się wszyscy za ręce i formują koło. Po kilkokrotnym obrocie koła w prawo i w lewo, chwyta każdy żyd swoją żydówkę w pas i rozpoczynają polkę szybką (Chojnackiego), zwaną Fajgele-Bajgele.

20.

Polka

Gdy tancerze znikli, ukazuje się król Herod w purpurowym płaszczu, złotej koronie na głowie i z berłem w ręku, i śpiewa:

21.

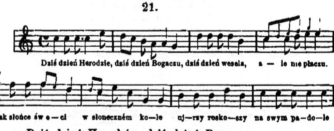

Dziś dzień Herodzie, dziś dzień Bogaczu, dziś dzień wesela, a — le nie płaczu.

Jak słońce świe — ci w słonecznem ko—le uj—rzy rosko—szy na swym pa—do—le

Dziś dzień Herodzie, dziś dzień Bogaczu
dziś dzień wesela, ale nie płaczu.
Jak słońce świeci w słonecznem kole, —
ujrzy (użyj?) rozkoszy na swym padole.

21.

Herod (mówi): Jestem król Herod, z miesiącem, gwiazdami,
   cały fermanent pod memi nogami.
   Nie! — dochodzi mnie jaka-taka nowina,
    co jest w Betlejem dziecina,
    że ma za mnie panować,
    i w tej Judeji królować.
    Nie dozwalam tego!
   Proszę mi zawołać ferdmarssałka mego,
    lub syna mojego. (Dzwoni).

Wódz czyli feldmarszałek wchodzi i zapytuje:

   Stoję - ci królu mości
  i słucham jak dzwonka powinności.
  A co królu rozkażesz, i Panie,
   natychmiast się stanie.

Herod. Dobrze! ferdmarssałku!
  wszystkie małe dziatki rąbajcie, siekajcie,
  i memu synowi także pardonu nie dajcie!

Wódz wychodzi. Herod się przechadza niecierpliwie.
Po chwili wódz wraca i mówi:

Już wyrąbane i wysiekane wszystkie małe dziatki.
Jedenaście tysięcy na placu złożyli,
i twojego syna ze świata zgładzili.

Herod: Cóż za marna godzina,
co'm stracił swojego syna.
Z tego smutku i frasunku
niech mi przyjdzie straszliwa śmierć do poratunku.

Śmierć się pokazuje z kosą w ręku. Herod zadrżał i poczyna
żałować, że jej wzywał. Głos z poza szopki odzywa się.

Tak nierychła pora,
wychodzi śmierć skomora (v. skora).
I już chciałaby się porwać na króla mocnego,
który ma pałasz u boku swego.

Śmierć się zamierza, podnosząc kosę.

Herod: Ach! stój! damo jasnej kości
i utamuj swoje złości.
Dam ci purpurę złotą.
Żebym był wiedział o tém,
że mnie masz tak marnie z tego świata zgładzić,
wolałbym cię na swój tron posadzić.

Śmierć: Nie wtenczas królu do wyroku,
kiedy straszliwa śmierć przy boku.
Nie pomogą złote purpury,
kiedy śmierć weźmie w swoje pazury.

Herod: Ach, stój! damo jasnej kości,
dam ci złotą purpurę, okryj swoje kości.
Chciałaż-byś się porwać na króla mocnego,
który ma pałasz u boku swego.

Śmierć: Dziś ja od ciebie mocniejsza,
królu Herodzie!
bo miesiąc z gwiazdami,
cały fermanent pod memi nogami.

Tu ucina głowę Herodowi.

Śmierć: Wychodź czarcie, bierz co swego,
nabroił on tu dosyć złego.

Wchodzi djabeł.

Djabeł: Dręczyłeś, męczyłeś niewiniątka swoje,
teraz będę dręczył, męczył, w piekle duszę twoję.

Chodź na łyse-góry,
tam ja ściągnę z ciebie skóry.
A potém chodź do piekła,
tam ci się już kukiełka upiekła.

Djabeł porywa i unosi ciało Heroda.

Wchodzi dziad w zakonnym kapturze, i potrząsa torbeczką
prosząc o datek:

22.

Berna—dyn—ci ja u—bo—gı niemam nic go — dne — go,
tylko pan—to — fel — kı z drzewa lı—po — we — go.

1. Bernardyn-ci ja ubogi,
   niemam nic godnego;
   tylko pantofelki
   z drzewa lipowego.

2. Paciorki kokowe,
   co u pasa noszę,
   a ja państwa dobrodziejstwa
   o pieniążki proszę.

Serya XIII, n. 413.

Wlaz(ł) do jeziora, — i umaczał się,
wlaz do komina, — i ususzył się.
Spalił sobie rękawice
i półtory nogawicy.

23.

Wiem ja że ko—len — decz — kę w tym do—mu do—sta — nie — my,
w tym domu do—sta — nie — my.

Wiem ja że kolendeczkę w tym domu dostaniemy,
i z wielką téż radością do drugich ztąd pójdziemy.
A jak nie dostaniemy,
to w smutku odeńdziemy,
i będziemy rozgłaszali,
że nam państwo nic nie dali.
Hej kolenda!
kolenda!

Ś. Jan Ewangelista.
27 Grudnia.

Pamiątkę świętego Jana zachowują w niektórych kościołach w ten sposób, iż gdy wedle dawnego podania, nic świętemu temu nie szkodziła na zdrowiu wpadła w napój trucizna, kapłan z kielicha wina kosztować daje.

Młodzianki.
28 Grudnia.

Trzeci dzień świąt Bożego Narodzenia, obchodzono niegdyś przed laty, równie solennie jak trzeci dzień Wielkiej-nocy i Zielonych świąt. W czwartym dniu Bożego Narodzenia, na pamiątkę krwi młodzianków przez Heroda rozlanej, po mszy z kielicha winem obecnych napawa kapłan.

Młodzianków święto, czyli dzień młodziankowy, raczej-by dniem niewiniątek (festum Innocentium) zwać się powinien. Radowały się zawsze w tym dniu dzieci z upominków, które im w tym dniu dawano, z zabaw różnych, i z widoku wystawującego wprawdzie okrucieństwo Heroda, ale z tysiącznémi pomięszanego śmiesznościami.

Ś. Sylwester.
31 Grudnia.

Wigilia Nowego roku.

Święto Sylwestra czyli Lasoty, na ostatni dzień roku przypada. W wielu domach jest w używaniu niemiecki zwyczaj obchodzenia go zabawą, i czekania w licznej drużynie godziny dwunastej północnej, by słowem i kielichem uczcić przybycie roku nowego.

Wójcicki mówi, iż: Wigilia Nowego roku i dzień jego pierwszy, jako radosna chwila szczęśliwie przebytego, a nadzieja przyszłego, życzeniom powodzeń i upominkom rodzinnym przeznaczona.

Ł. Gołębiowski (Lud polski, str. 315) mówi: „Weźmy na uwagę, że podobnież jak Rzym zaczyna rok kościelny od Bożego Narodzenia, i my go zapewne tak kiedyś zaczynaliśmy. To nam wyjaśni, dla czego wiele zwyczajów spólnych jest wilii Bożego Narodzenia i wilii Nowego roku. Na łowach i w karty szukają w obu tych dniach szczęśliwej na rok przyszły wróżby; inny obyczaj (miłości, datku) już samej tylko wilii Nowego roku służy; może przedtém i pierwszej należał. Szczęścia w miłości szukają, pozyskując od ulubionej osoby łaskawe słowo albo podarunek jaki; pomnożenia dostatków, przez jakiś datek od możniejszych. Ztąd może pochodzi i żartobliwe **przywłaszczenie** sobie w tym dniu cudzego sprzętu jakiegoś, który potem zwracają uczciwi, — zachowują zaś, co politycznie i niby-to godziwie ukradli, źli ludzie".

STYCZEŃ.

Kalendarz warsz. Gałęzowskiego na r. 1830 mówi:

„Mołeby naród żaden lepiej od nas źródłosłowa każdego z 12tu miesięcy wyprowadzić nie mógł. Tak Styczeń można brać z Kopczyńskim od stykania się roku starego z nowym; albo wedle Gołębiowskiego od życzenia w dniu tym niegdyś powtarzanego: „Bóg cię stykaj!" albo nareszcie z wyrazu Stydzeń lub Studzeń, który w języku sławiańskim zimny lub mroźny znaczy; wszak i teraz: studzić i ziębić są jednoznaczne wyrazy. Styczeń jest u nas miesiącem najtęższej zimy.

Nowy-rok.
1 Stycznia.

Ten dzień, iż nietylko miesiąc ale i rok nowy zaczyna, oddawna w narodach uobyczajonych, chrześciańskich, świetnie i z nabożeństwem był obchodzony, jako czas upominków, oświadczeń i życzeń, o których spełnienie łaski Niebios się uprasza. U nas bardzo wygodną modą są świstki (kartki czyli bilety), znaczone nazwiskiem, godnością osób i pierwszémi zgłoskami życzeń.

Ł. Gołębiowski (*Lud polski*, str. 291) mówi: „Przedtém na Nowy rok spotykano się z życzeniem: „Bóg cię stykaj!"

Polecano się tym sposobem błogosławieństwu Wszechmocnego. Znakomitszym członkom rodziny, osobom, dla których były obowiązki, albo komu przez to uszanowanie okazać chciano, dzieci prawiły oracye, żaki perory, sadzili się na koncepta dworscy, i ksiądz z ambony kończył swe kazanie, dziedzicowi i wszystkim parafijanom winszując. Podobnież za powrotem z kościoła, na obiad zaproszeni goście oświadczyli życzenia, by rok zaczęty przepędzony był w zdrowiu i szczęściu i nawzajem odbierali powinszowanie. Ci, których się spodziewano, a przybyć nie mogli, wyrażali to na piśmie przez umyślnych posłańców i listowną otrzymywali odpowiedź. Wiedziano każdemu co życzyć: tym dostatków, tym wyższych dostojeństw, rodzicom pociechy z dziatek, pannom i kawalerom dobrego zamężcia i ożenienia, a wszystkim błogosławieństwa niebios i długiego wieku (życia). Dziś (1829) to wszystko wyszło z mody. W mieście biletami [1] wizytowémi (w kopertach) z wyrażeniem swego imienia, nazwiska, urzędu i z dodaniem początkowych tylko liter po francusku p. f. l. n. a. (pour féliciter la nouvelle année) albo po polsku z p. n. r. (z powinszowaniem nowego roku), które służący roznosi lub powozem pańskim rozwozi, cały ten obrzęd się odbywa. Nie sili się tu dowcip, unika się trudu wszelkiego, ale téż grzeczność i uprzejmość starożytna niknie; dopełnienie jej lokajom i próżnej karécie przekazane; pan się tém nie zmęczy ani pani. Co do prowincyi: tam się tylko jedzie na nowy rok pospolicie, gdzie się wielkiego zebrania, wspaniałej uczty i tańców spodziewać można, jak np. bywało to w domu Steckiego, chorążego wielkiego koronnego. Mruknieniem słów kilku za przybyciem odbywa się powinszowanie, i jak gdyby to ciężyło niezmiernie, jeszcze z tego pokątnie szydzą" (?).

Furmani, rozwożący piwo po szynkowniach w Warszawie, kładą w nowy rok na siebie odświętny ubior i zebrawszy się po kilku, chodzą od szynku do szynku, a stanąwszy na ulicy przede drzwiami sklepowemi, obwieszczają klaskaniem z biczów, iż im

---

[1] Obecnie w miejsce rozsyłania szczegółowego biletów i kartek, ogłaszają niektórzy ogólnikowo te życzenia w jedném z pism publicznych, dołączając do ogłoszenia datek pieniężny dla ubogich.

się należy wynagrodzenie za całoroczne trudy. Klaskanie to jest zarazem powinszowaniem noworocznóm.

Przesąd. To, co w nowy rok robiłeś, będziesz robił przez cały rok. Jak ci się wiedzie w nowy rok, tak ci się będzie wiodło przez cały rok. Jeśli odbierasz (lub wydajesz) pieniądze, będziesz je odbierał (lub wydawał) przez rok cały.

Wójcicki przytacza kilka przysłów, odnoszących się do przyrostu dnia i wróżby urodzajów:

1. Na nowy rok,— przybyło dnia na zajęczy skok [1]).

2. Nowy rok pogodny, — zbiór będzie dogodny (v. dorodny).

3. Na nowy rok pogoda, — będzie w polu uroda.

4. Na nowy rok jeśli jasno,
   i w gumnach téż będzie ciasno.

5. Gdy nowy rok mglisty,— jeść ci będą glisty.

24.

Nuta nr. 33.   Od Czerska.

1. Witaj królewicu,
   niebieski dziedzicu.
   Nowy rok nastaje,
   nám kolędę daje.
   Hej kolęda, kolęda.
2. Kaz śpichlerz otworzyć,
   nám wory przysporzyć.
   Rzuć grochu białego,
   barana do tego.
   Hej kolęda, kolęda.
3. Dajcie nám jędora
   z tutejsego dwora.
   Jak jędora zjemy
   łaskę wyświadcemy.
   Hej kolęda, kolęda.

4. Dajcie nám pieconkę,
   włozemy w kiesonkę.
   Jak pieconkę zjemy,
   łaskę wyświadcemy.
   Hej kolęda, kolęda.
5. Dajcie nám kiełbaskę,
   włozemy pod paskę (pachę).
   Jak kiełbaskę zjemy,
   łaskę wyświadcemy.
   Hej kolęda, kolęda.
6. Káz stoły nakrywać,
   talerze rozgrzewać,
   zeby nie skrzypiało
   to wołowe ciało.
   Hej kolęda, kolęda.

---

[1]) Obacz *Lud*, Ser. V, str. 25. — Ser. XVII, str. 167· n. 1.

7. Dáj nám talar bity,
   boś pán wyśmienity.
   I cerwony złoty,
   dla lepsej ochoty.
   Hej kolęda, kolęda.

8. Pani gospodyni,
   nie bądź taka sknera;
   daj nám bochen chleba
   i półkopy séra.
   Wódki flaską i kiełbaską
   rac(z) nas poczęstować.
   Hej kolęda, kolęda!

Lud. Ser. IX, str. 117.

K. Kozłowski: *Lud,* str. 184.

(Początek podaje Maciejowski w *Bibl. Warsz.* 1860).

KOLENDA.

Od święta Bożego Narodzenia poczyna się kolenda. Wywód pospolity wyrazu kolendy, od źródłosłowu grecko-łacińskiego Kalendae, znaczącego pierwszy dzień miesiąca, jest najstosowniejszy i najpodobniejszy do prawdy, — a nie zaś, jak chcą niektórzy, od zginania k o l a n przed s z o p k ą, co miewało miejsce. Wszak na początku roku, pierwszych dni (Calendae Januarii) niektórzy z cesarzów rzymskich odbierali pospolicie podarki, inni je i ludowi szczodrze rozdawali, na pamiątkę złotych wieków Saturna, w których ludzie datniejsi być mieli.

Zwyczaj nazwał wyrazem kolendy wszelkie upominki, jakie gospodarze czeladzi, rodzice dzieciom, sąsiedzi sąsiadom w tym czasie dawali. Czeladź bowiem domowa, kominiarczyki, rzemieślnicki, muzykanci, woźni, woźnice, królewska nawet liberya chodziła przedtém po kolędzie, jak niemniej duchowni, słudzy kościelni i żaki (szkolne), — ci ostatni zwykle nucąc pieśni kolędowe o Narodzeniu Chrystusowém.

Ł. Gołębiowski (*Lud polski*, str. 315) powiada: „Kolęda bywała czasem znacznej wielkości i wartości. Magnat dawał niekiedy wieś, konia z sutym rzędem, puhar srebrny, albo kieszę napełnioną złotem. Inni raczyli ofiarą flaszki wódki gdańskiej, pierników toruńskich, albo usposobili się w tychże zapas dla przyjmowania odwiedzających siebie (ich) wtenczas. Teraz: cukiernie, stragany, sklepy z lalkami, a l m a n a k i czyli kalendarzyki z rycinami cudzoziemskie, a nadewszystko modniarki, dostarczają upominków na kolędę".

Zajmowała tedy u nas kolęda plebanów, którzy podług rozporządzenia soboru Piotrkowskiego z r. 1628 odwiedzać wszystkie domy swych parafijan, obeznawać się z nimi, spisywać ludność, badać o naukę chrześciańską powinni byli. Zwyczaj ten był bardzo pożyteczny, póki go nadużycie nie skaziło. Pleban gdy miał przybyć do wsi z kolędą, organista w przeddzień uwiadamiał mieszkańców, obchodząc wieś całą z dzwonkiem. Ksiądz ubrany w szaty kościelne, dzwonkiem też ogłaszał swe przybycie do każdego domu, i stanąwszy przed drzwiami izby, zaczynał pieśń kolędną z organistą i żakami, których brał z sobą, kończył ją wchodząc do izby; poczém dawał krzyż do pocałowania domu tego mieszkańcom, i na przygotowanym stole go stawiał. Po przemowie krótkiej, pytał się domowników o katechizm, a poczęstowany i obdarzony, odchodził do drugiego domu. Dwory, zwłaszcza zamożne, okazalej przyjmowały kolędujących plebanów, i owszem, przyjęcie ich dawało powód w domu szlacheckim do wieczornej uczty. Często plebani lub organiści na kolendę występowali z nową swego układu pieśnią, ztąd tyle ich o Bożém Narodzeniu mamy. W wielu miejscach nadania pierwiastkowe udzielają wolności plebanom pobierania dani kolędnej, zwanej Columbatio, nieforemnie przekształconej wyrazem łacińskim, a którego i stare prawa krajowe używają.

Knapski Grzegorz wspomina w swych przysłowiach o zwyczaju, jaki był za jego czasów, iż wieśniacy złapawszy wilczątko, niedźwiadka lub co podobnego, obnosili je po domach, aby coś w nagrodę otrzymali, i to się mówiło: z wilczęty (lub z wilczą skórą) po kolędzie chodzić. Przysłowie: nosić co po kolędzie, stosowało się też do tych, którzy radzi z domu do domu nowiny roznoszą.

„Jeszcze pamiętam (mówi Wójcicki w Przysłowiach), jak w Warszawie chodzili od domu do domu małe chłopcy, śpiewając pieśń nabożną z kantyczek: „W żłobie leży“ i t. d. i otrzymywali za to nagrodę. W wieczór, służący przebierali się dziwacznie, to za wilków, wdziawszy skórę tego zwierza na siebie, to za barany, niedźwiedzie i t. d. Tak przestrojeni obchodzili różne domy, w każdym otrzymując jakowy podarek. Z tego zwyczaju powstało starożytne przysłowie: Biega z nim, by z wilczą skórą po kolendzie (Rysiński). Na wsiach podobnież wieśniaki i parobcy przebrani dziwacznie przychodzą z muzyką do domu pana, a śpiewając pieśni o Narodzeniu Chrystusa, proszą o kolendę".

Ks. Kitowicz w swych *Pamiętnikach* powiada: „Kolenda trwała od Nowego roku aż do wielkiego postu. Uwiadomiwszy dniem wprzódy przez kogo, który wieś całą obszedł z dzwonkiem, objeżdżali parafijan ksiądz z organistą, zaśpiewali piosnkę, czasem bakałarz i chłopcy winszowali, odchodząc znowu śpiewano. Dzieci i służących kapłan przytem egzaminował z katechizmu; dziewczęta ubiegały się do stołka, na którym ksiądz siedział, w tém przekonaniu, że która pierwsza usiądzie, ta tego roku za mąż pójdzie. Po wsiach dawano księdzu słoninę, groch, sér, grzyby, orzechy, owoce, kokosze, po kilka groszy, we dworach sporszy pieniądz i raczono księdza" [1].

25.

W żłobie le — ży któż po—bie—ży ko—lendo—wać ma—łemu

Pastu-szko—wie przyby—wajcie, Jemu wdzięcznie przygrywajcie jako Panu naszemu.

1. W żłobie leży,—któż pobieży
kolendować małemu
Jezusowi — Chrystusowi,
dziś do nas zesłanemu?
Pastuszkowie, przybywajcie,
Jemu wdzięcznie przygrywajcie,
jako Panu naszemu.

2. My zaś sami — z piosneczkami
za wami pospieszymy,
a tak tego — maleńkiego,
niech wszyscy zobaczymy:
Jak ubogo narodzony,
płacze w stajni położony,
więc go dziś ucieszymy.

3. Najprzód tedy — niechaj wszędy
zabrzmi świat w wesołości,
że posłany — nam jest dany
Emmanuel w niskości.
Jego tedy powitajmy,
z aniołami zaśpiewajmy:
Chwała na wysokości.

4. Witaj Panie! — cóż się stanie,
że roskoszy niebieskie,
opuściłeś, — a zstąpiłeś
na te niskości ziemskie?—
Miłość moja to sprawiła,
by człowieka wywyższyła
pod nieba empirejskie.

---

[1] *Ruch muzyczny*, Warsz. 1860 nr. 51: Kolendy p. Józ. Sikorskiego. — *Gazeta Polska* z r. 1868 n. 181.

5. Czem' w żłobeczku, — nie w łóżeczku,
na sianku'ś położony?
czem' z bydlęty, — nie z panięty
w stajni jesteś złożony? —
By człek sianu przyrównany,
grzesznik bydlęciem nazwany,
przezemnie był zbawiony.

6. Twoje państwo — i poddaństwo
jest świat cały, o Boże!
Tyś polny kwiat, — czemuż Cię świat
przyjąć nie chce, choć może? —
Bo świat doczesne wolności
zwykł kochać, mnie zaś z swej złości
krzyżowe ściele łoże.

7. W Ramie[1]) głosy — pod niebiosy
wzbijają się Racheli,
gdy swe Syny — bez przyczyny,
w krwawéj widzi kąpieli!
Większe mnie dla nich kąpanie,
w krwawym czeka oceanie,
zkąd niebo będą mieli.

8. Trzej królowie, — monarchowie
wschodni kraj opuszczają,
serc ofiary — z trzema dary,
Tobie Panu oddają.
Darami się kontentujesz,
bardziej serca ich szacujesz,
za co niech niebo mają.

Ks. Mioduszewski: *Śpiewnik kościelny* (Krak. 1838), str. 30.
Ks. Keller: *Zbiór pieśni nabożnych katolickich* (Pelplin 1871),
str. 123.
K. Kozłowski: *Lud* w Czerskiem, str. 175.

———

26.   od Czerska.

1. Z tamtej strony dwora
zielenią się zioła,
przechodzi się śliczna panna
z niebieskiego dwora.
W ogródeczku była,
dwa wianeczki wiła.
Hej kolęda, kolęda.

2. W ogródeczku była,
dwa wianeczki wiła.
Jeden Panu Jezusowi
na główkę włożyła.
W drugim sama chodzi
I dzieciątko wodzi.
Hej kolęda, kolęda.

———

[1]) Rama było miasteczko w Ziemi świętej, w pokoleniu Benjamin.

99

3. Przyleciało do niej
niebieskie ptaszątko,
zwiastowało tej Maryji,
że będzie dzieciątko.
Maryja się zlękła,
na kolana klękła.
Hej kolęda, kolęda.

4. Maryjo, nie lękaj się,
bez (przez) Ducha świętego!
Coś poczęła, to porodzisz
Boga prawdziwego.
Poczniesz i porodzisz
Boga przedwiecznego.
Hej kolęda, kolęda.

5. Do klasztoru weszła,
oczki w niebo wzniesła:
A daj-że mi Panie Boże,
bym tej chwały doszła!
Jak tej chwały dojdę,
Bogu służyć będę.
Hej kolęda, kolęda!

K. Kozłowski: *Lud*, str. 179.

27. Warszawa.

Pastuszko—wie bra—cia mi—li. Chdzi—liśmy do Betle—em
ja—ki ta—ki swojim stro—jem szukać Je—zu—sa ma — łe—go.

1. Powiedzcież nam bracia mili
kędy-żeście to chodzili? —
— Chodziliśmy do Betleem,
jaki taki swojim strojem,
szukać Jezusa małego.
2. Powiedzcież nam bracia mili,
co-żeście tam robili?
— Cześć i chwałę oddawali
i wesoło zaśpiewali
dzieciąteczku maleńkiemu.
3. Jakie-ście dary przynieśli,
kiedy-ście do szopy weszli?
— Ja barana, wiązkę siana,
Maciek kaszę, Jan kiełbasę,
dla Jezusa maleńkiego.

4. A jak-że wam dziękowano,
gdy te dary przyjmowano?
— Józef stary, osiwiały
odebrawszy od nas dary,
„Bóg wam zapłać!“ podziękował.
5. I my-byśmy tam bieżeli,
gdybyśmy drogę wiedzieli.
— Idźcież tędy i owędy,
a znajdziecie czego chcecie:
Jezusa malusieńkiego.
7. W którą stronę mamy bieżeć?
Chciejcie nam szczerze powie-
[dzieć.
— Przez Pokucie w prawo
[rzućcie,
tak staniecie w Nazarecie,
ztąd pół mili do Betleem.

Ks. Mioduszewskiego: *Pastorałki i kolendy*.
Ks. Keller: *Zbiór pieśni nabożnych katolickich*. Pelplin, 1871,
str. 132 nr. 47 (waryant).
(*Symfonije anielskie* albo kolenda i t. d. Kraków, 1631. M.
Wiszniewski: *Hist. lit.* VI, 495).

7*

28. Mszczonów Rawa

1. Ach wi—taj—że   po—żą—da — na   per—ło dro—ga   z nie—bd,
gdy cały świat   upra—gnio — ny   a—nielskie—go   chle—ba.

W ciele ludzkiem Bóg jest skryty,   na pokarm lu—dziom ob—fi—ty, ciałem karmi

krwią na—po—jł, by człowie—ka w chwałe swoję,   między wybra—ne—mi   po—li—czył.

2. Niedość-że to, Boskie dziecię, żeś na świecie z nami?
ale jeszcze zimno cierpisz między bydlętami.

Malusieńki Jezu w żłobie,
co za wielka miłość w Tobie!
Czyliż nie są wielkie dziwy,
w ludzkiem ciele Bóg prawdziwy
przyszedł na zbawienie człowieka.

Ks. Mioduszewski: *Śpiewnik kościelny*. Krak., 1838, stf. 408.
Ks. Keller: *Zbiór pieśni nabożnych*. Pelplin, 1871, str. 145.

---

29. Czerniakow.

1. W Be — tle—jem   mieście   Je—zus się na — ro—dził,   We—so—
tę — skli—we   ser—ca z ża—lu o—swo—bo—dził,

lo te—dy   je—że — li kiedy   dziś   być potrze — ba.

2 Pasterze Jemu wesoło śpiewali,
wół z osłem parą w zimnie zagrzewali.

My z wesołością,
z szczerą miłością,
czołem Mu bijmy.

Ks. Keller: *Zbiór pieśni nabożnych katolickich*. Pelplin, 1871,
str. 160.

---

30. Rawa.

1. Witaj—że   dzie—ciąt—ko   z Panny   na — ro — dzone,
w ja—sełkach   na   mrozie   na—go po — ło — żo—ne.

1. Chwalcie Go dziś wszyscy niebiescy duchowie,
    sławcie pod niebiosa, cni Serafinowie.
    Bo Jezus maleńki, Jezus ukochany,
    z nieba na świat ludziom zstąpił pożądany.

2. Chwalcie go dziś wszyscy powietrzni ptaszkowie,
    chwalcie czołgający ziemni robaczkowie,
    chwalcie dzieciąteczko, Jezusa małego,
    dziś z przeczystej Panny nam narodzonego.

3. Chwalcie go wraz wszystkie po lasach zwierzęta,
    chwalcie i domowe pracowne zwierzęta.
    Bo Król i Monarcha, Pan nieba i ziemię,
    tak bardzo ukochał nędzne ludzkie plemię [1] i t. d.

Ks. Mioduszewski: *Śpiewnik kościelny.* Krak., 1838, str. 410.

31.

Rawa.

2. Jezu niepojęty, — czemu nie z panięty,
    nie w pałacu jest złożony,
    w lichej szopce narodzony,
    i między bydlęty (:).

3. Niewinny Baranku, — drżysz na gołém sianku;
    czem' nie w złotej kolebeczce (:)
    niewinny Baranku (:).

Ks. Mioduszewski: *Śpiewnik kościelny,* Krak., 1838, str. 435.
Ks. Keller: *Zbiór pieśni nabożn. katol.* Pelplin, 1871, str. 152.

---

[1] Konsekwencyi wprawdzie w tém niema, aby zwierzęta chwaliły Boga za to, że ludzkie wybawił plemię, które im właściwie dokucza, ale jest dowód wiary, że cała natura żyjąca,

32. Warszawa.

Hej, hej, hej, Wesel—my się, raduj — my się, po—żą—da—ny

na—ro—dził się, hej hej hej, hej hej hej.

1. Weselmy się, radujmy się,
pożądany narodził się,
hej, hej, hej!

2. Anieli się w niebie cieszą,
pasterze do szopy śpieszą,
hej, hej, hej!

3. Opuścili swe bydlęta,
a pobrali instrumenta,
hej, hej, hej!

4. Do Betleem gdy przybiegli,
szopę z wszystkich stron oblegli.

5. Po-ustawiali się w szyki,
i wzięli się do muzyki.

6. Stach najpierwszy na swym rogu
rozpoczął rznąć chwałę Bogu.

7. Nuż w swe dudy, — Walek chudy,
Wit w multanki, — Jach w organki.

8. Banach w parze, — na fujarze,
Bartek z Senku, — na bębenku.

9. Kopet kraje — w szałamaje.
Wach na lirze — rzeźko gmyrze.

10. Jacek Krupa — w dromlę chrupa,
Jaros bzdurzy — na bańdurzy.

11. Sobek sobie — w kobzę skrobie,
Wojtek ryczy — na basicy.

12. Wawrzko mały — tnie w cymbały,
Knapik wali — na regali.

13. Szczęsny chełce — po surmerce,
Kacper goli — na wijoli.

14. Kuba Łyczek — złamał smyczek,
Grześ wpadł w dołek — zgubił kołek.

15. Szymek Chruściel — kwintę spuścił,
wciąż od ucha — smyczkiem rucha.

16. Niéma czém smyczka smarować,
kolofonii nie chciał schować.

17. Ruśniaczkowie, śpiewaczkowie
Fiedor, Jantor pierwszy kantor.

18. Hawrył hoży — podkantorzy.
Petr z Banasem — ryczą basem.

organiczna, narodziny Boskie odczuwa i niémi wespół z ludźmi
się raduje (ob. *Lud*, Ser. V, str. 245. — Ser. X, str. 119. —
Ser. XVI, str. 101).

19. Zaś dyszkantem Jur z Wolantem.
Dymitr Warga — w uszy targa.

20. Kontra-alty i tenory,
podzielili na dwa chóry.

21. I trębaczów na partyje,
ów nad tego lepiej wyje.

22. Stasiek z Dębni — w kotły bębni,
Fabijanek — trąbi w dzbanek.

23 Kurantów z konwie dobywa,
temu, owemu naléwa.

24. Tomek łamie — na puzanie,
Furgał doji — na oboji.

25. Filip plecie — na kornecie,
Krzyś bełkoce — na fagocie.

26. Misiek dzwoni — na bassoni,
Jaś wybornie — na waldhornie.

27. Piotr na sztorcie — trze paznokcie,
Michner cmyrze — na fajfcrze.

28. Marcin z Górce — na amorce,
Stefko smutny — gra na lutni.

29. Harfy z sobą nie przynieśli,
naprawić ją dali cieśli.

30 Z Tub Marynę [1]) — Bartek dostał;
idąc przez wieś, w karczmie został.

31. A gdy się już dość nagrali,
pokłon Panu oddawali.

32. Potem każdy do swej trzody
wrócił, nie doznawszy szkody.

33. Na to Boże Narodzenie,
wesel się każde stworzenie.

34. I my się dzisiaj weselmy,
Wypijmy po szklance pełny.

Ks. Młoduszewski: *Pastorałki i kolendy.*

33.   od Czerska (Czaplin).

Florek niebo — ra — cek, wlaz na swo—ją bu — dę. Mys mu sie

zakradła kiełbasę mu zjadła. kiełbasę mu zja — dła.

1. Florek nieboracek, wlaz na swoją budę,
wyglundał z pod strzechy, na te swoją trzódę.
Mys mu sie zakradła,
kiełbase mu zjadła.

2. Florek nieboracek, gonił mys po budzie,
przewróciuł sie przez kij, stłuk se nogę w udzie.
A bodaj-ześ ty przepadła,
kiedyś mi kiełbasę zjadła!

[1]) Nazwa ludowa kontrabasu.

3. Ale i tej mysie, wysło na zły kuniec,
wyleciał bury kot, poprosiuł jom w tuniec.
   To ją łapoł, to jom puscał,
   a do reśty, az jom schrustał.
4. Pani gospodyni, nąkraj tygiel sadła,
usmoz te kiełbase, co mys nie dojadła.
   Po kiełbasie — napijwa sie,
   z tyj flasecki — gorzołecki.
5. Panie gospodorzu, ze swoji ochoty,
za táką kolende — doj-ze nám ze złoty.
   Jemu złoty, mnie półtora,
   bédziem śpiwać do wiecora.

K. Kozłowski: Lud, str. 183.

34.   od Czerska (Czaplin)

Wziun Ku—ba Slaska, Stasko Ba—uaska, po—sli w pańską la—skę.

Dla Jó-ze—fa dla stare—g, dajcie u..m wi—na dobre—go, hej wi-ua do —·brego.

1. Wziun Kuba Staśka, — Staśko Banaśka,
      pośli w pańską łaskę ;
   z tej kompanii — do batalii
      wzieni wina flaskę.
   Dla Józefa, dla starego,
   dajcież nam wina dobrego,
      hej wina dobrego.
2. Napiuł sie wina, — stary dziadowina
      i tak bardzo zasnął, —
   w kościele siedzioł, — a nie opowiedział
      Pan Jezus sie rozśmioł.
   Gdzie Aniołów siła —·
   tam Panna Syna porodziła,
      wesoło głosiła.
3. A idź·ze do Krzycha, — aby nie dycha,
      ucies nom dziciuntko,
   a ty Michale — idź·ze po wale,
      przynieś nám prosiuntko.
   A ty Janie, multanecki,
   a ty Kuba, weź skrzypecki,
      ucies nám dziciątko.

4. Jan skrzypce stroji, — Łabas ochoji (obój),
   Kuba na forgocie (fagot),
Panna mówi: dalij, dalij!
oz-eśmy się dziwowali
   w tyj wielkij ochocie.

K. Kozłowski: Lud, str. 183.

35.   od Czersk (Czaplin)

Nuz my pastusko — wie nie tylko kró--lo—wie na mro — zie

Je—zus wo— ła: nuz ty Bartku swoje, stój dziecię, az se bas ostroję i smy — cek.

1. Nuz my pastuskowie,
   nietylko królowie
     na wozie,
   jechali z kapelą,
   niech nas rozweselą
     na mrozie.
   Jezus woła: „nuz ty Bartku swoje!"
   Stój dzicię, áz se bas ostroję,
     i smycek.
2. A Wojtek sie troska,
   że-ć nimo i włoska
     na smyku.
   To-ć nie myślał wiele,
   siast ogon kobyle,
     dla krzyku.
   Jak krzyknie w swoje sałamaje,
   áz Jezus Pan paluskami łaje,
     powoli.
3. Kuba na swe dudy
   wyr-zi coraz z budy:
     boje się.
   Dali Józef stary,
   porwałsy gandziary:
     połóz się!
   Jak zacnie swe dudy od ucha,
   áz urwáł rękaw u kozucha,
     u kozucha.
4. Mikołaj się lęka,
   na kolanach klęka:

ja prostak.
   Dáł mi Wach fularę,
   i bez łeb gandziarę
     na siustak.
   Ze-ć Michoł nie buł tak uparty,
   zdjon gatki, zrobiuł z nich wal-
   i trąbi.   [tarnię
5. A ón choć pijany,
   zdjun lirę ze ściany,
     siurmuje.
   I un po francuzku,
   i un po rusku
     tańcuje.
6. Wojtek dla swych basów,
   rozpion seść kiełbasów
     węsoło, —
   złapał mendel kotów,
   bo jem nie buł gotów,
     nu w koło.
   A dyl, dyl, dyl, a po mojich basach
   a kotki mu ham, ham, po kiełba-
     otó-z más!   [sach,
7. Bo-ć num panie młody,
   juz nam cas do wody
     z trzudecką.
   Jezus mrygo brewką,
   dáj wino z konewką
     i z becką.

Dziękując pokornie pastuchy,
naleli po garła w swe brzuchy.
Chwała na wysokości!

K. Kozłowski: *Lud,* str. 182.

36.

od Czerska

1. Paśliśmy owiecki pod borem,
   przyleciał wilcysko z'ozorem.
   Owiecki nam pokąsał,
   kudłami sie potrząsał,
   kudłami, kudłami,
   nad nami.
2. Juz są owiecki w stajence,
   pokazują rany panience...
   Ze nas wiłcek pokąsał,
   kudłami się natrząsał,
   kudłami, kudłami,
   nad nami.
3. Idzie wilcysko do pana,
   niesie na plecach barana.
   Prosi o pokutę,
   zeby mu dali w d...
   u Pana, w Betleem
   na gnoju.
4. Połozyli wilka na gnoju,
   i biją w d... do znoju.
   Owiecki się uwijają,
   jesce kijów dodawają
   na wilka, na wilka,
   na wilka.

5. Posed wilcysko po kweście,
   i spotkał bracią na moście.
   Pospiesajcie bracią,
   bo tam dobrze płacą
   u Pana, w Betleem
   na gnoju.
6. A wilcyska tez z ochotą,
   do Pana w Betleem z robotą.
   A pastuska do nich,
   jesce kijów na nich,
   a ciu, ciu, a la la,
   a la, la!
7. A bodaj-ze tego brata,
   a cóz nam tu za zapłata!
   Jak go dogoniemy,
   to go rozerwiemy
   na polu, na polu,
   na polu.
8. Dogonili wilka w pół pola,
   obstąpili go do koła.
   O dla Boga! rata!
   Stwórco nieba i świata,
   juz zginę, juz zginę,
   juz zginę!

Lud, Ser. V. Krak., str. 231.
K. Kozłowski: *Lud,* str. 190.
Ks. Mioduszewski: *Kolędy,* str. 124.

37.

1. W pole pasterze zaśli,
   tam gdzie owiecki paśli.
   Woły, barany,
   wraz pozganiali;
   a na przyłánie,
   paśli i konie
   drudzy.
2. Gdy o północy,
   Kuba wyskocy:

A wy pasterze mali,
gdzieście tę nockę spali?
A wy pasterze,
otwarte zorze;
ze snu powstajcie
Pana witajcie
z nieba.

3. I strucli mu dać trzeba,
    przywitać Pana z nieba.
    Weź ty Kuba koszyk gruszek,
    drugi masła garnuszek.
    Trzeci plastr miodu,
    jabłek z ogrodu
    Pana Iwana,
    wsadzić barana
    trzeba.

4. O bracie, nie tak, nie tak,
    orzechów przetak, przetak
    dosyp do worka,
    a do pudełka
        reszta.

5. Jezu maluśki,
    bez twe pieluski,
    odpuść nam wiarę,
    daj wieoną chwałę
        w niebie.

K. Kozłowski: *Lud*, str. 180.

Kolenda na skrzypcach   38.   od Piaseczna (Słomczyn)

39.   od Czerska.

1. Poszedł Jasieńko Lwowa dobywać,
    i raczył-ci mu Pan Jezus szczęście dać.
    I wynieśli mu b u c i k i czerwone.
    A on to brał, nie dziękował,
    za dary se nie przyjmował, —
        hej kolęda, kolęda!

(W ten sposób śpiewają strofy: 2gą, 3cią, 4tą, 5tą, 6tą i 7mą,
zmieniając tylko buciki czerwone na: s u r d u c i k czerwony, c h u-
s t e c z k ę czerwona, p a s i c z e k czerwony, k a m i z e l k ę czerwoną,
c z a p e c z k ę czerwoną, r ę k a w i c z k i czerwone). Wreszcie:

8. Poszedł Jasieńko Lwowa dobywać,
    i raczył-ci mu Pan Jezus szczęście dać.
    I wyprowadzili mu sześć koni w karécie,
    I Marysieńkę w czarnym aksamicie.
    A on to brał, podziękował,
    wziął za rękę, pocałował.
        Hej kolęda, kolęda!

Lud, Ser. V, str. 232 n. 35. 36. — K. Kozłowski: *Lud*, str. 188.

40.　　　　　　　od Czerska.

1. Z cicha panny przystępujcie,　2. Z cicha panny przystępujcie,
　do tego dworu po kolędzie.　　　do tego dworu po kolędzie.
　Bo w tym dworze grzeczna pani,　Bo w tym dworze grzeczna pani,
　po sto złotych suknia na nij.　　po sto złotych ciżmy na nij.
　po sto złotych, po czerwonych,　Po sto złotych, po czerwonych,
　kolędniczkom obiecanych.　　　kolędniczkom obiecanych.

(W ten sposób śpiewają i dalsze strofy: 3cią, 4tą, 5tą i 6tą,
zmieniając tylko części ubrania; więc w miejsce sukni i ciżm, mówiąc: pończochy, koszulka, perły, czépek).

Lud, Ser. V, str. 234 n. 41.
K. Kozłowski: *Lud*, str. 187.

41.　　　　od Czerska (Czaplin).

Hej przez po—le, przez széro—sieńkie　ko lę — da,

bie—ży m¹ bieży　wro — ny ko—ni—czek　ko—lę — da

1. Hej przez pole, przez szyroceńkie, — kolęda,
　bieży mi, bieży, wrony koniczek, — kolęda.
2. Bieży mi na nim, grzeczny młodzieniec, — kolęda,
　grzeczny młodzieniec, nadobny Jasieńko — kolęda.
3. Hej zkąd się wzięna — grzeczna dziewczyna? — kolęda,
　grzecna dziewczyna, — nadobna Marynia — kolęda.
4. Wzięna konika — za uździenicę, — kolęda,
　i poprowadziła — do stajenki, — kolęda.
5. Posłała koniowi — owsa i siana, — kolęda!
　a Jasieńkowi, — chleba i séra, — kolęda.
6. Ej! śpij młodzieńcze, — bądź wesół! — kolęda,
　a ty Maryniu — dobrą kolędę — obiecuj.
7. Talar na piwo, — dwa na gorzałkę, — kolęda,
　żebyśmy mogli — upojić szynkarkę, — kolęda.

K. Kozłowski: *Lud*, str. 186.

Trzej-Króle.
6 Stycznia.

Dzień świąteczny Trzech-króli, jako i poprzedzający go
wieczór, szczodrym był dawniej zwany, bo w tym czasie (jak

mówi Gołębiowski) najwięcej rodzice dzieciom, gospodarze czeladzi, możni sąsiadom, parafianie plebanom rozdawali kolendy (ob. *Lud* Ser. V, str. 229).

W obrządku łacińskim do zwyczajów dnia tego należy święcenie złota, mirry i krédy, którą to krédą po wielu domach piszą na drzwiach rok i pierwsze głoski imion trzech królów: Kacper, Melchior, Baltazar (n. p. Anno 1830. G. M. B.)

Ł. Gołębiowski mówi: „W dniu tym kładziono zwykle na ołtarzu złoto, mirrę i kadzidło, którœ kapłan poświęcał; przydawano do tego i krédę. Król Jan Kazimierz miał zwyczaj wtenczas ofiarować gatunek wszelki tego roku bitej monety (*Kuryer Warsz.* 1820 nr. 5). Inni pospolicie kremnickie czerwone-złote (dukaty) z wizerunkiem N. Panny temu obrządkowi gwoli starali się nabyć, jeśli być mogło z poprzedniczego roku, i ciąg ich przez całe utrzymywali życie. Kogo nie starczyło na złoto, kładł srebrny takiż pieniądz natomiast (albo węgierskie trojaki) i z błogosławieństwem rozdawał je potomstwu swojemu. Z ł o t e m święconem określano szyję na b ó l g a r d ł a, — k a d z i d ł e m i mirrą nakadzano domy, obory, b y d l ę c h o r e,— k r é d ą proboszcz kolendując, właściciel albo dyrektor domowy pisał na każdym u s z a k u (węgieł) mieszkalnego domu, stodoły, śpichlerza i obory litery G. M. B. tudzież rok (Gaspar, Melchior i Baltazar)".

„W domu, na końcu obiadu roznoszono c i a s t o, którego tyle sztuk było, ile osób przytomnych; w jedném z tych ciast znajdował się m i g d a ł. Kto z migdałem ciasto otrzymał, królem tej rodziny został i królowę mianował, ofiarując jej kosztowny wieniec lub piękny bukiet, z prawdziwych, starannie przygotowanych (co powinnością było ogrodników, mimo niestosowną roku porę), lub sztucznych kwiatów. Jeśli znaczna była liczba osób płci obojga, jeden półmisek ciast roznoszono wtenczas mężczyznom, drugi kobietom, a los zarówno króla, jak i królowę stanowił (t. j. obdarzał migdałem). Wszyscy pili ich zdrowie, cześć im oddawali, i w rodzinie tej trwało rok cały ich panowanie" (*Lud*, Ser. V, str. 249).

Wójcicki powiada: „Zwyczaj obierania króla migdałowego czyli grochowego był i jest po części zachowywany w Polsce, osobliwie u możniejszych. Rozdają ciasta zebranej drużynie; komu się ciasto z migdałem (w niém ukrytym) dosta-

nie, ten królem zostaje, biesiadę sprawić musi i nowe ciasto
z migdałem dla nowego króla. Król migdałowy oddaniem wiązki
kwiatów dobierał sobie królowę; ztąd dziś w wielu miejscach
bukiet jawnie ofiarowany zastępuje ukryty migdał".

„Że święto Trzech-króli dało powód tej igraszce, nie po-
trzebujemy tego dowodzić (mówi Gołębiowski); nie sam wszakże
religijny tu jest obyczaj, lecz familijny i narodowy poniekąd.
Patryarchalne zawsze dostrzegamy przodków naszych obyczaje,
lud władzy dobrych monarchów ulegać pragnący i przywiązujący
się do nich z upodobaniem. Zbierała się cała gromadka jednego
plemienia ze stron rozmaitych do najznakomitszego w tym ro-
dzie; zbierała się nie na jedną dobę, lecz na czas dłuższy,
z nim i z sobą wspólnie rok dawny kończyć, rok nowy zaczynać, przyjemnie było; tak więc zjechawszy się przed wiliją nieco,
razem przepędzali święta Bożego Narodzenia, rok nowy i trzy
króle; rozjeżdżali się potém. Że to była ostatnia zwykle uczta
familijna, ożywić ją chciano tą zabawą niewinną. Ciasta, w dawnych osobliwie czasach, ręką rodziny wyrobione, jej były za-
szczytem, i stawały się przez to milszemi i przyjemniejszemi.
Zręczna gospodyni umiała nakierować losy, ażeby się migdał
dostał temu, komu go przeznaczała, to najsędziwszemu, to naj-
waleczniejszemu, to mężowi kochanemu, to najmilszemu z dzieci,
to najszanowniejszemu z przyjaciół i tém samém członkowi
jakoby tej rodziny; to dziewicy, którą synową ujrzeć chciano. Czasem, gdy przewidywano trudność i lękano się, by
wybór nie padł mniej właściwie, wszystkie ciasta były z migda-
łami; lecz słowo dano sobie to ukryć, a pilnować i okrzyknąć
umówionego tylko. Zwykle król migdałowy zapraszał do siebie
na dzień pewny, zasiadała obok niego królowa, częstowali wszystkich, raczyli, upominki rozdawali. Nie dość było na tém, i w wa-
żniejszych wypadkach każdej osobie z rodziny dopomagać byli
powinni, i czynili to chętnie.

Jest u Mazurów przysłowie:

Królowie pod szopę, —
dnia na kurzą stopę.
(Ob. *Lud*, Ser. V, str. 25. Krak.)

Gwiazda.

W przededniu i w święto Trzech-króli chodziły i chodzą dotąd żaki po domach z latarnią w kształcie ruchomej gwiazdy i śpiewają kolendy.

Kuryer Warsz. z r. 1869 n. 17 pisze: „Oprócz szopek, po domach naszego miasta obnoszone są tak zwane Gwiazdy kolendowe, przy obracaniu się których, chłopcy okazujący takowe grają na harmonijce pieśni „W żłobie leży", „Dnia jednego o północy" i inne kantyczkowe. Na gwieździe wewnątrz oświetlonej, wyobrażoném jest Narodzenie Pana Jezusa" (obacz *Lud,* Ser. V, str. 249. Krak. — Ser. IX, str. 116).

Ś. Antoni Opat.

17 Stycznia.

Dzień ten poświęcony ś. Antoniemu, ojcu pustelniczych zakonów, patronowi od choroby wielce zaraźliwej i u nas ogniem świętego Antoniego zwanej.

Ś. Piotra i Ś. Pryski.

18 Stycznia.

Dzień pamiętny przysłowiem:

Dziś święta Pryska —
przebije lód pliska (ptak: pliszka).
(Bywa to, ale tylko w latach nadzwyczaj łagodnej zimy).

SS. Fabijana i Sebastyana.

20 Stycznia.

Święty Sebastyan czczony był jako patron od morowej zarazy, która kraj nasz często nawiedzała. Trwa dotąd pamięć wdzięczna w świecach ogromnych na jego ołtarze składanych.

Jeśli dzień chmurny w Sebastyan święty,
powietrzem takiem będzie rok przejęty.

Ś. Agnieszka.

21 Stycznia.

Tu należą przysłowia:

1. Agnieszka łaskawa,
   puszcza skowronka z rękawa.

(Atoli, rzadki rok bywa, aby w tym dniu już się ukazały skowronki) [1]).

Że jednak słońce niekiedy zagrzewa ziemię i topi lody zimowe, stąd przysłowia:

2. Święta Agnieszka — zagrzeje kamyszka.

3. Na świętą Agnieszkę
wychodzi woda na ścieżkę.

4. Po świętej Agnieszce,
napije się wół na ścieżce.

Mazury mówią: 5. Święta Jagna — idzie do bagna.

Dawna rada gospodarcza:

6. Od świętej Agnieszki
już sprzątaj z drzew liszki,
A jeżeli mróz tęgi,
szczép gonty i dęgi.
Radź o drzewie i stodole,
nawozy téż wywóź w pole.

SS. Wincenty i Anastazy.
22 Stycznia.

W święty Wincenty — i Pawła dzień jasny,
zboża i wina — czyni nam znak jasny.

Nawrócenie ś. Pawła.
25 Stycznia.

Znaczny to dzień, bo jaka chwila w ten dzień się zdarza, takie czasy gmin zapowiedział na cały rok. Jasny, — dobre i pomyślne znaczył; wichry i burze, wróżyły wojny; mgła i śniegi, wróżyły choroby i śmieró.

Przysłowia: 1. Nawrócenie świętego Pawła,
połowa zimy przepadła.

---

[1]) Przysłowia na ten dzień jak i na następne, porównaj z przysłowiami w Seryi VIII, str. 284, i w Seryi XVII, str. 167.

(Rzadki taki rok bywa, gdyż od stycznia silne trzymają mrozy.)

2. Święty Paweł nawrócił się do Boga,
a dzień do nas.
(Bo dnia więcej przybywa).

3. Gdy na święty Paweł jasno,
po żniwach w stodole ciasno.

Ś. Karol Cesarz.

28 Stycznia.

Na świętego Karola
wyjrzy z pod śniegu rola.

Ś. Franciszek Salezy.

29 Stycznia.

Przysłowie (porównaj z dniem 18 Stycznia):

Na świętego Franciszka — przylatuje pliszka.
(W cieplejsze lata pokazuje się ona prędzej).

L U T Y.

Miesiąc ten od mrozów wielkich jest mianowany, czyli mu przyznamy pochodzenie od wyrazu l u t y, znaczącego dawniej: srogi i okrutny, czyli od l u t a, to jest: lodu, jak niegdyś mówiono (?). Równie jak Styczeń mroźnym on bywał i bywa, skąd dawne przysłowie:

1. Spyta się Luty —
masz-li buty?

2. Kiedy Luty — obuj buty.

Niedziela starozapustna.

Święto ruchome, 21 Stycznia — 27 Lutego.

Od niedzieli starozapustnej zaczynał się dawniej w Polsce wielki post.

Oczyszczenie N. Panny.

2 Lutego.

Dzień ten jest pamiątką oczyszczenia N. Panny, gromniczną zwanej, dla tego, iż wtedy święcone bywają duże woskowe
świece, malowane często lub przystrajane różnobarwnie, zwane
gromnice, iż lud pokłada w nich nadzieję ochrony od gromu
piorunów. Takowe zapalają się w czasie wielkiej burzy i bicia
piorunów, jak również dają je do rąk konającego. Dawniej w ten
dzień, z zapaloną gromnicą, obchodzono kąty domowe, gumna
i obory [1]).

Koniec to kolendy i obchodów kolendowych, przeto niegdyś jasełka dnia tego, jako na zakończenie, w całej ukazywały
się wystawności.

Wójcicki mówi: Wróżba ludowa, że gdy w dniu tym zima
dotrzymuje, to wiosna będzie wczesna i niedźwiedź budę swoją
rozwala; — gdyby zaś mróz zwalniał, to wiosna jeszcze daleko,
i niedźwiedź budę poprawia. Ztąd przysłowie:

1.   Na gromniczną Maryją
    niedźwiedź budę rozwali, — lub poprawi ją.

2. Gdy w Gromnice z dachów ciecze,
    zima jeszcze się przewlecze.

Dawniej właściwie w dniu tym liczono połowę zimy:

3. Na Gromnicę — masz zimy połowicę.

(gdyż w Marcu siano owsy i grochy)

Wróżono zarazem, iż:

4. Gospodarz woli wilka widzieć w oborze,
    niż słońce na Gromnicę.

---

[1]) *Pamiętnik naukowy* (Kraków, 1837, II, 57) powiada: „W niektórych okolicach Polski stawiają po domach w dzień M. B.
Gromnicznej zapalone świeczki woskowe z imionami całej rodziny; czyja prędzej zgaśnie, ten pierwszy umrze. Niektórzy zapaloną gromnicę niosą z kościoła do domu; kto płomień przed
wiatrem ustrzeże, albo komu trzy krople wosku na ręce padną,
szczęśliwą ma wróżbę. Z taką gromnicą gospodarz polski rozpoczynał niegdyś wszystkie ważniejsze pierwsze w roku prace; wy-
pędzał bydło w pole, odkładał pierwszą skibę ziemi na wiosnę,
rzucał w nią pierwsze ziarno zboża, otwierał i zamykał żniwo
i t. d. Zwyczaje te wszakże wyszły powoli z użycia".

Przypowieść téż ludowa mówi:

    5. Owczarz w owczarni woli widzieć wilka
      jak s ł o ń c e w dzień gromnicy, chociażby chwil kilka.

W razie bowiem okazania się w tym dniu słońca, gospodarze wróżą sobie nieurodzaj a owczarze rok zimny i mokry, a ztąd i przypadłości motylic na owce. Z przypowieścią tą łączy się jeszcze inne ludowe, a to z powodu, iż Zapusty nie długo już potem trwają i na żeniaczkę nie pora. Dla tego téż wiejskie dziewczęta zwykły mówić:

    6. W dzień Panny Gromnicznej,
      bywaj zdrów, mój śliczny!

S. B ł a ż e j,

3 Lutego.

Wyraz b ł a ż e j znaczy po sławiańsku: szczęśliwy, błogi. Tym sposobem Błazen od — b ł o g i e g o czyli wesołego poszedł usposobienia i niesłusznie wyszedł na krzywdzący go przydomek.

S. A g a t a.

5 Lutego.

W dzień ten kmieć nasz niesie sól do kościoła dla poświęcenia i takową nazywa: s o l ą ś w i ę t ej A g a t y, przyznając jej moc gaszenia pożaru. Ztąd dawne przysłowie:

    Sól świętej Agaty,
    broni z (od) ognia chaty.

S. D o r o t a.

6 Lutego.

Św. Dorota przypomina dawne życzenie d o s i e g o r o k u czyli wieku Doroty. Według niektórych, była powodem do tej powiastki cnotliwa niewiasta Dorota, mieszkająca w okolicach Krakowa, która w późnej starości, w przeddzień Bożego Narodzenia zgasła. Według innych, była Dorota takoż z cnót i sędziwości głośna, którą w r. 1410 Władysław Jagiełło w Kwidzynie odwiedził (Ob. *Lud*, Ser. V, str. 192).

Cieplejsze coraz słońce wniosło przysłowia:

8*

1. O świętej Dorocie
wyschną chusty na płocie.

2. Wedle świętej Doroty
naprawiaj człecze płoty.

3. O świętej Dorocie — pójdziesz po błocie.

S. Scholastyka.
10 Lutego.

Tu służy przysłowie:

1. Scholastyka — mróz utyka,
a nim Walek (14 Lutego) nam zaświęci,
obaczyma, mróz kark skręci.

S. Walenty.
14 Lutego.

Dzień to ś. Walentego, patrona od choroby dawniej w i e l-
k a - n i e m o c albo r z u c a n k a zwanej. Wstręt i bojaźń przed tą
chorobą, nie dozwalały imienia jej wymówić; okrążano je więc
inszemi słowy, lubo przy wspomnieniu dodawano: N i e c h ś p i
j a k ś w i ę t a z i e m i a! albo téż: B o ż e j e j s t r z e ż!
Przysłowie mówi:

1. Na święty Walek
niéma pod lodem balek (belek, desek).

2. Święty Walek tych powali,
co patronem go nie zwali.

(Gdyż często już lód jest wtedy tak słaby, że często ani
przejeżdżać ani przechodzić po nim nie można.)

Ale za to:

3. Gdy na Walka są deszcze
będzie ostry mróz jeszcze.

S. Maciej apostoł [1]).
24 Lutego.

Dzień św. Macieja uważany u gospodarzy jako zapowiada-
jący bliskość wiosny. Ztąd przysłowie:

---

[1]) *Pamiętnik naukowy* (Kraków 1837, II. 58) mówi: „Wieczorem,
w przeddzień ś. Macieja, wieśniacy niektórych okolic Polski

1. Święty Maciéj — zimę traci
albo ją bogaci.

J. K. Haur, nasz pisarz ekonomiczny wyraża, że:
2. Święty Maciej — z rzek i stawów rusza lody.
Inni mówią:
3.   Święty Maciej,
lód z rzek i stawów porusza i traci.

4. Na święty Maciej lody
wróżą długie chłody.
A gdy płyną już strugą,
to i zimy niedługo.

5. Gdy święty Maciej lodu nie stopi,
będą długo chuchali w zimne ręce chłopi.

TŁUSTY CZWARTEK.

Ruchomy.

4 Lutego — 4 Marca.

Dzień ten weselej i huczniej niż inne w czasie mięsopust był w Warszawie obchodzony. Dawano bale z tańcami i sutą zastawiano kolacyę, przy któréj niezbędnemi były pączki i faworki, w niezwykłej obfitości na ten dzień smażone.

Wielkiej i osobliwszej ochocie oddawał się w ten dzień stan rzemieślniczy, tak w Warszawie jak i po mniejszych miastach, a gmin i przekupki spędzały go na ulicy i w rynku (osobliwie téż w w rynku Starego-miasta) wśród krzyku, skoków, pląsów i figli różnego rodzaju.

(których?) biorą liście, znaczą, i na święte miejsca niosą, kto swój liść nazajutrz dziurawym znajdzie, umrze; kto zwiędłym, w chorobę wpadnie. Dusze zmarłych odprawiają téj nocy uroczystą przechadzkę, a za niemi idą dusze tych osób, żyjących jeszcze, które wkrótce umrzéć mają. Nie pocieszy się łatwo, kto swój cień, albo cień żony, męża, syna, córki, krewniaka lub przyjaciela zobaczy„

KULIG [1].

Szlachta po wsiach, oddawała się, osobliwie ku końcowi karnawału, zabawom **kuligowym**. Zmówili się sąsiedzi, jaką na kuligu rolę ma każdy z uczestników odegrać (starosty, organisty, weselników i t. d.), oraz do czyjego domu najprzód zjechać się mają; tu ułożyli kolej dalszej jazdy, od której żaden z sąsiadów wymówić się nie mógł. Zarządzał wszystkiem obrany **gospodarz kuligu.** Zebrani wjeżdżali (saniami) przy odgłosie muzyki, do dworu najpierw przez zarządcę wskazanego. Gromadę kuligową poprzedzał arlekin; ten maszkarnie przybrany, pierwszy do domu wpadłszy, machając i uderzając trzepaczką po stołach i ścianach, ogłaszał przybycie kuligu. Gospodarz domu witał wchodzących z kielichem wina, który duszkiem spełniał: **Wiwat kulig i łaskawi sąsiedzi!** Goście wchodząc, mianowicie młodzi z parą weselną na czele, rozpoczynali taniec z muzyką i śpiewem, nie czekając częstokroć na wygłoszenie oracyi powitalnej organisty, który, jako figura poważna, zwolna się przed gospodarza przytoczył i opóźnienia tłumaczył.

Po sutej biesiadzie i tańcach przez noc całą, rad-nie-rad zabierał się nazajutrz gospodarz domu z kuligowymi w dalszą sąsiadów kolej, gdy mu śpiżarnię i piwnicę wypróżniono.

Oto jedna z oracyj kuligowych ociężałego organisty (z r. 1850, z pod Mszczonowa), gdy tenże daje przytyk niecierpliwym do tańca, a wyprzedzającym jego krasomówcze wywody weselnikom:

> Jako Abram czo szukał przeczystej dziewiczy,
> znalazł Sarę gdy wodę czerpała z kryniczy, —
> rozradował się w duszy i z wielką szczerością
> jak węgiel rozpalony, rozgorzał miłością.
> I tandem tedy zatem z woli Pana Boga,
> przy której na człowieka nie nadejdzie trwoga,
> pojął ją za małżonkę i ludzie ich wsparli,
> żyli usque ad mortem, póki nie umarli.
> Owoż i Magdalena Antka pokochała,
> a Antek Magdalenę, eodem res czała

---

[1] Wyraz **kulig** zdaje się pochodzić od laski u wierzchu w **kulę** zakrzywionej i zwanej **kula**, którą obsyłano od domu do domu, gdy zwoływano gromadę.

finita eszt w kościele, — a małe weszółko
et cum spiritu tuo, Noszter Deusz kółko
już tu było beże mnie. Bo człek w intereszach,
toż to z plebanem, z wikarym, w rozlicznych koncessach,
owoż tandem i nie mógł w Jaśnie Państwa domu
stanąć i oddać reszpekt jak należy komu.
Hodie dies, hę, jako w owe oczepiny,
(podaj Wać kubek miodu, bo mi zbrakło śliny!) —
owoż tedy i żatem, w oczepiny owe,
poruszyłem mój rozum, nasztrojiłem głowę,
i w obecz Jaśnie Państwa zniżam mą posadę,
i całą klawiaturę mojich uczuć kładę
u Wielmożnych Pedałów, prosząc ża młodemi,
by im tu wolno było z przyjaciołmi szwemi
wyskoczyć krakoszkiego, — a przy mnie, Moszpanie,
nunquam error vel malum, ręczę, nie posztanie.
Zaś za tę afikczyją i konwalenczyją,
pokąd ja, pleban i wikary żyją,
złożem za Jaśnie Państwa modlitew egzamen.
a wy żyjta szczęśliwie in szekula! Amen.

Do państwa młodych:

I wy też państwo młodzi nadstawcież tu ucho!
(daj-no Wać jeszcze kubek, bo mi w gardle szucho!).
Owóż mówię i do Wasz, quinque słów przemawiam:
sit longa et bona vita, — szczerze Was pozdrawiam!
Kochajcie się szyrdecznie jak szynogarlicze,
i strzeżcie jedno drugie jak w oku źrenicze,
a dajcie dziesięciny, a dla mnie kolendę,
za to Wasz cum omnibusz animować będę.
A kiedy mendel dziatek Bóg wam spuści z nieba,
przy chrzcie każdemu włożę za płachtę kęsz chleba,
(daj-no Wać jeszcze kubek, bo połykam ślinę!)
Gratias vobis et tibi, Domine!
A teraz już skończyłem moją oraczyję,
świat jej nie będzie słyszał, — bo rozum się kryje,
ale-ć można zpamiętać, — boć to nicz wielkiego.
Tymczasem grajki, zacznijta polszkiego! (dla nas starszych),
a wy pueri (młodzież), — po nasz (nas) krakoszkiego!

ZAPUSTY.

Ruchome.

Niedziela zapustna, 7 Lutego — 7 Marca.

„Wyraz zapust — jak sądzi F. Żochowski — idzie pewnie od wyrazu Pust, który znaczył Bachusa (?); ztąd może i rozpusta i pustota i dzień ostatni pusty, a post jakoby po‑pustu".

„Trzy dni (niedziela, poniedziałek i wtorek) aż do Popielca, O s t a t k i i dnie s z a l o n e są zwane. Huczna wesołość od innych dni je odróżnia; żarłoczne biesiady, uczty, jak mówiono dawniej: n a t r z y z b y t y, wesołe zabawy, maszkary, tańce i widowiska, zajmowały czas szalony, a ostatni wtorek był najweselszy. Są i dziś rozmajite maskarady, reduty, teatra, bale, herbaty tańcujące i t. p. lubo zapewne nietyle wesołe, co przedtém" (ob. *Lud*, Ser. V, str. 262).

„Dawniej do tych zabaw zapustnych należały d y a l o g i, które żaki szkolne wyprawiały z intermediami, na teatrach ku temu wystawionych lub po domach prywatnych; zwano je ko‑m e d y j a, a po łacinie od czasu zapustnego b a c c h a n a l i a. Wystawiały dyalogi, przypadki z dziejów; naprzykład: budowanie wieży Babilońskiej, podróż Tobijasza, opanowanie Smoleńska i t. p. Ale najwięcej bawiły krotofilne intermedia, które akt jeden komedyi od drugiego oddzielały, a bywały komedyje o 10ciu aktach. Śmiano się do rozpuku, gdy widziano leżącego w znak drągala, po którego brzuchu dwie lub trzy pary chłopiąt skakały; albo gdy zapalona z rurki papieru finfa, wąsy pod nosem śpiącego osmaliła i t. p. Lecz przedtém widzowie byli łatwiejsi do rozśmieszenia niż teraz".

Ł. Gołębiowski (*Gry i zabawy*, Warsz. 1831, str. 331) mówi: „W k u s e d n i (tak nazywano trzy dni ostatków czyli zapustne) przebierali się mężczyźni za żydów, cyganów, olejkarzy, chłopów, dziadów: niewiasty podobnież za żydówki, cyganeczki, wiejskie dziewki i kobiety: mową i gestami udając osoby, jakich postać brały na siebie. Przybierano snać, u gminu zapewne, i z w i e r z ą t rozmajitych postaci, dla rozśmieszenia obecnych skokami ich. Mięsopustnego T u r a dzieci się strachają, powiada Fredro. Rzucania się wyobrażających to zwierzę, musiały być gwałtowne, iż porównano skok tura do śmiertelnego skoku. — W ostatni wtorek jeden ze społeczeństwa ubrał się za księdza, włożywszy na siebie koszulę zamiast komży, pas zawiesiwszy na szyi zamiast stuły, stanął w kącie pokoju na stołku przybitym do ściany, kobiercem w pół-pasa zasłonionym i wydawał się jak gdyby na ambonie. Ztamtąd miał kazanie jakieś śmieszne; to było po skończonych tańcach, nakształt pożegnania [1].

Po wieczerzy mięsnej w ostatni wtorek, około godziny 12 północnej, mléko, jaja i śledzie dawano, témi potrawami przygrywając niejako postowi nadchodzącemu, i po stopniach od mięsa przez nabiał do niego przystępując. Ta kolacya zwała się P o d-
k u r e k i wszędzie była używana, tak w wielkich domach jak w małych“.

Dalej mówi Ł. Gołębiowski (*Gry i zabawy*, str. 332, z rękopisu ks. Kitowicza) iż: „W ostatni wtorek było zwyczajem, że parobczaki obwoziły po chałupach k u r k a drewnianego, na dwóch kółkach osadzonego z dyszlem, czyli raczej prostym kijem (obacz także: Kogutek na str. 143). Zapraszali dziewki n a t e g o k u r k a, jakby na prawdziwego. Te, obeznane z obrządkiem tego rodzaju, dawały im: sér, masło, kawał szpérki, kiełbasy, jaja; do czego, dokupiwszy gorzałki i piwa, mogli zrobić ucztę nie ladajaką“.

. Chłopcy wiejscy (pod Mszczonowem, Białą) w ostatni wtorek, przebierają się za n i e d ź w i e d z i. Jeden z nich jest niedźwiedziem, drugi chodzi z tyczką, na którą nadziewa otrzymaną po chałupach słoninę i szperkę, — trzeci machając wciąż skręconą ze słomy, długą na parę łokci pytą, okłada nią wszystkie dziewczęta, które tego roku nie wydały się za mąż. Grzymkowice (ob. *Lud*, Ser. IX, str. 123).

W podobny sposób przebierają się i chodzą po wsi chłopcy w Nieborowie i wsiach okolicznych. Jeden z nich jest t u r e m; z dużym łbem bawolim, odziany płachtą, chodzi na czworakach i podskakuje, gdy drudzy dopomagają mu i zbierają datki, a kto nic dać nie chce, smagany jest słomianą pytą przez mistrza ceremonii towarzystwa.

[1] Gdy kto wówczas prawi i gada wiele a nie do-rzeczy, otrzymuje miano: k s i ą d z K l i t u ś - b a j d u ś, Z a r e m b a - W o j t u ś!

POPIELEC.

Środa popielcowa, 10 Lutego, — 10 Marca.

Wstępna środa, pierwszy dzień postu. W dzień ten rano, w kościele, kapłan sypie nabożnym popiół na głowę, te pamiętne mówiąc słowa: „Proch jesteś i w proch się obrócisz".

„Dawniej był zwyczaj po naszych wsiach i miastach, iż i w ten dzień jeszcze wyprawiano mięsopustne maszkary. Sądzono (wydawano sąd na) mięsopust, zamiast którego stawiano bałwana w kajdanach; ścinali go potém i różne uciechy czynili, zwłaszcza że i to do zwyczaju należało, by trunkiem zęby po mięsie popłukać".

„Dziś chłopcy przypinają tak zwane klocki do sukien kawalerów i panien, przekomarzając im się, że nie zmienili stanu, to jest nie zawarli ślubów małżeńskich z czasie zapust".

„Warszawianie mają nadto zwyczaj gonienia mięsopustu w Wilanowie. Kiedy pora jest wczesna i dobra droga (sanna), niezwykły humor uprzyjemniać zwykł tę przejażdżkę". Ł. Gołębiowski *(Opis Warszawy*, str. 226) mówi: „W dzień popielcowy ulubiona przejażdżka do Wilanowa. Przed kilkudziesiąt laty, kiedy w poście wcale nie używano mięsa, pozostałe zapasy rzeźnicy wywozili do Wilanowa i tam bal sprawiali. Ciekawość oglądania ich zabawy, sprowadzała coraz więcej osób; weszło to nareszcie w modę, chociaż i rzeźnicy przestali już balować ostatkami, które później i w poście równie dobrze mogli sprzedawać. Tam karet, koczów, dorożek i sanek od 450 do 1000 jeździło; ogromne sanie w 1821 r. zaprzężone ośmią białemi końmi, przypominały kuligi staropolskie".

„I bliższa też, bo w mieście będąca kawa wiejska (przy ulicy Wiejskiej) obficie wtenczas odwiedzaną bywa (mówi Gołębiowski), 630 do 850 liczą przy niej powozów, a wszystko aż do natłoku przepełnione. Ci, którzy jechać nie mogli (do Wilanowa), na tej przechadzce zwykle poprzestają i świadkami są,

---

[1] „Powiadają, że Muzułmanin jeden, będąc w Wenecyi świadkiem tego obrzędu, a widząc później jaka spokojność zastąpiła szaleństwo zapustne, osądził, że kapłan rozumem posypał głowy".

równie jak patrzący w oknach ulicy Nowego-światu, nieustają-
cego ruchu jadących tam i wracających ztamtąd powozów".

Czasopismo *Kuryer Warszawski* z d. 1 Marca r. 1865 n. 48
pisze: „Klocki popielcowe, odwiecznym zwyczajem i w tym roku
rolę swoją odegrały. Spotykaliśmy panny i kawalerów, nawet mar-
cowych, ustrojonych na plecach w przeróżne addytamenta, poczynając od eleganckiego papierka służącego za osłonę do Lursowskiego
cukierka, aż do skórki z prozaicznego obciągniętej serdelka. Jak
dawnych sięga czasów ten zwyczaj, niewiadomo; nieznany jednak zbieracz, który w r. 1614 wydał: „*Pieśni i tańce zabawom
uczciwym gwoli*", zamieszcza w tém dziełku wiersz, zapewne da-
wniejszy, w którym z okazyi klocków powiedziano:

U której panny w tym roku
mąż nie będzie podle boku, —
taka musi już k l o c ciągnąć,
albo kury z kwoką lągnąć.
Musi jadać i kapustę,
siać ogródki rutą, puste.
Musi ją zżąć w Wielkiej-nocy,
musi suszyć środy, piątki,
msze kupować w każde świątki.

Kuryer Codzienny (Warsz. 11 Lutego 1869, nr. 32) zaś powiada: „Wczoraj, jako w środę popielcową, dawnym zwyczajem, tak pannom jak i kawalerom, co po upływie zapust nie
połączyli się w stadła, przypinano z tyłu klocki z drzewa. —
Oprócz klocków, tu i owdzie, przypięto kacze lub indycze nogi,
albo z jaj skorupy. Dostawiono nam dwa autentyki wierszowe,
dołączone obdarowanym klockami; przytaczamy tu obadwa. Jeden ze starzejących się kawalerów, przez posłańca otrzymał jako
klocek fujarkę drewnianą na haczyku ze szpilki i wiersz:

Panie Antoni! karnawał skończony,
Wstępna-środa, popielec, — a ty nie masz żony.
Za to więc, żeś ciemięga i kawaler stary,
dźwigaj-że dziś fujarę — i bądź z nią do pary.

„Zniecierpliwiona l u b a, dla której karnawał upłynął pośród westchnień, a nie spełnił życzenia, przysłała s w e m u wiersz,
z którego jedne strofę zamieszczamy:

Toż ptaki na niebie
już śmieją się z ciebie
wołając: „żeń, żeń się!" — „żeń, żeń się!"
Rzuć więc stan bezżenny
i odtąd odmienny
wiedź żywot, — i dla mnie téż zmień się.

„Poezya jak poezya, ale zapewniamy, że obadwa wiersze
są autentyczne".

SUCHE-DNI.

16 Lutego — 16 Marca.

W drugiej połowie Lutego lub pierwszej Marca przypadają
dnie suche czyli ściśle postne, gdyż słowa suszyć, być
z suchotami, twardy post oznaczają.

Zachowywano je cztery razy do roku, a główne przy-
padały w czasie wielkiego postu. W Mazowszu z łacińskiego wyrazu quatuor tempora, lud suchedni nazywał Kentopory.

W dawniejszych rachunkach nie liczono na kwartały w wy-
płacaniu pensyi czyli rat rocznych, ale na Suchedni, przypadające, jak powiedziano, cztery razy do roku, w odstępach blisko trzech-miesięcznych (w Lutym, Maju, Wrześniu, Grudniu)
(ob. *Lud,* Ser. V, str. 271). Ztąd téż i zasługi, wypłacane
wówczas czeladzi, nosiły nazwę suche-dni.

PÓŁPOŚCIE. ŚRODOPOŚCIE.

1 Marca — 1 Kwietnia.

W środę przed niedzielą środopostną wypada półpoście.
Zwyczaj chce, aby w ten dzień odbywało się tak zwane wybi-
janie półpościa. Po wielu bardzo miejscach dopełniano tego
zwyczaju, a stare garnki, miski, ryneczki i t. p. naczynia napełnione popiołem, tłukły i rozbijały się o drzwi domu, trwożąc
mieszkańców, nieprzygotowanych bardzo często na takie niespo-
dzianki. Wielu przypisuje to pamiątce kruszenia bałwanów przy
wprowadzeniu do kraju wiary chrześciańskiej; inni utrzymują, że
jest-to tylko prostem przypomnieniem upłynienia połowy czasu
postu wielkiego.

Niedziela środopostna była (wedle kronik) dniem topienia bałwanów pogańskich po wsiach za Mieczysława I.

Ks. Kitowicz w swych *Pamiętnikach* pisze: „W styczności poniekąd z Popielcem był zwyczaj po wsiach i miastach taki, iż młokos przed niewiastą przechodzącą albo téż za nią, dziewka podobnież za mężczyzną, rzucała o ziemię garnek popiołem suchym napełniony, trafiając tak blisko, ażeby popiół z garnka rozbitego wzniesiony na powietrze, obsypał i okurzył. Zawołał wtenczas swawolnik lub swawolnica: „P ó ł p o ś c i e m o ś c i p a- n i e! — m o ś c i a p a n i lub p a n n o!“ — i uciekł. Że nie każdy mógł to znosić cierpliwie, zwłaszcza kiedy pomiędzy osobą czyniącą i cierpiącą żadnej nie było znajomości i przyjaźni, i nieprzyjemnie było mieć okurzoną suknię i zasypane oczy — powstawały ztąd zwady i bitwy. Ustała więc ta ceremonija światowa, niekościelna; spotykała żydów tylko, których garnkiem popiołu i w plecy zwalono, a czasem jeszcze i kijem wyprano; wszakże sądy marszałkowskie, karząc za to na worku lub skórze wedle stanu, i to także powściągnęły. Po wsiach uderzano jeszcze niekiedy zmrokiem garnkiem podobnym o drzwi, okiennicę lub ścianę, budząc śpiących odgłosem tym i krzykiem nagłym: p ó ł p o ś c i e!“

Trafiały się z tego powodu i przypadki. I tak: Janicki Kacper, warszawski kupiec, w swych notatach pod rokiem 1732 wyraża, jako na Podwalu w Warszawie szewczyk chciał uderzyć garnkiem z popiołem we drzwi piernikarza; w tém, siedmioletnia dziewczynka otwiera drzwi, garnek ją trafił w głowę i została bez duszy; chłopca złapano i oddano do p. marszałka. *(Kuryer Warszawski z r. 1823 nr. 55).*

M A R Z E C.

„Ten miesiąc może jak u Łacinników od Marsa pochodzić, ale i słowo nasze m a r z n ą c (mar-znąć) do tej nazwy i do chwili którą przynosi, jest stosowne. Przytém, czemużby nie miał brać początku od sławiańskiej M a r z a n n y?“

Miesiąc ten najwięcej odbiera przygan dla chwil zmiennych; ztąd przysłowie:

1. W Marcu — jak w garncu.

Zmienność ta osobliwie starcom daje się uczuć; to téż niejeden:

2. W Marzec — zadrze brodę starzec.

Słabą téż i nietrwałą jest:

3. Pojednana przyjaźń — by marcowy lód.

Jednak lubowników trunków: marcowe piwko, — a płeć piękną: marcowa woda, pogodzić-by z nim powinny.

Przysłowie gospodarskie uczy, iż suchy Marzec najlepsze urodzaje zapewnia.

4. Suchy Marzec — mokry Maj,
    będzie żytko jako gaj.

Najlepszy téż siew grochu w tym miesiącu, zaraz, jak tylko na rolę wjechać można:

5. Kto sieje groch w Marcu,
    będzie go gotował w garcu.
    A kto w Maju — w jaju.

S. Albin.
1 Marca.

Sławianie przed samym świtem się zgromadzali dnia tego na cmentarze z pochodniami i tam na pamiątkę umarłych ofiary i modły czynili.

S. Kazimierz.
'4 Marca.

Jest przysłowie:

1. Na świętego Kazimierza,
    wyjdzie skowronek z pod pierza.

Często w cieplejsze czasy, wybijają skowronki w górę. A dzionek téż rośnie, więc:

2. Na świętego Kazimierza
    dzień się z nocą przymierza.

S. Tomasz z Akwinu.
7 Marca.

W tym dniu nastąpił chrzest Mieczysława I czyli Mieszka r. 965. Dziejopisowie twierdzą, iż przez pięć wieków tę wielką pamiątkę obchodzono topieniem bałwanów.

SS. Cyryl i Metody.

9 Marca.

Dzień poświęcony czci Cyrylla i Metodego, apostołów sławiańskich. Oni sprawili, że przyjęły Morawy wiarę chrześciańską, a przy nich odebrała oświatę i Polska (Chrobacya). Cyryllemu pierwszy przekład biblii w języku sławiańskim (staro - bulgarskim) winniśmy.

Czterdziestu Męczenników.

10 Marca.

Dzień ważny, bo jest powiastka, że jeśli w tym dniu o dw i l ż, to potrwa ona dni 40 i już się zima skończyła; jeśli zaś m r ó z, to ich jeszcze 40 takich będzie. Teraźniejsi jednak prognostykarze, łatwi do ugody, pozwalają uzupełnić tę liczbę mroźnych dni w Październiku i Listopadzie.

S. Grzegorz.

12 Marca.

Przysłowie powiada:

1. Na świętego Grzegorza — idą rzeki do morza.
(gdyż Wisła i inne rzeki naszego kraju, puszczają w tej dobie).

Dzień świętego Grzegorza był niegdyś świętem żaków szkolnych. Dnia tego wiedli rodzice dzieci do szkół; mamy tego pamiątkę w śpiewach, · jako-to:

Gre - gre - gre - gory,
pójdźcie dzieci do szkoły.

Szkoły poczynające zwały się téż g r e g o r y a n k i. Dzień ten dzieci wesoło w szkołach obchodziły. Dzielił z niemi wesołość ich bakałarz, którego długim sznurem nawleczonym obwarzankami opasywały tyle razy, ile wystarczał. Uciekał bakałarz tak opasany, a dzieci, szarpiąc obwarzanki, za nim goniły.

Albo też, według Komonieckiego, dawniejsze żaki przybyszów nowych częstowali, nalawszy im piwa w misę i obwarzanków weń nadrobiwszy. A gdy zjedli, przynosił kalefaktor garniec cegły tłuczonej i wodą rozmięszanej, i między siedzące na ziemi żaki go rzucił, a wtém uciekał; oni gonili za nim mówiąc, że m i ó d s z k o l n y rozbił (ob. *Lud*, Ser. V, str. 366).

S. Józef.

19 Marca.

Że zbliża się czas wiosenny, przeto mówią:

1. Święty Józef kiwnie brodą,
   idź-że zimno na dół z wodą.

2. Święty Józek — wiezie trawy wózek,
   ale czasem smuci — bo śniegiem przyrzuci.

S. Benedykt.

21 Marca.

Wtedy przysłowie głosi:

1. Benedykt w pole z grochem,
   Wojciech z owsem jedzie; —
   Marek ze lnem,
   Filip tatarkę wywiedzie.

Zwiastowanie N. P.

25 Marca.

Święto N. P. Maryi Zwiastowania [1]). Zowią ją także wiosenną.

Podług dawnych gospodarzy, w dniu tym jaskółki wracają do życia, ukazywać się poczynają i wiosnę zwiastują, lubo przysłowie ostrzega, że:

Jedna jaskółka nie czyni lata.

KWIECIEŃ.

Miesiąc ten winien piękną swą nazwę przyjemnej porze, strojącej ziemię kwieciem.

1. Na Kwiecień
   lada z czego wianek upleciem.

[1]) Gdy święto to wypada w czasie Wielkiego tygodnia, przekładają je na czas po przewodniej niedzieli.

Pociesza on nadzieją gospodarzy, że bydło już karmy domowej potrzebować nie będzie, co dało powód przysłowiu:

2. Przyjdzie Kwiecień,
   ostatek z gumna wymieciem.

Kiedy ten miesiąc ciepły i mokry, wtedy obfite urodzaje obiecuje, podług przysłowia:

3. Suchy Marzec, Maj niechłodny,
   Kwiecień mokry, rok niegłodny.

1 Kwietnia.

Dawny zwyczaj z w o d z e n i a ludzi w dzień ten dotąd zachowany, nie jest naszym narodowym zwyczajem [1]). Właściwego początku naznaczyć mu trudno. Kto się dał zwieść czyli złapać na cudze kłamstwo, temu zwodzący, wyznając prawdę, rzuca słowo: P r i m a A p r i l i s! — n i e s ł u c h a j b o s i ę o m y l i s z!

Ł. Gołębiowski mówi: „Zwyczaj dozwala w tym dniu zwodzić i kłamać dla śmiechu. Zkądby on wszedł w użycie, niewiadomo. Być może, iż na pamiątkę, że w tym dniu żydzi kazali mówić żołnierzom, stojącym u grobu Chrystusa, jakoby Zbawiciel n i e z m a r t w y c h w s t a ł. Chrystus bowiem ukrzyżowany 30 Marca, wstał z grobu 1 Kwietnia".

Z dniem tym, jako rozpoczynającym drugi kwartał roku, rozpoczyna się pora przeprowadzeń czyli zmiany mieszkań, jako i zmiany służących.

S. Franciszek à Paulo.
2 Kwietnia.

Przypowieść powiada z powodu przylotu bocianów:

Na świętego Franciszka zielenią się łany,
i z zimowiska swego wracają bociany.

Mimo to, zdarza się, że bywa jeszcze:

Na święty Wincenty (5 Kwietnia)
nieraz mrozek cięty.

---

[1]) Zwyczaj ten atoli w całym jest znany kraju, lubo ściślej zachowywany bywa w Mazowszu (i w Warszawie) niż w Krakowskiem i Galicyi.

Kwietnia Niedziela.

18 Marca — 14 Kwietnia.

Niedziela k w i e t n i ą zwana, gdyż najczęściej przypada w Kwietniu, stanowi początek Wielkiego tygodnia i dłuższego po kościołach nabożeństwa, na uczczenie ważnych dla chrześcianina pamiątek.

Dawniej, ażeby dodać obchodowi świetności i żywsze w prostych umysłach wzbudzić uczucie, grywane były dyalogi o męce Pańskiej. Jeden z nich, dominikański, zaczynał się od wjazdu w dniu tym Zbawiciela do Jerozolimy, a kończył się we środę pochowaniem jego. Kraków i Częstochowa były stolicą aktorów męki Pańskiej, którzy z przenośnym teatrem jeździli po miasteczkach, a nawet po wsiach, i ludowi widowiska pokazywali za opłatą. Trwało to do roku 1603, w którym zakazał ich jako gorszących obyczaje Bernard Maciejowski, biskup krakowski.

Z rękopisu ks. Kitowicza powiada *Kuryer Warszawski* r. 1822 nr. 77: „Niedziela, poprzedzająca święta pożądane, obudzała radość; po skończoném nabożeństwie młodzież szkolna w kościele uszykowawszy się we dwa rzędy, miała o r a c y e wierszem. Następnie prawili p e r o r y o śledziu, poście, biedzie szkolnej, kołaczach i plackach poświęconych. Po nich wysuwały się chłopaki dorosłe miejskie lub ze wsi przybyłe; poprzebierali się za pastuchów, pielgrzymów, olejkarzy, huzarów i innych żołnierzy. Jedni strój mieli ozdobiony pętlicami, z złotego papieru wysokie kołpaki, za oręż młotek na długim osadzony kiju, drudzy wąsy przyprawne i brody z konopi, infuły z papiéru, obuchy i szable drewniane (Winkler w swym rękopisie wyraża, że w r. 1738 takich chłopców było 500. *Kuryer Warsz.* r. 1828, nr. 78). Zdobywali się na rozmajite o r a c y e podobnież jak uczniowie, lecz gdy takowe wiersze i mowy przez lichych częstokroć poetów i retorów napisane, śmiech tylko wzniecały, zabronił ich w swym kościele wizytator Missyonarzy ks. Śliwicki: za jego przykładem i inni poszli. Tak więc od panowania Augusta III już tylko po domach prywatnych bywały oracye chłopców, którzy co trzeci wyraz uderzali młotkiem o podłogę, włóczyli się i po domach warszawskich po kilkunastu razem. Chłopstwo dłużej zachowało ten obyczaj, nachodząc pomieszkania osób z gminu, rozśmieszając po szynkowniach, a kiedy gdzie podobnyż spotkali oddział, przychodziło do walki, w której nie obeszło się bez guzów. Teraz ustało to zupełnie" [1]).

Rolnicy mówią: Pogoda w kwietnią niedzielę,
wróży urodzajów wiele.

Wielki tydzień [2]).

Ł. Gołębiowski mówi: „Wszyscy Polacy w duchu pobożności w Wielki tydzień odrzuciwszy dzieła światowe, zajmowali się nabożeństwem, przygotowaniem do spowiedzi wielkanocnej i żadnego nie opuszczali nabożeństwa. Taką była i Konstancya Austryjaczka, żona Zygmunta III, która przez cały Wielki tydzień zwiedzała ubogich i chorych, udzielała wsparcie, a w Wielki piątek obchodziła groby i całą noc przepędzała w kościele aż do zaśpiewania w sobotę o północy Alleluja!

Środa wielka.
21 Marca — 17 Kwietnia.

Po jutrzni, w kościele odprawionej, która się nazywa ciemną dla tego, że po jednej świécy za każdym psalmem odprawionym gaszą; jest zwyczaj, na znak tego zamięszania, które powstało przy męce Chrystusowej, że księża psałterzami i brewijarzami uderzają o ławki, robiąc tym sposobem łoskot mały. Swawolne chłopcy, naśladując księży, pozbiegawszy się do kościoła z kijami, tłukli niemi o ławki z całej mocy, czyniąc grzmot jak największy, póki dziady i słudzy kościelni, przypadłszy z batożkami, nie wypędzili ich z kościoła; wszakże, jako młodsi i zwinniejsi, zarwawszy tego i owego kijem po plecach, zdążyli umknąć. Nie przestali wszakże na tém; zrobiwszy bo-

---

[1]) Za Władysława IV w ten dzień panięta, synowie znakomitych rodzin w białe szaty ubrani przynosili królowi palmy. Następca jego, Jan Kazimierz, nigdy prawie na Wielkanoc nie znajdował się w stolicy, i przez to ustał ten zwyczaj.

[2]) *Pamiętnik relig. moral.* Warsz. 1847, tom 12, str. 330: Wielki tydzień. — *Gazeta Polska*, Warsz., 1865 nr. 80—85: Opis zwyczajów kościelnych Wielkiego tygodnia.

wiem bałwana ze starych gałganów, wypchawszy go słomą, i włożywszy mu w zanadrze szkło potłuczone na znak srebrników, za które sprzedał Judasz Chrystusa, chcieli mieć przez to wyobrażenie (postać) Judasza do wypędzenia. Wyprawili z nim na wieżę kościelną jednego lub dwóch z pomiędzy siebie, a drudzy z kijami na pogotowiu pod wieżą stanęli. Skoro Judasz został zrzucony, jeden z nich porwawszy za postronek, uwiązał go u szyji tego bałwana, włóczył po ulicy, biegając z nim tu i owdzie; drudzy goniąc za nim, bili go nieustannie, wołając z całej siły: Judasz! Judasz! — dopóki owego dziwoląga w niwecz nie popsuli [1]. Jeśli im żyd jaki wtenczas się nawinął, rzucali zmyślonego Judasza, a prawdziwego Judę pomiędzy siebie pochwyciwszy, tak długo i szczerze kijami okładali, póki im się nie wymknął. Swawola ta chłopców, jako pokrzywdzająca domy boskie, sług kościelnych i biednych zwykle żydków, za wdaniem się władz duchownych i osób rządowych, zniesioną została.

Wielki Czwartek [2].
22 Marca — 18 Kwietnia.

Podobnie jak biskupi tego dopełniali i dopełniają, tak i królowie nasi w wielki czwartek ubogim starcom umywali nogi. Zygmunt III statecznie obrządek ten dopełniał. Za Stanisława Augusta urząd jałmużnika zwykle odbywał ks. Naruszewicz. — Raz się trafiło, że każdy z 12 starców miał 100 lat z okładem, a jeden 125, tak, że wszyscy razem 1300 lat mieli. Sadzano ich potém do stołu, a król i znakomitsze osoby im usługiwali. Każdy starzec otrzymywał zupełny ubiór; łyżkę, nóż i grabki srebrne, tudzież serwetę, w której dukat był zawiązany. Następowała po-

---

[1] Ł. Gołębiowski mówi: „Przed czterdziestu kilku laty w Warszawie był zwyczaj, że dzieci z pospólstwa ustrojiły bałwana za Judasza, w kieszenie kładli mu worek z 30 kawałkami szkła, jakoby tyluż srebrnikami, oprowadzali po ulicach, potém wciągali na wieżę kościoła P. Maryi na Nowém-mieście, stamtąd zrzucali, za włosy targali, bili, i w Wiśle topili, ale działo się to w wielki piątek.

[2] *Tygodnik illustr.* Warsz., 1860, nr. 28: Wielki czwartek, opis Magiera o Warszawie.

tém wieczerza Pańska, do której król wzywał wszystkie znakomite osoby, poczém było oratorium (drama pobożne) i kwesta przez jednę ze znakomitych dam w asystencyi panien, w kościele lub kaplicy, przy tacy srebrnej dopełniana.

Grzechotki.

Ł. Gołębiowski *(Lud polski,* str. 129) mówi: „Mają one początek w wielki czwartek, koniec w wielką sobotę i trwają przez ten czas, kiedy kościół nie używa dzwonów, tylko klekotek do kołatania. Jak tylko na wieży kościelnej przedtém odezwała się klekota, chłopcy natychmiast nie omieszkali biegać po ulicach ze swojemi grzechotkami, czyniąc niemi przykry hałas. Narzędzie to spore drewniane, w którém cienka deszczułka, obracając się na walcu drewnianym pokarbowanym także, donośne czyni terkotanie; im tężej ta deszczułka do walca przymocowana, obracając silnie grzechotką za rękojeść trzymaną, tém głośniejszy czyniono łoskot. Jedni robili je sami, drudzy kupowali gotowe; na rynku bowiem wystawiano je kupami, jako towar pożądany. Klekotka kościelna większa była, osadzona na kółkach jak taczki, dla łatwiejszego toczenia jej po ulicy około świątyni Pańskiej, i oznajmienia ludowi zbliżającego się nabożeństwa".

„Teraz nocni stróże w Warszawie i po innych miejscach grzechotkami oznaczają godziny; szybkiem, ciągłém i mocném ich wstrząsaniem, ostrzegają o pożarze, do ratunku lub czujności wzywają".

Wielki Piątek.

Groby. Kapnicy.

23 Marca — 19 Kwietnia.

Dzień ten poświęcony rozpamiętywaniu męki Pańskiej. Po nabożeństwie odbytém, zaczynało się obchodzenie grobów. Tak mężczyźni jak i kobiety ubrani byli czarno. Pani de Guébriant, która żonę Władysławowi IV, Maryę Ludwikę przywiozła do Warszawy (obacz *Pamiętnik* Niemcewicza), znajdowała groby wielkopiątkowe w Polsce kształtniejszémi niż we Francyi. Wszędzie niemal było wyobrażenie (wizerunek) P. Jezusa i N.

Panny bolesnej przy nim, rozpadała się ziemia, obroty niebios były wystawione, mnóstwo lamp i świéc jarzących objaśniało to wszystko. U Jezuitów grób cały z szyszaków, pałaszów i innej broni, wszędzie łagodna i smutna przygrywała muzyka.

Naucza nas *Pamiętnik* ks. Kitowicza, że w ciągu panowania Augusta III groby „jaką historyę z starego lub nowego testamentu wyobrażały, często ruchomą i przesuwającą się; najpiękniejsze bywały u Jezuitów i Missyonarzy, najskromniejsze u Pijarów. U grobu w kollegiacie ś. Jana wartę odbywały drabanty królowej, u ś. Trójcy artyllerya konna. Karabiny rurą na dół obrócone być musiały. Król, że otyły był niezmiernie, grobów nie obchodził ani objeżdżał, bywał tylko na lamentacyach u Augustyjanów, gdzie się jego muzyka i śpiewy słyszeć dawały". „Do pięknych i teraz (r. 1830. mówi Gołębiowski), policzyć można grób u Missyonarzy (ś. Krzyża) w kościele dolnym (podziemnym), u Kapucynów z wytryskującą fontanną, w starożytnym ś. Jana, metropolitalnym dziś gmachu, w kościele ś. Aleksandra gdzie marmurowy posąg Zbawiciela w grobie leżącego, — jak i po niewieścich klasztorach; tam albowiem kwiatów i krzewów bywa mnóstwo, a gust lepszy i słodkie ich śpiewy pomnażają wzruszenie. Wszędzie niemal w pewnych godzinach wdzięczna odzywa się muzyka. Piękne k w e s t a r k i, czarno ubrane, w każdym kościele siedząc, potrząsają tackami, wzywając dobroczynności dla sierót, ubogich i kalectwa".

„Groby po wsiach nie ustępowały miejskim; sadzono się w ich ubraniu na przepych i okazałość; tu wśród morskich bałwanów straszny wieloryb coraz połykał i wyrzucał Jonasza; tam cudowna łówka ryb św. Piotra była wystawiona; tu inny jaki przedmiot pobożny. Ogródek przed grobem wzorzysty z pięknie wzrosłego owsu, rzerzuchy, bukszpanu, próżne miejsca kolorowym piaskiem wysypane; po stronach drzewka cytrynowe, pomarańczowe i kwiaty, lampy z kolorowemi zasłonami. Domowników i rodzinę spisano, i do klęczenia u grobów przeznaczonych, ciągle przywożono i odwożono; muzyka na części podzielona, przygrywała nieustannie, lub przyjemne dobranych niewiast i mężczyzn pobożne śpiewy nucących, słyszeć się dawały głosy".

Dawniej był to dzień najliczniejszych nabożnych widowisk. Słynęły długo d y a l o g i wielko-piątkowe Mrzygłodowicza: Zdrada Judasza. Zaparcie się Piotra. Skarga ludu. Zeznania fałszywych świadków. Sądy Kajfasza, Annasza i Piłata.

„Po południu w miastach, a nawet po wsiach zaczynały się processye. Że wszystko do rzeczywistości wyobrażać chciano, bywał udający Pana Jezusa w koronie cierniowej z łańcuchami, i dźwigał krzyż wielki; dopomagał mu Cyreneusz, otaczali ich żołnierze Judzcy, a kiedy upadał pod tém brzemieniem, płazowano go, mówiąc: „Postępuj Jezu!" — Kapnicy w szarych lub kolorowych kapach, na pamiątkę ran pięciu, w tyluż kościołach, albo w jednym tylekroć biczowali się przez całe Misere. Dawali im znak marszałkowie, kiedy krzyżem leżeć, smagać się, krzyż całować, dalszą procesyę rozpoczynać mają. W późniejszych czasach, że to widowisko zbyt rażące było, zniesiono kapników" (Lud, Ser. IX, str. 131).

Niech nam wolno będzie przytoczyć pełen uczucia wiersz, w którym Andrzej ze Słupia, w roku jeszcze 1470, kreśli ciężką boleść Matki Bożej [1]):

> Synu miły i wybrany,
> podziel z Matką twoje rany;
> przemów Ty do Matki, by się pocieszyła,
> bo już odchodzisz odemnie, moja nadziejo miła!
> O Aniele Gabryelu, gdzie owo wesele?
> któregoś mi obiecywał tak wiele,
> mówiąc do mnie: „Panno, pełnaś miłości!"
> A ja tu pełna smutku, pełna żałości,
> zdrętwiało we mnie ciało, ból przejął me kości!

Śledź i żur.

W wielki piątek albo w wielką sobotę, przedtém, dworska przy małych dworach drużyna, uwiązawszy śledzia na długim powrozie, do którego cienką nicią był przyczepiony, wieszała na suchej wierzbie albo innem drzewie nad drogą, karząc go, że przez siedm niedziel morzył ich żołądki.

---

[1]) Straszne i rozdzierające te rymy wygłosił ten sam Andrzej ze Słupia, który zkądinąd pełne rzewności składał pieśni „ku czci Bożej Matuchny, ze wszystkich róż rajskich najkraśniejszej".

Żur wynosili równie z kuchni, jako już niepotrzębny; było to sidłem dla jakiego prostaka. Namówili go, żeby garnek z żurem w kawałku sieci wziął na plecy i niósł go tak, albo na głowie trzymając, et quidem do pogrzebu. Za nim frant szedł z rydlem, jako mający dół kopać, w którym żur pochowają. Gdy się wyprowadzili z kuchni na dziedziniec z orszękiem niemałym, ów co szedł z tyłu z rydlem, uderzył w garnek i potłukł go, a żur oblał niosącego i sprawił radość powszechną i śmiech długotrwały (*Lud*, Ser. V, str. 281).

Wielka Sobota.

24 Marca — 21 Kwietnia.

Woda święcona. Alleluja. Resurrekcya.

Ci, którzy od wieczerzy Pańskiej aż do święconego nic nie jedli, napili się tylko wody święconej w sobotę wielką, brali ją wszyscy do domów w flaszeczkach i zasilali się z rodziną całą i domownikami; do majętniejszych roznosiły ją dziady i babki szpitalne, za to otrzymywali podarek.

Prócz wysłuchania dłuższego nabożeństwa, zajęte jeszcze były i są tego dnia gospodynie ustawieniem święconego pożywienia, to jest tego, które ksiądz przy krótkiej modlitwie już pokropił, lub ma pokropić w tym dniu święconą wodą. Niekiedy święci on je dopiero po resurrekcyi. Któż nie czytał zadziwiającej obfitości pieczywa święconego? Kołacze krakowskie najwięcej słynęły.

Gdy ksiądz w czasie mszy pierwszy raz Alleluja zaśpiewał, wtedy uściśnieniem ręki, ukłonem głowy i cichym głosem winszowali sobie wszyscy obecni wesołego Alleluja. Podobnież, przy spotkaniu się na ulicach i w domu.

Zawsze pobożni Polacy i ich królowie z rodziną swoją, — czytamy w opisie podróży pani Guébriant, — większą połowę nocy w sobotę wielką przepędzali w kościele. W stolicy, w miastach i po wsiach, w czasie resurrekcyi strzelano z armat, moździerzy, organków, z fuzyj i pistoletów przez beczkę próżną dla większego odgłosu, palono w około kościoła i cerkwi (lub na bliższych przynajmniej miejscach) beczki smolne. Jedno i drugie przez niezręczność lub nieostrożność zrządzało przypadki.

„Podobnież jak poprzednicy jego, August III bywał na resurrekcyi w kollegiacie ś. Jana; artylerya 300 razy dawała ognia
na gnojowej górze (dziś ulica Obożna i Sewerynów). Król, że
był otyły, raz tylko dla niego kościół obchodziła processyja.
Ministrami, dworem i senatem otoczony, bywał na resurrekcyi
Stanisław August. Po rzezi Humańskiej, i kiedy o podobnejże
na początku czteroletniego sejmu rozeszły się wieści, ażeby uni-
knąć nocnego napadu wroga, w wielu miejscach przeniesiono
resurrekcyę z północy do poranku. Gdzie kościołów jest wiele,
o różnych godzinach bywa resurrekcya, a lud pobożny z jednej
udaje się na drugą, i wszystkie niemal obejdzie".

WIELKANOC.
Niedziela wielka, 25 Marca — 21 Kwietnia.

Długie były spory o czas obchodzenia tego święta. Sobór
Nicejski go ustalił roku 325, stanowiąc: iż Wielkanoc ma być
zawsze obchodzoną w niedzielę w kwadrze pełni księżyca,
po porównaniu dnia z nocą. Pełnia ta wielkanocna
ani rychlej jak 22 Marca, ani później jak 19 Kwietnia przypaść
nie może.

Dzielenie się święconém jajkiem i winszowanie wzajemne,
wspólne jest całemu chrześciańskiemu światu.

Po wsiach jest, i na Mazowszu jak wszędzie, zwyczaj po
wyjściu z kościoła po nabożeństwie, ścigania się wzajemnego, by
co-rychlej przybiedz do domu i wziąść się do spożycia przygotowanego święconego jadła.

ŚWIĘCONE.

Stary to kraju naszego obyczaj. W tym dniu kmiotek
i najuboższy nawet człowiek zdobędzie się przynajmniej na kawał wieprzowiny, kiełbasę, placek i jaja, oświęcone na cmentarzu kościelnym; majętniejszy, okazalsze wystawia święcone. Po
nabożeństwie, odbytém z rodziną i domownikami, dzielą się
uprzejmie z gośćmi i każdym w dom przybyłym, wśród życzeń
jak-najlepszego zdrowia i pomyślności, święconém jajkiem,

którego nikt odmówić nie może; potém innémi, zastawionémi suto na stołach, częstują i raczą się zapasami.

Gołębiowski mówi, że każda część święconego w ówczesnych wyobrażeniach miała jakąś moc szczególniejszą; tak Rey w Postylli P. p. 5 powiada żartobliwie: „W dzień wielkanocny kto święconego nie jé, a kiełbasy dla węża, chrzanu dla płech (pcheł), jarząbka dla więzienia (chowa), już zły chrześcianin". — Jemu'śmy obowiązani, że nam, jak wiele innych zwyczajów, tak i to mniemanie z swych czasów zachował.

Kto resurrekcyę zaspał, utrzymywano, że niéma prawa jeść święconego. Baranek na sucho pieczony, placki pełne szafranu, jaja (wśród których są pisanki niekiedy), to główna zasada święconego [1]). Kosztowano wszystkiego po-trosze; resztę zostawiano służącym (ob. Lud, Ser. V, str. 282).

Uginają się i teraz (powiada Gołębiowski w r. 1830) stoły pod ciężarem szynek, mięsiw, kiełbas lub placków, mazurków, jaj (z żółtek tych ostatnich robi się jako podścielisko do jadła, zaprawa przy pomocy octu i oliwy). Rzadko już gdzie, dają się atoli widzieć starożytne ciast gatunki, kołacze, obertuchy, jajeczniki. Jaka, mimo to, w owych wiekach, taka i teraz radość, kiedy się udały ciasta; smutek w przeciwnym razie. Są ciasta parzone, baby petynetowe, dla równości w dziurkowaniu tak nazwane. Słyną pod tym względem dobre gospodynie, w pieczeniu ciast wybornych trafne; do nich inne udają się o przepisy. Gdzie większą chcą mieć okazałość, po miastach nadewszystko, cukiernicze zastawiają ciasto, lukrowaniem po wierzchu ozdobne: baby migdałowe, z razowego chleba, trójkolorowej massy (białej, różowej i ciemnej), torty królewskie i t. d.

---

[1]) Pani Stefania Ulanowska powiada w Tygodniku illustr. (Warsz. 1884, nr. 68), iż „w ziemi Czerskiej mają także pisanki, a piszą po nich żelazkiem podobném do igły, zmaczaném w rozpuszczonym zasklepie, to jest w wosku; potem farbują je w brazylii na czarno i w cebulaku na żółto, a wzory, zasklepem napisane, białemi pozostają. Ta odmiana kolorów musi téż mieć symboliczne swoje zastosowanie do rozmajitości barw wiosennych, następującej po.jednostajnej białości zimy".

Wielkanoc.

Dyngus.

Poniedziałek, 26 Marca — 22 Kwietnia.

W każdém prawie mieście jest ulubiona jaka okolica, do
której lud dla rozrywki zwykł się zgromadzać, co się zowie: i ś ć
n a Emmaus, z powodu, iż w drugie święto wielkanocne kościół
obchodzi pamiątkę, jak Chrystus z uczniami szedł z Jerozolimy
do Emmaus. Warszawianie schodzą się przed klasztorem ks. Bonifratrów, gdzie w ten dzień wolno jest odwiedzać o b ł ą k a-
nych (których zakład znajduje się przy pomienionym klasztorze).

Zwyczaj d y n g u s u czyli ś m i g u s u [1]), który do wesołych
żartów i igraszek pochop daje, jak wiadomo, niezmiernie starożytny, ma mieć (wedle kronikarzy) początek od Jagiełły dopiero,
kiedy król ten chrzcić kazał w ten dzień gromady Litwinów, po-
lewając je wodą.

Po wsiach parobcy i dziewki dorosłe, oblewają się wzajem
wodą, ile możności znienacka, jak to w powszechnym jest zwyczaju, podczas gdy chłopcy i dziewczątka-podrostki (tamci z kogutkiem a te z gajikiem chodzą od domu do domu i d y n g u-
s u j ą, t. j. śpiewając i winszując, zbierają podarki, złożone z jaj,
séra, kukiełek, drobnych pieniędzy i t. d.

W t o r e k.

Niektórzy jeszcze dzień ten święcą, a raczej świętują odby-
waniem przechadzek, jakkolwiek trzecie to święto oddawna znie-
sioném zostało.

---

[1]) Wejnert w *Starożytnościach Warszawy* (t. III, str. 196) mówi:
„Zwyczaj był w starej Warszawie, iż kantorowi w kościele św.
Jana, dawało miasto kolendę na Wielkanoc, która nazywała się
s z m i g u s. Chcąc go zachęcić do równej gorliwości w czasie
aktu uroczystego wesela królewicza Jakóba, syna Jana III, miasto wynagrodzenie podobne udzieliło mu w kwocie zł. 1 gr. 20
(około pół rubla na dzisiejszą monetę).

Z pieśni wielkanocnych przytaczamy następujące:

42.

Chrystus zmartwych-wstan jest, nam za przykład dan jest, iż mamy zmar-

twychpowstać z Panem Bogiem królo — wać Al— le — lu—ja

1. Chrystus zmartwych-wstan jest
nam na przykład dan jest,
iż mamy z martwych powstać,
z Panem Bogiem królować.
Alleluja!

2. Leżał trzy dni w grobie,
bok dał przebić sobie;
bok, ręce, nodze obie
na zbawienie (człowiecze) tobie.
Alleluja!

3. Trzy Maryje poszły,
drogie maści niosły.
Chciały Chrystusa pomazać,
Jemu cześć i chwałę dać.
Alleluja!

4. Gdy na drodze były,
tak sobie mówiły:
Jest tam kamień niemały,
a któż nam go odwali?
Alleluja!

5. Powiedz nám Maryja,
Gdzieś Pana widziała?
Widziałam Go po męce,
trzymał chorągiew w ręce.
Alleluja!

6. Gdy nad grobem stały,
rzekł im Anioł biały:
Nie bójcie się dziewice,
ujrzycie Boże lice.
Alleluja!

7. Jezusa szukacie?
tu go nie znajdziecie.
Wstal-ci z wartych, tu Go nie,
tylko Jego odzienie.
Alleluja!

8. Łukasz z Kleofasem,
oba jednym czasem
szli do miasteczka Emaus,
Posłał-ci ich Pan Jezus.
Alleluja!

9. Bądźmy wszyscy weseli,
jako w niebie Anieli.
Czegośmy pożądali,
tegośmy doczekali.
Alleluja!

Ks. Mioduszewski: *Śpiewnik kościelny* (Krak. 1838, str. 129).

43.

Chodząc po dyngusie.

1. Chrystus zmartwychwstaje,
noma przykład daje.
I my mamy zmartwychwstać
z Bogiem Ojcem królować.
Alelijo.

2. Lezał trzy dni w grobie,
dáł bok przebić sobie.
Dał bok przebić i ręce,
na zbawienie człowiece.
Alelijo.

od Czerska (Csaplin).

3. Trzy Maryje posły,
drogie maście niosły.
Chciáły Boga námozać.
nie chcioł jem sie pokázać.
Alelijo.

4. I nad grobem stały,
tak sobie godały:
Jest tám kamień niemały,
a chtóz go nám odwali?
Alelijo.

5. Jest tu Anioł Bozy,
to num go odwozy.
Patrzcie, patrzcie dziewice,
ujzyjcie boskie lice.
Alelijo.

6. Maryja z Janasem
śli o jednym casem,
śli do miasta Amełus,
napotkáł ich Pán Jezus.
Alelijo.

7. Maryja z Józefem,
gdzieś Boga widziała?
Widziałam go na męce
trzymoł chorungiew w ręce.
Alelijo.

8. Buńdźmy se wesieli,
jak w niebie anieli.
Cegośmy docekali,
tegośmy pozundali.
Alelijo.

9. Jajecka święconego,
dzisioj dnia wesołego.
Alelijo.

10. Chwała Bogu Ojcu,
siedzi kura w kojcu.
Jajecek nam naniesie,
dziwecka nám przyniesie.
Alelijo.

11. Gospodyni wstaje,
dyngusik nám daje.
A gospodorz piniązki
ze swoji baniuski.
Alelijo.

12. Klucykami brzunká,
gorzoliny suko.
Alelijo.

13. A dajciez nám co macie dać,
bo num zimno za oknem stać.
Jedni nago, drudzy boso,
powłazimy na piec w proso.
Alelijo.

14. A jok num nie docie,
to cudu doznocie.
Miski, gárki potłucemy,
co na pułce nańdziemy.
Alelijo.

K. Kozłowski: *Lud*, str. 193.

---

44.   od Czerska.

1. Prześlicna lelija
w ogródku zakwita —
Panna Maryja
Jezusa się pyta:

2. Jezu Chryste Panie,
co będzie na śniadanie? —

3. Będzie rybka z miodem,
nie umorzy głodem,
i kapłon piecony.
Niech będzie pochwalony!

4. Ja państwu winsuję
w te pokorne święta.
Posed'em do chliwa,
tám były prosięta.

5. Wzione'm já se jedno,
áno mi kwicało;
zaro sie sumsiadów
do mnie nazlotało.

6. Matka z córką, ojciec z zięciem,
jak me zacną bić prosięciem,
áz jo ich sie i uprosiuł,
ze nie będe prosiąt nosiuł.

7. A jo mały zácek,
włozem se na krzocek.
A z krzocka na wodę,
potłuk'em se brode.

8. A jo mały dyrląg,
za piecem sie wyląg.
A mnie państwo znojcie,
dyngusik mi dojcie.

K. Kozłowski: *Lud*, str. 194.

45. od Czerska (Czaplin)

Niescęsna, niescęsna   godzinecka była, kiedy się dusycka z ciałem rosiącyła.

1. Niescęsna, niescęsna
   godzinecka była,
   kiedy sie dusycka
   z ciałem rosiącyla.

2. Wzięła se dzbanusek;
   posła z nim na łąckę
   po zdrojową wódeckę.

3. Wody nie nabrała,
   rzéwnie zapłakała,
   áz jej się Maryja
   w niebie odezwała.

4. — A cegoz ty płaces,
   ty duso niewinna? —
   — Jakze ni mum płakać,
   Panienko Maryja?

5. Piekło roztworzone,
   niebo zaśklepione. —

6. — Nie bój ty się, nie bój
   piekła gorącego,
   pójdzies ty se, pójdzies
   do raju wiecnego.

7. Będzies se chodziła
   po tym wiecnym raju,
   jak biała owiecka
   po zielonym gaju.

8. A wy tez mateckı
   kárzcie swe córecki,
   kárzcie je, kárzcie,
   do kościoła káźcie.

9. Niech pacierz mowiają,
   różaniec śpiwają.
   Niech paciorki nosą,
   Pana Boga prosą.

10. Tylo im nie dajcie
    jednego jajecka,
    niechze sobie weźmie
    sama ta dziwecka.

11. Sama se dziewecka
    jajko upisała [1]).

12. Przyleciała wrona,
    to jajko wypiła,
    sama se dziéwecka
    rumieniec zgubiła.

K. Kozłowski: *Lud*, str. 197.

---

46. od Czerska.

Nad je - zio - rem   lipka sta-ła, pod tą   lip — ką   dziewka pra-ła.

1. Nad jeziorem lipka stała,
   pod tą lipką dziéwka prała.

2. Sed ubogi środkiem drogi:
   — Dziewko, dziewko, daj mi wody!

3. — Dziodku, dziodku, woda niecysta,
   napadało z drzewa liścia. —

4. — Dziewko, dziewko, woda cysta,
   tylo ty jesteś bardzo grzyśna.

---

[1]) **U p i s a ł a**, umalowała, ubarwiła; ztąd **p i s a n k a**, jajko malowane.

5. Jak ujrzała że to Pan Bóg,
upadła Mu krzyzem do nóg.
6. — Dziewko, dziewko, nie lękaj się
idź do kościoła, spowiedaj się [1]).
7. Tak się długo spowiedała,
az msą świętą przeklęcała.

K. Kozłowski: *Lud*, str. 199.
Lud, Ser. XII, n. 613.

Waryant:

7. — Dziewięcioro dzieci, dziwko'ś miała,
a zádnemu'ś krztu nie dała.
8. Jak sie dziewka wyspowiedała,
zaro się w proch rozsypała.

KOGUTEK.

Na Mazowszu, jak i w innych prowincyach, w drugie święto wielkanocne, parobczaki wiejscy wystrychniętego koguta (do czego biorą pospolicie pustą dynię, przystroiwszy ją w pióra kapłonie nakształt koguta z grzebykiem z sukna czerwonego) i przytwierdzonego do deszczułki, obtaczają na kółkach po wsi. Obchód rozpoczyna się od dworu lub zamożniejszego gospodarza, gdzie śpiewem i przygrywaniem na piszczałce, zyskuje jaki datek pieniężny lub podarunek (zwany wówczas Dyngus), ciągnie się dalej od chaty do chaty, a kończy wieczorem na karczmarzu, u którego zaraz całodzienny nabytek (ów dyngus) rozpraszany bywa wśród wrzawy i krzyków przy kieliszku.

K. Kozłowski (*Lud*, str. 199) powiada: „Kogutek w Czerskiem znany jest powszechnie, lubo nie co rok obchodzony; być może, że wkrótce i ta uroczystość, jak wiele innych, zostanie zaniedbaną. Kogutek robi się z ciasta, które się nakleja piórami koguciemi, a ktoś z gospodarzy we wsi chowa go zwykle do roku następnego. Kto chce chodzić z kogutkiem, winien go

---

[1]) Oprócz dyngusu i gajiku, jest (mówi Kozłowski) w Czerskiem zwyczaj, w poniedziałek Wielkanocny rano obchodzić chaty z kropidłem. Przy tém właśnie śpiewana jest pieśń powyższa.

wykupić z zachowania, — a tylko w razie zniszczenia dawnego, robi się nowy".

Przybywszy przed dom gospodarza, śpiewają:

47.

1. Przyśliśmy tu po dyngusie,
zaśpiewajmy o Jezusie,
o Jezusie, o Chrystusie.

2. W wielki cwártek, w wielki piątek,
cierpiął Pan Jezus wielki smętek.

3. Za nas smętek, za nas rany,
za nas-ci to, chrześcijany.

4. Trzej zydowie jak katowie
Pana Jezusa umęcyli,
Umęcyli, ukrzyzowali,
trzema goździkami na krzyz przybijali.

5. Przybijali go trzema goździkami,
ciekła krew święta trzema promykami.

6. Jak się dowiedzieli Anieli,
po świętą krew przybiezeli.

7. Pozmywali, pozmiatali,
i na niebiosa znać dali.

8. „Pawle, Pietrze, weźcie kluce
i wypuśćcie wsystkie duse".

9. Niebiosa się otworzyły,
wsystkie duse rade były;
tylko jedna smętna była,
co się na matkę zamierzyła.

10. Gorse, duso, zamierzenie,
niźli samo uderzenie;
jak uderzys, to się zgoji,
zamierzys się, serce boli.

---

[1] K. Kozłowski mówi: „Dyngus w mitologii słowiańskiej był podobno pachołkiem Nii, bogini piekła, żony Peklenca, której święto obchodzono na wiosnę o tym czasie. Dawniej w Polsce dyngus znaczył także zupę, polewkę". U Jurkowskiego w Scylurusie (intermedium) jest: „a pedagogowi groch albo dyngus owsiany".

11. Lec ty duso nie bądź smutná,
przeproś matkę jesce jutro.
Juzem ja ich przeprosiła,
nózki wymyła i brud wypł.

(To prześpiewawszy, kłaniają się i dalej nucą):

12. Hola! hola! duso moja,
pójdźmy teraz do kościoła;
A z kościoła do oraca,
dostaniemy tam kołaca.

13 Od oraca do ślachcica.
Niech mu się rodzi na polu pszenica!

14. Da nam garniec wina, a drugi piwa,
co my się z Kurackiem ochłodziéwa.

15. Boświa z Kurackiem raniusieńko wstali,
pierwszą rosienkę otrząsali.

16 A u nas kuracek rano pieje:
wstajcie panny do kądz.ele!
A wy matki jesce śpijcie,
bo się przez dzień narobicie.

17. Panie gospodarzu! do zbawienia,
dajcie nám słoniny do smazenia.

18. A dajciez nam choćby dwadzieścia ctéry,
aby wám się kury w pokrzywy nie kryły.

19. A dajciez nám takze krajanecek séra,
zeby wám się krówka do boru nie gziła.

20. A dajciez nám dajcie, i kasy choć misę,
aby wám się rodziły ciołki łyse.

(Podobna: Wójcicki P. I. T. I, str. 195, 265).

Lud, Ser. IX, str. 137.

Chłopcy chodząc z Kogutkiem.　48.　od Blonia (Plachociu).

W wielki czwartek, w wielki piątek, cierpiał Pan Jezus wiel—ki smu—t k.

Czerniaków.

Chłopcy wiejscy, zebrawszy się w gromadkę, chodzą po chałupach z życzeniami wielkanocnémi.

49.

1. W wielki czwartek, — w wielki piątek
cierpiał Pan Bóg — za nas smutek.

2. Za nas smutek — za nas rany,
za nas cierpiał — chrześcijany.

3. Wa(my) z braciskiem — rano wstali,
zimną rosę — otrząsali.

4. Panienki się — dziwowały,
po kopie jaj — obiecały.

5. A z tej kopy — choć piętnaście,
bez jednego — nám nie dajcie.

6. Bez jednego — nie weźmiewa (weźmiemy),
bo się wszyscy — pobijewa,

7. Siekierkami, — toporkami,
Najświętsa Panno, bądź z nami!
Alleluja!

Przy przechadzce z Kogutkiem:

50.

od Czerska (Czaplin).

1. Wielki cwartek, wielki piuntek,
cirpioł Pan Bóg wielki smutek.

2. Za nos smutek, za nos rany,
za nos grzyśników chrześcijany.

3. A Zydowie jak katowie,
Pana Jezusa męcyli.

4. Zamęcyli, zagrzdęcyli,
i do krzyza go przybili,
krewkę świętą wypuścili.

5. Anieli się dowiedzieli,
i po krewkę przylecieli.

6. Przylecieli, przyjechali,
krewkę świętą pozbirali.

7. Pozbirali, pozmietali,
i do raju odesłali.

8. Tam się w raju umywali,
złotą ścirką obcirali.

9. A my mali, rano wstali,
zimną rosę otrzunsali.

10. Panny num sie dziwowały,
po kopie jájecek dowali.

11. Pójdźmyz teiá do młynárza,
da nàm placka, syra.

12. Od młynorza do oraca,
do num placka i kolaca.

13. Najświętsą Panienka rada była,
piwka, gorzołki utocyła.

14. Siekirkami, toporkami,
Najświętsa Panienko rac być
[z nami.

K. Kozłowski: *Lud*, str. 198.

Chłopcy chodząc po wsi z Kogutkiem:

51.

Dyngus.   Wilanów

Do te—go do—mu wstę—pu—je—my, zdro—wia, scęścia

win—su—je—my   zdro—wia scęścia   win—su—je—my

1. Do tego domu
wstępujemy,
zdrowia, scęścia
winsujemy.

1. A w tém domu
malowane progi,
chodziły, chodziły
gospodarskie nogi.

3. Za tém domem
stoji kamienica,
za tą kamienicą
bieli się pszenica.
4. A czemu nie rzniecie,
czemu nie wiążecie,
a wiemy my wiemy,
co za nią weźmiecie.
5. A będziecie brali
te bite talary,
będą wam się, będą
po stole tacały.
6. Pan gospodárz
stoji w rogu stoła,
na nim pasicek
w same złote koła
(v. stroji się pasicek
w modrzusieńskie koła).
7. A stroji się stroji,
bo mu się nalezy,
a bo mu cuprynka
na łysinie lezy.
8. Pani gospodyni
stoji w lusterecku,
a stroji się, stroji
w rąbkowym cypecku.
(Pani gospodynı
w lusterecku stoji,
rumbkowy cypecek,
na głowecke stroji).
9. A stroji się, stroji,
bo jej tak nalezy,

bo jej cuprynecka
na ramieniu lezy.
10. A stroji się, stroji,
bo jej przyzwojita,
bo jej makówecka
w ogródku zakwita.
11. W izbie stoją stołki,
w sieni stoją zarna, —
pani gospodyni,
lata kieby sarna.
12. W izbie stoją ławki,
w sieni stoji stempa, —
a panna dziéwecka,
lezy kieby klempa.
13. Nie załujcie nam
seściu grosy,
a dajcie nam
do kogutka kokosy.
14. Ta kokosa
zniesie jaje,
dla dziecięcia
na śniadanie.
15. Powiedziała
carna kura,
ze choć-ci ją
boli dziura,
16. to juz zniesła
carne jaje
dla dziecięcia
na śniadanie.

Ob. K. Kozlowski: *Lud w Czerskiem*, str. 195.

W Czaplinie pod Czerskiem dodają:

Gospodyni wstaje
dyngusik nam daje.
Gospodarz piniązki,
ze swoji baniuski.
Klucykami brząko,
gorzoliny suko.

- - -

GAJIK.

Pod tą nazwą znana jest następna uroczystość w Mazowszu i Kaliskiem obchodzona. W drugi dzień **Wielka-**

nocny [1]) gromada dziewcząt i dzieci obchodzi domy swojej wsi, nie pomijając żadnego, pod przewodnictwem wybranej z pośród siebie dziewczyny, niosącej w ręce pęk różnego rodzaju zieloności i gałązek, przystrojony i przewiązany wstążkami rozmajitej barwy i nazwany Gajikiem. Przed każdym domem grono to śpiewa właściwą temu obchodowi pieśń, za co datkiem od gospodarzy wynagradzane bywa. „W innych okolicach (t. j. w Krakowskiem i Sandomierskiem — pisze Wójcicki) w późniejszej nieco porze, bo w końcu Maja, odbywa się podobny obchód z gałęzią chojiny, obwieszonej wiankami, różnokolorowemi wstążkami i świecidełkami".

K. Kozłowski *(Lud* w Czerskiem, str. 197) mówi: „W poniedziałek wielkanocny obchodzonym bywa przez parobczaków Dyngus, a przez dziewczęta Gajik. Gałąź chojiny, ustrojoną różnokolorowémi wstążkami, dziewczęta obnoszą po domach, śpiewając pieśń, którą przytaczamy. W czasie śpiewu, Gajik trzymany przez najśmielszą z dziewcząt, porusza się ciągle to w tę, to w drugą stronę. Prawie tak samo jak w Czerskiem, śpiewanym bywa Gajik i w innych stronach Mazowsza i kraju". (Wójcicki, I. 191, 194, 264. — II. 313. Żeg. Pauli str. 17.)

52.

od Piaseczna, Nadarzyna.

A w tym domu w ty kamie—ni—cy bo – daj zdrowia było

jak w polu pszeni—cy, bodaj zdrowia by—ło jak w polu pszeni—cy

1. Nas(z) gajik zielony,
piękuie ustrojony,
po wsi sebie chodzi,
tak-ci mu się godzi.

2. Nie wiecie, nie wiecie,
co nas gajik wazy,
na każdej gałązce
złoty latar lezy.

[1]) Nie zaś w Zielone świątki, jak powiada Wójcicki, który przytém cytuje pieśń obrzędową (obacz: *Lud,* Ser. X, str. 196). Być jednak może, iż jeśii Wielkanoc przypada w Marcu i zieloności jeszcze niema, obchód Gajika odbywa się w późniejszej porze.

3. A w tym domu,
w tej kamienicy, —
bodaj zdrowia było
jak w polu pszenicy.

4. Daj-ze Panie Boże,
w tej nowej oborze,
krówki się cieliły,
wołáski mnozyły.

5. A wy wołoskowie,
złoto-rogaskowie.

6. A w tej kamienicy
dobre konie maią;
jak wyjdą na pole,
jak ptáski biegają.

7. A jesce-by jesce
óne lepsu były,
ale parobecek
do nich nastal zgniły.

8. Do karcmy ón chodzi,
nie rychło przychodzi,
siecki im nie urznie,
ani im wygodzi.

9. Siecki im nie daje,
ani ich napoji,
bo sám w karcmie pije,
w karcmie figle stroji.

10. Pan gospodárz
siedzi w rogu stoła,
suknia na nim
w same złote koła.

11. I capecka
z karmazynu,
nás gospodárz
tego domu.

12. Pani gospodyni
tego domu,
chowa óna córeckę,
sama nie wié komu.

13. Chowa óna ją
Omielanom (ze wsi Jemielna)
chowa ona ją
wielgim panom.

14. Pani gospodyni
siedzi w lusterecku;
siedzi óna, siedzi
w jedwabnym cépecku.

15. Cy go miała,
cy nie miała,
byle nám dęgusik
dobry dała.

16. Pani gospodyni
klucykami brząká,
a nam-ci to, nám-ci
dęgusiku suká.

17. Cy go miała,
cy nie miałe,
aby nam dęgusik.
dobry dała.

18. A dajcie nam, dajcie,
dwadzieścia i ctéry,
zeby się kurcątka
w pokrzywy nie kryły.

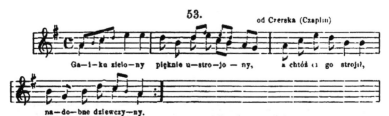

53.   od Crerska (Czaplin)

Ga—i—ku zielo—ny   pięknie u—stro—jo — ny,   a chtóż ci go stroji,

na—do—bne dziewczy—ny.

1. Gajiku zieluny,
pięknie ustrojony.
A chtóz ci go stroił?
Nadobne dziewcyny.

2. Nadobne, nadobne,
bo nadobnne były,
zieluny gajicek
pięknie ustrojiły.

3. A na tym gajiku,
   śpilecki, wstunzecki,
   co go ustrojiły
   nadobne dziéwecki.
4. Nas gajicek
   z boru idzie,
   przypatrują mu się
   wsyscy ludzie.
5. Wsyscy ludzie,
   wsystka ślachta,
   nas gajicek
   kieby płachta.
6 Idziem z gajikiem
   po lipowym moście,
   przypatrują mu się
   panowie i goście.

7. Idziem z gajikiem
   kole sádzawecki,
   chłopcy za nami
   z flaską gorzałecki.
8. Idziem a gajikiem
   koło chliwka,
   chłopcy za nami
   z konewecką piwka.
9. Przede dworem
   biały kamień,
   nasa pani
   siedzi na niem.
10. Siedzi, siedzi,
    suknią rozpościrá,
    przyśliśmy z gajikiem,
    áz się uciesyła.

K. Kozłowski: *Lud*, str. 196.

---

54.   od Inowłodza (Rzeczyca).

1. A tego roku
   ciężka zima była,
   co nám ziółko
   wymroziła.
2. Ale my się
   tak starały,
   cośmy ziółka
   nazbierały.
3 Nás gajicek
   z lasu idzie,
   przypatrują mu się
   wsyscy ludzie.

4. A idzie on, idzie
   po lipowym moście,
   przypatrują mu się
   panowie, jejmoście.
5. Na nasym gajiku
   wstążecki, śpilecki,
   co ich nawiesały
   krakowskie dziewecki.
6. Na nasym gajiku
   jest krakowski wieniec,
   co go nám darował
   z Krakowa młodzieniec.

7. Na nasym gajiku
   krakowska wstążecka,
   co nám darowała
   krakowska dziewecka.

---

55.   od Skierniewic (Żelazna, Zgliana)

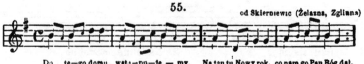

Do te—go domu wstj—pu—je — my,   Na ten tu Nowy rok, co nam go Pan Bóg dał,
scęścia, zdrowia win — su—je—my   na to nowe l to dzięki Bogu za to

1. Do tego tu domu
wstępujemy,
zdrowia, scęścia
winsujemy.
2. Na ten tu nowy rok,
co nám go Pán Bóg dál,
na to nowe lato,
dzięki Bogu za to.
3. Nás (nasz) gajik zielony,
pięknie ustrojony;
pięknie sobie chodzi,
bo mu się tak godzi.
4. Nas gajicek
idzie z miasta,
dziwują mu się
wsystka ślachta.
5. Wsystka ślachta,
wsyscy ludzie,
ze nas gajicek
z miasta idzie.
6. Idzie-ć on, idzie
po lipowym moście,
dziwują mu się
panowie i goście.

7. Nász gajik zielony,
pięknie ustrojony,
pięknie sobio chodzi,
bo mu się tak godzi.
8. Przede dworem
biała kamienica,
a za dworem
zielona pszenica.
9. Ani wy jej rzniecie,
ani jej sprzątacie,
ani my nie wiemy,
co za nią bierzecie.
10. Będziecie brali
te bite talary,
co wam się będą
po stole tacały.

11. Nás gajik zielony,
pięknie ustrojony,
pięknie sobie chodzi,
bo mu się tak godzi.

12. Pan jegomość
siedzi w rogu stoła,
suknia na nim
w same złote koła.
13. I cżápeczka
z karmazynu,
prawdziwy jegomość
tego domu.
14. Nasá pani
w okienecku stoji,
i w perłowy
cépecek się stroji.
15. A niech-ze sie stroji,
bo jej tak przystoji.

16. Nász gajik zielony,
pięknie ustrojony.
pięknie sobje chodzi,
bo mu się tak godzi.
17. Na nasém gajicku
jest krako(w)ski wieniec,
co go nam okupił
Zglinnicki młodzieniec.
18. Zglinnicki nadobny,
do ludzi podobny.

19. Nász gajik zielony,
pięknie ustrojony,
pięknie sobie chodzi,
bo mu się tak godzi.
20. Na nasym gajicku,
jedwabne wstążecki,
co je powiesáły
Zglinnickie dziewecki.
21. Zglinnickie nadobne,
do ludzi podobne.

22. Nasz gajik zielony
pięknie ustrojony,
pięknie sobie chodzi,
bo mu się tak godzi.
23. Przede dworem
jest zielona grobla,
chodziła po niej
dziewcyna nadobná.

24. Cárném syciem
kosulinę miała,
proś Boga hultaju,
by ci się dostała.

25. Dostanie sie przecie
(w) zimie albo lecie.

26. Nász gajik zielony,
pięknie ustrojony,
pięknie sobie chodzi,
bo mu się tak godzi.

27. W tym tu domu
jegomość bogaty,
má koniki
kieby katy.

28. Jesceby óne
nie takie były,
ale parobecek
do nich coś ogniły.

29. Co mu kázą
konie obludzić,
to ón idzie
panny budzić.

30. Panien nie pobudzi,
koni nie pochludzi.

31. Nász gajik zielony
pięknie ustrojony,
pięknie sobie chodzi,
bo mu się tak godzi.

32. Ón se myśli
ze chodzi po susy (suszy)
a ón po błocie
j-az po same usy.

33. On se myśli
ze gruski padają,
a panny za nim
cegłami rzucają.

34. Rzucają cegłami,
jesce kamieniami.

35. Nász gajik zielony
pięknie ustrojony,
pięknie sobie chodzi,
bo mu się tak godzi.

36. A za dworem
kaczki w błocie,
tutejsa pani
chodzi we złocie.

37. Niech-ze sobie chodzi,
bo sie wsystko rodzi.

38. Nász gajik zielony,
pięknie ustrojony.
pięknie sobie chodzi,
bo mu się tak godzi.

39. A przez niebo
cárna burza, —
naśá pani
gdyby róża.

40. A przez piekło
biały sznurek, —
tutejsy stangret
gdyby nurek.

41. Naśá jejmość
po pokoju stąpá,
dla nás-ci to dla nás
podarunku suká.

42. A niech-ze go suká,
byle zdrowá była,
by się z podarunkiem
(przed nam) nie powstydziła.

43. Prosiemy pani
choć z daleka ręki,
zeby sobie pani
nie zadała męki.

44. Nász gajik zielony,
pięknie ustrojony,
pięknie sobie chodzi,
bo mu się tak godzi.

---

56. od Łowicza (Złaków kościelny i borowy).

Ga—l — cek zie — lo—ny pięknie ustro — ju—ny A w co u - stro—

jo ny, w cerwo—ne stą — ze—ckl. A ten ga—jik z la—su i—dzie,

dzi—wu—ją mu s ę wszy — scy ludzie

1. Gajicek zielony,
pięknie ustrojony.
A w co ustrojony?
W cerwone wstązecki.
A kto go ustroił?
A nase dziewecki.

2. A ten gajik
z lasa idzie,
dziwują mu się
wsyscy ludzie.

3. Niech-ze się dziwują,
dziwowali,
aby dla nas
podarunek dali.

4. Do tego domu
wstępujemy,
scęścia, zdrowia
dobrego zycémy.

5. A przed tym tu domem
biała kamienica, —
a za stodołami
zielona pszenica.

6. Zielona, zielona,
bo na zimę siana.

7. Wiosną się zieleni,
lecie kwitnąć będzie, —
pan gospodarz
przechodzi się wszędzie.

8. Niech-ze się przechodzi,
bo mu się tak godzi,
bo się przypatruje
jak pszenicka wschodzi.

9. Daj-ze Panie Boze,
aby się zrodziła,
zebý ja tu do nij
żąć ją przychodziła.

10 A jesce nie rzniecie,
ani jej wiązocie,

juz się frasujecie,
co za nią weźniecie.

11. Weźniecio, weźniecie
te bite talary,
będą wám się, będą
po stole tacały.

12. Pan gospodarz
w rogu stoła,
suknia na nim
w jasne koła.

13. Boć gospodárz,
boć bogaty,
má koniki
gdyby katy.

14. Kiedy stoją w domu,
spokojnie się mają;
kied' puscą na pole,
jak wiatry biegają.

15. Od owieska
golusińkiego,
od sianecka
drobniusińkiego.

16. Od wody bystrzyckiej (bystrej)
skakały konicki;
skakałyby jesce,
ale im się jeść chce.

17. Adyby one
jesce lepse były,
ale parobecek
do nich zgniły.

18. Pani gospodyni
w okienecku stoji,
i w cépek, cépecek
rąbkowy sie stroji.

19. Pani gospodyni
klucykami brząká,
dla nás-ci to, dla nás
podarunku suká.

20. Bodaj się strojiła,
scęścia docekała,
a nam podarunku
nie pozałowała.

21. A niechze suká,
by zdrowá sukała,
aby tylko dla nás
podarunek dała.

22. A niech-ze go daje,
niech się nie rozchwieje,
bo nam tu gajicek
wiatr na nic rozwieje.

57.   od Łowicza (Łyszkowice)

1 Nasz ga—ji—czek z la — sa idzie,   dziwują mu się   wszy — scy ludzie.

1. Nasz gajiczek
   z lasa idzie,
   dziwują mu się
   wsyscy ludzie.

2. Gajicek zielony,
   pięknie ustrojony,
   pięknie sobie chodzi,
   bo mu się tak godzi.

3. Dziwują mu się
   i panowie,
   nász gajicek
   był w Krakowie.

4. Pan gospodárz
   nász bogaty,
   ma koniki
   gdyby katy.

6. Jesce by sie
   one lepij miały,
   ale parobecek
   do nich ospały.

6. Zamiast co ón
   konie chludzić,
   to ón idzie
   panny budzić.

Ś. Wojciech.

23 Kwietnia.

Roku 997 poniósł u Prusaków śmierć męczeńską święty Wojciech, apostoł Czechów, Polaków i Pomorzan.

Zdarzają się w ten dzień grzmoty, lecz te są dla gospodarzy pożądane, i jest przysłowie:

1. Kiedy grzmi w święto Wojciecha,
   rośnie rolnikom pociecha.

Ten grzmot często pierwszym na wiosnę bywa, a kiedy takowy wieśniak usłyszy, idzie przed chatę i tak zwanego k o z ł a p r z e w r a c a (t. j. oparłszy ręce o ziemię, robi skok przez głowę) w mniemaniu, iż już w tym roku paraliż naruszyć go nie może.

Ale i dla koni, które wówczas na trawę wychodzą, czas to dobry.

>2. Na święty Wojciech — kobyli pociech.

Zboże już wówczas podskoczyło w górę:

>3. Taka pszenica zwykle urodzajną bywa,
>która na święty Wojciech przepiórkę pokrywa.

A w życie skryje się już i wrona. Więc:

>4. Gdy na Wojciecha — wrony z żyta nie widać,
>możesz resztę karmy — ze stodoły wydać.

Ś. Tymon.
19 Kwietnia.

Tu radzi przysłowie:

>1. Pamiętając na Tymona,
>sprawuj rolę pod jęczmiona.

Ś. Jerzy.
24 Kwietnia.

Dzień świętego Jerzego, patrona rycerzy słowiańskich. Jego wyobrażenia tarczami rycerskiemi zdobiono.

Przysłowie mówi, iż wtedy ozime zboże tak już podrosło, że:

>1. Na świętego Jura
>schowa się w życie kura.

S. Marek.
25 Kwietnia.

Dzień ś. Marka pamiętny po wsiach dla odbywanych procesyj po granicach. Dawniej w tym obchodzie pokładano i bito chłopaków wiejskich na kopcach granicznych, żeby je w pamięci mieli, co frycówką zwano. Ztąd przysłowie:

>Pamiętaj chlopcze,
>że tu stały kopce.

W gospodarstwie dzień ten przypomina potrzebę śpieszenia siewu; przeto mówiono:

>1.   Na świętego Marka,
>późny siew owsa, a wczesna tatarka.

lub: 2.   Na świętego Marka,
>późny owies, ranna tatarka.

3. Święty Marek — poszedł na folwarek,
oglądać żytko — czy zeszło wszytko.

Początek przysłowia: „Tłucze się jak Marek po piekle" — pochodzi z dyalogu: Przypadki Marka pijaka.
Tragiczny jego koniec był taki, że go dyabli do piekła wtrącili; a że piekło było za sceną, przeto Marek wrzeszczał i tłukł
się w niém głośno, aby słuchaczy przekonał i zabawił.

Dni krzyżowe.

30 Kwietnia, 1, 2 Maja — 31 Maja, 1, 2 Czerwca.

Na święty krzyż,
owce strzyż.

M A J.

Nazwa tego miesiąca zdaje się pochodzić od bogini łacińskiej Maji, a my dopiero do wyrazu Maj (mówi Wójcicki) przywiązaliśmy znaczenie zieloności.

Ł. Gołębiowski *(Gry i zabawy)* powiada: „U starożytnych ludów była Maja bogini; cześć jej oddawano pierwszego dnia tego miesiąca, i dotąd przyzywanie jej i tańce wiejskie z tego powodu zachowały się u Greków. Zdaje się, że i nam poniekąd była znana; Słowianie przez pieśni i tańce na murawie, zwykli witać wiosnę".

„Za ostatniego z królów Jagiellońskiego plemienia, Zygmunta Augusta, jeszcze w niektórych okolicach, ubrane mężatki, na błoniu, pobrawszy się za ręce, tworzyły koło i pląsając słodko, nuciły lubej wiosny pochwały. Nie ma śladu, kiedy to zniknęło". *(Kuryer Warsz.* 1821 n. 118).

W tym też miesiącu rozpoczynają się w katolickim świecie odprawiane po kościołach [1]) nabożeństwa ku osobliwszej czci Matki Boskiej.

Miesiąc to najpiękniejszy dla oka, ale jak u nas, nie zawsze ciepły. Jednak lekarze przeznaczają go chorym do kuracyi; jakoż

---

[1]) Drukują się na ten cel rozmaite broszury z pieśniami, np. *Wianeczek majowy* (w drukarni ks. Missyonarzy w Warszawie, 1855), *Wianek krzyżowy* (tamże) i t. p.

są takie leki, które tylko w tym miesiącu się udają, a to dla ziół mnóstwa.

W tym miesiącu zdrowo być miało (wedle starych kalendarzy) k r e w p u s z c z a ć lub wziąść n a p r z e c z y s z e n i e i każdy niemal (40—60-letni) p r e z e r w a t y w y tej używał.

Z tym także miesiącem rozpoczyna się gra zwana: w z i e l o n e (obacz: Gry).

Kuryer Codzienny (Warsz., 28 Kwietnia 1871 n. 94) pisze: „Od wczoraj woda na Wiśle zaczęła przybierać i o ile kompetentni przewidzieć mogą, przybór ten dojdzie (za kilka dni) do stóp 10. Przybór taki peryodyczny, zwany przez Nadwiślan O s k o l n i c ą, a to z powodu, iż właśnie objawia się zwykle w tej porze (1 Maja), kiedy pączki na drzewach zaczynają pękać".

Jak pierwszy dzień Kwietnia zwodzeniu powszechnemu był przeznaczony, tak pierwszy Maja przechadzce lub wyjazdowi za miasto na m a j ó w k ę, a osobliwie odwiedzaniu Bielan (przez mieszkańców Warszawy) w kółku rodzinnem i przyjacielskiem i używaniu tam całodziennej lubej przyjemności odetchnienia świeżem powietrzem rozpoczynającej się wiosny. Woźnicy, a zwłaszcza dorożkarze, zdobili z i e l o n o ś c i ą konie swoje i powozy.

ŚŚ. Filip i Jakób apostołowie.

1 Maja.

Był to dawniej dzień od nauk wolny i używała go młodzież szkolna na uciechy, zowiąc tę zabawę m a j ó w k ą. W dniu tym (lub później, jeżeli pogoda nie służyła) wychodzili uczniowie z nauczycielami za miasto. Gra w piłkę, bieganie o zakład, huśtawka i t. p. były ich zabawą. Wieczorem po chłodzie przy śpiewach wracano do domu.

Już wtedy siewy główne zwykle są ukończone, wedle przysłowia:

Na świętego Jakóba
ostatnia siewu próba.

Ś. Florian.

4 Maja.

Deszcz w świętego Floriana,
skrzynia groszem napchana.

S. Zofija.
15 Maja.

W dzień ten wynoszą rośliny i drzewa obce (egzotyczne)
ze szklarń (z cieplarni), bo już minęły dnie im przeciwne
i niekiedy mroźne trzech świętych, których imiona kończą się
na: acy, jakoto: Pankracy, Serwacy, Bonifacy.

SS. Pankracy, Serwacy, Bonifacy.
12, 13, 14 Maja.

W ową trzydniówkę nabożni Warszawianie uczęszczają do
wsi Czerniakowa, gdzie u ks. Bernardynów odpust, i gdzie złożone są zwłoki św. Bonifacego. Zwłoki te spoczywają w szklanej
trumnie w dolnej kapliczce po za wielkim ołtarzem. Cierpiący
na oczy, pocierają palce o trumnę tę, gdyż pot na niej osiadły,
skutecznem ma być, wedle ich mniemania, lekarstwem na ból
oczów.

Wniebowstąpienie Pańskie.
3 Maja — 3 Czerwca.

„Niegdyś w tym dniu był zwyczaj, iż po nabożeństwie, lud
zgromadzony, zwłaszcza chłopcy i parobczaki, djabła ze słomy obszytego w chusty, włócząc po ulicach, nawoływali, a kijmi go
tłukli i w rzece potém topili. Może dla tego, aby nie wstą-
pił w babę, według znanej powiastki: „W piwo kwas, robak
w mięso, a w babę djabeł" (ob. Lud, Ser. V, str. 273. — Ser.
XV, str. 11).

Bieda też wtedy dokuczać poczyna, bo do reszty już zwy-.
kle zboże wymłócono:

We Wniebowstąpienie
z stodół wymiecenie,

lubo niektórzy stosują to już do Kwietnia (ob. Kwiecień).

Sobota przed-świąteczna.
12 Maja — 12 Czerwca.

„Niegdyś lud, jak sądzi Chodakowski, w wigiliję Zielonych
świątek rozpoczynał zabawy swoje, może dla tego Sobótkami
zwane. Zapalano ognie na wzgórzach, przeskiwano je pośród tańców, śpiewów i śmiechów. Te zabawy trwały aż do dnia ś. Jana
Chrzciciela. Dziś ledwie ich ślady gdzie-niegdzie widzieć się dają".

ZIELONE ŚWIĄTKI.

Niedziela, 13 Maja — 13 Czerwca.

Niedziela Zesłania Ducha ś. czyli Zielonych świątek, które zapewne od pory, gdy się wszystkq na ziemi z i e l e n i, tę nazwę otrzymały. Dawniej tém słuszniej mogły być tak zwane, iż w te dnie równie bogaci jak i ubodzy domy swe m a j i l i, strojili w m a j kościoły, i w z i e l o n e (obacz: Gry) bawıli się. Dziś został tylko zwyczaj zarzucania ziemi liściami tatarakowémi, co także i robactwo dzielnie wygubia" [1]).

Pieką także na te święta ciasto (placki i babki), lubo w mniejszej znacznie niż na Wielkanoc ılości i bez święcenia ich.

Mimo, że święta te w cieplejszej już przypadają porze roku, częste jednak w niej panujące jeszcze chłody, wiatry i deszcze, przypominając niedawno ubiegłą zimę, doradzają ludziom trzymać się ciepło, według przysłowia:

1. Do świętego Ducha — nie zdejmuj kożucha,
   a po świętym Duchu — chodź jeszcze w kożuchu.

Że jednak trawy bujnie już się rozrosły, ztąd téż i:

2. Na Zielone świątki,
   najlepsze z krów wziątki.

Poniedziałek świąteczny.

14 Maja — 14 Czerwca.

„W drugi dzień Zielonych świątek (mówi Gołębiowski w *Opisie Warszawy* str. 227), przejażdżka na Bielany tém jest

---

[1]) W *Kłosach* Warsz. (z r. 1875 n. 516) autor artykułu: Z i e l o n e ś w i ą t k i, mówiąc o jeździe na Bielany, o zaścielaniu tatarakiem podłóg ı kościołów, sieni brzeziną, majenıa pułapu, okien i obrazów w domu ziołami, a osobliwie obrazów Matki Boskiej, której miesiąc Maj poświęcony i są oddzielne do niej, znane pod nazwą nabożeństwa majowego, modlitwy; powiada dalej (opierając się może na zdaniu Chodakowskiego), ze: „Po wielu okolicach krajowych, lud nasz zaczyna wtedy także palić ognie S o b ó t k o w e z pieśniami i tańcami, które się p r z é c i ą g a j ą aż do wigilii ś. J a n a, t. j. (do pory), kiedy właściwie obrzęd ten, z czasów przedchrześcijańskich dochowany, wypada, gdyż dopiero w dniu 23 Czerwca po większej części bywa obchodzony".

od wilanowskiej (w Popielec) milsza, że w ciepłej następuje po-rze roku; a jeżeli prawdziwie piękna służy pogoda, tém jest liczniejsza, tém okazalsza. Jak paryskie Longchamp, tak nasze Bielany świetne wówczas bywają i zachwycające".

Kto z cudzoziemców w drugim dniu Zielonych świątek ujrzy na Bielanach tę ludność całkiem niemal z stolicy wylaną, to mnóstwo powozów, ten ubiór kobiet rozmaitością i pięknością zadziwiający, widokiem tylu bogactw i wdzięków tylu, zachwy-conym bywa. Zawsze bywał na Bielanach August II i III, jak tylko w tym dniu znajdował się w Warszawie. Za czasów Sta-nisława Augusta przejażdżka ta była modną, i widziano tam po-wozy przez biegaczów poprzedzane, mnóstwem dworzan (na ko-niach) otoczone. Niema już laufrów, pajuków i hajduków, niema wojsk nadwornych każdego JW. i JO. pana (magnata), ale pię-kne karety, kocze, żokeje, liberya, i obok gustu większa skrom-ność. Powab tego miejsca i prostota wspaniałej natury ujmuje każdego; tu wyższego stanu osób snujące się gromady mile ba-wią oko; tam mimowolnie pociąga szczerość zabaw ludu, pod namiotami po całym lasku przyległego klasztoru Kamedułow i przyjemnych, wyniosłych nadbrzeżach Wisły rozsypanego. Roz-stawione w kilku miejscach przygrywają orkiestry, kuglarze po-kazują sztuki, inni przedają trunki, rozmaite jadła i chłodniki. Dwie drogi wyborne do Bielan prowadzą; jedzie się często do-łem (po nad Wisłą) koło Marymontu, a wraca górą; wielu idzie piechotą.

„Był zwyczaj dawniej (mówi dalej Gołębiowski), że w po-niedziałek świąt Zielonych przepływano do wsi Golendzinowa na drugą stronę (prawą) Wisły, gdzie teraz ulica jedna tak zo-wiąca się na Pradze. Tam odbywało się wesele ubogiej lecz cnotliwej córy jednego z mieszkańców Starego-miasta, losem wy-branej. Promy ozdobione były masztami w gałązki brzeziny ob-winiętémi, wstążek mnóstwem ozdobione. Po ukończonej zabawie wójt staromiejski zbierał posag dla nowozaślubionej i ten bywał niekiedy znaczny. Za Jana Kazimierza dla obecności s r o g i c h Szwedów za Wisłą (jak powiada Duńczewski), nie płynęli War-szawianie do Golendzinowa, i drugi dzień tych świąt i obyczaj dawny w lasku Bielańskim dopełnili. Od tej zapewno pory w tym dniu zaczęto odwiedzać Bielany, nie dla samego już tylko nabożeństwa" [1]).

F. M. Sobieszczański *(Kalendarz rodzinny* Jaworskiego, Warsz. na r. 1871) rozwija wiadomość tę w ten jeszcze sposób. Powiada on, że: „zwyczaj odwiedzin tych istnieje dopiero od 200 lat, t. j. od czasu, jak klasztor tamtejszy Kamedułów zbudowano na wzgórzu zwaném Pólkowa góra, a lasek sąsiedni był zwierzyńcem królewskim. Przedtém był zwyczaj, że wójt staromiejski w dzień ten dawał wyprawę jednej parze młodego małżeństwa, które odbywało wówczas swe wesele we wsi Golendzinówku, obok przedmieścia Pragi położonej (o czém wspomina już Duńczewski pod r. 1705) i w tym celu łódki strojne i omajone brzeziną, przenosiły grono weselników za Wisłę. Odpusty bielańskie skierowały tych godowników ku Bielanom, gdzie się zwyczaj ten przeniósł i gdzie również wesela takie odprawiały się jeszcze w obecności króla Stanisława Augusta w r. 1766".

S. Trójca.
Niedziela, w oktawę po Zielonych świętach.
20 Maja — 20 Czerwca.

W niektórych wsiach w Mazowszu polnem i starem, mianowicie w pobliżu ujścia Narwi do Wisły, niosą włościanie w ten dzień trojakie ziele do kościołów i figur dla przystrojenia wizerunków ś. Trójcy, gdzie się takowe znajdują. (Opowiadający nie umiał jednak wskazać, jakie to są zioła.) [2])

---

[1]) Nam się twierdzenie to zdaje być naciąganém, gdyż i pod Krakowem istnieją Bielany z klasztorem Kamedułów, równie tłumnie w Zielone świątki i nie dla samego tylko nabożeństwa odwiedzane *(Lud,* Ser. V, str. 293). Zresztą i w innych także krajach, gdzie są zakony Kamedułów, bywają w te dni odpusty i pielgrzymki do ich klasztorów.

[2]) *Pamiętnik naukowy* (Kraków, 1837, II. 75) powiada: „Ś. Patrycy jest patronem Irlandyi, a w święto jego każdy Irlandczyk niesie pęk koniczyny, związany w kształcie bukietu. Brand powiada, że ś. Patrycy, opowiadając naukę świętą w Irlandyi, tłumaczył tajemnicę ś. Trójcy przez koniczynę, której liść ka-

Boże Ciało.

24 Maja — 22 Czerwca.

Już w przeddzień uroczystego u katolików święta Bożego Ciała, obchodzonego po raz pierwszy w m. Leodium (Liege) w Belgii r. 1226, a przez Urbana IV w r. 1264 rozciągniętego na cały świat katolicki, rozpoczynają się pierwsze nieszpory i processye.

Głośne są i były zawsze w Boże Ciało processye. Niegdyś przesadzano się w wystawieniu i ubraniu żołnierzy w zbroji świetnej i z rusznicami; dziś został zwyczaj strojenia pięknie ołtarzy porozstawianych przed domami.

Gołębiowski *(Opis Warszawy)* mówi w r. 1826: „Processye Bożego Ciała z różnych kościołów przez całą oktawę, z których celniejszym towarzyszą cechy rzemieślnicze z chorągwiami i władze rządowe, piękność ołtarzy wtenczas na ulicach stawianych, zawsze mnogą ściągają publiczność“. Osobliwie wspaniałą jest processya po Krakowskiem-przedmieściu i Nowym-świecie do kościoła ś. Aleksandra, i w oktawę na Lesznie od kościoła Karmelitów odbywana [1]).

W *Pamiętnikach* Kitowicza czytamy: „W Warszawie za Augusta III-go konfraternije kupieckie z cechami (każda cecha z swą chorągwią), to w niemieckim, to w polskim stroju, jaki oddziałowi któremu był właściwy, asystowały tej uroczystości. Dowódcy pierwszych mieli szpontony, szarfy, kapelusze piórami strusiemi obłożone, polscy buławy i kołpaki sobole. Każda kompanija trzy razy dawała ognia, za każdym razem s a l u t o w a n o chorągwiami. Celowali Niemcy zręcznćm wywijaniem znamionami (proporcami), Polacy regularnćm strzelaniem. Za Stanisława Augusta wzbronione było strzelanie, że się tego obawiały damy; wspaniała jednak była uroczystość Bożego Ciała. Król bywał

żdy z trzech częći czyli listków się składa, i że tym sposobem przekonani Irlandczykowie święcą odtąd dzień nauki ś. Patrycego, nosząc na pamiątkę bukiety z koniczyny“.
[1]) A. Wejnert w *Starożytnościach Warszawy* (tom III, str. 293 i w *Bibliot. Warsz.* z r. 1853, Marzec) daje obszerny opis obchodu uroczystości Bożego Ciała w Warszawie w XVII i XVIII wieku. — Toż i Tymot. Lipiński w *Bibliot. Warsz.* za Luty rok 1853 w artykule: U ł a m k i h i s t o r y c z n e.

obecny w kollegiacie i u Missyonarzów. Pierwsi we czwartek u bramy zamkowej i na rynku Starego - miasta, drudzy w niedzielę w pałacu Małachowskiego, marszałka sejmowego (później własność Krasińskiego Wincentego), u kadetów, księcia podkomorzego (Czartoryskiego) i Tyszkiewicza, mieli strojne ołtarze. Piękny był widok cechów z chorągwiami, urzędu miejskiego, młodzieży szkolnej, kadetów, duchowieństwa. Prymasa albo jakiego biskupa, niosącego Sanctissimum pod baldachimem, wspierali marszałkowie sejmowi, albo inne dostojne osoby. Postępował król pod małym okrągłym baldachimem, otoczony urzędnikami dworu, ministrami, senatem całym i najpierwszémi w kraju osobami płci obojga. Ten orszak świetniejszy i duchowieństwo wyższe okrążał; od natłoku bronił czworogran gwardyi konnej, w białych mundurach, złote słońca mając na piersiach. Po bokach i w całej przestrzeni, ludu niezmierna bywała mnogość".

Za Augusta III i z kollegiaty i od Missyonarzy szła processya do zamku. Oto jest opisanie zamkowego ołtarza w r. 1736 (*Kuryer Warszawski*): „Na środku dziedzińca przed pałacem, 4 kolumny wspierały baldachim przyozdobiony bogato; ten był aksamitny karmazynowy, galonem i frezlą złotą obszyty, in summitate którego złożona była na poduszce karmazynowej aksamitnej korona. Boki okryto szpalerami (wojska) rzeczypospolitej, pawiment na którym ołtarz bogaty, piękną nader wystawiony symetryą, suknem karmazynowém obity, do którego gradusy zieloném suknem usłane, dwa wierzchnie czerwoném akkomodowane, piękną czyniły proporcyą. Circa altare festony w wazach były lokowane. Kamienice wszystkie przyozdobiono pięknémi obiciami, ulice umajono, tatarskiem zielem (tatarakiem) narzucono, regimenta dwa królewicza Xawerego i gwardyi koronnej, dwoma linijami po mieście całém rozstawiono. Królestwo oboje processyi assystowali, wojsko z ręcznej strzelby ogniem bieżącym, artyllerya hukiem z armat kilkakrotny dała applauz. Przez całą oktawę N. królowa u Reformatów na rannem i nieszporném bywała nabożeństwie".

Ł. Gołębiowski (*Ubiory w Polsce*, Warsz., 1830, str. 258) mówi: „Przyjął kościół noszenie wianków na Boże Ciało w czasie processyi; stroją niemi i monstrancyję; a pobożność w kadzeniu podobnémi wiankami, to ogólną odciągania chmur, to szczególną jaką moc przyznawała". Zioła, z których robią te wianeczki, wymienimy pod rubryką ziół i roślin leczniczych.

———————

K. W. Wójcicki *(Kłosy,* 1870, nr. 200) powiada: „Uroczystość Bożego Ciała kościół św. obchodzi we czwartek, na pamiątkę, że w tym dniu Tajemnica Najświętszego Sakramentu ustanowioną została. Obrany zaś został czwartek po oktawie Zesłania Ducha św., ponieważ rozważono za rzecz najstosowniejszą, ażeby zaraz po uroczystej pamiątce utwierdzenia i rozszerzenia kościoła św. obchodzoną była Tajemnica, przez którą kościół ten umacnia się, doskonali i zasila. Wystawianie kielichów podczas uroczystości Bożego Ciała na wielkim ołtarzu, gdzie Najświętszy Sakrament się znajduje, jest godłem tej uroczystości, ponieważ w kielichu k r e w P a ń s k a się poświęca".

„W dzień pierwszy czwartkowy tak wielkiego święta, rozpoczyna się uroczysta processya czterech Ewangelii ze śpiewem, każda przy oddzielnym ołtarzu przez kapłana odczytana. Lud zebrany do towarzyszenia tej processyi, ma już dawne swoje pieśni z dobrze znaną nutą, które chórem zawodzi. Pierwszą z nich jest w samym początku obchodu:

58.

Ostatnią bywa:

59.

Przy trzecim ołtarzu i przed trzecią Ewangeliją brzmi prawie od stu lat pieśń Franciszka Karpińskiego, pełna rzewnej prostoty i pobożnej myśli:

60.

Zróbcie mu miejsce Pan idzie z nieba, pod przymio—ta — mi u—kry—ty chleba
Zagro-dy nasze widzieć przychodzi, i jak się dzie—ciom Jego powo—dzi

„Zróbcie mu miejsce, Pan idzie z nieba!
pod przymiotami ukryty chleba.
Zagrody nasze widzieć przychodzi
i jak się dzieciom Jego powodzi" i t. d. [1]).

Jaką zaś dawniej pieśń w to miejsce śpiewano, tradycya nam nie zachowała. „Dawniej lud postępował z pochodniami w tej processyi, teraz zarówno z kapłanami niesie zapalone woskowe świece.

„W dzień ten, a najczęściej w oktawę Bożego Ciała, poświęcają się równianki i wianki z różnych, szczególnie wonnych ziół i kwiatów uwite. Zwyczaj ten już od pierwszego pojawienia się tej uroczystości zaraz powstał; czas to bowiem wiosenny, w którym mnóstwo ziół na pokarm i lekarstwa kwitnie, razem z woniejącémi kwiatami. Pobożni wowczas dla tém świetniejszego obchodu Bożego Ciała, znosili te dary Boże do ustrojenia ołtarzy i świątyń Pańskich, jakby za nie gorącą podziękę. Tę myśl samą wyraża kapłan w modlitwie przy poświęceniu wianków i pęków naniesionych, zarazem z prośbą o zbawienie dusz pokornych".

„Wianki te lud ze czcią zachowuje, wierzy w ich moc cudowną, i okadza niemi domostwa swoje w czasie grzmotów, nawałnic i burzy dla ochrony przed piorunami".

„Obrzęd Bożego Ciała odbywa się z niezwykłą uroczystością, a najwydatniej w samej Warszawie. Przed pół-wiekiem majestastyczny widok przedstawiała processya na Rynku Starego-miasta. Wówczas środek rynku zajmował dawny ratusz. Tłum ludu, liczne grono duchowieństwa, powiew chorągwi ko-

---

[1]) Słowa i nuta tych pieśni mieszczą się w śpiewnikach (kantyczkach), mianowicie w ks. M. Mioduszewskiego *Śpiewniku kościelnym*. Kraków, 1838, str. 154, 250, 466.

ścielnych i licznych cechów, wśród chóru pieśni nabożnych unoszący się wraz z dymem kadzideł w ścieśnionych murach tego
serca Warszawy, silne na każdym umyśle czynił wrażenie. Teraz
processya Bożego Ciała przeniosła się w obszerniejszą część
miasta, na Krakowskie-Przedmieście".

Rycina zamieszczona (w *Kłosach)* przedstawia pochód processyi z kościoła św. Krzyża do czterech ołtarzy na Krakowskiem-przedmieściu w pierwszą niedzielę tej uroczystości.

„Do najrzewniejszych obchodów w tygodniu święta Bożego
Ciała należy processya z kościółka św. Karola Boromeusza, obchodząca cmentarz P o w ą z k i. W ponurych katakumbach, ozdobne
w kwiaty i obrazy wznoszą się ołtarze, jakoteż w kapliczkach
grobowych przyległych. Lud tłumnie z rozwianémi chorągwiami
idąc zwolna od ołtarza, śpiewa znane pieśni, przywiązane do
tego obrzędu; echo ich odbija się żałobnie o groby, o mogiły
i w długich, a ciemnych sklepieniach katakumb piętrowych. Obchód ten, w tém m i e ś c i e z m a r ł y c h, w pośród ciszy grobowej, którą przerywa czasami tylko szelest liści poruszanych wiatrem, obudza szczególne, nieopisane uczucie smutku wraz z pociechą religijną".

„Równocześnie we wszystkich miastach i parafijach wioskowych, odbywają się w całym kraju processye do czterech ołtarzy.
Obrzędy te, szczególniej przy kościołach, które otaczają chaty
sielskie, pełne prostoty a pobożnego namaszczenia, przemawiają
rzewnie do duszy każdego, kto im może towarzyszyć. Zgrubiałe
od pracy ręce włościan niosą chorągwie; przystrojone dziewoje
ołtarze kościelne (feretrony), dziatwa wioskowa sypie polne kwiaty pod stopy kapłana, postępującego pod skromnym baldachimem, a pieśń święta z brzękiem dzwonków, miesza się ze śpiewem skowronków i kukaniem kukułek, jakby w tę uroczystą
chwilę ludzie i cała przyroda składali razem hołd Przedwiecznemu!"

CZERWIEC.

„Ten miesiąc zdaje się, że nazwę swą winien nie tyle owadowi, dającemu farbę czerwoną, ani jagodom poczynającym się czerwienić, — ile temu, że w tym czasie wszelki owad, a zwłaszcza pszczoła, rozradza się czyli c z e r w i".

W naszym klimacie Czerwiec dopiero zapewnia chwilę od mrozów bezpieczną, chociaż w latach 1353 i 1362 i o tej porze były śniegi i zimna. Miesiąc ten zwykle jest ciepły i suchy, zkąd poszło u ludu przysłowie:

Przed ś. Janem prosić o deszcz trzeba,
a po ś. Janie i nieproszony pada.
(obacz niżej: ś. Jan Chrzciciel.)

S. Medard.

8 Czerwca.

„Pamiętny dzień gospodarzom, bo zdarzony dnia tego deszcz, ma wróżyć, że przez dni 40 padać będzie".

Święty Medard w sobie mieści
słót lub pogód dni czterdzieści.

S. Antoni z Padwy.

13 Czerwca.

Święty Antoni dawniej i dotąd słynie u ludu jako patron do wynalezienia rzeczy zgubionych, jak i do wyratowania z ciężkich przygód (ob. *Lud*, Ser. XVI, str. 15. 318—319).

S. Wit.

15 Czerwca.

Dzień ten smutek zapowiada, iż w tym czasie słowik śpiewać przestaje. Ztąd przysłowie:

1. Święty Wit,
   słowik cyt!

któremu towarzyszy i moralna nauka:

2. Rzecz każda koniec miewa,
   i słowik tylko po święty Wit śpiewa.

„Gospodarskie postrzeżenia uczą, że teraz w kłosie zboża piętka się zawięzuje".

3. Ile ziarnek w życie?
   powiedz święty Wicie.

„Święty Wit oddawna był w czci u Słowian, zwłaszcza jako patron od zarazy i od choroby, którą tańcem świętego Wita

zowią. Ztąd nawet miało pójść wzywanie jego przy spotykaniu
się w słowie: witaj!"

Przeddzień ś. Jana Chrzciciela.

23 Czerwca.

Wieczór to i noc pełna tajemnic, z działaniami nadprzyro-
dzonego połączonych' świata. Cudowność ta trwa aż do rana [1]).
Znane też jest i w Mazowszu podanie o zakwitaniu paproci
i o sposobach zdobycia jej kwiatu (Lud, Ser. XVII, str. 152).

W Rawskiem (i pod Mszczonowem, Białą) jest po wsiach
w wiliją ś. Jana zwyczaj, iż dziewczęta rzucają łodygę z liśćmi
bylicy na strzechę słomianą chałupy, tam, gdzie jest ścięta
słoma u powały na zaczęciu dachu. Ta z nich, której bylica
utkwi na dachu w strzesze, za mąż pójdzie tego roku [²]).

Dawniej puszczały dziewczęta snać powszechnie tego wieczora wianki na wodę, a chłopcy palili na wybrzeżach ognie.
Pierwszy z tych zwyczajów utrzymał się jeszcze zrzadka a w części i przeobraził po miastach, drugi zaś dogorywa po wsiach.

WIANKI ŚWIĘTOJAŃSKIE.

Gdy się zmierzchnie, uroczym jest, mianowicie z mostu
warszawskiego, widok owych tysiąca migających świateł, mkną-
cych po źwierciadle błękitnawo-lśniącej jeszcze Wisły, biegną-
cych coraz dalej i dalej ku północy, i ginących wreszcie wraz
z falami rzeki za widnokręgiem, lub też (przy nagłej zmianie kierunku swego) gasnących gdzieś na uboczu. Są to wieńce i wianki
na których szczyt powtykano świeczki lub zapalono smolne ka-
ganki i łuczywa, i puszczono na wodę z równą ochotą jak i te,
którym świateł poskąpiono. Swawolnej młodzi męzkiej daje to
pochop do przeróżnych figli i żartów. Niekiedy zwinni a ochoczy
żeglarze godła te dziewictwa pochwytują w lot, częściej zaś pu-

---

[1]) J. Grajnert (Studya nad podaniami, w Bibliotece Warsz. za
r. 1859, Lipiec) mówi: „W Warszawie słyszałem kobietę utrzy-
mującą, że rano w dzień 24 Czerwca widziała jak słońce na
niebie drgało czy igrało".

[²]) Zresztą, zatykanie wtedy bylicy pod strzechę jest powszechném.

szczają się za niemi w pogoń na łódkach i tratewkach, i znaczną ich liczbę, to zręczniej to mniej zręcznie chwytają rękami lub wyławiają z toni wiosłami i żerdziami. Ta z dziewcząt, której wianek nieschwytany popłynął w dal ze światłem, — jeśli go dojrzała, wie już, że nie pójdzie tego roku za mąż; ta, której wianek przypadkiem w nurtach zatonął i świecić przestał lub dla przeszkód drogę swą zwichnął — straci go lub zamrze; ta jedynie, której wieniec przez zręcznych schwytany został rabusiów,—znajdzie w tym jeszcze roku męża i opiekuna. Za kogo jednak pójdzie i czy dobrze? — o tém wróżba milczy, lubo tajomnicę tę, choćby w części tylko, wydrzeć jej ciekawi usiłują.

Otóż, taki na to sposób — prawda, że dla jednej tylko klasy mieszkańców, a niestety, i dla jednej tylko płci (brzydkiej) dostępny. Zabawa ta ściąga na most cechy i bractwa rzemieślnicze, które także — zwłaszcza przed kilkudziesięciu laty — puszczały na wodę wianki młodzi cechowej, godła ich profesyi znamionujące, nader suto wystrojone. I tak: stolarski, był z rozmaitych gatunków wiórów z drzew kosztownych nakształt piramidy strojnie uwity, gałązkami, łupinkami orzechów i woskowémi świeczkami poprzetykany. Wianek szewcki i rymarski utkany był misternie z okrawek rozmaitego gatunku skór, krawiecki z rozlicznych płatek sukna, powróźniczy z powrozów i sznurków i t. d. A chwytała te wianki zwykle czeladź lub chłopcy nie tego samego, lecz innego cechu. Jeśli tedy zwinny żeglarz pochwycił np. wianek ze skór, wróżono mu, iż się ożeni z szewcówną; gdy mu się dostał wianek z ostrużyn drzewnych, to zapewniano, że towarzyszką jego będzie stolarczanka lub bednarzówna. Już tedy wiedziano o k o n d y c y i przyszłej bogdanki; brakło tylko jej imienia i nazwiska.

Ale i na zapełnienie tej szczerby dowcip interesowanych wynalazł sposób. Kandydat bowiem do żeniaczki np. z szewcówną (wskutek pochwycenia wieńca skórzanego), zapisywał na osobnych kartkach imiona i nazwiska znajomych, a choćby i nieznajomych sobie szewcówien; kartki te kładł wieczorem pod poduszkę, i był pewnym (równie jak i ten, który to czynił w dzień ś. Katarzyny), że ta z nich będzie jego żoną, która mu się tej nocy przyśni lub której imie losem nazajutrz wyciągnie z pod poduszki. Otóż tajemnica była — dla niego przynajmniej — już wykrytą, a dodać trzeba, iż wróżba pomyślny nieraz odniosła skutek.

Aby dokładność opisu powyższego puszczania wianków po-
przeć dokumentami, przytaczamy wyjątki z dzieła Gołębiowskiego i kilku czasopism warszawskich z różnych pobrane lat i zesta-
wione chronologicznie. I tak:

Gołębiowski *(Opis Warszawy* z r. 1826, str. 227) pisze:
„W wigiliją ś. Jana dziewczęta puszczają wianki na bieżącą wodę z róż, bławatków i innych kwiatów uplecione; najwięcej ich
bywa pomiędzy 8 a 9 godziną wieczorną. Chłopcy je łapią; ztąd
wróżba rychłego pójścia za mąż lub długiego jeszcze tych związków oczekiwania".

„Zwyczaj ten zgromadza na most i na przyległą ulicę (Be-
dnarską) Warszawę niemal całą".

„Tymczasem po nadbrzeżach Wisły, za miastem, chłopcy
rozniecają ognie, Sobutką zwane, skaczą przez nie i śpiewają.
Pogańskich to czasów sięgający zabytek".

Kuryer Warszawski z r. 1827 n. 167:
„Deszcz kilkakrotnie wznowiony i wieczorem nagle ochło-
dzone powietrze stały się powodem, że na moście wczoraj nie
tyle znajdowało się widzów, ile już bywało po kilkakroć, jednak
około godziny 9-tej zebrało się ciekawych aż do natłoku. Nigdy
tyle nie rzucono wianków z wierszami, ile wczoraj; zręczny
przewoźnik Kamiński złapał takowych mnóstwo i rozdawał ciekawym do czytania za pewną opłatą. Gdy wiele panien zwykle przybywa, mając ukryte wieńce i rzucając je skrycie, wczoraj dwie panny weszły, mając wieńcem całkowicie otoczoną
głowę; przeszły przez cały most, a mnóstwo gości im towarzy-
szyło. Jedna panna mimowolnie doznała nieprzyjemności; gdy
rzuciła wianek, szczególniejszym trafem nie popłynął z wodą,
lecz pod wodę! — Obecny narzeczony zawołał: „zły to znak,
wróży bowiem, że żona we wszystkiem sprzeczną będzie". — Za-
bawiło wszystkich ukazanie się dwóch ludzi, niosących na drągu
ogromny wianek, za którym postępowało kilka przyjaciółek, łą-
czących swe wianki w ten jeden i wspólnie chcących przekonać
się o przyszłym losie. — Piękny statek, ozdobiony banderami
i napełniony elegancką młodzieżą, odpłynął od mostu za Pragę,
gdzie zebrało się wielu widzów na tak zwaną sobótkę.

„Jeszcze są mieszkańcy Warszawy, pamiętający następujące zdarzenie. Roku 1765 na ulicy T a m c e mieszkała szynkarka, zwana p i ę k n a M a r y s i a. Do rzadkich wdzięków łączyła skromność i najmoralniejsze postępowanie. Starało się o nią wielu rzemieślników a nawet dworaków, lecz ona tylko temu oddać postanowiła rękę, kto i jej serce pozyska. W wiliję ś. Jana uwiła w i a n e k, chcąc go podług zwyczaju puścić na Wisłę. Na ten obrzęd udali się wszyscy jej konkurenci. Marysia stanąwszy na galarze, rzuciła wianek, lecz tak silnie, że przechyliwszy się, wpadła w Wisłę. Amanci zaczęli krzyczeć, wzywając pomocy, ale żaden nie miał odwagi narazić swego życia, aby ocalić już prawie tonącą. Młody Ł u k a s z e k mularczyk rzuca się w rzekę, porywa Marysię, a przy niej i wianek, wynosi na ląd szczęśliwie uratowaną. „Czémże się mam wywdzięczyć, panie Łukaszu ?“ — po niejakiej chwili zapyta Marysia. — „Jakaż nagroda (odpowie Łukaszek) wyrówna szczęściu mojemu, nad wspomnienie, żem was uratował, panno Maryanno; jam biedny sierota, wać-panna śliczna, dobra, skromna, możesz z tych oto panów wybrać jakiego bogacza; ja nie śmiałem nic mówić, ale Bóg widzi, że od dwóch lat tak serdecznie kocham pannę Marysię jak nikt bardziej; że zaś moją być nie może, niech mi przynajmniej podaruje ten wianek, który wraz z nią wyrwałem z Wisły; ten wianeczek choć kiedy zwiędnieje, do ostatniej chwili mego życia będzie spoczywał na mojem sercu, bo Bóg widzi, o żadnej innej pannie nie pomyślę i sierotą bez przyjaciółki dozgonnej pozostanę“. Rozczulona Marysia, oddając wianek Łukaszowi, rzecze: „Oto przy tym wianku masz i moją rękę; jesteśmy wprawdzie oboje ubodzy, ale gdy takie serce masz jak moje, przy Bożej pomocy będziemy szczęśliwi“. — Dowiedziawszy się o tém zdarzeniu książę podkomorzy, brat królewski, dał dobre miejsce Łukaszowi przy swojim dworze, i wyprawił sute wesele.“

Ł. Gołębiowski (*Gry i zabawy*, 1831, str. 295): „W Warszawie obrządek ten (wianków), skromny niegdyś i cichy, samej tylko niższej zostawiony klasie, od lat kilku na most i wyższe osoby ściąga, ciekawe przypatrzéć się tej niewinnej ludu zabawie, temu obyczajowi dawnemu“.

Kuryer Warszawski, 1834, nr. 166:

Na wczorajszej wiankowej przechadzce znajdowała się 5-ta część mieszkańców Warszawy wszelkich stanów: most cały tak był natłoczony, że o godzinie 8 z trudnością można było postępować. Nadbrzeża lud okrył, a bliskie mostu na Pradze ogródki, zwłaszcza J. P. Kosińskiego miały mnóstwo gości. Szczególniejszym był widok z góry na most, poruszających się kilku tysięcy kapeluszy damskich. Tym razem, kobiet sprzedających wianki znajdowało się nierównie więcej, niż panien je puszczających, i widać było późno bardzo zmartwione, wracające z nierozprzedanym towarem. Do kilkunastu wianków były przywiązane kartki z wierszami; umieszczamy te, które zręczni chłopcy złapali:

Już to 12-ty roczek jak puszczam mój wianek!
może przecież w 13-tym zdarzy się kochanek.

———

Płyń wianeczku a nie wruć,
me ciężkie cierpienia skruć.
A ty Józiu chwyć go schwyć,
byś mym mężem mógł już być.

———

Godłem mej cnoty nie listek, nie kwiatek,
lecz skromność, praca, pokora i statek.

———

Czy wolisz panie Janie mój wianek ruciany,
czy Zosi dukatami worek nadziewany?

———

Kuryer Warszawski z r. 1837 n. 164:

Wieczór nader pogodny, czysto zachodzące słońce, sprzyjały wczorajszej, jako w wiliję ś. Jana, przechadzce po moście. Mieszkańcy Warszawy, różnego stanu, wieku i płci, napełnili wczoraj tysiącami ten most, który tygodni temu kilka w czasie gwałtownej powodzi, zgruchotany i rozrzucony, po brzegach Wisły zbierano, a rzeka, sprawczyni tylu nieszczęść, tocząca niedawno spienione nurty, niszcząca niewidzialną mocą najtrwalsze zapory, teraz spokojna, zdawała się uśmiechać spoglądającym na nią oczom, zachęcać do zaufania tych nawet, którym niejedną stratę przyniosła. Jej tryumf był zupełny; ileż-to wianków przyjęło wczoraj łono wody, a niejeden z nich niósł zapewne z sobą losy nadobnej kobiety; prawdziwie było co zazdrościć; to też rozprószeni na łodziach żeglarze, zgrabnémi obroty zatrzymywali bieg wianków, a jeśli który uszedł ich sieci, to téż i popłynął z wyrocznią, i los jego tajemnicą pozostał. Ubawiwszy się nieco widokiem wesołych wiankarek, publiczność zwróciła także oko na siebie (tu mowa o modnych dam toaletach).

Do zabaw tego wieczora należały ogromne wianki w kształcie świątyń i piramid, niesione na starożytne Sobótki przez młodzież rzemieślniczą; tym razem odznaczały się: bednarska, kotlarska, kowalska, szewcka i dwie stolarskie.

Były także przy niektórych wiankach poezye; z nich jedną umieszamy:

Zimny, bogaty Piotrze, żem była ubogą,
trzy lata oziembłością dręczyłeś mnie srogą.
Nie mogły dojść do skutku nasze zaręczyny,
boś wzgardził tkliwem sercem cnotliwej dziewczyny.
Wiesz, że onegdaj z łaski Loteryi klasycznej
doczekałam się przecież sumki dosyć licznej.
Teraz mnie chcesz, lecz bądź zdrów, inny mój kochanek,
Staś ubogi, lecz zacny; dla niego mój wianek.

Kuryer Warszawski z r. 1840 nr. 164:

„Wybrzeża, okna i balkony domów nadwiślańskich, zalegli widzowie; ich oczy zwracały się na Wisłę. Wisła była spokojną (oby zawsze taką oglądać można), płynęła wolno, zdawała się chętnie przyzwalać zabawie. Raz po raz ręce kobiece rzucały wianek za wiankiem, raz po raz czółna zwinnych rybaków ślizgały się wartko w pogoń za wątłem znamieniem, w którém panny tak ważną dla życia swego chcą widzieć wróżbę. Jak na ziemi tak i na wodzie, za jednym wiankiem uganiało się kilku; niedziw zatem, że wśród takiej czujności, ani jeden nie uszedł zastawionych sideł. Dla panien to dobra była wróżba — szczęść im więc do wesela! Cała ta scena mocno bawiła obecnych; każdy za tym lub owym interesował się wiankiem, niejeden wynikł ztąd zakład; spłacano go później szampanem. Sam statek parowy poważny, jak mu z urodzenia (bo Anglik) przystawało, w wyskoku wesołości, chętnieby może za jakim puścił się wiankiem, gdyby był godnego sobie upatrzył rywala. Może mu ta ochota na rok przyszły wróci, a tymczasem nadpłynie kolega, który z Gdańska wybiera się już w podróż do Warszawy. O wpół do 9-ej zebranie było najliczniejsze i dam było niemało.

Niektóre z wianków nosiły wiersze ale niezbyt składne, i dla tego tylko przyczepione, żeby sprawdzić to dawne przysłowie: **Kogo stanie na ryby, tego stanie i na pieprz; pieprz był, ale soli,** to jest dowcipu, nie tyle. Przytaczamy dowcipniejsze:

> Uwiłam we wianek mirty i stokrocie,
> wianek w wodzie, ja zostaję w błocie.

> Co rok puszczam mój wianeczek,
> co rok mija mnie czépeczek.
> Mnie już nic nie rozweseli,
> skoczę w Wisłę! — do kąpieli.

1. Mój wianek różany
pewno nie utonie,
Jasieczek kochany
ujmie go w swe dłonie.

2. Ja to sobie wróżę,
bo wiem że dla niego
nie ma nic milszego,
jak z cierniami róże.

Z wieńców kawalerskich odznaczały się wczoraj najbardziej młodzieży stolarskiej i ciesielskiej.

Kuryer Warszawski z r. 1843 nr. 163:

„Większa połowa panien na wydaniu w Warszawie, przepędziła noc dzisiejszą jeśli nie w wianku weselnym na głowie, to niezawodnie z wiankami wiślnémi w głowie. Każdej coś śniło się: jednej tłum na moście, drugiej piękne korony z kwiatów, trzeciej ślubna obrączka, tamtej kareta i 4 konie, szale, perły i brylanty, tej, skromniejszej w życzeniach poczciwe gospodarstwo, mąż — i sześcioro dziatek. Oby każdej ziściły się te miłe marzenia młodości, tego wszyscy życzem, tego spodziewać się powinny, bo wianki udały się wczoraj. Choć deszcz groził, jednak nie padał; ośmielona odwłoką publiczność już od 6-tej zaczęła zapełniać miejsce dorocznej zabawy. Ulica Bednarska, ten przedsionek warszawskiego mostu, wyjrzała cała oknami i było na co patrzéć, bo dam powabnych zastępy, niemało zajmującémi były. (Dalej idzie opis toalet modnych.)

Wianków rzemieślniczych było 7, to jest uczniów ślusarzy, krawców, stelmachów, szewców, mosiężników, siodlarzy i stolarzy, ozdobione wierszami i heblowinami kolorowanémi, oraz jeden czeladzi ciesielskiej ze wszystkich najcelniejszy, o 3 kondygna-

cyach, zdobny kwiatami tej profesyi i kilkunastoma zapalo-
némi świecami. Schwytał go jeden ze zręcznych przewoźników
i w tryumfie na brzeg powiódł.

Kuryer Codzienny (z r. 1849) mówi: „Dotąd trwa w wielu
miejscach, zwłaszcza w Warszawie, zwyczaj rzucania wianków
na Wisłę, który wielu widzów na most i brzegi sprowadza.
Dziewczęta wyczytują w biegu wianków po wodzie przyszłe swoje
losy; niektóre kładą w środek karteczki z wierszami; na jednej
z nich taki wyczytano napis:

Gdy inaczej być nie może,
puszczam wianek, — szczęść mu Boże!"

Dziennik Warszawski (z r. 1852 nr. 164): „Tłum ludzi
zbiera się na moście i nad brzegami Wisły. Wieczorem, gdy się
ściemni, przepływają Wisłą w poprzek różnego rodzaju łódki
i czółna, a na nich czeladź z pięknémi, olbrzymich rozmiarów,
uilluminowanémi wiankami, z muzyką czasem, a zawsze z twarzą
rozjaśnioną wesołością i myślą poczciwą. Dziewczęta powierzają
wówczas falom swe wieńce. Unosząc z sobą wróżby i nadzieje
swoich właścicielek, popłynęły one z wodą, niedojrzane nieraz,
ujęte czasem przez rękę zgrabnych przewoźników, a wykupione
przez jakiego nieznajomego młodzieńca, co ucieszony poszedł tę
unoszoną i uniesioną z toni pamiątkę u siebie zachować i na
ścianie powiesić".

Kuryer Codzienny (z r. 1857): „Onegdaj, w wiliję ś. Jana,
cechy rzemieślnicze przybyły z charakterystycznémi wieńcami,
a raczej piramidami z kwiatów, które o zmierzchu uilluminowa-
ne, puściły na wodę. Łódki wioślarzy od mostu uwijały się, ści-
gając rzucone rękami dziewic wianeczki".

Kuryer Codzienny (Warsz., 1869 nr. 135) powiada: „Zabawa to czysto ludowa; to téż ludek tłumnie pociągnął na nią,
przypatrując się, jak dziewczęta nieznacznie wyciągając z pod
chustek wianki, niektóre wierszykami opatrzone, rzucały je na
wodę, ciągnąc z ich obrotów i odpływów wróżbę co do przyszłych swych losów, czyli zamąż-pójścia".

„Wróżbom tym jednak przeszkadzali ciągle natrętni łodziarze, chwytając wianki na ostrza wioseł, pierwej, nim te zdołały na pełną wydobyć się rzekę i jakąkolwiek przyszłość wywróżyó".

„Wianków puszczono setki, i to ze wszystkich stron, już z po-nad brzegów rzeki, już z mostu, unikając starannie ław piaszczystych, któremi Wisła w owej porze przepełnioną bywa".

„Przy nabyciu najpierwszego z wianków od szybujących łodziami po Wiśle żeglarzy i uganiających się za niemi z taką zręcznością, że na każdej łodzi można ich było liczyć kopami — następujący się w ręce nasze dostał wierszyk:

61.

1. I jam wianek uwiła,
   i z bławatków i z róży,
   i na Wisłę rzuciła,
   życząc szczęsnej podróży.
2. Może w biegu nad tonią
   będzie z Wisły wyjęty,
   i przyjaźną mi dłonią
   wraz do piersi przypięty.

3 Może znowu wzgardzony,
   zniknie na wód przestworzu,
   i prądami niesiony,
   złoży główkę swą w morzu.
4. Albo gdy się ostoji,
   zmieni wodne sukienki,
   i ołtarzyk przystroji
   Przenajświętszej Panienki [1]).

„W ciągu całej zabawy, dwie muzyki, to jest od strony Warszawy i od strony Pragi, naprzemian ciągle przygrywały spacerującym, których około godziny 8-mej wieczorem spłoszył deszcz drobny i zachmurzone niebo".

„Nie przeszkadzało to wszakże, ażeby nieco później ukazały się i ozdobniejsze wianki, dostarczone przez młódź różnych rzemiosł, z odpowiedniemi oznakami czyli godłami ich zawodu, a niektóre nawet otoczone świeczkami, rzucającémi blade światło, dublowane w przeźroczu wody".

„Wiele osób, przeszedłszy most, pociągnęło na Pragę, a między innémi, urządzonemi tam miejscami przechadzek, jak Wenecyja i t. d. odwiedziły także i R a k a, pod znakiem którego w ogrodzie p. Bilskiego, przyrządzają wybornie towarzyszów jego godła, rumieniących się i dymiących w altanach ogrodowych".

---

[1]) Zwyczajem było, iż wianek przypadkiem zatrzymany w biegu na wodzie przez kłodę, krzak, ławę piaszczystą i t. p., jeśli schwytany został przez żeglarza lub kąpiącego się, oddawany bywał i zawieszany na ścianach przyległego kościoła.

Kuryer Codzienny (Warsz., 1871 nr. 138) powiada: „Rzucić kwiatek na wodę, jest to rzecz bez żadnego znaczenia, — ale uwić z różnych kwiatków wianek i puścić go na Wisłę w przeddzień ś. Jana, jest to fakt, mający znaczenie swoje w tradycyi — a dla czego?... na to odpowie odwieczny zwyczaj, który dotrwał aż do czasów dzisiejszych".

„Wczoraj zatém, jako w wigilję ś. Jana, zwyczaj ten odnowiono najzupełniej, bo tysiące osób zebrało się nad brzegami Wisły, a głównie na nowym moście, i rzucono setki wianków na wodę, a niemiłosierni łodziarze, wyławiając je natychmiast, nie dali nawet sposobności do popatrzenia na nie rzucającym i wywróżenia z biegu i kierunku wianka, o hymenowej przyszłości".

„Po przybyciu łowców wiankowych do brzegu, przejrzeliśmy jak najsumienniej zdobycz na każdej z sześciu łodzi, szukając przy niej owych karteczek, na które osoby rzucające wianki zwykły przelewać natchnienia swoje, — ale jak widać, poezya w tym roku nie dopisała, bo ani jednego nie znaleźliśmy rymu, ani jednego wierszyka!".

„W każdym jednak razie, uczyniono zwyczajowi zadosyć, bo rzucano kwiaty z w i t e na Wisłę, spacerowano po nad jej brzegiem i po moście, albo słuchano przygrywającej muzyki, dopóki zmrok nie zapadł i dopóki puszczone na samym ostatku wianki, przez niektórych rzemieślników przyozdobione cechami ich fachu i światełkami, nie dopełniły liczby powierzonych nurtom Wisły wieńców, i nie zakończyły tej zabawy, którą prawdziwie nazwać można ludową".

S O B Ó T K A.

Ł. Gołębiowski *(Gry i zabawy,* 1831, str. 295) mówi:

„Naucza nas ks. Kitowicz w swém rękopisie (Pamiętników), że za Augusta III w wigilję ś. Jana po nieszporach albo póznym zmrokiem, po wsiach i miastach rozpalano spory ogień na ulicy i przezeń skakały chłopcy, a czasem i dziewczęta. Marszałek wielki koronny, ku końcowi tego panowania, zabronił tego w Warszawie, a podobnież i gdzie-indziej uczyniono. Trafiały się bowiem pożary, opalali się niezręcznie przez rozżarzone głownie skaczący, podsadzano klucze prochem nabite lub ładunki rzucano, czém przerażony niejeden, w sam środek ognia upadł, a za nim drugi, trzeci, gdy się rozpędził".

Zdaje się, iż w Warszawie palono ognie te także (i to, gdy na większe niecono je rozmiary) poza tyłami kamienic, na wzgórzach i pochyłościach przyległych Wiśle, a osobliwie na tak zwanej g n o j o w e j górze, której nazwa pomykała się w miarę rozrostu miasta na południe, i była przy ulicy Rybitwy, Mostowej, wreszcie Obożnej (gdzie były Denassy, ruiny pałacu księcia de-Nassau). Wejnert w *Starożytnościach Warszawy* (1854, III, str. 48) powiada: „W roku 1628 gdy miano uporządkować górę Ś w i ę t o j a ń s k ą czyli G n o j o w ą (przy ul. Mostowej), użyto do tego Hollendrów (z Kępy Soleckiej, dzisiaj Saską-kępą zwanej).

Mimo zakazu marszałka, ognie te (zwłaszcza po jego śmierci) palili chłopcy jeszcze przez cały wiek XVIII i przez parę dziesiątków lat wieku bieżącego, acz już coraz krócej i z mniejszą niż w dawniejszych latach skwapliwością. Wszakże jeszcze około r. 1840 widziano je tu i owdzie płonące po wzgórzach, i to w czasie, kiedy dziewczęta puszczały wianki na Wisłę.

Kornel Kozłowski *(Lud* w Czerskiem, 1867, str. 200) powiada: „Sobótka znana jest w Czerskiem (to jest w Czaplinie i okolicy) prawie już tylko z tradycyi. Dla tego i pieśni tu załączone (wskazane przez śpiewaka jako sobótkowe), są zapewne pozostałością innych, przy uroczystości tej niegdyś śpiewanych, a które dziś uległy zapomnieniu.

62.

1. Z wiecora, corna chmura, — nie dojrzeć,
   gdziez ja się nieboracek — mum podzieć?
2. Chodzę ja i tu i tu, — nie chcą mnie,
   pójdę ja do dziewcyny, — przyjmie mnie.
3. — Przyjm-ze mnie, moja Kasiu, — łaskawie,
   połóz-ze mi podusecki — na ławie.
4. — Do dumu, mój Jasieńku, — do dumu,
   nie wyciroj podusecek nikumu.
5. — Dopiro to, moja Kasiu, — pirsy roz,
   juzci mi podusecki — wymawias.

6. — Wymowjam-ci, mój Jasieńku, — wymowiam,
bo ja na to stada gęsi — nie chowom.
7. Jak jo będe stado gęsi — chowała,
to ci będe podusecki — dowała.

Lud, Ser. II. Sand. str. 129 nr. 150. — Ser. VII, Krak., nr. 219.

63.

1. Zimnego wiatru, zimnego, —
wyrwij-ze num, panie wiatrze, jednego.
2. Którego-by, jakiego?
Ze dwora Jasia to tego.
3. Chtórą-by mu darować?
Ze dwora Kaskę, tę mu dać.
4. Choć-by nie chcioł, musi brać,
bo mu nie damy przebirać.

64.

1. Posły były — dwie panienecki
do kplinecki
lenku rwać.
Lenku nie wyrwały,
stłukły i stargały.
co jem dać?
(v. bardzo znać).
2. Dać jem (im) dać,
ze dwora Jasia, —
un jedzie.

Un jedzie po moście,
pod niem kuni dwanoście.
Un jedzie rowami,
i brząko talorami.
Un jedzie od wietroka,
ma kunika kieby ptoka.

Lud, Ser. II, str. 120.

Antoni Zaleski (czasopismo *Kłosy*, Warsz., 1870 nr. 200)
tak opisuje w notatce z r. 1868 Sobótkę we wsi Pilicy, parafii
Ostrołęka, niedaleko miasta Warki:

„Kto z nas nie słyszał i nie czytał o Sobótkach? Ale
mniejsza daleko jest liczba tych, którzy je własnémi oczami wi-
dzieli. Ja przynajmniej nieraz bywałem na wsi w wigiliję św.
Jana i daremnie dopytywałem się o Sobótki. Odpowiadano mi to,
że kiedyś się tu obchodziły, ale już wyszły z użycia, to, że się
gdzieś w okolicy obchodzą, ale to „gdzieś" było zawsze właśnie
nie tam, gdzie się znajdowałem; dosyć, że po kilkunastu latach
daremnych poszukiwań i zawodów, nie powiem, żebym przestał
wierzyć w istnienie Sobótek, ale zaczęły one powoli przechodzić
w mojich pojęciach w kategoryę mytów, i jeśli w nie wierzy-
łem. to już prawie tyle, ile wierzę w legendy o Krakusie, o Wandzie i o królu Popielu co go myszy zjadły".

„Jakże więc opisać wam moją radość, kiedy goszcząc w za-
przeszłym roku (więc w 1866) we wsi Pilicy, nad brzegami
rzeki tegoż nazwiska, niedaleko miasta Warki, dowiedziałem
się, że lud wiejski ma zamiar obchodzić Sobótkę. Z całą ciekawością artysty i archeologa podążyłem na miejsce, gdzie się
zebrać miano „pod figurą" (krzyżem) na rozstajnej drodze, niedaleko wioski. Było już około 10-téj godziny wieczorem; noc
była cudna; wśród grupy drzew wdzięcznie rozrzuconych, wy-
smukły krzyż wznosił się na tle ozłoconego jeszcze zachodnią
łuną nieba; kilkanaście dziewcząt i chłopaków już stało pod
krzyżem, trzymając w rękach pęki ziół i kwiatów; przy drodze leżała drabinka. Między głównémi organizatorkami obrzędu
toczyły się półgłośne narady; — wreszcie ceremonija się rozpoczęła".

„Przystawiono drabinkę do „figury" i dziewczęta zaczęły
ubierać krzyż, przewiązując go gdzie-niegdzie tasiemką i zatyka-
jąc za nią gałązki, liście i kwiaty. Pomiędzy niemi konieczną
jest bylica; reszta może być ad libitum, co się znajdzie
piękniejszego. Ubieranie to krzyża odbywało się w milczeniu
i z powagą; nie można było nie podziwiać tego wysokiego uczucia przyzwojitości, z którém kilkunastu pastuszków zebranych
pod krzyżem, zdawało się przejętych jakimś charakterem ka-
płaństwa, ozdabiając polnemi kwiatami symbol naszego zbawienia. Najwyżej stojąca dziewczyna ubierała krzyż, niżej stojąca

podawała jej kwiaty, których dostarczały u dołu zebrane; wszystko razem tworzyło cudną grupę, z którejby artysta mógł wziąć śliczny przedmiot do obrazu (tu podają *Kłosy* rycinę).

Gdy ubranie krzyża zostało ukończoném, wszyscy przytomni uklękli i poważne tony litanii do N. Panny rozpłynęły się w cichém wieczorném powietrzu; następnie zaśpiewano jeszcze psalm (Kochanowskiego): „Kto się w opiekę", poczém wszyscy powstali i śpiewając (Kárpińskiego): „Wszystkie nasze dzienne sprawy", udali się jakoby processyonalnie ku miejscu, gdzie na równém błoniu, pomiędzy rozrzuconémi wierzbami, nad brzegami Pilicy, miała się odbyć druga część Sobótki, część światowa, może pogańska jeszcze. Podług objaśnień, udzielonych mi przez lud miejscowy, obrzęd ubierania „figury" jest tutaj nierozłączny od Sobótki. Czyby nie należało widzieć w tém myśl uświęcenia obchodu tego, który nawet, jak wiadomo, był prześladowanym w pierwszych wiekach chrześcijaństwa, jako pogański zabytek, osłaniając go opieką krzyża?"

„W drodze na miejsce przeznaczone na teatr tej drugiej części Sobótki, wszystko zaczęło przybierać inny charakter. Po skończeniu pieśni nabożnej, w przechodzie przez wieś, rozpoczęły się żywe narady o miejscu, gdzie ogień miał być rozłożony, o pieśniach, które miano śpiewać, parobcy biegali po słomę i inne palne materyały, a najdłużej zatrzymany został cały orszak nieprzewidzianą trudnością. Brakowało najważniejszej figury w wioskowych uroczystościach, głównej sprężyny tańca, tego, który wlewa duszę w nogi tancerzy i tancerek, jedném słowem, skrzypka wioskowego. Wśród tłumu słyszałem tylko przerywane wyrazy: „Niéma go w domu... Nie chce iść... Niéma skrzypiec... Ale nie! są skrzypce, ale niéma kwinty..." — Lecz czegoż nie dokaże dobra wola; dał się znaleźć i namówić ulubiony grajek i kwinta się znalazła, a może też nowy Paganini obszedł się bez niej, dosyć, że w kilka minut wesoła gromadka ze swojim minstrelem na czele, już była na błoniu nad rzeką, — i w chwilę potém olbrzymi stos buchnął w górę ognistym słupem, oświecając całą scenę jak ogniem bengalskim. Dziewczęta zgrupowały się w chór i rozpoczęły się pieśni sobótkowe. Prawie wszystkie były na tenże temat osnute; były to różne swatowstwa i wróżby małżeństwa, a mądre śpiewaczki wplatały w każdą zwrotkę imiona panien i kawalerów, znajomych całej publiczności". Oto kilka z tych piosnek:

65.

Świętego Jana, świętego, świętego,
przyniesie nam coś nowego (bis).
Przyniesie grochu jak siana,
bieluchno kwitnie jak piana.
A na tym grochu są kwiecie,
Pan N. N. żony chce.
A jaką żonę jemu dać?
Pannę N. N. mu darować.
A choćby nie chciał, musi brać,
bo mu nie damy przebierać.

66.

1. Wystawcie ławki — na te murawki
      wierzbowe.
   A wy dziewcynki — a wy Pilicanki
      do dom spać.
   Tylko ty jedna — (n. p.) Anusa nadobna,
      zostań tu.
2. Przyńdzie tu stary — a nie ruchawy,
      kijem go.
   przyńdzie tu młody (n. p.) Jasieńko nadobny,
      przyjm-ze go.

(obacz nr. 63.) 67.

1. Zimnego wiatru, zimnego,
   wywiń ze mną (mnie?), panie wietrze, jednego.
2. A którego-by takiego? —
   Ze dworu Scepanka to tego.
3. A którą-ze mu darować? —
   Ot (np. Bortka Anusię) musi brać.

K Kozłowski: *Lud*, st. 201.

68.

1. Przyleciał sokół,
      do Wojtka na kół.
   Padł, padł w ogródeczku,
   przy mojém ziółecku,
      roztoczył egon.
1. Bym do niego wysła,
   pomaluśku z pysna,
      sama jedyna.

3. Sama nie śmiała,
      posła, posłała:
   A mój ty pośle,
   zrób-ze mi dobrze,
      jakby ja sama.

Lud, Sandom. Ser. II, str. 107.

69.

1. Przy dole wiśnia, przy dole,
   przy Wojtkowej stodole.
2. Tam-to Józieńka sypiała,
   zimna roseczka padała.
3. Scepanek jej się uzalił,
   kozusyną ją przyodział.

4. Józiecka wstała skoro dzień,
   posła do stajni po ogień.
5. Wstań-ze Scepanku, umyj się,
   na-ści chusteckę, otrzyj się.
6. Nie będe ja się ocierał,
   bo mi cię Józiu, bardzo zal.

„Po każdej strofie rozlegały się śmiechy, wywołane nieraz prawdziwie trafném, lub téż humorystyczném zastosowaniem imion. Nie darowano nikomu; dwór, to jest panowie, sąsiedzi, oficyaliści, przedpokój, garderoba i wioska, wszystko przeszło przez swatowskie criterium wesołych dziewcząt, które jednomyślny aplauz zyskały“.

„Opowiadały nam one, że mają téż różne swoje praktyki, do dnia tego przywiązane; że każda z nich będzie spała tej nocy, trzymając kamień pod głową, i że jej się musi przyśnić kawaler, za którego ma pójść za mąż w tym roku“.

„Po skończonych pieśniach, płomień podsycany przez parobków, zajaśniał żywszym blaskiem, i rozpoczął się oberek, a rozochocona młodzież płci obojej, zaczęła przeskakiwać przez ogień (tu rycina w *Kłosach*). Nie obeszło się bez małych katastrof, bo nieraz wśród ogólnego rwetesu, dwóch ochotników do skakania, rozbiegłszy się z przeciwnych stron, w pełnym skoku karambulowali w środku ognia, z czego jednak więcej było strachu niż bólu, i skończyło się na kilku guzach i osmalonych czuprynach. Przypadki te jednak nie zastraszały innych; nikt prawie z przytomnych nie pozostał bezczynnym widzem, i każdy przez ogień mniej - więcej szczęśliwie przeskoczył“.

„Zabawa ta, jak mówiłem, była urządzoną przez samą młodzież wiejską, która, jako bogatsza w młodość i wesołość niż w materyalne środki, nie myślała o żadnym traktamencie. Ale przytomny jej, a gościnny dziedzic uraczył gromadkę, i tańce, skakania i śpiewy przeciągnęły się długo po północy. Album moje wzbogaciło się kilku szkicami, z których dwa: Ubieranie krzyża i Sobótkę, przesyłam wam; może uznacie je jako zasługujące na ogłoszenie; w braku innych zalet, mają one wartość rzeczy pod wpływem świeżego wrażenia z natury zdjętej“.

S. Jan Chrzciciel.

24 Czerwca.

W Koronie (t. j. na Mazowszu i w Wielkopolsce) był to zawsze dzień pisania i zawierania ugód (kontraktów) o kupno, o dzierżawę, o pożyczkę.

Zmieniano także niekiedy służących; ztąd (podobnie jak na ś. Szczepan):

1. Na święty Jan — każdy sobie pan.

W ten dzień deszcz jest niebezpiecznym, bo jest wróżba u pospólstwa, że:

2. Kiedy się Jasio rozczuli,
   dopiero go N. Panna otuli.

3. Gdy się święty Jan rozczuli,
   w Nawiedziny się utuli,

to jest, że padać wówczas zwykł przez cały tydzień, do 2 Lipca, święta Nawiedzenia N. Panny.

4. Przed świętym Janem o deszcz trzeba prosić,
   po świętym Janie i sam będzie rosić,
   aż go będzie dosyć.

LIPIEC.

Miesiąc ten, zwykle najcieplejszy a ztąd i za najzdrowszy w kraju naszym uważany, bierze nazwę od drzewa lipowego, które wówczas kwitnie i najlepszej żywności pszczołom dostarcza. To też w drugiej już jego połowie poczynają niektórzy gospodarze miód podbierać.

W tym miesiącu zbierają się już jagody i owoce wczesne, i bywa koniec przednówka, często tak okropnego dla wiejskiego ludu. Ku końcowi drugiej połowy miesiąca rozpoczynają się już żniwa.

Nawiedzenie N. Panny.

2 Lipca.

Dzień ten czci lud i zowiè go N. Panną **jagodną**, bo czas to poziomek, pożyczek, czernic i innych jagód.

Przysłowie mówi:

1. Deszcz co nas w ten dzień nawiedzi,
   czterdziestkę (40 dni) u nas posiedzi.

Inne potęguje to jeszcze:

2. Gdy w Nawiedzenie deszcz pada,
   czterdzieści dni ulewa nie lada.

3. Gdy są w Nawiedzenie deszcze,
   długa słota będzie jeszcze.

S. Małgorzata.

13 Lipca.

Pierwsze gruszki się ukazują; ztąd zwane **Małgorzatki.**

Deszcz we świętą Małgorzatę
jest orzechom na stratę.

S. Elijasz.

20 Lipca.

Przysłowie powiada:

1. Na świętego Elijasza,
   z nowego wątku kasza.

S. Jakób.

25 Lipca.

Woda wezbrana w tym czasie na Wiśle **Jakóbówką** się zowie, podobnie jak i gruszki **jakóbówki**, wówczas doźrzałe. Niewiadomo dlaczego mówi tu lud: **zjakubiéć zamiast zgłupieć.** Gospodarz zaś przepowiada:

Jaki Jakób do południa,
taka zima aż do Grudnia.
Jaki Jakób po południu,
taka zima téż po Grudniu.

S. Anna.

26 Lipca.

Dzień znamienity żarliwém nabożeństwem, ale smutny przysłowiem:
Od świętej Anki,
chłodne wieczory, poranki.

S. Marta.

29 Lipca.

Pospolite było dawniej u nas to imię. Ztąd różne, znane przysłowia o złej, a krzątającej się hałaśliwie gospodyni powstały. Mówiono téż: „Znalazła Marta swego Gotarta", gdy chciano powiedzieć: trafił swój na swego.

Gospodarze téż mówią:

1. Około świętej Marty,
   płać za zniwa, dawaj kwarty.

SIERPIEŃ.

Miesiąc ten, przypadający u nas na czas żniw i zbiorów, od sierpa otrzymał swą nazwę. Uważany jest także za najgorętszy, i dla tego zwolniono w nim od zajęcia biórowego i szkolnego urzędy niektóre i zakłady naukowe, dając im feriae wakacyjne. Gorącymi są zwłaszcza dnie kanikułą zwane czyli psie, ponieważ Sirius lub psia gwiazda razem wtedy ze słońcem wschodzi. Dla chłodnych już atoli nocy, zwykle mniej bywa skwarnym wieczorami niż Lipiec.

S. Piotr w Okowach.

1 Sierpnia.

Świętego Piotrá w okowach lud zwie Palikopą, gdyż przytrafia się często, że tego właśnie dnia bywają burze, i pioruny uderzają w ułożone kopy z pożętego zboża.

W wielu miejscach lud w dniu tym wstrzymuje się do południa od wszelkich robót. Wierzą, że kto się do tego nie stosuje, temu piorun zapali kopy na jego łanie; i ztąd to powstała owa nazwa Palikopy.

S. Kajetan.

7 Sierpnia.

Święty Kajetanie,
strzeż od deszcze sprzątanie.

S. Wawrzeniec.
10 Sierpnia.

Był niegdyś zwyczaj święcenia podebranego świeżo miodu, udzielania go domownikom i sąsiadom i mówienia przytém:

Przez przyczynę świętego męczennika,
chroń Boże pszczółki od szkodnika.

W dzień ten zapalano dawniej po wielu chałupach nowe ognie gospodarcze (Rawa) (ob. *Lud*, Ser. IX, str. 144).

N. Panny Wniebowzięcie.
15 Sierpnia.

Matkę Boską lud w dniu tym zielną zowie, od zwyczaju święcenia ziół. (Wykaz tych jako i ich własności, znajdzie czytelnik w rozdziale o Ziołach i Lekach).

Na Wniebowzięcie
pokończone żęcie.

S. R o c h.
16 Sierpnia.

Święty Roch jest opiekunem cierpiących i patronem od wszelkiej choroby, a osobliwie od zarazy morowej. Czczony téż był zawsze u nas, jako w kraju tylokrotnie plagą złego powietrza dotkniętym, a to w latach: 1205, 1211, 1312, 1358, 1424, 1456, 1543, 1548, 1602, 1620, 1652, 1704, 1709—10. Dziś, kiedy już ta zaraza między ludem nie grasuje i tylko bydlęca się pojawia, lud wiejski zwykł prowadzić w ten dzień bydło swoje przed kościół i tam je kapłan błogosławi.

Kalendarz warsz. Strąbskiego na rok 1854 mówi, iż „po wielu wsiach w dniu tym proboszczowie błogosławią inwentarskie gromady przy wypędzeniu bydła na paszę. Dawniej palono na polu ciernie, i po roznieceniu ognia, bydło przezeń przepędzano.

S. Bernard czyli Biernat.
20 Sierpnia.

Imię to na równi dawniej stało z nazwą prostaka; zkąd pochodzi przysłowie świadczącego się niewinnością: „Prosty-ć ja Biernat“.

S. Bartłomiej.

24 Sierpnia.

Znaczną już wtedy lud spostrzega zmianę w temperaturze, osobliwie zrana. W dniu tym zaczynają siewy ozime.

1. Na świętego Bartłomieja
mroźnej zimy jest nadzieja.

Pochodne nazwy: Bartek i Bartosz, w poniewierkę to imię podały.

Od dnia tego począwszy, zmniejszano miejscami czeladzi ilość strawy dziennej, co wyraża przysłowie:

2. Święty Bartłómiej,
śniadanie przytłumi.

S. Augustyn.

28 Sierpnia.

Na świętego Augustyna
orka dobrze się poczyna.

Ścięcie ś. Jana.

29 Sierpnia.

Kalendarz z r. 1803 mówi: „Niegdyś lud ciemny tego się trzymał przesądu, iż w przeddniu pamiątki ścięcia ś. Jana, kopiąc ziemię, złoto można było znaleźć pod ziołem paprocią. Musiał być przypadek, który do tego gusła dał powód (!)".

Do przesądów dnia tego należy zwyczaj wtykania tyle różczek zielonych w ziemię, ile ludzi jest w domu; czyja najprzód uschła, o tym miano za znak, że w tym roku umrze.

S. Felix.

30 Sierpnia.

Ś. Felix jest patronem dzieci chorych, zwłaszcza na konwulsye. Jest mniemanie u ludu, iż złożywszy na jego ołtarzu gromnicę, zupełnie tak dużą jak dziecko chore, można być pewnym, że ozdrowieje.

WRZESIEŃ.

Od wrzosu, który w tym miesiącu po lasach kwitnie, nazwisko swe bierze. Niegdyś uważany był za dogodny (przyjaźny) do brania leków, i dotąd **koń** w nim spłodzony, **wrześ-niak**, za trwałego jest poczytany.

Lubo ten miesiąc porę letnią kończy, a jesienną zaczyna, jednak niemal za najprzyjemniejszy u nas uważany być może, ile że już jest obfity w owoce i inne płody ziemi. Czasem tylko powodzie wielkie, zwłaszcza na Wiśle, sprowadza.

Jest téż zdanie, iż:

1. Gdy nadejdzie Wrzesień,
  wieśniak ma zawsze pełną stodołę i kieszeń.

S. Idzi opat.
1 Września.

Wtedy już wszystko zwiezione do stodół. I dla tego:

1. Święty Idzi — w polu nic nie widzi.

2. W święty Idzi pogoda,
  to dla siewu wygoda.

S. Regina.
7 Września.

Święta Regina — gałęzie ugina.

Narodzenie N. Panny.
8 Września.

Dzień to Matki Boskiej, zwanej u ludu **siewną**, iż w czasie siewów ozimych przypada. Niegdyś za leniwego był miany gospodarz, który na ten dzień siewów nie ukończył, a zaraz po tym dniu nie wziął się do siewu pszenicy.

1. Na Matkę Boską siewną zła to gospodyni,
  która lnu z wody nie wyczyni.

2. Panna się rodzi, — jaskółka odchodzi.

W Warszawie strojąc w ten dzień kwieciem figury Matki Boskiej, śpiewa lud między innémi i tę pieśń:

70.

Ma — tko nie—bie—skiego Pa — na, Jakie wieki czas da —
śli — cznaś i nie — poka — la — na

le - ki, czas nie - ma - ly gdy świat ca - ły nie sly - szał

Ks. Mioduszewski: *Śpiewnik kościelny*, Kraków, 1838, str. 199.

S. Nikodem.
15 Września.

Wtedy przysłowie powiada:

1. Pogoda na Nikodema,
(to) cztery niedziel deszczów nie ma.

Ś. Mateusz.
21 Września.

Dzień ten, dawnym obyczajem, o potrzebie przysposobienia
się na zimę ostrzega.

1. Święty Mateusz dodaje chłodu,
i raz ostatni podbiera miodu.

---

2. Gdy święty w śniegu przybieżał,
będzie po pas całą zimę leżał.

Przypadające w ten dzień jarmarki, słynęły obfitością futer,
czapek, kożuchów; osobliwie téż głośny w dniu tym jarmark na
konie w Łowiczu. Przeto mówiono o takim, który nie zakupił
ciepłego odzienia i obuwia:

3. Niech chucha chudeusza,
kto zabył (zapomniał) Mateusza.

Radzono więc schować kapelusz, a włożyć czapkę:

4. Do świętego Mateusza, — nie zdejmuj kapelusza.
a po świętym Mateuszu, — kiep ten, co w kapeluszu.

Siew oziminy powinien już być skończony. Dla tego starzy
gospodarze jako przestrogę powtarzają:

5. Święty Mateusz, —
siał-bym żyto, — nie rychło już!

S. Tekla.
23 Września.

W dzień świętej Tekli
będziem ziemniaki piekli. (Inowłódz).

S. Michał.
29 Września.

Dzień ś. Michała w umowach najmu jest ratą do pła-
cenia kwoty, jako kończący trzeci kwartał roku. — Siew ozimy

już na ten dzień powinien być skończony, tém bardziej téż żniwa. Zawsze za nieboraka był miany ten, kto dopiero:

1. Na święty Michął,
kopy z pola spychął.

Lepiej wychodził ten, o którym mówiono, iż:

2. Święty Michał,
kopy do stodół z pola pospychał.

Gospodarze nasi starają się, ażeby w dzień ten już zboże było wszystko zwiezione, a bydło w polach swobodnie paść się mogło. Ztąd przysłowie:

3. Święty Michał — wiechy pospychał.

Gdyż wiechy ze słomy oznaczały miejsca, na które zabroniono puszczać bydło.

Wyśmiewano rolnika, co nie uprzątnął się wcześnie z sianem:

4. Michałkowe siano, — Marcinkowe żytko,
kata warto wszytko.

Że noce długie a ciemne, dla tego wieśniacy mówią:

5. Jasny — jak noc po świętym Michale.

Słyszany w dzień ten grzmot, wróżył na rok następny wielki urodzaj, wedle przysłowia:

6. Grzmot w dzień świętego Michała,
żyźność przyszła, — Bogu chwała!

PAŹDZIERNIK.

Miesiąc ten od p a ź d z i e r z a, które w robocie koło lnu i konopi odpada, ma nazwisko. Temperatura jego trzyma środek między upałami lata i mrozami zimy; miewa atoli, zwłaszcza w początkach, dnie bardzo przyjemne; późniejsze przecież dni sprowadzają słoty. Liście zżółkłe i poczynające odpadać, jak i widok ptastwa odlatującego w cieplejsze kraje, wskazują już bliskość zimy.

Ś. Franciszek.

4 i 10 Października.

Dni śś. Franciszka Serafickiego i Borgiasza. Gospodarze mówią:

    1. Po świętym Franciszku — chodzi bydło po owsisku.
    (lub téż: pasą na żytnisku).

S. Brygida.

8 Października.

Babskiem latem mianują się pierwsze dni Października, często pogodne i ciepłe, w których snuje się po polach znana biała pajęczyna *(Marien-faden)*. Ztąd przysłowie:

    1. O świętej Brygidzie,
    babie lato przyjdzie.

ŚŚ. Jadwiga i Teressa.

15 Października.

Od dnia tego po wielu domach zaczynają już palić w piecach.

    2. Święta Jadwiga,
    szczapy dźwiga.

    1. Gdy Jadwigę deszcz spotka,
    to kapusta nie słodka.

S. Gaweł.

16 Października.

O późnym siewie w dniu tym jest przysłowie:

    1. Urbanów owies, Gawłowe żytko,
    kata warto wszytko.

    2. Kiedy w święty Gaweł słota,
    będzie w zimie dużo złota.

S. Łukasz.

18 Października.

W dniu tym już ani zbiorów ani siejby w polu być nie powinno, stosownie do przysłowia:

    1. Święty Łukasz,
    czego po polu szukasz?

Więc nietylko wszystko ziarno z pola winno być sprzątnięte, ale nawet i rzepa powinna być wykopaną i zachowaną w dole.

2. Święty Łukasz! — czego w dole szukasz? —
— Oto rzepy! — Alboś to jej w dole ślepy? —

S. Urszula.
21 Października.

Że rosa często z poranku w ten dzień przymarza, mówią:
1. Święta Urszula
perły w polu rozsuła.

2. Od Urszuli — śnieżnej czekaj koszuli.

S. Kryspin (ian).
25 Października.

Na świętego Kryspina
szewc przy świecy poczyna.

SS. Szymon i Juda.
21 Października.

Dzień ten, według przysłowia i czasu, każe obawiać się
grudy.
1. Na świętego Szymona i Judy,
spodziewaj się śniegu albo grudy.

2. Na świętego Szymona,
babskie lato już kona.

Jest i rada gospodarcza, zalecająca, iż:
3. Jak już dzień przyjdzie świętego Szymona i Judy,
już-to zegnać należy z pól bydło do budy.

LISTOPAD.

Miesiąc bardzo właściwie nazwany, bo w tym czasie ze
wszystkich drzew liście już opadły albo opadają. Z tym
miesiącem rozpoczynają się polowania i łowy wszelkiej zwierzy-
ny, niegdyś bardzo wesoło i huczno odprawiane.

Lubo Listopad bywa w ogóle dżdżysty, zimny a czasami
i mroźny, to jednak zdarzają się i chwile łagodne, a dnie prawie
do jego połowy jeszcze nazywają miejscami Babiem latem
albo Marusikowem latem.

Wszyscy Święci.

1 Listopada.

Przysłowie mówi:

1. Wszyscy święci niezgodą,
   Wiatry z śniegiem zawiodą.

Inne powiada:

2. Wszyscy święci — śnieg się kręci,
   a w Zaduszki — drży jak w strótki.

3. W wszystki świętych ziemia skrzepła,
   całą zimę wróży ciepła;
   a jeśli słotno, — będzie o drzewo markotno.

Dzień zaduszny.

2 Listopada.

Dzień ten, pamięci zmarłych poświęcony, wzywa każdego, kto może, aby spieszył na cmentarz stroić i oświetlać groby swojich krewnych. Obyczaje narodowe niegdyś po kilkakroć razy w roku odświeżały tę pamięć; pozostali powtarzali pogrzebne obchody, łączyli słupy kwieciem, przystrajali grobowce; lud prosty jadło i napoje na cmentarz nosił.

S. Marcin.

11 Listopada.

Dawny zwyczaj w ten dzień nakazywał mieć na obiad w każdym domu (którego na to stać było) gęś koniecznie pieczoną [1]. Gospodyni z kości jej piersiowej białej przepowiadała zimę mroźną, z ciemnej zimę przepadzistą (dżdżystą).

Dotąd po wielu domach gęś na święty Marcin z wróżbą zimy stałej lub niestałej, mroźnej lub błotnej, jest potrawą nie-

---

[1] Rzeź ogólną gęsi na ś. Marcin — jedni odnoszą aż do czasów rzymskich i ś. Marcina papieża, który pierwszy podczas wielkiego głodu, pozwolił użyć na posiłek tych ptaków, szanowanych dotąd tamże jako narzędzia ocalenia Rzymu od Gallów; inni zaś do czasów pogańskich, w których w ten dzień z kości zabitych gęsi, mianowicie z piersi, wyciągano rozmaite wróżby, jak się to jeszcze po dziś dzień praktykuje. Bijąc gęsi, panowie i czeladź dzielą się darami bożemi i wszędzie niemal traktują gościa pieczoną gęsią. *Dziennik Warszawski* z r. 1851 nr. 215 mówi:

zbędną. A kiedy to święto w piątek lub sobotę przypąda, to na niedzielę ów przysmak odkładają.

Po dworach szlachty (jak mówi Wójcicki) do gęsi stawiano wino; dla tego dawniej mawiano:

1. Wesele Marcina, — gęś i dzban wina.

W dniu tym daniny dworom składali rolnicy; ztąd przysłowie:

2. Tak próżny jak worek wójta o świętym Marcinie.

Że śnieg częstokroć pierwszy raz wtedy przypadnie, mówią:

3. Święty Marcin błoniem
jedzie białym koniem.

4. Święty Marcin na białym koniu przyjeżdża.

Dzień ten wróży pogodę lub flagę (słotę) na Boże Narodzenie, wedle przysłowia:

5. Święty Marcin po wodzie,
Boże Narodzenie po lodzie.

I przeciwnie:

6. Święty Marcin po lodzie,
Boże Narodzenie po wodzie.

S. Katarzyna.
25 Listopada.

Dzień ś. Katarzyny, dziewicy celującej biegłością w umiejętnościach tak boskich jak ludzkich, obchodziły i święciły szczególniej szkoły i zgromadzenia naukowe.

Kawalerowie uważali w tym dniu na sny swoje, i z nich się dowiadywali o przyszłych bogdankach.

S. Andrzej.
30 Listopada.

Dzień równie ważny dla panien, jak ś. Katarzyna dla kawalerów. Niegdyś wszędzie w Słowiańszczyźnie i indziej, dziś w niektórych już tylko domach, wieczór tego dnia schodzi nader

—·—

„Dziwna mimo to rzecz, że w przesądach ludu gęś jest uważana jako najgłupsze stworzenie pod słońcem; dla tego téż na wsi zwyczajnie nazywają gęsią dziewkę umysłowo upośledzoną lub łatwowierną".

wesoło. Zebrane dziewice puszczają ś w i e c z k i na w o d ę, roz-
laną na misce, a przy każdej świeczce jest napis; które się zejdą
z sobą, wróżą małżeństwo.

To znowu każda t r z e w i c z e k swój daje, i stawiają trzewiki te z koleji jeden za drugim na podłodze; której trzewiczek
progu się dotknie, ta w przeciągu roku za p r ó g, — to jest: za
m ą ż — wyjdzie.

S n y także uważane były jako bardzo ważne; więc który
mężczyzna której się przyśnił, ten miał zostać jej mężem.

Powszechném jest także podkładanie w tym celu k a m i e n i
i k a r t e k z napisami pod p o d u s z k i w wiliją św. Andrzeja.

    1. Na świętego Andrzeja,
       dziewkom z wróżby nadzieja.

Dla wszystkich zaś, iż wówczas już zimno dokuczać poczyna [1]), urosło przysłowie:

    2. Na świętego Andrzeja
       trza kożucha dobrodzieja.

ADWENT.

Niedziela 1-sza adwentu.

Jeśli w święto Katarzyny (25 Listopada) bawić się jeszcze
wolno, to od ś. Andrzeja (30 Listopada) zaniechać już trzeba
wszelkiej zabawy, bo czas rozpamiętywań, Adwent, na dobre się
zaczyna. Wyrażają to przysłowia:

    1. Święta Katarzyna
      Adwent zaczyna:
      Święty Jędrzej
      jeszcze mędrzej (ściślej).

    2. Święta Katarzyna śmiechem,
      święty Andrzej grzechem.

---

[1]) W czasopiśmie jedném z r. 1849 podano: „Mróz zrana w dniu ś.
Andrzeja zwolniał o połowę, a ślimacząca się ż ł ó d ź, zamarzłszy
cokołwiek, bruk warszawski wyszlifowała. Gdy się na nim która
z panien potknęła, powiadano, że źle się już rzecz ma z jej pa-
nieństwem“.

Od tej także pory zaczynają się po wsiach zebrania wieczorne, z krotochwilami połączone, owych p r z ą d e k czyli kobiet, gromadzących się do pewnych umówionych chałup, o których wspominaliśmy już kilkakrotnie (obacz: *Lud*, Ser. V, str.
183. — Ser. IX, str. 107. — Ser. XI, str. 116. — Ser. XVI, str.
100. — Ser. XVII, str. 66).

GRUDZIEŃ.

Od zimy i g r u d y zimowej ma nazwę. Jednak więcej
w tym miesiącu bywa dni p o c h m u r n y c h niż m r o ź n y c h
a jasnych, tak, że czasami ledwie kilka dni naliczyć można,
w których słońce błyśnie. Pora też adwentowa za najposępniej-
szą w całym roku uważaną bywa.

S. B a r b a r a.
4 Grudnia.

Dzień ś. Barbary, patronki szczególniej żeglarzy, flisów
i górników.

Dawniej w budowaniu s z k u t (statków żeglarskich) wyrabiano na przodku statkowym jej wyobrażenie, i żaden majtek
bez Barbarki na wodę się nie puścił.

Mimo to (z powodu częstego zapewne nadawania tego imienia), urosło pogardliwe przysłowie:

> 1. Kto sieje tatarkę,
>   ma żonę Barbarkę,
>   i krowami orze,
> nie pytaj go się: czy zdrów, — ale: czy żyjesz, nieboże!

Ł. Gołębiowski (*Lud*) mówi: „W kościele Panny Maryi na
Nowém-mieście w Warszawie, w ten dzień bywa nabożeństwo
r y b a k ó w. W dawnym Kalendarzyku saskim jest napisano, że
kiedy August II-gi w Polsce panował, rybacy na św. Barbarę
w kościele pomienionym z całémi rodzinami i czeladzią zwykli
na ranném i wieczorném znajdować się nabożeństwie, po którém
rozdają ubogim ryby, jako jałmużnę. Nie wiadomo, kiedy ten
zwyczaj ustał".

Czas to zimowy i sanna już dobra, więc:

> 1. W święto Barbárki — zdejm sanie z górki.

Gdy jednak chwyci mróz, spodziewaj się **wkrótce odwilży,**
i dla tego:

3. Gdy na świętą Barbarę mróz,
sanie na górę włóż,
a szybuj dobry wóz.

4. Gdv w Barbarę ostre mrozy,
to na zimę gotuj wozy.
a gdy roztajanie,
każ opatrzyć sanie.

Bo wróżą gospodarze, że zima będzie lekka i nie-śnieżna.

5. Kiedy błoto, — będzie zima jak złoto.

Rolnicy téż nasi mówią:

6. Święta Barbara po lodzie,
Boże Narodzenie po wodzie.

S. Mikołaj biskup.
5 Grudnia.

Dzień ś. Mikołaja, patrona gospodarzy wiejskich i pasterzy.

Często na początku Grudnia gdy śniegi spadną, sanna się
ustala. Ztąd przysłowia:

1. Na Mikolaja — porzuć wóz a zaprząż sanie.

2. Na Mikoła — staną koła.

Że święty ten jest patronem od zwierząt drapieżnych, przeto w całym kraju, a osobliwie téż w okolicach leśnych, pasterze strzegący bydła i owiec, ścisłym postem obchodzą wiliję do
niego. Nazajutrz zaś zbierają się na nabożeństwo do kościołów
i tu dla uchowania trzód od szkody, składają ofiary. W *Rozpra-*
wie między plebanem a panem wójtem (przez Ambrożego Koresbok
Rożka, r. 1543 w Krakowie u Scharfenberga wydanej) powiedziano:

Albo-ć wezmą, albo co daj,
tak kazał święty Mikołaj.
Bo jeśli mu barana dasz,
pewny pokój od wilka masz.

Oprócz tego ściśle jeszcze przestrzegają, aby w sam dzień
ś. Mikołaja, gospodynie nie zwijały czyli n i e m o t a ł y p r z ę-
d z y, a to dlatego, ażeby w ciągu roku w i l k i n i e m o t a ł y
s i ę, t. j.: w powierzonych pastuchom trzodach nie robiły szkody.

Przed laty dla dzieci miejskich był ś. Mikołaj razem po-
strachem i zachętą. Jeśli były niegrzeczne, to tego wieczora

wchodził on, t. j. wchodziła do pokoju osoba w bieli ubrana z gandziarą (batogiem) w ręku, i plagi im dawała; jeśli zaś były grzeczne, rozdawała im podarki.

S. Ł u c y a.
13 Grudnia.

Mówią przysłowiowo:

1. Święto Łucy — noc króci.

2. Święta Łuca — dnia przyrzuca.

Świętej Łucyi dzień przypada dnia 13 Grudnia, dnie zaś zaczynają się powiększać dopiero po zimowém przesileniu czyli po porównaniu dnia z nocą, które ma miejsce 22 Grudnia. To okazuje (mówi K. Wł. Wójcicki), że przysłowia powyższe dawniejsze są niż reforma kalendarza gregoryańskiego, która zaszła w Październiku roku 1582. Wiemy, że wówczas daty, po umorzeniu dni 10, liczone były dziesięcią dniami naprzód, i dlatego dzień 13 Grudnia (w r. 1582) był przedtém (w r. 1581) i dawniej rzeczywiście 23, istotnie więc wtedy Łucya (acz ją zawsze zapisywano na 13-go) przypadała 23 Grudnia, a zatém po porównaniu dnia z nocą. Miano więc słusznie utrzymywać, że dnie zaczynają się powiększać z dniem świętej Łucyi.

Atoli, skutkiem tej reformy i posunięcia się ś. Łucyi o 10 dni w tył, powstało znów przeciwne tamtemu, i dziś słuszne już przysłowie, że:

3. Święto Luci — dzień króci.

S. Tomasz Apostoł.
21 Grudnia.

Na święty Toma
gody (w) doma.

S. E w a.
24 Grudnia.

Tu służy przysłowie, iż gdy zimno, to:

1. Koło świętej Ewy — noś długie cholewy.

OKRĘŻNE.

Ł. Gołębiowski w dziele: *Gry i zabawy* (Warsz., 1831) tak opisuje uroczystość zwaną Okrężne, Wyżynki, Obrzynki:

„W innych téż (niż Krakowskich) stronach wieniec nie ma kształtu korony (ob. *Lud*, VI, str. 96), nie tak ozdobny, częstokroć z samych tylko kłosów, w ostatnim dniu żniwa oziminy, ze śpiewem, bez takich jednak jak w Krakowskiem uroczystości niesiony bywa do dworu i skromniejsza uczta, albo poczęstowanie tylko wódką i chlebem. Czasem hulankę z powodu żniw skończonych odkładają do zapust, i w karczmie ją sprawują kosztem dworu; lecz tam tylko zapewne, kędy nie cenią dawnych, patryarchalnych zwyczajów i unikają, że tak powiém, widoku ludu, który przecież i dla panów pracuje".

„Gdzie zaś uprzejmość większa, tam woły z rogami złoconémi, tłuste barany ¡pieką całkiem, stawiają kosze z chlebem, beczki piwa, baryły wódki. Po skończonej uczcie na czterech rogach wielkiego podwórza, to odzywają się muzyki i zaczynają tańce, to ściągają widzów różne zabawy, z których kilka tu wymienimy, a do każdej z nich dla celującego nagroda przywiązana.

„Tu kilkunastu parobków. obwiązanych w worki po szyję, żabim skokiem ubiega się o pieniądz położony u mety".

„Tam jeźdcy na koniach w polocie chwytają gęś wysoko zawieszoną pomiędzy dwoma słupami" (*Lud*, Serya X, str. 188, 5).

Dziewczęta niosą na głowie do mety skopki pełniuteńkie wody; która z nich nie rozleje, otrzyma wstążkę świetną, wieniec błyszczący, albo paciorki".

„Inni z głębokich mis pełnych wody lub mąki, ustami dobywają będącą na dnie sztukę monety".

„Junak znów z zawiązanémi oczyma i cepem w ręku, jeśli do razu trafi w garnek na trawniku, pozyszcze koguta pod nim ukrytego" (*Lud*, Serya II, str. 166 i 167. — Philo vom Walde: Schlesien in Sage und Brauch. Berlin, 1883, str. 112).

„Owdzie na wierzchołku gładkich, wysmarowanych słupów, umieszczona lepsza odzież i talary; zdobycz tego, kto się wdrapie. Jaką te zabawy radość wzniecają, ile kmiotków uszczęśliwiają, wyobrazić sobie łatwo".

Co do wznoszonych niekiedy słupów czyli masztów przy wyprawianych uroczystościach dla włościan w czasie okrężnego, mówi Ł. Gołębiowski (w dziele *Gry i zabawy* str. 183):

„Maszt. Z Hollandyi przeszedł i do nas ten zwyczaj, mianowicie do miast naszych nadmorskich. W czasie przejazdu Ludwiki Maryi z panią de Guebriant w Gdańsku, maszt taki okrągły, nietylko wyheblowany, ale i tłustością posmarowany, wzniesiono. Na samym wierzchu znajdował się ubiór z sukna czerwonego, galonem srebrnym obszyty, para butów i kapelusz. Kto je osiągnie, otrzymać jeszcze miał i prawo miejskie. Cały dzień i po kilku,ृ spychając siebie, o to się kusiło. Każdy miał krédę, którą drzewo pociera; jeden po kilkakroć o 6 stóp do wierzchu się dobierał. Nazajutrz służalec holenderski przyszedł o 2 godzinie zrana, o 8 wdział suknie na szczycie masztu i spuścił się wesoło.

Kuryer Warszawski z r. 1828 nr. 238 powiada, że „Stanisław August z wyborem osób zwiedziwszy Gołków (pod Grójcem) dał ucztę dla ludu, a Grześko Jabłoński i stara Kowalka z Jazgarzewa, naoczni jej świadkowie, opowiadali, że po obiedzie zręczne chłopaki włazyły na masz wysoki, mydłem nasmarowany, na wierzchu którego była kiesa z pieniędzmi, butelka wina, całkowita odzież, i tuzin kolorowych wstążek, które zwycięzca miał ofiarować swej lubej. Wielu na wierzchołek wdrapać się usiłowało, wszyscy prawie spadali od połowy; ale jeden smagły parobczak, dla swej zręczności zwany od gromady djabłem, wlazł na sam wierzchołek, wykrzyknął śmiało: Wiwat król Jegomość! i wychylił butelkę wina, pozrzucał odzież na ziemię, kiesę i wstążki włożył za koszulę, i spuścił się jak strzała. Potem następowała ochota; dziewczęta z kawalerami przybyłymi z królem tańczyły, parobcy z damami. Po tańcach hojnie obdarzeni zostali".

I.

K. W. Wójcicki w *Pieśniach ludu* (T. I, str. 269) taki daje uroczystości tej opis:

Po zżęciu oziminy w Mazowszu (zwykle w połowie Sierpnia) wybrana dziewoja (zwykle ta co przodkuje żniwiarzom) z wieńcem ze zboża ozdobnym na głowie, postępuje naprzód, za nią młode dziewczęta, a dalej tłumnie wieśniacy płci obojej idą do dworu, śpiewając chórem:

71.

1. Krążyliśmy, krążyli,
   już my żytka dożęli.
2. Dożęła go dzieweczka
   za jasnego słoneczka.
3. Dożął ci go młodzieniec
   Kazał z niego wić wieniec.

4. Dożęliśmy do łużyka (do ździe-
   będzie piwo i muzyka; [bła),
   beczka piwa i dwie wina,
   niech się ucieszy drużyna.

5. Otwórz nam pani wierzeje (wrota),
   już się nic na polu nie wieje;
   otwórz nam pani nowy dwór,
   bo ci niesiemy wszystek zbiór.
6. Otwórz nam pani ganeczek,
   bo ci niesiemy wianeczek;
   wianeczek pszenny i żytny,
   będzie on pani pożytny.

Po przybyciu do dworu, dziewica z wieńcem zbliża się do państwa i składa w ich ręce ten upominek rolniczy. Już we dworze przygotowaną jest uczta wiejska: wódka, piwo i muzyka. Pan z dziewczyną wieńcową, pani z najpierwszym gospodarzem ze wsi rozpoczynają tany, w czasie których wyśpiewują różne piosnki. Pieśni te są po większej części minkami to do ekonoma, pisarza lub wreszcie do pana i pani zastosowanémi, np.:

7. Zabij nam pani barana,
   bośmy se pozbijali kolana:
   Zabij nam pani i byka,
   bośmy mieli ekonoma bzdyka.
8. Nade dworem szary kierz (krzak),
   nasz ekonom kieby pies.
   Nasz ekonom gdyby burza,
   nasza pani kieby róża.

II.

Csaplin pod Czerskiem (i wsie
do dóbr Csaplina naleśące Li-
nia, Dębówka, Wincentowo,
Aleksandrów, Karolina

1. Dozynaj zytka, dozynaj,
Pana Jezusa wspuminaj.
2. Dozynała go dziwecka,
ták za jasnego słunecka.
3. Dozon-ci go młodzieniec,
kázał z niego wić wieniec.
4. Dozynaliśmy zytka do boru,
idziemy na wódkę do dworu.
5. Wypraw num, panie, okręzne,
bośmy źniwiarki potęzne.
6. Dozynaliśmy do staja,
przodownica num ustała.
7. Dozynaliśmy do drogi,
trzoskały za nami batogi.
8. Nie lotaj tu sokole,
nie pójdziemy w to pole.
9. Nie lotaj tu przepiórko,
nie pójdziemy w to pólko.
10. Dopóty-śmy krązyli,
aze-śmy zytko skończyli.
11. Otwórz num, panie, wierzeje,
już się na polu nie chwieje.
11. Otwórz num panie, nowy dwór,
niesiemy z pola wsystek zbiór.
13. Otwórz num panie ganecek,
bo juz niesiemy wianecek.
14. Przede dworem kacki w błocie,
nasá pani chodzi w złocie.

15. Przede dworem corna burza,
nasá pani kieby róza.
16. Przede dworem rośnie kierz,
nas karbowy zły jak pies.
17. Bo nas bije i łaje,
podwiecorku nom nie daje.
18. Na chłopów jest nie taki,
bo mu dają tabaki.
19. Gdzie najwiękse ościsko,
karbowy woło: „źnij nisko!"
20. Stoji nas pon w piwnicy,
trzymo wino w sklenicy.
21. Żniwiárecki cęstuje.
za źniwo jem dziękuje.
22 Węsoły nas pán, węsoły,
napełnił brogi, stodoły.
23. Stanisieski (sąsiad) sie zasmucił,
wiatr mu stodoły wywróciuł.
24. U nasego pana w cepy biją,
a u Stanisieskiego wilki wiją.
25. U nasego pana w zapolu,
a u Stanisieskiego na polu.
26 Wychodziliśmy ták zrana,
zabij num, panie, barana.
27. Zabij num, panie, jałowicę,
dámy karbowemu połowicę.
28 Pisarzowi łeb i skórę,
bo wciąga dziwki na górę.
29. Okumunowi ogun, rogi,
bo un dla nos bardzo srogi.

Czaplinek pod Czerskiem (i wsie
do dóbr Czaplinka nalezące·
Zalesie, Sobików, Cendrowice,
Ługowka).

1. Dopótyśmy krązyli,
aześmy zytka dozeni.
2. Dozeni-śmy zytka w około,
gdzie było zytko, tam goło.
3. Dozeni-śmy do drózki,
po-obzynaliśmy paluski.
4. Dozeniśmy zytka do łuzyka,
będzie becka piwa i muzyka.

Plun niesiemy, plun,
do Wielmoznygo pana w dum.
Zeby dobrze plunowało,
po sto korcy z kopy dało.
Plun niesiemy, plun,
do wielmoznygo pana w dum.

5. Nas wielmozny pan w ganecku,
   przodownica we wiánecku.
   Plun niesiemy, plun,
   do wielmoznego i t. d.
6. Przede dworem cárna burza,
   nasá pani kieby róza.
7. Kieby róza i lelija,
   po pokoju się uwija.
   Plun niesiemy, plun,
   do wielmoznygo i·t. d.
8. Nas okunum w kłopocie,
   rozwiesił portki na płocie.
   Plun niesiemy, plun i t. d.
9 Przede dworem rosną śliwki,
   nas karbowy kocho dziwki.
   Plun niesiemy i t. d.
10. Przodownica się raduje,
    ze ji pán talora daruje.
    Plun niesiemy i t. d.

11. Talor mało, dukat więcy,
    zeby (przodownica) miała więcy
    Plun niesiemy i t. d. [chęci.
12 Zabij num, panie, barana,
   bośmy se stłukli kolana.
   Plun niesiemy i t. d.
13. Wypraw num, pani, okręzne,
    niesiemy dary potęzne.
    Plun niesiemy i t. d.
14. Wystaw num; panie, beckę piwa,
    beckę piwa, beckę wina.
    Plun niesiemy i t. d.
15. Beckę piwa, beckę wina,
    zeby się ciesyła druzyna.
    Plun niesiemy, plun,
    do wielmoznygo pana w dum.

K. Kozłowski: *Lud* w Czerskiem, str. 204.

III.   od Błonia (Płochocin, Rokitno)

Przodownica przynosząc do dworu wieniec:

74.

1 Na—su—mu pana ce—py bi—ją, Plon nie—siem
a Świę ic—klemu wil—cy wy—ją

plon, na—semu pauu w dom,

2. A przede dworem mokre kwiátki,
   u naséj pani grzecne dziatki.
   Plon i t. d.
3. A przede dworem kacki w błocie,
   a nasá pani chodzi w złocie.
   Plon i t. d.

4. A przede dworem kaoki w zycie,
   a nas pán chodzi w j-aksamicie.

5. Prosiemy pana o politykę,
   o beckę piwa, o muzykę.

6. A nas ekónom długiego nosa,
   pozbiérał z pola co do kłosa.

7. A nas okónom kieby osa,
   káze nám zbiérać co do kłosa.

9. A nás pisárz nic nie robi,
   wlaz na drzewo, dziwki wábi.

9. A nas pisárz jest w kłopocie,
   rozwiesił portcyny po płocie.

IV. od Ilowa (Giżyce, Łaziska).

Przodownica przynosi wieniec okrężnego, dziś będący ledwo tylko równianką csyli bukietem ze zboża, ustrojonym w kwiaty, który w ręku trzyma i panu ofiaruje [1]). Ten wyszedłszy z domu, przyjmuje ją u drzwi, lecz w chwili odbioru wieńca, chlusta w twarz przodownicy wodą ze szklanki, lub karafki (czynią to niekiedy i pod Osmolinem, Gombinem, Sochaczewem i t. d.).

Żniwiarze śpiewają:

75.

1. Zielo—na by — lic—ka na od—ło—gu, Plon nie —
   sprzątnęliś—my zyt—k) chwała Bo— gu.

siem plon, jego — mo — ści w dom.

2. U nasego pana cepy biją,
   a u Brzozowskiego wilcy wyją.
      Plon niesiem, plon
      nasemu panu w dom.

3. U nasego pana — zielona podłoga,
   zjezdzają się goście jak do Pana Boga.
      Plon i t. d.

4. U nasego pana — zielone podwórze,
   ma córecki ładne i pieniąszki duze.

---

[1]) Jest zwyczaj, iż jednę ze żniwiarek, mianowicie tę, która ostatnią garść zboża urznęła, chwytają parobcy za głowę i ciągną po polu kilkakrotnie około ostatniej owej garści.

V. od Skierniewic (Godzianów, Żelazna).

Żniwiarze przychodzą około godziny 5—6 popołudniu ze śpiewem i wieńcem. Niesie go przodownica i oddaje panu na ganku domu. Pan go odbiera, obdarowywa przodownicę, i wyprawia dla gromady okrężne czyli wieńcowe. Następują różne zabawy. Parobek z rękami w tył zawiązanémi, brodzi nosem w mące gdyby szczur, szukając włołonego w naczynie (miskę) datku. Jedna z żniwiarek, zawiązana we worek po szyję, dąży ze swémi współzawodniczkami do naznaczonej mety, gdzie ją także pieniężny datek oczekuje. Parobczak sięga po złożony na słupie dar, gdzie doszedłszy, zdrowie obecnych wychyla. Tłuszcza ruchawa różnego wieku, mężczyzn, kobiet i dzieci, za rzuconą łakocią lub owocem, hyża jak króliki, a jak drapieżne zwierzęta łakoma, ugania się i wydziera je sobie. Te i tym podobne figle przeciągają się aż do późnego wieczora.

76¹).

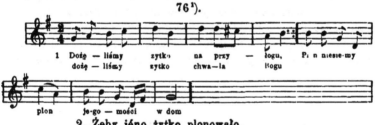

1 Dotę — liśmy zytk na przy — łogu, Pi n niesie-my
doię — liśmy zytko chwa—la ługu

plon je-go — mości w dom

2. Żeby jéno żytko plonowało,
   z mendla po sto korcy wydało.
   Plon i t. d.
3. Otwórz nam jegomość séroko wrota,
   przynosiemy wieniec z scerego złota.
   Plon i t. d.

77.

1 U na-se-go jego — mości niema por — tek podsta--ro — ści,
tylko je-dne sa-ra-wa--ry co mu dziew-ki da-ro-wa — ly

¹) albo:

Dotę — liś—my tytka na przy — ło — gu

2. U nasego jegomości
dobry porządek, porządek, —
postawili beckę piwa,
gorzałki sądek da sądek.

VI.

od Rawy, Biały (Regnów).

Przy końcu żniwa, jedna ze żniwiarek, zazwyczaj ostatnia, obżyna oblegę. O b l e g a czyli o d l e g a, jest-to kamień obrosły naokoło zbożem, które na końcu ma być zżętém [1]. Dziewka śmiała, biorąc się do roboty, sama nieraz wyzywa i wywołuje parobków w ten sposób:

Prosę na odlegę,
póki od niej nie odbiegę.
Po ráz pirsy, — drugi, — trzeci,
ten kiep, co nie przyleci.

Jeżeli zdąży ona zżąć zboże, nim parobcy spostrzegą się i przybiegną, wtenczas żadnej już przeszkody stawiać jej nie powinni. Jeżeli zaś nie zdąży, wtenczas parobcy, przybiegłszy i pomógłszy jej dożąć ostatnią garść zboża, biorą ją za głowę i nogi i ciągną naokoło owego kamienia po rżysku, niby sanie po grudzie.

VII.

od Inowłudza (Rzeczyca).

Przychodzą z wieńcem do dworu. Gdy przodownica oddaje panu wieniec [2]), wylatuje zeń na podłogę mnóstwo utkwionych w nim orzechów i jabłek, które dzieci wiejskie zbierają na talerz i panu podają, a ten wynagradza im to datkiem pieniężnym.

78.

U są — sia — da wilk wy-je, wilk wy-je, Przede dwo - rem
bo psze—ni—cka mu gnije ma gnije
biała kamie - nica, bia—ła kamie - ni-ca

---

[1]) Przypomina to znaną w Krakowskiem i Lubelskiem k o z ę (ob. *Lud*, Ser. VI, str. 530. — Ser. XVI, str. 129).
[2]) Kształt jego podobny do tego, jaki podaliśmy w Seryi VI *Ludu* na str. 97.

1. U sąsiada wilk wyje,
   bo pszenicka mu gnije.
2. Oj a nas pan nie taki,
   zbiera z pola i kłaki.
3. Przede dworem — biała kamienica,
   a na polu — zielona pszenica.
4. Zielona, zielona — bo na zimę siana,
   ni wy ją tez żniecie — ani ją wiążecie,
   jéno sacujecie — co za nią weźniecie.
5. Weźniecie, weźniecie — te bite talary,
   będą wám się będą — po stole kulały.
6. A pán gospodárz — siedzi w rogu stoła,
   i suknia na nim — w same złote koła.
7. I capecka z karmazynu,
   pán gospodárz — z tego domu.
8. A nasá pani — po pokoju stąpa,
   klucykami pobrząka,
   dla nas-ci to, dla nas — podarunku suka.
9. Przede dworem — stoji burza,
   nasá pani — kieby róza.
10. Przede dworem — łyzki w cebrze,
    a nas karbowy — ludzi zedrze.
11. Przede dworem — wisi śnurek,
    a nas karbowy — kieby nurek.
12. Przede dworem — stoji kierz,
    nas karbowy — kieby pies.
13. Przede dworem — kacór błądzi,
    a nas ekonóm — dobrze rządzi.
14. I nas ekonóm — pija kawę,
    i má pszenicę — kieby ławę.
15. A zabij-ze nám — panie, barana,
    bośmy potłukli — po polu kolana.
16. A káz nám, panie — zabić i wołu,
    bo nás tu wsyśtkich — duzo pospołu.

VIII. od Zychlina (Tretki, Chochołów).

Przy przyjęciu wieńca od przodownicy, gospodarz chlusta jej kieliszkiem wody w oczy, poczém napełnia go wódką i podaje jej do wypicia, a niekiedy i sam do niej przypija.

79.

1. Otworscie nam tu sé—ro—ko wrota,
   bo się tu wa—li Tretkoska ro-bota, sé ro-ko wro-ta,
   Tretkoska ro-bo-ta.

2. Otwórzcie nam tu séroko wieje,
   bo się na polu pszenicka niwieje *(niszczy, przepada)*.
   Przynosiemy plon
   jegomości w dom;
   zeby dobrze plonowało,
   po sto korcy z mendla dało, —
   przynosiemy plon
   jegomości w dom.

IX.

80. od Kutna (Sójk.)

3. Śpiewam-ci ja śpiewam,
   a tu trzeba wzdychać, —
   wyglądam kieliska,
   ale go nie widać.
   Plon niesiemy plon,
   jaśnie panu w dom.

Wyzwoliny na parobka.

Czasopismo *Kłosy* z r. 1866 nr. 28, podaje co następuje:
„We wsi M ł o c i n y pod Warszawą miałem sposobność w lecie roku zeszłego (mówi W. Gerson) widzieć w całym przebiegu jeden zwyczaj ludowy, o którym do tego czasu jeszcze nie zdarzyło
mi się nigdzie czytać dokładnej wiadomości, jakkolwiek z rozmaji-
témi odmianami na całej szerokości gubernii Warszawskiej jest
praktykowany (obacz: *Lud*, Serya X, str. 212).

Kiedy młody chłopak, doszedłszy do lat 17 lub 18, nauczy
się już wszystkich robót około gospodarstwa wiejskiego, pod
okiem i w służbie dobrego gospodarza, nabiéra prawa wyzwole-
nia się na parobka.

Wyzwoliny takie, czyniąc go bardziej niezależnym panem
czasu swego i pracy, nadają mu zarazem większe prawa towa-
rzyskie w małym wioskowym światku. Opis obchodu tego zwyczaju szczegółowy, wykaże stopień w tej drabinie społecznej, na
jaki chłopak po latach ciężkiej zależności, szturchańców i wy-
sługiwania się wszelkiego rodzaju wstępuje, a zarazem własnémi wyrazami osób działających określi granicę, którą parobek po
·za sobą zostawia.

Uroczystość zaczyna się od wyboru najrozumniejszego i najlepszego gospodarza wsi na księdza, który obchodowi ma prze-
wodniczyć; ważnym przy tym wyborze jest wzgląd na dobroć
serca i trzeźwość wybranego, od niego bowiem w najpierwszej
zaraz chwili rozpoczynającego się obchodu zależy, ile nowowstę-
pujący między parobków chłopak ma w karczmie wódki kupić,
aby całą gromadę uczęstować. Zwykłą miarą ze strony chłopaka
jest garniec, za którym idą następne, przez ochoczych, a lubią-
cych częstować się, na stół stawiane.

14*

Do karczmy schodzi się cała gromada, przy odgłosie wykrzyków i podzwanianiu w kosy, jedna o drugą, lub kamieniami o żeleźce. Tam następuje wygłoszenie wyzwolin (rysunek nr. 2) [1]), które się odbywa w następujący sposób. Wybrany ksiądz, dobrawszy sobie drugiego, niejako woźnego, wraz z chłopakiem wyzwalającym się włażą na dach; chłopak i pomocnik księdza siadają na grzbiecie dachu jak na koniu, twarzami do siebie, w takiej odległości, że się między nimi mieści ksiądz, który leżąc na brzuchu, oparłszy się łokciami o krawędź dachu, niby czyta z karty kazanie do zebranej przed karczmą gromady, ów zaś woźny wyraz po wyrazie powtarza za nim donośnie, dodając dość głośnemu i tak już czytaniu, ważności, tém podniesieniem deklamacyi.

Kazanie to poprzedzone jeszcze bywa dotykaniem pleców chłopaka łodygami ostu, niby ostatnią dotkliwą zniewagą, która go już niema spotykać więcej. Mowa cała skierowana jest do tego, aby nowowstępującego do grona parobków w oczach gromady podnieść; określa się zaś to nowe jego stanowisko bardzo prostémi wyrazami, które, o ile zanotować i spamiętać mogłem, podaję. Kaznodzieja wymienia najprzód imię i nazwisko chłopaka, imiona jego rodziców, jakotéż nazwisko gospodarza, u którego służył. Następnie mówi: „Ten oto Wincenty, zostaje dzisiaj parobkiem. Pamiętajcie gospodynie, ażebyśta dawali mu teraz co dnia podśniadanek, a na podwieczerzę z półtora jajka, ażebyśta go nie oszukiwali, ale dawali mu mleko niezbierane. A wy dziewuchy, ażebyśta mu tańca nie odmawiały, ale go chętnie brały, jako to jest dobry a pracowity parobek...“

Mowa bywa krótsza lub dłuższa, przewleczona powolną a urywaną deklamacyą; obraca się jednak zawsze około tych samych przedmiotów. W czasie mowy daje się już słyszeć w karczmie granie, przerywające mówiącemu tok kazania, po którém téż niebawem następuje wesoła zabawa. Tu chłopak bierze już udział jako parobek, częstuje się z gospodarzami, a dziewuchy go nie odpychają od tańca, chociaż jeszcze dla pamiątki przez żart w tańcu płatają mu figle, pociągając za poły, lub nagle porzucająo go wśród zwrotów obertasa.

W związku z témi ogólnémi wyzwolinami bywają pojedyńcze, przy rozpoczęciu różnych prac rolnych, tak przy orce,

----

[1]) Rysunki te zamieszczone są w *Kłosach*.

jak przy żęciu sierpem, których szczegóły może kiedy indziej opisać będę w możności. Dziś przytaczam zwyczaj zachowywany przy rozpoczęciu koszenia zboża i ceremoniję, jaka poprzedza pierwsze wystąpienie do tej pracy nowowyzwolonego parobka.

Poprzedzający ustęp wyzwolin odbył się w niedzielę. W poniedziałek rano, kiedy się już wszyscy parobcy i gospodarze z kosami do sieczenia zboża zgromadzili w miejscu, gdzie się już robota zacząć miała, usypali w poprzek drogi ścieżkę z ostu, a po obudwu stronach jej powbijali w ziemię kosy, tak, że żeleźce ich, spotykając się ze sobą, tworzą rodzaj korytarza, w końcu którego siedzi wybrany ksiądz. Nowy parobek, zakasawszy się, musi ten korytarz przejść gołémi kolanami po oście, przeprowadzany za rękę przez stojących przy kosach, którzy go sobie podają, przyczém bywa znów dotykany kolącym ostem po plecach i otrzymuje napomnienie, aby „tak dobrze siekł żytko po piętach, jak go oset po kolanach kole" (rysunek nr. 1). Po przejściu korytarza, musi jeszcze odbyć spowiedź przed zaimprowizowanym dobrodziejem. Co ta spowiedź w sobie zawiera, nie wiem z dokładnością. Zdaje mi się, że musi składać się z czysto gospodarskiej natury napomnień; wolę więc dopełnienie tej niedokładności zostawić komu innemu, któremu zdarzy się sposobność być obecnym temu zwyczajowi, niż swoje zmyślenia fantazyjne, choćby najzręczniej stylizowane, podstawiać na miejsce rzeczywistości, jak to gawędziarze, podróżnicy po odległych krajach i opisywacze zwyczajów ludowych pospolicie robią, z uszczerbkiem prawdy, a na podziw łatwowiernych.

OBRZĘDY.

CHRZEST.

Zaraz po narodzeniu dziecka, ojciec jego wychodzi z domu i idzie na wieś spraszać sąsiadów lub krewnych w kumy, gdy tymczasem sąsiadki odwiedzają położnicę, i nie szczędząc jej rad i słów pociechy, popijają zastawioną na stole gorzałkę a niekiedy i piwo.

Chrzest odbywa się w kościele i to, o ile możności, rychło; często nawet w sam dzień narodzin dziecka, dla odpędzenia odeń wszelkich pokus, jakieby złe i niewidzialne potęgi wywrzéć na szkodę jego (w zdrowiu lub szczęściu) pragnęły. Nie brak téż i zabobonnych praktyk przy dopełnieniu samego aktu chrzcin, o których powiémy niżej, podając wiadomości o urokach i zabobonach w ogóle. Po chrzcie, gdy dziecię odniosła b a b k a do domu, obdarza je kuma datkiem lub nową koszulką.

Autor powieści: D w a d w o r y (w czasopiśmie *Biblioteka Warszawska* z r. 1854, Lipiec) utrzymuje, że w Mazowszu nad rzeką Bzurą jest zwyczaj, iż dziecię nowonarodzone dziadek ubogi kładzie po chrzcie na chwilę pod ławę i klęcząc nad nią, pacierz odmawia. Zwyczaj ten składania dziecka pod ławę, ma być dawny.

Zamożniejsi gospodarze, wracając z kościoła, zapraszają kumów i sąsiadów na dość obfitą ucztę do domu własnego, jeżeli stan zdrowia położnicy na takie przyjęcie zezwala.

POGRZEB.

Zwyczaje przy pogrzebach na Mazowszu zachowywane, zbliżają się wielce do tych, jakieśmy z innych okolic Polski, a osobliwie z Kujaw, opisali (obacz: *Lud*, Serya III, str. 148). I tu, jak tam, szyją dla nieboszczyka śmiertelną koszulę, g i e z ł o, na co kilka łokci nowego kupują płótna.

Po pogrzebie bywa w chałupie dawaną s t y p a, przy której (jak nam doniesiono z pod Mszczonowa) podchmieliwszy sobie goście, wyśpiewują różne apostrofy do kuma-nieboszczyka, a między innémi i tę:

Gdybyś kumie nie pijoł — gorzołki z anyzem,
to-by dzisioj po ciebie — nie wyszedł ksiądz z krzyzem.
(obacz: *Lud*, Serya XII, str. 312, notka).

Do takich należy i piosneczka dziadów z pod Czerska:

Zawitaj siwy kuniu — z niebieską kulbaką,
podaj flaskę zieluną — i rozek z tabaką.
Niech będzie pochwalona
flasecka zielona.
A z flasecki bul, bul,
a z kiliska gul, gul.
K. Kozłowski: *Lud*, str. 147.

K. Kozłowski (*Lud* w Czerskiem, str. 373) mówi: „Jeżeli ktoś w chałupie umrze, wtedy na znak przewracają do góry wóz ten, który ma służyć do wywiezienia ciała. Jeżeli umarł chłop, wówczas znajomi schodzą się, myją go, czeszą, ubierają w koszulę, spodnie; często na nogi wdziewają pończochy, rzadko buty, ponieważ to nie jest w zwyczaju. Jeżeli chłop zapisanym był do bractwa, to kładą mu do ręki krzyżyk albo szkaplerz, i z tém chowają. Trumna bywa zwykle zbita z desek niemalowanych, z czarnym krzyżem na wieku, węglem narysowanym".

„Kobiety zmarłe ubierają tak, jak się za życia nosiły, stosując się nawet do upodobania zmarłej w ubraniu głowy. Kolory, w jakie zmartą kobietę godzi się ubierać, są: żółty, biały i niebieski; kolor czerwony, jak do ślubu tak i do trumny wcale się nie używa".

„Trumny kładą na wóz w deski, wysłany słomą, zaprzężony wołmi lub końmi, a rodzina, sąsiedzi i przyjaciele idąc przodem, wyśpiewując różne nabożne pieśni, zatrzymując się szczególnie około figur przydrożnych dla modlitwy, odprowadzają tak zmarłego przed kościół".

„Długi czas po śmierci rodziców, krewnych, a nawet i kumów, staraniem żyjących jest dawać za nich księdzu na przypominki czyli Zdrowaśki (od: Zdrowaś Maryja i t. d.), które po kilka lat nawet się ciągną".

Mogiły zabitych. „Na mogiłach przypadkowo zabitych, czy to po lasach, czy przy gościńcach, każdy z przechodzących winien zawsze porzucić gałązkę; tworzą się ztąd niekiedy dość znaczne kupy drzewa, które kompanije pobożne, udające się do miejsc świętych, zapalają. Znaczenia zwyczaju tego lud dzisiaj już nie rozumie, ale go tradycyjnie aż dotąd przechowuje".

Samobójcy. K. Kozłowski mówi: „Przykłady samobójstwa u ludu, jakkolwiek nie zbyt częste, ale się zdarzają. Chłop niewiele przywiązuje wagi do życia, jeżeli napadnie go turbacya, na którą nie może sobie poradzić. We wsi Aleksandrowie pod Czerskiem, kobieta jedna niezbyt dawno, wyprawiwszy dzieci do lasu na jagody, kiedy mąż pracował u żniwa, zamknęła się w chałupie, wypiła pół-kwarty wódki i położywszy się na murku (od kominka), kosą gardło sobie przerznęła. W innej znowu wsi pastuch jesienną porą gdzieś zginął; znaleziono go dopiero przypadkiem na wiosnę, powieszonego i wyschłego już na górze (strychu) nad wozownią, na którą nikt przez całą zimę nie zaglądał. Był to pijak i włóczęga".

„Wisielników takich, jak ich lud nazywa, chować się powinno na rozstajnych drogach, — i jest powszechna wiara, że djabli ciągnąc do piekła duszę człowieka powieszonego, sprawiają mocny wicher na świecie".

WESELE.

I.

Przyjaciel ludu (Leszno, 1848, rok 13 nr. 18) mówi:

„Gdy młody Mazur ma chęć ożenienia się, udaje się sam do ojca ulubionej i odzywa się do niego w te słowa: „Mój ojcze, dajcie mi waszą córkę za żonę; bardzo mi się podoba, zaraz-bym chciał kazać się zapowiadać w kościele; lecz się zdecydujcie; bo jeżeli mi odmówicie waszą córkę, będę przymuszony szukać sobie innej!"

· „W dzień zmówin udaje się zalotnik w towarzystwie przyjaciół i muzyki, która się składa z kilku skrzypców i gra mazurka, do swej narzeczonej. Po zwyczajnych pozdrowieniach, mówca stawa przed przyszłymi małżonkami, odmawia oracyą wierszem i przyozdabia ich głowy wieńcami z kwiatów. Pierwsza druchna, która zawsze jest przy boku młodej-panny, wyjmuje z jej wieńca kilka kwiatów, z których kładzie sobie kilka za gorset, a resztę podziela pomiędzy przytomnych. Gdy jeden z druchów również rozdał kwiaty z wieńca młodego-pana, — siada młoda-panna na dzierzce, gdzie odbiera wszelkie posługi od swojich towarzyszek, które plotąc po raz ostatni jej warkocz, śpiewają stosownie do tej okoliczności".

„Po skończonym śpiewie uwieńczają młode dziewczęta głowę narzeczonej, która przed wyjechaniem do kościoła rzuca się do nóg swych rodziców, aby odebrać błogosławieństwo. Młodzi parobcy wsiadają na konie, a młody-pan przodem; za nimi ciągnie się wóz, na którym się znajduje narzeczona z młodémi dziewczętami; rodzice i przyjaciele jadą za nimi; muzyka gra piosnki narodowe, a gdy przestaje, śpiewają młode dziewczęta.

„Gdy pochód powraca z kościoła i już jest na pół drogi, pierwszy-drużba popędza swego konia, biegnie galopem do domu, porywa chléb i wraca do swojich. Potém przybliżywszy się, z chlebem w ręku, do wszystkich wozów, zaprasza gości do rodziców narzeczonej".

„Po przybyciu do domu, wchodzą rodzice, osoby najstarsze obojej płci, i muzyka do domu; tymczasem młode dziewczęta i parobcy stawają przede drzwiami, otaczają młodych małżonków i śpiewają w ten sposób: „O rodzice! Bóg wam dał za córkę ładną i dobrą Marysię, a dzisiaj daje waszej córce ładnego i uczciwego chłopca za męża. Bóg im już pobłogosławił w kościele, przyjmiéjcie ich teraz w imię Boskie do waszego domu".

„Rodzice wychodzą przed dom, a podawszy młodej parze chléb i sól, proszą ich, aby weszli do mieszkania z wszystkimi przytomnymi. Śniadają i tańczą do południa; potém jedzą objad. Przed zaczęciem pierwszej potrawy, gospodyni domu pije za zdrowie młodej mężatki; całe towarzystwo uderza pięścią o stół, i woła: „Niech żyje młoda mężatka!" Potém pije ona za zdrowie swego męża, a za jej przykładem idą wszyscy goście, którzy chwytają za kieliszki i wychylają je, winszując sobie po przyjacielsku. Groch, pasternak i flaki, są trzy potrawy niezbędne przy tej uczcie. Przed zaczęciem jadła, śpiewają goście piosnkę stosowną do potrawy, którą im dano, i tony muzyki, pomięszane z głosami mowy, dodają nowego powabu uroczystości".

„Po uczcie oczepia jedna z najstarszych kobiet, przyjaciółka familii, młodą mężatkę. Skoro ta rzecz swoją skończyła, przybliża się pierwszy druch do młodej mężatki, zdejmuje jej czepiec i kładzie natomiast swoją czapkę, mówiąc: „Ten czepiec jest nadto ciasny; niewygodnyci jest, moja czapka będzie ci lepszą". Natenczas przybliża się pierwsza druchna, bierze czapkę, oddaje ją właścicielowi, a młoda mężatka odbiera z jej ręki czepiec, który jej był wsadzony; lecz drugi druch znów go bierze i pokrywa swoją czapką głowę młodej mężatki, powtarzając jej słowa pierwszego drucha. Ta scena, która bardzo przytomnych bawi, nie ustaje, aż wszyscy tę samą rolę odegrali. Gdy czepiec przeszedł już przez wszystkie ręce, kobieta najstarsza znów go kładzie na głowę młodej mężatki, — i w ten sposób kończą się oczepiny; poczém młode dziewczęta śpiewają piosnkę przy tej sposobności zwyczajną".

„Przy tej ceremonii daje każdy z przytomnych jaki podarunek młodej parze, a wesele trwa, póki się małżeństwo nie
uda do swego mieszkania".

Wesele.

II.

Na zalotach śpiewają:

81.

Wilanów.

1 Powiedz -- że mi powiedz, słówecsko bez lu — dzi, a niech się

mój ko — niczek do ciebie nie trudzi

2. Koniczek się trudzi
i ja się marnuję,
da nocka kole nocki,
w domu nie nocuję.

3. Oj nocka kole nocki,
zawse'm kole siebie,
da nie mogę jej przespać
Kasieńku przez ciebie.

Po zaręczynach i zwykłych zapowiedziach w kościele, następują w sobotę zaprosiny gości przez starszego drużbę, który
w asystencyi młodszego chodzi po wsi i krótką oracyą na wesele
zaprasza. -- Gdy już wszystkie poczyniono przygotowania i chléb
i kołacze upieczono [1]), schodzą się goście do domu weselnego
(panny młodej) w niedzielę wieczór. Tu przez całą noc trwa zabawa. Śpiewają między innémi:

82.

Wilanów

Pod borem so—śna stoja — ła Skry na nią pa — da—ły,

suknie na nij gorsa — ły az do dnia, az do dnia.

---

[1]) Pieką je u rodziców i swachen panny-młodej, część jednakże
i w domu pana-młodego także, jeśli ten zamożnych ma rodziców.

1. Pod borem sosna gorzała,
   Marysia pod nią stojała.
   Iskry na nią padały,
   suknie na nij gorzały
   aż do dnia (:).

2. Przyjechał do nij Jasio (v. grze-
   czy) pan,
   zarzucił na nią swój żupan.
   Jego żupan atłasowy:
   siadaj Maryś, koń gotowy,
   jadę z nią (:) [1].

3. Matula mówi: nie jeździej,
   niech cię ten hultaj nie zdradzi.
   Cy zdradzi, cy nie zdradzi,
   już nikomu nic nie wadzi,
   już jadę (:).

Lud, Ser. III, str. 277 nr. 47, 63. — Ser. X, str. 277 nr. 129.
Kozłowski: *Lud* czerski, str. 38.

83.

1. U Widawskiego gęsty sad,
   nie przeleci tam żaden ptak.
   Tylko jeden carnusieńki,
   do Marysi nadobniusieńki
   na objad (ob. Ser. II, str. 64).

2. Niesie Widawski dwa séry,
   i na półmisku gęsiny.
   Jédz Jasiu, jédz nieboże,
   bo Marysia jeść nie może,
   bo chora (:).

3. A kiej (jaki) jej się tam kaduk stał?
   dopiero'm z nią jednę noc spał.
   Ty Jasiu zetnij lipkę,
   dziecięciu na kolibkę,
   będziesz kołysał, kołysał,
   będziesz kołysał.

Lud, Ser. II, nr. 63. — Ser. XII, n. 117.
Kozłowski: *Lud*, str. 39.

W poniedziałek nad ranem, około 6 lub 8-ej godziny, roz-plątają warkocz panny-młodej (czyni to brat lub drużba starszy, zwany niekiedy swatem starszym), posadziwszy ją na dzierzy od chleba, dném do góry postawionej na-śród izby. Poczém włosy wiszące lekko wstążką (zwykle zieloną) przepasują u góry, do której wplatają równianki i wianki z rozmarynu, ruty, koraliny, który to strój pozostaje aż do oczepin.

---

[1] Odtąd śpiewają w Ołtarzewie i Babicach:

84.

3. A cóz to za pan, co za pan,
   przez to pole jedzie sam? —
   — A dziewosłąb to jedzie,
   a dziewosłąb przysłany
   Marysiu, do ciebie.

4. A cóż to mu dać, co mu dać
   co dać za podarunek?
   — Oj chusteckę a jedwabną,
   oj wianecek a ruciany
   Marysiu od siebie.

Do rozplecin śpiewają:

85.

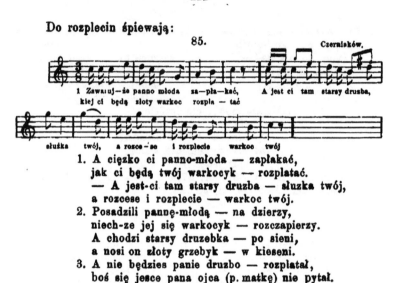

1 Zawaiuj—że panno młoda   za—pła—kać,   A jest ci tam starsy druzba,
kiej ci będą zloty warkoc   rozpla — tać

służka   twój,   a rosce-‘se   i rozplecie   warkoc twój

1. A ciężko ci panno-młoda — zapłakać,
   jak ci będą twój warkocyk — rozplatać.
   — A jest-ci tam starsy druzba — sluzka twój,
   a rozcese i rozplecie — warkoc twój.
2. Posadzili pannę-młodą — na dzierzy,
   niech-ze jej się warkocyk — rozczapierzy.
   A chodzi starsy druzebka — po sieni,
   a nosi on złoty grzebyk — w kieseni.
3. A nie będzies panie druzbo — rozplatał,
   boś się jesce pana ojca (p. matkę) nie pytał.
   — A pozwol-ze pana ojca (p. matkę) — zapytać,
   cy kaze ten złoty warkoc — rozplatać.

Po rozplecinach druchny stroją pannę-młodą do ślubu. Wdziewają nowy gorset kolorowy (zwykle niebieski lub perłowy), pod którym biała (gładka lub w paski niebieskie) spódnica i biały fartuszek. Unikają dla niej ubrania i ozdoby koloru czerwonego.

Teraz przybywa i pan-młody wraz z rodzicami swémi. Stawiają na stół wódkę i przekąskę. Siadają wszyscy za stół, wezwani przez drużbę starszego. Sadzają téż za stół i pannę-młodą wraz z panem-młodym, i wiążą im wstążką ręce na bochenku chleba położone.

Na dany znak drużby wszyscy powstają. Następują przeprosiny, t. j. prośba o błogosławieństwo rodziców i wszystkich gości. Poczém wychodzą, siadają na przygotowane wozy i pędzą do kościoła; młodzież męzka zwykle konno.

Jadą do kościoła z trzaskiem i śpiewem, przy towarzyszeniu grajków:

86.

A przed sie—nią   ja—bło—ne — cka,   a w ogro — dzie   dwie,
wycho—wa—ła   matuś cór—kę   ludziom nie so — bie

Po ślubie wracając, śpiewają w drodze:

1. Oj w polu ogródecek,
   oj w polu malowany.
   Da któ-z ci go malował,
   da Jędrusio kochany.

2. Oj a w tym ogródecku,
   da cerwone g(w)oździki, —
   oj zaprzęgaj Jędrusiu,
   da te wrone koniki.

3. Oj jak-ze je zaprzęgać
   da kiedy się motają, —
   oj ciężki zal dziewcynie,
   da kiedy jej ślub dają.

4. Oj przysła do kościoła.
   da siadła za ławkami,
   i co spojrzy raz na obraz,
   da zaleje się łzami.

5. Oj i wysła z kościoła,
   da siadła na kamieniu,
   rozpuściła złoty warkoc
   da po białém ramieniu.

Gdy nadjadą przed **figurę** (krzyż lub kaplicę), starszy swat zatrzymuje wóz z panną młodą, każe jej zsiąść z wozu i pyta jej się: „co woli, chléb czy pana-młodego?" Ta biegnąc w koło figury odpowiada, że: „chléb". A wtedy goni ją swat i uderza tym chlebem i kańczugiem, mówiąc: „Kiedy-ó chléb wasz, to pan-młody nasz". Dopiero gdy odpowie ona: „chléb i pana-młodego, żeby robił na niego", podaje jej ten chléb i na wóz wsadza. Poczém jadą do karczmy.

Tu zaprasza gości starszy brat albo drużba do przekąski i przepitku. Wszyscy (prócz niego) zasiadają; rodzice na pierwszém miejscu. Panna-młoda obnosi na głowie chléb dla biesiadujących przeznaczony. (Chléb i kukiełki dostarczają swachny).

89¹).

1. A do ko—ła   drużbecko—wie   do   ko—ła,
   zapra—saj—cie wszstkich gości   do   sto—ła.

2. A juz-eśmy zaprosili, — juz siedzą,
   a dajcie-z im co dobrego — niech jedzą.

(Przyjaciel ludu z r. 1847, str. 224).

Zabawiwszy kilka godzin w karczmie, po przekąsce obfitej i tańcu, udaje się całe towarzystwo do chaty rodziców panny-młodej, którzy wyprzedzili byli weselników, by przygotować się na ich przyjęcie. Orszak cały przybywszy tu, zastaje wrota i drzwi zamknięte i długie prośby o wpuszczenie zanosić musi. Nareszcie drzwi się odmykają, i goście witając gospodarzy: Niech będzie pochwalony Jezus Chrystus! — wchodzą do izby, gdzie nowa ich czeka uczta (objad), z rosołu, mięsiwa, ziemiaków i kaszy jaglanej złożona. Po objedzie śpiewają pieśń dziękczynną.

---

¹) Waryant w Ołtarzewie i Babicach:

90.

A do ko—ła   drużbecko-wie do ko — ła,

1. A do koła druzbeckowie, — do koła,
   zaprasajcie wsystkich gości do stoła.
2. A wiele tam państwo-młodzi — uzyli,
   a nizeli wsystkich ludzi — sprosili.
3. Tylko jednę kukiełeckę — upiekła,
   a i ta jej się po piecu — rozwlekła.
4. A juz-to prec, moja Maryś — juz to prec,
   powieś wstązki na gałązki, — wdziej cépiec.

W chacie pozostają się niektórzy na spoczynek, gdy inni rozchodzą się do domów. Śpiewają pieśń na dobra-noc; w niej też są następujące zwrotki:

91.

1. Dobranoc, moja Maryś,
   już mijam twoje okno,
   nie-raz ci tu, nie dwa
   kapela (muzyka) pod nim mokła.
2. Dobranoc, moja Maryś,
   już mijam twoje syby,
   ja do ciebie słówkiem dobrém,
   ty do mnie przez zęby.

3. Dobranoc, moja Maryś,
   już mijam twoje progi,
   ja do ciebie słówkiem dobrém,
   ty odemnie w nogi.
4. Dobranoc, moja Maryś,
   już mijam twoje wrota,
   nie mój-to wstyd Marysiu,
   to twoja sromota.

Wójcicki: P. l. II. str. 171.
Lud, Ser. II, str. 55—58.

Nie wszyscy jednak spoczynkowi się oddają. Młodzi parobcy bowiem lubią wówczas różne stroić figle. Najpowszechniejszym jest ten, iż spoczywającym wykradają oni część odzienia, którą ci nazajutrz, wśród śmiechu i żartów, wykupywać niby na licytacyi od rabusiów muszą.

Następuje objad równie obfity jak wczoraj, i nie bez konceptów. Wstawszy od stołu i podziękowawszy, zabierają się do o c z e p i n panny-młodej.

Stawiają na środku izby stołek, a na nim kładą poduszkę. Starszy drużba, tańcząc z młodą-panią, sadza ją na owym stołku [1]). Nim jednak czepek właściwy włożą jej mężatki na głowę, niektórzy z mężczyzn robią sobie igraszki, wtłaczając na jej głowę swoje czapki i kapelusze; inni porywają z pod ławy wiechcie, ścierki, słomę, czasami garczki lub naczynia nocne, i to pakują jej na głowę zamiast czepka; ona zaś wśród dąsów i wyrzekań zdziera, tłucze i zrzuca to wszystko na ziemię, co daje powód do nieustannych wesołości wybuchów. Nareszcie przyjmuje młoda czépek ofiarowany przez dziedziczkę lub którą ze starszych i znakomitszych niewiast.

---

[1]) Dawniej, posadziwszy na stołku, zdejmował on jej trzewiki, które się druchnom dostawały, a wkładał nowe, od pana-młodego otrzymane.

Skrzypek przygrywa, gdy już została oczepioną:

92.

Wilanów.

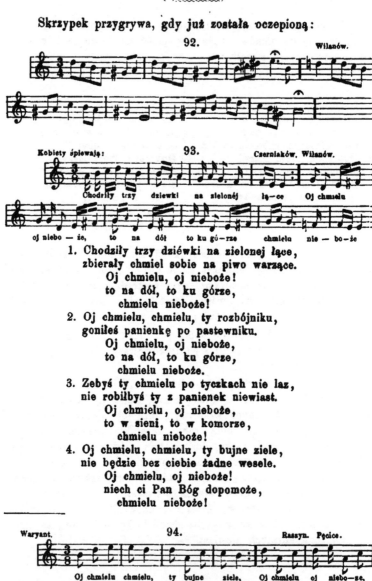

Kobiety śpiewają:

93.

Czerniaków. Wilanów.

Chodziły trzy dziewki na zielonéj łą—ce Oj chmielu

oj niebo — że, to na dół to ku gó—rze chmielu nie — bo—że

1. Chodziły trzy dziéwki na zielonej łące,
   zbierały chmiel sobie na piwo warzące.
      Oj chmielu, oj nieboże!
      to na dół, to ku górze,
      chmielu nieboże!

2. Oj chmielu, chmielu, ty rozbójniku,
   goniłeś panienkę po pastewniku.
      Oj chmielu, oj nieboże,
      to na dół, to ku górze,
      chmielu nieboże.

3. Zebyś ty chmielu po tyczkach nie laz,
   nie robiłbyś ty z panienek niewiast.
      Oj chmielu, oj nieboże,
      to w sieni, to w komorze,
      chmielu nieboże!

4. Oj chmielu, chmielu, ty bujne ziele,
   nie będzie bez ciebie żadne wesele.
      Oj chmielu, oj nieboże!
      niech ci Pan Bóg dopomoże,
      chmielu nieboże!

Waryant.

94.

Rassyn. Pęcice.

Oj chmielu chmielu, ty bujne ziele, Oj chmielu oj niebo—że,
nie będzie bes cie żadne we — se—le.

niech ci Pan Bóg dopo—mo—że chmielu niebo—że

Po oczepinach różne. następują igraszki, np. odgadywanie przez Młodego panny-młodej wśród kobiet jednakowo osłoniętych i t. d., poczém starszy drużba, włożywszy pannie-młodej nowe trzewiki, bierze ją w taniec, ona zaś, gdy ją weźmie Młody, udaje kulawą, co daje znów powód do różnych igraszek i śmiechu, gdyż drużbowie i druchny chwytają ją, kują pod podeszew mówiąc, że: złe to bydlątko, że chrome, że to koń znarowiony i t. p., a pan-młody wykupuje ją od drużbów i druchen wódką. Przez pustotę jednak, zamiast wódki, wlewa nieraz do kieliszka octu, zamiast araku znów, octu burakowego i t. p. Podczas tego śpiewają:

95.

U - ciekła mi przepióreczka w proso, a ja za nią niebo—raczek bo — so. Nie u—cie—kaj przepió—recko da—léj, bo ja jesce niebo—racek ma — ly

1. Uciekła mi przepiórecka w proso,
   a ja za nią nieboracek boso.
   Nie uciekaj przepiórecko dalej,
   bo ja jesce nieboracek mały.
2. Trzeba by się pani matki spytać,
   cy pozwoli przepióreckę schwytać.
   — A chwytaj ją, mój Jasieńku chwytaj,
   aby dłonią skrzydełek nie tykaj.
3. — A jak-ze ją pani matko chwytać,
   aby dłonią skrzydełek nie tykać?
   — A zastawić, mój Jasieńku, siéci,
   samá ci sie przepiórecka schwyci.

Starszy drużba wziąwszy talerz serwetą nakryty, obchodzi całą izbę i zbiera datki dla pani-młodej.

96. Czerniaków Służew.

1. Trzeba jéj dać wieprza z kojca od—stę — pu—je matki, ojca, trzeba jéj dać nie ża—łować, trzeba jéj dać trzeba

2. Trzeba jej dać na miseckę,
trzeba jej dać na łyzeckę.
Trzeba jej dać, — nie załować,
trzeba jej dać, trzeba.

3. Trzeba jej dać na sklaneckę,
będzie pijać gorzałeckę.
trzeba jej dać i t. d.

4. Trzeba jej dać na nici,
niech się niemi nasyci.
Trzeba jej dać i t. d.

Następnie wzywa drużba gości do wieczerzy (nuta n. 90):

97.

A do koła druzebkowie — do koła,
zaprasajcie wsystkich gości — do stoła.

Gdy zasiędą, drużba im usługuje, jak to i wprzódy czynił.
Po wieczerzy gości starszych, zasiadają do niej drużbowie,
a usługują im druchny, różne płatając figle. W końcu odzywa
się starszy drużba:

98.

1. Prosili mnie na wesele,
ja piéniędzy nie mám wielc..
Trza się było zapożyczyć,
da i ludziom dobrze życyć.

2. Prosili mnie na wesele,
da i na starsego druzbę,
kazali mi w piecu palić,
da i da zamiatać izbę.

Ostatnim, nader rzewnym obrzędem, jest pożegnanie młodej z rodzicami, jeśli pan-młody mieszka w innej wsi, lub téż
w odległej od domu jej rodziców stronie, i tam swą żonę z po-
sagiem odwozi. Wtedy śpiewają:

99.

Czerniaków

Siadaj—że sia—dajże Kasiu kocha — nie,
juz ko—ni—ki stoją po—za—przęga—ne

Juz koni—ki

stoją w wozie, juz-ci twój plac niep)—moze, Kasiu kocha-nie mój Boze, Kasiu kocha—nie.

Waryant **100.** Wilanów.

Wyjeż—dżaj ny — jeżdżaj z podwór—ka me — go

A by—ły tu
co chodzi — ly

złote pro—gi, a te — raz nie będą,
moje no—gi, bo się juz po — zbędą.

1. *Ona.* Wyjezdzaj, wyjezdzaj — z podwórka mego,
     bo ja się spodziewam — kogoś godniejszego.—
   On. Wyjezdzaj, wyjezdzaj — chociaz niegrzecznica,
     aby była z ciebie — dobra robotnica.

2.   A były tu złote progi — kędy były moje nogi,
         a teraz już nie będą — bo się już pozbędą.
       A były tu złote okna — kędy ja se warkoc plotła,
         a teraz nie będą — bo się już pozbędą.

3.   Nie łom-ze się, nie łom — Wilanowski moście,
       bo będą tu jechać — Cérniakowskie goście.
       — Nie będe sie łomał — będę sie fundował,
       Cérniakowskim gościom — będę się radował.

Wesele trwa zwykle 3 do 5 dni, a u bogatszych przeciąga
się i do tygodnia. Zamawiają kucharkę, którą na cały czas go-
dzili dawniej za 10—15 złotych, dziś za 4 do 5 rubli. Piwa
wyjdzie 7—10 beczek, wódki również 2 lub 3 beczki. Muzyka
brała do 20 złotych, dziś bierze 5—6 rubli. Tym sposobem u zamożniejszych gospodarzy lub opiekunów kosztowało wesele dawniej od 300 do 600 złotych.

Obok przytoczonych tu zwyczajów i ceremonii weselnych,
obecnie zachowywanych, musiały dawniej istnieć inne, zaniedby-
wane dziś z powodu odmiennych bytu włościanina warunków.
I tak, Korneli Kozłowski (*Lud* w Czerskiem, str. 136) mówi, iż
dawny zwyczaj mieć chciał, ażeby łącząca się para odbierała
pozwolenie i błogosławieństwo dziedzica wsi. Trzeciego dnia po
weselu młodzi małżonkowie przynosili w ofierze do dworu ciasto
pszenne (kołacz) i sér, co miało nazwę s t ó l i n y, jako od
s t o ł u weselnego pochodzące, za co hojnie przez pana byli ob-
darowywani.

W e s e l e.

III.

Druchny za drzwiami z wieńcami dla panny-młodej, śpiewają:

Obacz nr 62   101.   Płochocin Rokitno

A z wieco—ra carna burza, nie wi — dać, ja sam nie wiem

nie — bo—ra—cek gdzie się dziać

1. A z wiecora carna burza,
   nie widzieć, —
   ja sam nie wiem nieboracek,
   gdzie się dzieć?

2. A pójdę ja i tu, i tu,
   nie chcą mnie,
   a pójdę ja do dziewcyny,
   przyjmie mnie.

3. A pójdę ja do dziewcyny,
   do sadku,
   — Przyjmij-ze mnie, moja Maryś,
   mój kwiatku.

4. — A do domu, psie hultaju,
   do domu!
   nie wycieraj podusecek
   nikomu.

5. — A dopiero-z, moja Maryś,
   piérwszy raz,
   a juz-ci mi podusecki
   wymawias.

6. — A wymawiam, mój Jasieńku,
   wymawiam,
   bo ci na to stado gąsek
   nie chowam.

7. Jak ja będę stado gąsek
   chowałá,
   to ci będę podusecki
   ścielała (słała).

Druchny wchodzą z wieńcem do izby i kładąc go na stół a zwracając się do różnych osób rodziny, śpiewają dalej (na tęż samą nutę):

103.

1. A w tém kole mój wiánecku,
   w tém kole,
   potoc się do pana ojca
   po stole.

A pan ojciec tego wieńca
   nie przyjma,
bo on juz do wiánecka
   nic niéma.

Waryant   102.   od Grodziska (Kozery).

Od Krako—wa cárna chmura deszcz le — je, a gdzie ja się

niebo—ra—cek podzie—ję?

2. A w tém kole, mój wiánecku,
    w tém kole, —
 potoc-ze się do pań-matki
    po stole.

Pani matka tego wieńca
    nie przyjma,
 bo óna juz do wiánecka
    nic niema.

(Tak samo do: siostry, brata, stryja i t. d. Wreszcie):

3. A w tém kole, mój wiánecku,
    w tém kole, —
 potoc-ze się do Jasieńka
    po stole.
 A Jąsieńko (v. pan-młody) ten wiánecek
    przyjmuje,
 i wsystkim tu za ten wieniec
    dziękuje.

Wzywają drużbę do rozplatania warkocza pannie-młodej.

Nuta taż sama.   104.

1. Uboga ja sierotecka
    na świecie,
 a któ-z mi ten złoty warkoc
    rozplecie.

2. A chodzi tam starsy druzba
    po sieni,
 a nosi ón złoty grzebień
    w kieseni.

3. — A ow-tu ja, panno-młoda,
    sluzka twój,
 będe cesál i rozpletoł
    warkoc twój.

Wtedy drużba odzywa się, stawiając dzieżkę na środ-ku izby:

105.

Panie ojce! pani matko! prosiemy wsystkich w kołu,
cy pozwolicie wyprowadzić pannę-młodą z za stołu.
    Przeproś ojca, bądź se wesoła!
    przeproś matkę, bądź se wesoła!
    przeproś i tego kołu wsystkich ludzi,
    przeproś i dzieci, — żeguaj, pożegnaj!

Do rosplecin śpiewają: 106. a.   Rokituo.

Pod bo — rem so — sna stoja — la, Skry na nią pa—da—ly

suknie ua nij go—rza — ly aż do dnia, aż do dnia.

1. Pod borem sosna stojała [1]),
   pod nią dziewcyna płakała.
   Skry na nią padały,
   suknie na nij gorzały
   aż do dnia (:).
2. Przyjechał do nij mozny pán,
   zarzucił na nią swój zupán.
   A zupán atłasowy —
   siadaj dziewce, koń gotowy,
   jedź z nami (:).
3. Jedni mi mówią: nie jeździj!
   bo cie ten hultaj przeredzi (zdra-
   Niech-ze ón mnie przeredzi [dzi.
   toć ón mnie i odredzi,
   jadę z nim (:).

4. Przyjechał do nij pan wdowiec,
   prosił dla konia o owies.
   A jest go tam pół kopy,
   wybierz sobie dwa snopy,
   boś wdowiec (:).
5. Przyjechał do nij w oględy,
   usmarkał brodę i zęby.
   Oj hola, hola, hola!
   da matuleńku moja,
   nie chcę go, bo stary.
6. Przyjechał do nij w oględy,
   cárny wąsik ma u gęby.
   Oj hola, hola, hola,
   da matuleńku moja,
   lubię go, bo młody.

7. Przyjechał do nij młodzieniec,
   prosił o ruciány wieniec. —
   A jest ich u matki sеść,
   wyhierz sobie który chces,
   boś młody (:).

Po rozplecinach i przekąsce, ubierają młodą do ślubu. Poczém żegna się ona z rozrzewnieniem z rodzicami, całując ich kolana, a druchny śpiewają:

107.   Płochocin. Rokitno.

A siadaj-ze, siadaj (siadaj) Maryś kocha — nie, Juz nie nada nie pomoze,

ćtery konie stoją w wozie juz zaprzęzo — ze, juz zaprzęzo — ze

Waryant [1]).   106. b.   Brwinów.

Pod bo — rem so — sna sta—ja—ła Skry na nią pa—da—ły,

suknie na nij go — rza—ły aż do dnia, aż do dnia.

Waryant.   108.   Brwinów.   Meno mosso

A siadaj — ze sia — daj Maryś ko — cha—nie. Nic nie na—da,

1. A siadaj-ze, siadaj, Maryś kochanie,
   a juz nic nie nada twoje płakanie.
   Juz nie nada, nie pomoze,
   étéry kónie stoji w wozie
   jus zaprsężone.

2. A jak-ze ja będe z tobą siadała,
   kiedy ja się z ojcem nie pozegnała.
   Ostaj z Bogiem, panie ojce,
   bywały tu za mnie goście,
   teraz nie będą.

3. A siadaj-ze, siadaj, Maryś kochanie,
   a juz nic nie nada i t. d.

4. A jak-ze ja będo z tobą siadała,
   kiedy ja się z matką nie pożegnała.
   A żegnaj-ze, moja matko,
   chowałaś mnie pięknie, gładko,
   teraz nie będzies.

5. A siadaj-ze, siadaj i t. d.
6. A jak-ze ja będę i t. d.

   A żegnaj-ze miły bracie,
   bywałeś tu ze mną w swarce (swarzyć się),
   teraz nie będzies.

   A żegnaj-ze miła siostro,
   bywałaś tu na mnie ostro,
   teraz nie będzies.

Wsiadają na wozy. W drodze do kościoła śpiewają:

Nuta nr. 108.

1. A przed sienią jabłonecka,
   w ogródecku dwie, —
   Wychowała matka córkę
   ludziom nie sobie.
   Ej zal mi ji, zal mi będzie,
   da bo mi ją biorą ludzie,
   moją nie będzie.

2. Ona idzie do kościoła
   sérokim krokiem,
   a Jasińko na nią patrzy
   milutkim okiem.
   Ej zál mi jij, zal mi będzie
   kiedy mi ją wezmą ludzie,
   moją nie będzie.

nie po—moze, ćte-ry ko—nie sto—ją w wo—sie jus za—przę—zo—ne Ma—ry—siu,

jus zaprzę—zo — ne.

109.

3. Ona idzie do kościoła,
  kieby lelija,
  a Jasieńko na koniku,
  przed nią wywija.
  Ej zál mi ji, zál mi będzie,
  kiedy mi ją wezmą ludzie,
  moją nie będzie.

110.

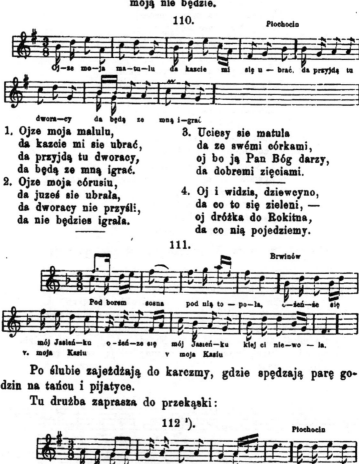

Płochocin

Oj—ze mo—ja ma—tu—lu da kaście mi się u — brać, da przyjdą tu

dwora—cy da będą ze mną i—grać

1. Ojze moja malulu,
  da kaście mi sie ubrać,
  da przyjdą tu dworacy,
  da będą ze mną igrać.
2. Ojze moja córusiu,
  da juześ sie ubrała,
  da dworacy nie przyśli,
  da nie będzies igrała.

3. Uciesy sie matula
  da ze swémi córkami,
  oj bo ją Pan Bóg darzy,
  da dobremi zięciami.

4. Oj i widzis, dziewcyno,
  da co to się zieleni, —
  oj dróżka do Rokitna,
  da co nią pojedziemy.

111.

Brwinów

Pod borem sosna pod nią to — po—la, o—żeń—że się

mój Jasień—ku o-żeń—ze się mój Jasień—ku kiej ci nie—wo — la.
v. moja Kasiu   v moja Kasiu

Po ślubie zajeżdżają do karczmy, gdzie spędzają parę godzin na tańcu i pijatyce.

Tu drużba zaprasza do przekąski:

112 [1]).

Płochocin

Zapra - sajcie dobrych ludzi sprasaj — cie, by—ście da—li
A do ko—ła drusbo starsy do ko — ła, niechse będzie

[1]) Nutą tą sprasza także grajek gości na wesele.

co do—brego to daj — cie.
kompa—ni—ja weso — ła.

Po zabawie w karczmie, udają się do rodziców panny-młodej, którzy już się przygotowali na przyjęcie weselników, lubo
nie od-razu wpuszczają ich do chaty. Do objadu zaprasza znów
drużba, podobnie jak w karczmie, śpiewem.

On także sadowi gości i obnosi potrawy, które mu podaje
kucharka. Sadzi się przytém na rozmajite przymówki i żarty, np.:

113.

Jadę kolasą, nie wozem,
z tym darem Bożym. —
Prosi pan ojciec, pani matka, pan-młody, panna-młoda,
ja od niego, — sługa jego,
na ten żur,
co trzy lata w dzieży gnił;
na te leloski (flaki)
co trzy lata w d.... nosiły jałoski;
na ten boski dar,
co go Pán Bóg dał.
Jédźcie, pijcie, pozywajcie,
po kiesonkach nie chowajcie.
(Tu dodaje żartobliwie):
bo będziemy rewidować,
i odebrane sami konsumować.

Na „Wiwat" spełniony przy obiedzie śpiewają:

114.

Nie wypił, nie wy—pił, a je—sce o — sta—wił, bo—daj mu się,
Ej jas wypił, wy—pił, i nie nieo — sta—wił, bo—daj—ze mu,

bodaj mu się, bo—daj but ko — sławił.
bodaj—ze mu, Pan Bóg błogo — sławił.

Po objedzie następują tańce. Wreszcie rozchodzą się na
spoczynek.

Nazajutrz sprasza znów drużba gości na oczepiny, a gdy
się poschodzą, sadza ich do objadu za stół, w podobny sposób
jak wczoraj.

Po objedzie odbywają się Oczepiny pani-młodej w podobny sposób i z podobnémi żartami i igraszkami, jakie w poprzedzającym przytoczyliśmy opisie. Śpiewają przytém pieśń o chmielu i mnóstwo innych, z których tu podajemy kilka.

115.

Oj chmielu chmielu nie—boże, da stoję wołki w o—bo—rze.
Nie będę o—rał a—ni siał, i—no nad moją wymy—ślał.

116.

Oj za—bi — li za—bi—li Ja—sia na wo — jen — ce
a tylko je — go ko—ni—cek wy—ry—za wsta — jen — ce

Andante 117.

A w nie — dzielę ra — niu — sieńko pada de — scyk drobniu—
sieńko, pada descyk drobniu — sieńko
Skrzypce.

1. A w niedzielę raniusieńko,
pada deszczyk droniusieńko.

2. Pada, pada, pokrapuje,
jedzie Jasio, popłakuje.

3. I pojechał do Lublina,
i nakupił miodu, wina.

4. Wszstkie panny poczęstował,
a Marysi rączkę podał.

5. Siądź Marysiu, tu pole (kole) mnie,
będzies miała męza ze mnie.

5. Będzies miała mnie samego,
byle'ś była co dobrego.

118.

Wysia—łem tatar—ki   pólto—ry kwaterki   pod dę—bem   pod dębem

A wyja—dła mi ją   siwa go—lę—bi—ca   z go—lę—biem,   z go—lę—biem

1. Wysiałem tatarki — półtory kwaterki
   pod dębem, pod dębem;
   a wyjadła mi ją — siwa gołębica
   z gołębiem, z gołębiem.
2. Zastawiajcie sieci, — póki miesiąc świeci,
   a polujcie, polujcie;
   upolujcie-z mi tę siwą gołębicę,
   sanujcie-z ją, sanujcie.

   Lud, Ser. II n. 117. — Ser. VI n. 131.

Po oczepinach zbiera drużba kolektę dla nowożeńców, wzywając każdego, ażeby na talerz rzucił sztukę drobnej monety.

119.

Trzeba jéj   dać   nie ża—ło—wać   Trze—ba jéj dać   na far—tuszek,

trze—ba jéj dać   na ko—ru—szek,   trzeba jéj   dać   nie ża—ło—wac

Następuje wieczerza dla gości, po której zasiadają do jadła (usługujący dotąd) drużbowie, którym znów usługują druchny. Gdy drużbowie zasiądą, kładzie i grajek także skrzypce i bierze posiłek; dopiero gdy swat do niego przypije, chwyta znów za skrzypce i grać poczyna wiwaty.

120 ¹).

¹) Powtarzają to w *G* dur.

Po wieczerzy śpiewają:

121.

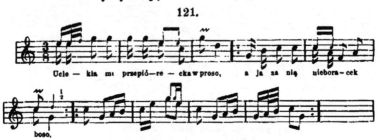

Ucie — kła mi przepió—re — cka w proso, a ja za nią nieborà-cek

boso.

Nie uciekaj przepiórecko dalij,
bo ja jestem nieboracek mały.

Przy przeprowadzinach:

Nuta ob nr 109   ### 122.   Rokitno.

1. Cemu—ześ mnie matu — lińku   za mąż wyda — ła, W gospo—darstwie
kie—dy ja się w gospo—darstwie   nie rozpozna — ła.

trzeba ro—bić   l do karocm — ki nie cho—dzić, matu—lu mo — ja

2. Zaprzęgajcie, zakładajcie te siwe klace,
niech-że moja matuleńka więcy nie płace.
Zaprzęgajcie jéno prędzy,
niech nie będziu sercu cięzy
matusi mojéj.

2. Miło było córusieńce słuchać muzyki,
jak grali pod okienkiem z Błonia muzyki.
A teraz nie-miło będzie,
kiedy biéda (v. batóg) na skórę wsiędzie
córusi mojéj.

Niektórzy dodają żartobliwie, niby w imieniu Młodej:

4. Jak-ci po mnie przyjedziecie, to mnie sukajcie,
a jak-ci mnie nieznajdziecie, matki pytajcie.
Ja wám sie będę wzdrażała,
Jechać wám nie będę chciała,
gwałtem mnie bierzcie.

5. A ja pójdę do komory, słowie (wrzekomo) płakać będe,
a wy ojcu, matce do nóg, to ja rada będę.
Z komory mnie wywlececie,
i na wózek mnie wrzucicie,
konie zatniecie!

Wesele.

IV.

W obrazku: Szlachcic Hołota *(Tygodnik illustrowany,*
Warszawa. 1861, nr. 82) Lach z Lachów, tak opisuje spotkane
na drodze wesele koło Piaseczna:

„I istotnie zbliżało się ku nam kłusem dwóch jeźdzców.
Czapki na ich głowach wysokie, a okrągłe jako bermyce, ze
wstążkami, piórami i kwiatami do koła i po bokach. Sukmany
granatowe z karmazynowémi potrzebami i wylotami. Szarawary
w prążki białe z czerwoném, a w cholewy. Przez ramiona białe
przepaski czy ręczniki. Bat z trzaskawką w każdego ręku. A którzy, skoro się ku nam zbliżyli, zwalniając koniom cugle i uchylając czapek, tak pospołu śpiewać poczęli:

123.

1. Końmi trzema i czterema,
a do ślubu ją wiedziema.
2. A więc prosim na wpół-drogi,
dla dziewczyny, dla niebogi.
3. Oj, danaż! dana, dana!
a dziewczyna ukochana.

Zemknął wnet nasz woźnica na wpół drogi, tak będąc za-
gadnięty, a Mazury, pokłoniwszy się grzecznie, zatrzaskali batami,
i dalej kłusem naprzód, a wnet po nich nadciągnął oddział
liczniejszy, podobnież jak tamci przybrany, tylko jeden z nich
w środku, oprócz wstąg, piór i kwiatów u czapki, miał takiż
wielki bukiet u kapoty przy boku, a którzy również wszyscy,
uchylając swych wysokich bermyc, razem zaraz śpiewali:

124.

1. Oj, jadąż, jadą, w kolasach jadą,
w kolasach z drabek, z wielką paradą.

A sto koni jedzie w przedzie,
a sto drugio w zadzie jedzie.

2. Chwałaż bądź Bogu, żeśmy spotkali,
żeśmy spotkali, kogo'm szukali.
A więc pros.m razem z nami,
z poczciwemi Mazurami,
na weselisko,
kołacz i piwsko.
Oj, danaż! dana, dana!
a dziewczyna ukochana.

Zaraz za tą konną drużyną szedł wóz we cztéry konie, dwa
po dwa zaprzężone, na przodzie którego grajki z basetlą i skrzyp-
cami, a zaś w pośrodku, między drużkami w wieńcach, wstążkach i zielonościach, panna-młoda również suto po weselnemu
wystrojona. Grajki rznęły po mazursku od ucha, gdy drużki
od siebie śpiewały jak umiały, ale zawsze składnie i ładnie:

125.

1. Zakukała kukułeczka — nad strugą —
już-że naszej Marysieńki z nami — niedługo.
2. Potoczyła Marysieńka swój wianuszek — po stole,
już-że naszej Marysieńki nie na długo — w tém kole.
3. Hej-że grajku! teraz grzmij!
niechaj czerskie pole brzmi!
Oj danaż, dana, dana!
a dziewczyna ukochana.

Na następnym wozie dwukonnym siedziały w rzędy niewiasty podeszego już wieku, a przetoż które mają więcej prawa
do wolności niż Młoda, nuciły pieśń o chmielu, lecz i ta
także, jak wszystkie inne, kończyła się słowami: Oj danaż!...

Dalsze wozy zapełniała starszyzna mężka, która zamiast
śpiewać, coś sobie tylko gwarzyła, ależ zato na ostatnim wozie,
jeden nad drugiego, sadziły się wyrostki, wrzeszcząc z gardła
całego:

126.

1. Jak ja byłem u tatusia,
byłem bogaty,
miał kurteczkę kusiuteczkę,
kiepus (kapelusz) rogaty.
(Lud, Ser. I, str. 360 nr. 165.)
2. Gajdaki (kartofle) mi się zrodziły,
trzeba wykopać,
a więc pukać, żony szukać,
nuże się kochać.

3. Pszeniczka mi się zrodziła,
   trzebaż do Gdańska,
  ależ komu siedzieć w domu,
   pilnować łańska (łana).

127.

4.   Ożeniłem się więc na Mazowszu,
    wziąłem w posagu trzy ćwierci owsu.
5.   Trzy ćwierci owsu, dwie beczki sieczki,
    trzeba się cieszyć z takiej dzieweczki.
6.   Oj danaż! dana, dana!
    a dziewczyna ukochana.

Przeleciało weselne grono, ucichło wszystko po drodze, a jednak zdało mi się, iż ciągle widzę i słyszę te śpiewy. Jechaliśmy ciągle piaskami.

W e s e l e [1]).

V.   od Czerska (Czaplin) i wsie okoliczne: Czaplinek, Linin, Wincentów, Sobików, Czarnylas, Rososzka, Cendrowice i t. d.

Rzadko się zdarza, ażeby parobczak żenił się później, niż w dwudziestym lub w dwudziestym pierwszym roku życia. Wczesne to wstępowanie w stan małżeński, powodowane oddawna chęcią pozyskania jakiejkolwiek obrony od wojska, w końcu zamieniło się w zwyczaj. Każdy chłop ma to sobie za wygraną, jeżeli mu się uda jak najwcześniej mieć żonę, a tém bardziej kiedy zostanie ojcem.

Jak tylko parobek powziął zamiar ożenić się, upatrzywszy sobie dziewkę, któraby nie była znaną ze złych skłonności, udaje się do znajomej sobie jakiej w podeszłym wieku kobiety, i przez nią stara się wybadać zamiary rodziców lub dziewczyny, i dowiedzieć się, jak on też im się udał (podobał). Uproszona i uczęstowana kobieta, udaje się więc na tak zwane dowiedziny. Obrawszy na to dzień czwartkowy, zaopatrzona przez parobka flaszką wódki, udaje się do rodziców, lub jeżeli dziewka

---

[1]) Opis ten wyjęty z dzieła K. Kozłowskiego: *Lud* w Czerskiem, z dodatkiem muzyki, której w dziele K. Kozłowskiego nie zamieszczono.

jest sierotą albo w służbie, to do niej samej, i opowiedziawszy swój interes, jeżeli pomyślną otrzyma odpowiedź, dobywa ukrytą w zanadrzu gorzałkę, a uczęstowawszy nią obecnych, zapowiada na dzień sobotni przybycie s w a t ó w. Na takowych parobek uprasza jednego lub dwóch starszych chłopów w gromadzie, albo swojich jakich pokrewnych, albo też wreszcie k u m ó w jakich ojcowych.

W dzień sobotni, zwykle wieczorem po robocie, wybierają się swatowie wraz z parobkiem na z a l o t y. Iść na zaloty, jest to samo, co oświadczyć się rodzicom i pannie o jej rękę. Dawniej, gdy lepsze bywały czasy, zaloty odbywały się z wystawnością. Spraszano to tego, to owego, do towarzystwa parobkowi; na przedzie szła muzyka, a d z i e w o s ł ę b piastował ogromną flachę gorzałki. Ale dziś czasy się zmieniły i zaloty odbywają się cicho, skromnie, w towarzystwio tylko dwóch swatów i nieodstępnej flaszki z wódką.

W chałupie tymczasem gdzie jest dziewka do której zmierzają zaloty, postarano się nieco uprzątnąć, umieść; dziewka staranniej się ubrała, a w końcu drzwi ze dworu dobrze zamknęła. Przybywszy przed chałupę i zastawszy drzwi zamknięte, starszy swat, zwany zwykle d z i e w o s ł ę b e m, zaczyna stukać. „A chto tum? cego chceta?“ — odzywa się głos gospodyni. „To jo, bidny podrózny, chciołem przed słotom skryć sie u wos“. Drzwi się otworzyły, a swat wszedłszy do sieni, powiedział: „Niech bedzie pochwalony Jezus Chrystus“. „Na wieki wieków amen“. „A Maryś jest duma? (czy jest w domu)“. „A cegóz ta chceta od ni? — „No nic, ino mi powidzcie cy wos (wasz, mąż) je duma?“ — „A je“. — „To prowadźcie me do niego, słychałem ze mocie jałoske na przedoz, a jo mum kupca“. — Gospodyni otworzyła wówczas drzwi i wprowadziła swata do izby, gdzie oczekiwał gospodarz, a na pozdrowienie „Pochwalonym“ odpowiedział jak zwykle: „Na wieki wieków amen“.

Przybyły chłop rzucił nieznacznie okiem po izbie i uśmiechnął się do dziewki, która czerwona i zawstydzona skryła się za piec. Tu nie robiąc długich ceremonii, swat powiada: „Ot gospodarzu, ślicny, urodziwy chłopak upodobał se w wąsy Marysi, i jo nibyto dziwosłumb, przychodzę wos poczęstować gorzołką za zdrowie poństwa młodych“. — „A chtóz to taki?“ — zapytuje gospodarz, niby to o niczém niewiedzący. „A Jaśko Gugalak (syn Gugały) z Wincentowa, dyć go znocie“. Tu dopiero swat zaczął zachwalać dobre przymioty Jaśka, **statek** (rządność) i jego **ojcowiznę** (majątek ojcowski). „Galanty chłopak! a jaki chytry do roboty (chętny i sprawny)“. — „No i jakże? pijecie gospodorzu za jego zdrowie?“ — „Ha“, odpowiada gospodarz powoli i z namysłem, drapiąc się w głowę, „kaj juz tak koniecnie tygo chceta, to spytojtaz sie Marysi, boć to tu o nium idzie“. — Swat obejrzawszy się po izbie, i wziąwszy stojący na podorędziu kieliszek, nalewając go wódką, zawołał: „No dziwecko, wypijno ty ten kilisecek wódecki“. Dziéwka wzdragając się niby, wstydząc i zakrywając oczy fartuchem lub końcem chustki, wzięła jednak kieliszek, a obróciwszy się tyłem do obecnych i wypiwszy gorzałkę, czémprędzej uciekła i schowała się za piec. Najlepszą to było wróżbą dla swatów; dlatego bez wzdragania się już dalszego wypili po kieliszku obecni, gospodarz, gospodyni; tu wszedł już na pewne stojący za oknem parobek, i tak przy gorzałce, przy kawałku chleba i séra, umówili się wzajemnie o zapowiedzi, które zwykle na drugi dzień w niedzielę powinny już wychodzić.

Zwykle wesela odbywają się w czasie przed adwentem lub w zapusty, zaraz po zalotach i wyjściu zapowiedzi; zdarza się jednak czasem, że gdy zaloty się spóźnią, zwlecze się jeszcze po nich i parę miesięcy do wesela, a to jeżeli stanie na przeszkodzie adwent lub post wielki. Przeciąg czasu pomiędzy zalotami a weselem użyty bywa z jednej jak z drugiej strony na przygotowania do obrzędu. Pan-młody dobiera sobie drużbów, kupuje nowy pas, sukmanę, kapelusz ozdobiony pawiém piórkiem, różnokolorowémi sznurkami i szychem, stara się o grajka, jeżeli możniejszy to o dwóch; rodzice panny-młodej przemyśliwają o posagu, zaopatrują się w stosowną ilość kieliszków, misek, garnków, łyżek i t. p., przygotowują jadło, składające się zazwyczaj z kapusty, grochu, pasternaku, flaków i mięsa. Bez jadła, obfitującego szczególniéj w mięso i flaki, nie może być wesela; biedaki największe nie pojmują nawet w takim razie co to jest oszczędność, zniszczą się nieraz do ostatka, ale broń Boże, żeby mieli traktować ludzi codzienną strawą, **bącką** lub **gajdokami** (obacz str. 55). Jeżeli to są gospodarze zamożni, to nie pożałują na taki festyn zabić krowy, wieprza, sprowadzą beczkę piwa, kilkanaście garncy wódki, i przygotują ulubiony i najwytworniejszy u chłopów napój, tak zwany **krupnik**, składający się z wódki grzanej z miodem, pieprzem, cukrem i słoniną. Koszt jednak takiej uczty, zwłaszcza na trunki, musi w części ponosić i pan-młody, szczególniej jeżeli długo bardzo przeciągną się zabawy.

Panna - młoda przed weselem szykuje dla narzeczonego weselny rańtuch czyli ręcznik, oraz bukiet z białą wstążką, piecze ciasto, i namawia trzy druchny, które tak samo dla drużbów powinny przygotować białe rańtuchy i bukiety z czerwoną wstążką. Wreszcie jako ostateczne przygotowanie, oboje państwo młodzi na parę dni przed ślubem, chodzą samowtór wieczołami, nieraz do północka, po okolicznych wioskach, zapraszając gości na wesele.

W Niedzielę od rana już cała chałupa rodziców młodej, Marysi Fijołkówny, była przygotowaną, izba do tańca uprzątnięta, statki (sprzęty) wszystkie prócz stołu i ław, do komory wyniesione, podwórko piaskiem wysypane, a ponieważ to była wiosna, zielonémi gałęziami brzeziny przystrojone i wóz do ślubu przygotowany.

Zaraz téż od rana drogą przez wieś prowadzącą, jednokonna, w zielone przystrojona gałęzie podąża furka; na niej grajek skrzypkowy i trzech w granatowe kapoty ubranych drużbów; tuż obok na małej szkapinie, bijąc ją po bokach nogami w nowe buty przystrojonémi, śpieszy do Młodej wyaligantowany Jaśko, pan-młody. Za niemi dopiero posypały się, jedna za drugą furki, zwożące to ojców pana-młodego, to krewniaków, to kumów, to swatów, to swachny, a wszystko to zatrzymuje się przed chałupą rodziców Marysi, panny-młodej. Powylegały z chałup dzieciaki, powłaziły na płoty, cisną się z zewnątrz do okien chałupy, w której się odbywa wesele, ażeby tylko widzieć w świąteczne szaty przystrojonych, przypatrzyć wielkiej i niezwykłej uroczystości i oblizać na widok przygotowanego obficie jadła. Gospodarstwo tymczasem, oczekując zebrania się całej drużyny, częstują przybyłych wódką, sérem, chlebem, a grajek przygrywa wesoło oberki i szoty.

Cała kompanija już w komplecie, ale druchen jeszcze nie widać; niebawem jednak za oknem odezwał się śpiew:

128.

„Wyńdź do nos, naso panno-młoda,
wyńdź do nos,
jeźliś rada num, do swygo domu
proś-ze nos“.

Wyszła Maryśka, a tymczasem w izbie zaczęli się krzątać około pierwszego obrzędu, R o z p l e c i n. Wniesiono do izby i postawiono na środku wielką d z i e ż ę, służącą do zarabiania ciasta na chléb, a przewróciwszy ją do góry dnem, starszy drużba przyprowadził Marysię i posadził ją na dzieży. Druchny wzięły się sypłać jej warkocz, poczém starszy swat czyli dziewosłąb, który urząd ten pełnił już na zalotach, biorąc tęgiego batoga do ręki, rozkazał starszemu drużbie rozplatać warkocz Marysi, grożąc potężném skarceniem za roztarganie lub wyrwanie choćby jednego włoska z warkocza. Kiedy drużba dość niezgrabnie rozplata, druchny tymczasem i swachny, przy odgłosie skrzypków śpiewają:

129 ¹).

Usiundźże na — so panno mło—da na dzizy,

niech ci się zło—ty warkoc roz — pl — zy, rozpi — zy

1. Usiundź ze naso panno-młoda na dzizy,
   niech ci się złoty warkoc rozpizy (rozpierzy).
2. Jesceć ci to Maryś było rość,
   rozpuściłaś złoty warkoc na załość.
3. Rozpuściłaś go nibogo,
   juźci to twygo pięknego chodu niedługo.
4. Chodzi druzebka po sieni,
   trzymo grzebiuscek w kiesieni.
5. Starsy druzebko, słuzko mój,
   ty mi rozplecieś warkoc mój.

---

¹) Czasami, gdy młoda wymknie się z izby, rozpoczynają od słów:
  Nimas dziewcyny — na rozpleciny;
  gdzie się podziała, gdzie się obraca?

130.

Rososzka.

Ni mas ta—kie — go na świe—cie, kto naśj Kasi warkoc roz—ple—cie

1. Nie-mas takiego — na świecie,
   kto nasy Kasi warkoc — rozplecie.
   Chodzi drusebka — po sieni,
   nosi grzebiusek — w kiesieni.
   — A ja Marysiu — słuzka twój,
   i rozpletę i rozcesę — warkoc twój.
2. A mój warkocku — rozkośny,
   nie docekałeś — do wiosny.
   Co sobota'm cię — mywała,
   co niedziołecka — cesała.
3. Nie chciałeś mi mój warkocku
      duzy rość, duzy rość,
   a teráz cię rozpletają,
      na śáłość, na śáłość.
   A mój warkocku, — truś, truś, truś,
   nie będzies ty rozplatany — wiancy juz.
4. A mój warkocku — corniuchny,
   bywałeś ty mi — miluchny.
   Co sobota'm cię — mywała,
   co niedziołecka — cesała.
5. A mój warkocku — tocony,
   w zieloną wstęgę — wpleciony.
   Nie będzie go rozpletał — prosony,
   a tylko bracisek — rodzony.

K. Kozlowski: *Lud*, str. 214.

131.

Przy do—le   sośnie   stoja — la,   Skry na nią   pa — da—ly
pa — nienka   pod nią   siedzia — la.

su—knie na nij go—rza—ly   aż do dnia, aż do dnia. (obacz nr. 62).

Po rozplecinach, kiedy druchny ubierały Marysię w komorze do ślubu, drużbowie i Jaśko pan-młody, wyszykowali tymczasem wozy i konie, i ażeby z tém większą paradą sajechać
przed kościół, zielonémi ubrali je gałązkami. Ubiór panny-młodej

składał się z białej spódnicy, niebieskiego czy zielonego gorsetu, białego fartucha; głowę całą opiętą miała różnokolorowémi wstęgami, których długie końce wisiały puszczone z tyłu; nad czołem mały wianeczek ze złotych nitek, włosy zaś rozpuszczone i z tyłu głowy zaczesane. Strój druchień téż podobny, z wyjątkiem wianka złotego. Miały téż druchny na sobie wstęgi i gorsety czerwone, który to kolor w dzień ślubu z ubioru panny-młodej zupełnie jest wyłączony. Tak ustrojona Marysia, wyszedłszy z komory, przypięła Jaśkowi do piersi (boku) bukiecik z drobnych listeczków, związany białą wstążką, bo rozmaryon, który umyślnie w oknie hodowała, jakoś jej zmarniał; — za pasem przewiesiła mu biały ręcznik własnej roboty, — a tak samo uczyniły i druchny z drużbami, z tą różnicą, że wstążki ich bukietów były koloru czerwonego.

Kiedy już wszyscy do ślubu stosownie byli poubierani, wnet cała gromada dała znać, że już czas jechać do kościoła, śpiewając wraz ze skrzypkami:

132.

Przede wroty, kamień złoty — lelija,
Zaprowadź nas do kościoła, Noświętsa Panno-Maryja.

W tej chwili stanowczej i ostatecznej, po mnogich już i tak poprzednio spełnionych kieliszkach, gospodarstwo na pociechę i dla dodania lepszej ochoty drużynie, wynieśli nowy zapas gorzałki i krupniku, a większa część · kompanii, szczególniej téż ojcowie łączącego się stadła, przy wzajemnych pocałunkach a uściskach, zaczęli pić na zabój. Niejednemu wówczas dobrze już we łbie zaczmyrało, tak, że przybywszy do kościoła, w kącie gdsie lub za ołtarzem, leżał nieprzytomny jak bydlę, albo téż gorszych jeszcze doznał skutków swego opilstwa.

Kiedy się cała kompanija dobrze gorzałką uraczyła, starszy drużba, który jest tak jakby rządcą lub naczelnikiem orszaku weselnego, ogłosił chwilę wyjazdu. Posłuszny więc grajek sięga za skrzypce i wtóruje śpiewowi:

133.

Rozgla — saj panie mu — zykończie, roz — gla — saj, roz—gla — saj,

Rozgłasaj panie muzykoncie — rozgłasaj,
a ty dziewcyno ojca, matkę — prseprasaj.
Przeproś ojca, przeproś matkę, — przeproś całą rodzinę,
by ci Pan Bóg dał, Matka Nojświętsa — tę scęśliwą godzinę [1]).

134.   Rococzka.

Po — sła na wsi — ny   spra — sać   ro —

dzi — ny   już jéj na—pro—si   la jná jéj ma   do—syć

Nastąpiły tedy błogosławieństwa rodziców i wszystkich obecnych, których państwo-młodzi, schylając się każdemu do kolan, prosili o przebaczenie wszelkich uraz, jeżeli na takowe kiedy zasłużyli. Jest w zwyczaju, że wychodząca za mąż dziéwka, jeżeli służyła we dworze, powinna, jadąc do ślubu, przyjść i przeprosić państwa i cały ich dom, a zwyczaj ten zachowuje się nawet i względem oficyalistów dworskich i innych liczących się do wyższej klasy wioskowego społeczeństwa.

Kiedy cała czereda wyruszyła do kościoła, w chałupie pozostała tylko jedna kobieta, która przyjęła na siebie obowiązek kucharki i ta zajęła się przygotowaniem weselnej uczty.

---

[1]) Niekiedy i wtenczas Młoda stara się wymknąć. Szukają ją i zapytując, odbierają odpowiedź, iż:

134.

Pos(z)ła na wsiny — sprasać rodziny.
Juz jej naprosiła — juz jej ma dosić,
tylko jej trza matkę i ojca przeprosić.
    Przeproś nám Kasiu
    Boga Przedwiecnego,
    ojca rodzonego,
      i wsystkich nás.
    Po raz po drugi,
    przeproś i sługi.
    Po raz po trzeci,
    przeproś i dzieci.

Kozłowski: *Lud*, str. 215.

Marsz weselny   135.

Na czele śpieszącej drużyny harcuje konno pan-młody otoczony drużbami; za nimi na wozie pośród zielonych gałęzi panna-
młoda z druchnami; dalej swat starszy i grajek, co raźne wycina
oberki, potém suną się furki z rodzicami młodych-państwa i cała
czereda zaproszonych swatów i gości, już na furkach, już pieszo.
Wesoło dążą do kościoła, przez całą drogę ścigają się wózki,
radośne rozlegają się okrzyki i piosenki; starszy drużba dodaje
wesela i śmiechu, a za nim pan-młody, nasunąwszy ba-
ranią czapkę na ucho, to rześko na koniu wyskoczy, to wesołe
wykrzykuje oberki.

Wszedłszy do kościoła, gromada udała się prosto przed
wielki ołtarz, oczekując końca mszy św., a przez cały ten czas
oczekiwania, Marysia, według prawideł przyzwoitości, ocierała
rzewne łzy, jakiemi żegnała swoje panieństwo, — chociaż zdarza się często i to, że panna-młoda, czując w sobie większą in-
klinacyję do wesołości niż do płaczu, a chcąc tak postąpić, żeby
i wilk syty i owca była cała, wielkie udawszy nabożeństwo,
i smutek, pochylona twarzą ku podłodze, śpi lub drzymie jak
najmocniej (?); na odgłos tylko śpiewu księdza lub organisty, mocne
z siebie wydobywając westchnienia.

Po mszy, ojcowie czy téż starszy drużba (lub ktoś, miejsce
ich, pijanych zwykle, zastępujący), załatwił wszystko w zakrystyi.
Poczém państwo-młodzi prowadzeni, ona przez drużbę, on przez
druchnę, przystąpili i uklękli do ślubu, obszedłszy poprzednio
trzy razy ołtarz do koła i za każdym razem całując krzyż po-
dawany im przez księdza.

Wyszedłszy po ceremonii ślubnej z kościoła, dopieroż to
radość, wrzawa, wesołe okrzyki, raźne piosenki. W Sobikowie,
tak jak we wszystkich kościelnych wsiach, w pobliżu kościoła
znajduje się usłużna karczma; do niej więc cała gromada weselna hurmem uderzyła, choć po jeden kieliszek gorzałki, ażeby
ducha w sobie nie studzić i nabrać sił do dalszej ochoty. Nie-

długo się tam przecież zabawiono, a powracając do domu przy odgłosie skrzypków, druchny śpiewały pieśń następującą:

136.

W po—lu o—gró — de—cek w po—lu ma—lo—wa — ny, chtóś ci go

zmalo—wał Ja—sieńko ko — cha—ny.

1. W polu ogródecek,
w polu malowany;
chtóż ci go zmalował?
Jasieńko kochany.

2. A w tém ogródecku,
cerwone goździki;
zaprzęgaj, zakładaj
te kare koniki.

3. Jakze ich zaprzęgać,
kiedy się pluntają?
Cięski zol dziewcynie,
kiedy i ślub dają [1]).

4. Wysła z kościółecka,
juści nie dziewecka;
świci i sie świci
na głowie siotecka.

5. Siotko moja, siotko,
cięsys mi na głowie;
wionku mój ruciany,
juz mi nic po tobie!

Na rozstajnej drodze, pod figurą, przystanął przodem jadący starssy drużba i zbliżywszy się do panny-młodej, ofiarował jej k o ł a c z, pytając co woli, kołacz czy pana-młodego? — Panna-młoda odpowiedziała:

„Kołoc i pana - młodégo,
zeby robiuł na niégo".

Zbliżając się do miejscowej karczmy w Czaplinie, przystanęli — i znowu rozległ się śpiew:

Nuta nr. 130. 138.

Wyńdź do nos, naso pani kacmarecko, — wyńdź do nos.
Weź gorzałecki, we dwie flasecki, — cęstuj nos.

---

[1]) W Czarnymlesie śpiewają w tém miejscu:

137.

A ciesy się, ciesy — nasa rodzinecka,
ze Kasieńka donosiła — do casu wianecka.
A ciesą się, ciesą — nasi przyjaciele,
ze Kasińka ostawiła — wiánecek w kościele.

Ucieszona karczmarka z licznych gości, wybiegłszy przed sień, poczęła ich zapraszać, ażeby weszli do izby; goście téż niedługo czekająo, rzucili się do drzwi, a gdy nareszcie i grajek dotłoczyć się zdołał do ławy w kącie stojącej, rozpoczęły się tańce przy wesołych śpiewkach i wykrzykach. (Tu daje Kozłowski opis parogodzinnych tańców, który czytelnik pod właściwym znajdzie zamieszczony działem „Tańce").

Tymczasem druchny umęczone i ztańcowane, przypominając o potrzebie posiłku, zaśpiewały:

139.

Przeleciol siwy gołumbek — bez dumbek,
zróbze starsy druzbo kole stoła — porzundek.

Drużba więc z karczmarką zaczęli się krzątać i stół zastawiać, gdy druchny śpiewały dalej:

140.

1. Druzebko starsy,
   ty bundź nojdbalsy,
   u stolika stój,
   porzundecek strój.

2. Druzebko starsy,
   ty bundź nájdbalsy;
   stoły zastawiajcie,
   ludzi zasodzajcie,
   bo juz cas.

3. We słowie nasa kacmarecka, — we słowie,
   rospostarła bioły obrus — na stole.

Do uczty takiej w karczmie się odbywającej, wszystkie zaproszone na wesele swachny, przygotowują zawczasu kołacze i przyniółszy je ze sobą, składają na stole dla wspólnego użytku. Gdy więc drużba zastawiał stół różnémi potrawami, kobiety śpiewały:

141.

Z wiecora pod ciemne noce,
wyjmujcie swachny na stół kołoce.

Zdarzy się czasem, że ta lub owa nie przyniesie z sobą kołacza; wstyd to wielki, dlatego téż takie starają się, jeżeli mogą, najnieznaczniej gdzieś tam chyłkiem po pod ścianę zajść albo za piec, albo za drzwi, ażeby ich nie uważano. Niezawsze się to uda, a skoro tylko spostrzegą takiego zbiega, zaraz na całe gardło wołają:

Nuta nr. 100.   142.

Jak do gorzołki, to swachny były,
jak do kołocy, to się pokryły.

Ukończono przygotowania do objadu; starszy drużba posadził na pierwszém miejscu rodziców panny-młodej, dalej rodziców pana-młodego, państwa-młodych, starszego swata, a gdy się potém kręcić zaczął, komuby następne miejsce ofiarował, druchny zanuciły:

143.

Prosiemy cię starsy druzbo — prosiemy,
niechze my tu kacmareckę za cisowem stołem — widziemy.

Kłopot ten starszego drużby przy rozsadzaniu kompanii jest niemały, albowiem o każdym musi pamiętać, nikogo opuścić się nie godzi, a jeżeli ktoś chwilowo jest nieobecnym, lub w tyle się został, to i dla niego stosowne miejsce powinno być zachowane. Żartując z tych kłopotów biednego drużby, druchny przyśpiewują:

144.

Sum se rod starsy druzba, — sum se rod,
Uwijo się kole swachnów — kieby dziod.
Rozlozły nas starsy druzba, — rozlozły,
Buty mu się porozporały, — i wiechcie wylozły.

Tańce i objad zajmują kilka godzin czasu, kiedy więc drużyna powstała od stołu, już się dobrze zmiérzchać zaczęło.

Tymczasem rodzice panny-młodej, wysunąwszy się z karczmy cichaczem naprzód, podążają do domu dla przyjęcia powracających weselników.

Cała téż drużyna, postępując zwolna, udała się za niemi przy śpiewie:

145.

Za—ble—roj—oie się   mo—je swa—ci—ko—wie   juz num cos,

da—le—ko droga   gię — bo—ko woda   ciemny los

Zabierojcie sie moje swacikowie — juz num cos,
daleko drogo, głęboko wodo, — ciemny los.
Do dumu swacikowie, — do dumu,
nie zastumpiajcie w ty austeryi — nikomu.
Panne-młode bierzcie,
do dumu sie śpiescie.
Zabirojcie sie swacikowie, — juz num cás,
do pana-ojca, do pani-matki — na popás.

Przybywszy przed chałupę starych Fijołków, rodziców panny-młodej, znajdują wrota od podwórka zamknięte. Zwyczaj to jest taki, że przybyli naprzód rodzice, umyślnie się zamykają; nie zraża to bynajmniej weselników; ale zaczynają się upraszać o otwarcie wrot, śpiewając: 146.

Nuta nr. 145.   Od górza nasa druzyna, — od górza,
uprasamy się u pana ojca, u pani matki — podwórza.

Wrota się otworzyły, lecz nowa przeszkoda, bo drzwi do chałupy zamknięte. Znowu więc śpiew:

Z jesieni nase węsiele, — z jesieni,
uprasamy się u pana ojca, u pani matki — do sieni.

To znowu z sieni:

— Od wizby nasa druzyna, — od wizby *(wierzby)*,
uprasamy się u pana ojca, u pani matki — do izby.

Wpuszczono ich nareszcie do izby, lecz tu starzy rodzice, podług zwyczaju, udają że z nich są niekontenci, że nie wiedzą, po co tu przybyli. A więc nowy śpiew:

— Od Worki nasa druzyna, — od Worki *(od miasta Warki)*,
uprasamy się u pana ojca, u pani matki — gorzołki.

Nowa biéda, bo gorzałkę postawiono z gąsiorem, ale kieliszka niema, więc śpiewają:

— Od Gdońska nasa druzyna, — od Gdońska,
uprasamy się u pana ojca, u pani matki — kieliska.

Dopiero wniesiono kieliszki, szklanki, garnki, podano do stołu dawno przygotowane potrawy (rosół z gajdakami, kapustę, groch, jagły, mięso, flaki), dla których kobieta, pełniąca na ten dzień obowiązek kucharki, cały dzień w domu zostawała, — a po uczcie przy towarzyszeniu grajka zaśpiewano chórem:

147.

Dzięku—je—my Pa—nu Bogu po ob—je—dzie po dobrym.

A by—ły tu pie cnie a wszystko je—le—nie, dzięku—jemy ci

panie gospo—darzu po dobrem
z panią gospo—dynią

1. Dziękujemy Panu Bogu po objedzie, po dobrém [1]).
I panu gospodarzowi, z panią gospodynią dziękujemy po dobrém.
2. A były-ć tu piecenie
a wsystkie jelenie.
Dziękujemy ci panie gospodorzu z panią gospodynią po dobrém.
3. A byłyć tu kołáce,
a wsystkie z psenicy.
Dziękujemy ci panie gospodorzu z panią gospodynią po dobrém.
4. A były-ć tu talize,
a wsystko poliwa.
Dziękujemy ci panie gospodorzu z panią gospodynią po dobrém.
5. A byłyć tutaj noze,
a wsystko stołowe.
Dziękujemy ci panie gospodorzu z panią gospodynią po dobrém.
6. A były-ć tutaj łyzki,
a wsystko stołowe.
Dziękujemy ci panie gospodorzu z panią gospodynią po dobrém.
Poczém kłaniając się rodzicom panny-młodej:

149.

Powiedzioła synkarka,
ze je(st) piwo gorzołka.
Powiedzioła tocnica [2]),
ze je piwa piwnica.
A dajciez nam, naliwajcie
tego piwka dobrego.

---

[1]) W Czarnymlesie śpiewają (nuta nr. 147):

148.

1. Dziękujemy Panu Bogu, N. P. Maryi,
i tobie tyz panie gospodorzu,
z twoją miłą panią gospodynią
po objedzie, po dobrém.
A była-ć tu cybula,
toć to wsystko z Torunia.
2. Dziękujemy Panu Bogu, N. P. Maryi,
i tobie tyz panie gospodorzu i t. d.
A była-ć tu pietruska,
toć to wsystko z Gdońska.
3. Dziękujemy Panu Bogu, N. P. Maryi,
i tobie tyz panie i t. d.
A były-ć tutaj stoły,
a wsystkie cisowe.
Dziękujemy Panu Bogu i t. d.

[2]) Tocznica, ta co toczy piwo z beczki.

Późno w noc przeciągnęły się tańce; dopiero kiedy to ten, to ów, zmęczony całodziennym ruchem, śpiewem, wesołością, rozmarzony licznémi kieliszkami wódki, piwa, krupniku, pocznie się na nogach słaniać i szukać gdzieś spokojniejszego kąta, ten na przypiecku, ten na ławie, ten pod ławą, ten w sieni, ten w stodole, ten na poddaszu; kiedy nareszcie i państwo-młodzi zamyślają udać się do przygotowanej dla nich komory, wówczas cały chór swachen, przy odgłosie skrzypków, wyśpiewywał następującą pieśń:

150.

1. Dobronoc Matce Boski, dobronoc.
Dobrą nockę oddojemy,
sami słuzką ostojemy (zostajemy),
dobronoc.

2. Dobronoc Panu Jezusowi, dobronoc.
Dobrą nockę oddojemy,
sami słuzką ostojemy,
dobronoc.

3. Dobronoc pani matce, dobronoc.
Dobrą nockę i t. d.

4 Dobronoc panu ojcu, dobronoc.
Dobrą nockę i t. d.

5. Dobronoc starsemu swatowi, dobronoc.
Dobrą nockę i t. d.

6. Dobronoc starsy swachnie, dobronoc.
Dobrą nockę i t. d.

7. Dobronoc panu młodemu, dobronoc.
Dobrą nockę i t. d.

8. Dobronoc pannie-młody, dobronoc.
Dobrą nockę i t. d.

9. Dobronoc młodsem swatom, dobronoc.
Dobrą nockę i t. d.

10. Dobronoc młodsem swachnom, dobronoc.
Dobrą nockę i t. d.

11. Dobronoc starsemu druzbie, dobronoc.
Dobrą nockę i t. d.

12. Dobronoc starsy druchnie, dobronoc.
Dobrą nockę i t. d.

13. Dobronoc młodsem druzbom, dobronoc.
Dobrą nockę i t. d.

14. Dobronoc młodsem druchnom, dobronoc.
Dobrą nockę i t. d.

15. Dobronoc muzykontowi, dobronoc.
Dobrą nockę oddojemy,
sami słuzką ostojemy,
dobronoc.

Przed odejściem jeszcze po kieliszku wódki, po kawałku chleba i séra, przy śpiewie:

151.

Kiedy zastu — kam zapukam do téj nowéj bud—ki, wynieśze num nasa

pa — ni młoda choć po kie — li—sku wód—ki.

1. Kiedy zastukom, zapukom,
   do tej nowej budki,
   wynieś ze num, nasa panno-młodo
   choć po kielisku wódki.
2. I tak stukomy i tak pukomy
   az num ustola siła,
   wynieś ze num, nasa panno-młodo
   choć po kawałku syra.

Za chwilę rozeszła się cała drużyna, a niebawem też posłyszano mocne ze wszystkich stron chrapanie tych, co pozostali i spać się pokładli.

Byli atoli tacy, którzy na ten moment właśnie oczekiwali. Jakoż z kąta odezwał się ktoś na wpół stłumionym głosem: „Walus! a jezdeś?" — „A jezdem; a Ignac gdzie?" — Ignac wloz na górę; jéno Wojtek nie wiada (wiadomo) gdzie się podzioł". „O Wojtka sie nie frasujcie, pośli we trzech z Frankiem i z Aleksandrem po beckę co stoji na Maćkowém podwórku". — Niedługo zjawił się Ignac, potém Stach, wreszcie Tomek wraz z Jóźkiem, którzy do tego czasu siedzieli ukryci gdzieś w chléwku. Byli to wszystko parobczaki, którzy zmówiwszy się poprzednio, wyczekiwali okazyi do wypłatania zwyczajnego na każdym weselu figla.

Korzystając ze snu, w jakim pogrążone było całe weselne towarzystwo, zaczęli dopiero ściągać, temu pas, temu buty, temu czapkę, a temu sukmanę, — potém do dziewcząt; tej fartuch, tej trzewiki, tej chustkę; Józek wyprowadził z obórki krowę z cielęciem, Stach przyciągnął na postronku kilka kwiczących prosiąt, Wojtek z Frankiem i Aleksandrem przytoczyli ogromną pustą beczkę od kapusty, a przewróciwszy dnem do góry i postawiwszy na środku podwórza, dopieroż to krowę i prosięta koło niej przywiązali, a rzeczy wszystkie ściągnięte, w najdziwniejszy sposób po płocie, po drzwiach, po dachu, po kominie, po drzewach porozwieszali. Uporządkowawszy tak całą chałupę, dopiero sami się położyli, a za chwilę, przy bladem światełku zarzewia tlejącego w popiele na kominie, zupełna nastała cisza, przerywana silném chrapaniem śpiących, którym chór świerszczów w izbie i za chałupą przyśpiewywał.

Nazajutrz, gdy słońce wyjrzało na śpiących weselników, zbudzili się wszyscy. Ten się ogląda po sobie, nie ma sukmany, nie pamięta, czy się w niej położył, czyli ją gdzie schował; drugi nie wié, gdzie swoją czapkę zostawił; tamten szuka pasa, ten butów; — dziewczęta znowu swojego. Wiedzą wszyscy o figlu, który nastąpił, ponieważ jest on w powszechnym zwyczaju; dlatego każdy kładący się spać, o ile mu jeszcze słaba pamięć wódką zalana pozwoliła, starał się ukryć w pewném miejscu, ażeby mógł być bezpiecznym od rabunku. Nic nie pomogło, wszystkich wynaleziono, każdemu coś brakuje; dlatego to teraz dziwy, wrzask, hałas, ten się śmieje, ten się gniewa, ów się odgraża.

Na podwórku tymczasem rzeczy zebrane składają około beczki w jedną kupę. Stach, jeden z przywódzców tej grabieży, jako chłopak, któremu nigdy rezonu nie brakuje, wlazłszy na beczkę, zakrzyknął wielkim głosem, udając miejskiego policyana (policyanta): „Mości panowie, ogłasza się tu jarmark!"— zapraszając, zachwalając towar i zachęcając wszystkich taniością do kupowania ich własnych rzeczy, byleby płacono gotowizną. Zdarzyło się jednak, że dla lepszego rozweselenia kompanii i odwrócenia niechęci za nocną grabież, koledzy Stacha, zapowiadającego jarmark, jemu samemu spłatali figla; gdy bowiem Stacho wykrzykując, silniej uderzył nogą w dno beczki, na której stał, takowe będąc umyślnie na ten wypadek przysposobione, nagle się zapadło, a nieszczęśliwy orator spadł nagle ze swej wysokości, i ku ogólnemu rozweseleniu obecnych, skrył się we wnętrzu beczki, zkąd zaledwie przy pomocy drugich, z wielką wydostał się konfuzyą.

Po ogłoszonym jarmarku, powstał ścisk, wrzask, hałas; każdy śpieszył z wykupnem za kilka groszy swojich rzeczy, ażeby czémprędzej się ubrać i nie mieć wstydu z podejścia. Uzbierany ztąd fundusz przeznaczony dnia tego na wspólną hulankę; posłano zaraz do karczmy i przyniesiono kilkogarncową flaszkę gorsałki, przy której, na tańcach i wesołości, upłynął czas aż do objadu, w ten sam sposób co i wczorajszy odbytego.

Przed wieczorem nastąpił ważny obrząd o c z e p i n panny-młodej. Na środku izby postawiono stołek, na tym ogromną pie-rzastą poduszkę, a swachny zaczęły śpiewać:

152.

Juz słuńce zasło w rogu zapiecka,
zabirajze sie mojo Maryś — do cypecka.

W tém grajek odezwał się dziarskim oberkiem, a starszy drużba, ująwszy pannę-młodą do tańca, jednym silnym zama-chem chciał ją posadzić na poduszce. Ale Maryś, mając się na baczności, dość długo i szczęśliwie tego unikała, w końcu jednak musiała uledz. Tu dopiero nastąpił ścisk, wrzask, szarpanina. Nieprzyzwyczajonemu do wiejskiej tej ceremonii, zdawało mi się, że to bitwa jakaś nastąpiła, i gdym chciał wdaniem się mojem strony uspokoić i pogodzić, stara jedna kobieta widząc to, z uśmiechem zadowolenia powiedziała: „N i e c h s i ę W i e l m o-z n y P o n n i e b o j i, t u n i c z t e g o n i e b ę d z i e, t o z w y-c o j t a k i, t o z w y c o j“. Był to obrzęd zdejmowania pannie-młodej t r z e w i k ó w. O trzewiki te powstał spór między drużba-mi i druchnami, zwyczaj jednak każe, ażeby te pozostały przy druchnach; drużbowie zaś powinni je pieniędzmi opłacić.

Nowy śpiew:

Juz słuńce zasło, je w rogu sieni,
wyjmujcie swachny cypki z kiesieni.

Każda z kobiet starszych, zaproszonych na wesele, przynosi ze sobą jakikolwiek czépek, jako dar dla panny-młodej; gdyby nie wszystkie pamiętały o zwyczaju, byłyby zmuszone wysłuchać następującą przymówkę:

Nuta nr. 100. **153.**

1. Jak do gorzołki, to swachny były,
   a jok do cypka, to się pokryły.
2. Nase swachnicki zjodły pół krowy,
   nie okryły nasy pannie-młody nic głowy.
3. A wy swochny, swachenecki,
   złózcie ij sie na cypecki.
   Niech nie siedzi między nami,
   jako kołek ociosany.

Do oczepin zawczasu jednak przygotowany był ogromny czepiec tiulowy, przybrany w szerokie i długie wstęgi, uszyty staroświecką modą polską, z ogromną stojącą główką i wysokiém podwójném garnirowaniem; w czépki bowiem takie, jakie teraz noszą od święta wiejskie kobiety w okolicy Czerska, jakotéż przeznaczone do oczepin, widziemy na portretach postrojone wszystkie niemal nasze prababki. Najpiękniejszy dar, jaki można złożyć pannie-młodej, stanowi właśnie ów czépek; dlatego bywa on często darem albo samej dziedziczki, jeżeli dziewka służyła we dworze i odznaczała się dobrém sprawowaniem, albo téż kogo inszego, jak np. pani ekonomowej, pisarzowej, karczmarki, owczarki, gorzelanej, — wogóle kogośkolwiek z arystokracyi wioskowej. Jeżeli nikt z powyższych osób daru tego nie ofiaruje, w takim razie kobiety, starające się o czépek, udawać się zwykły do pani ekonomowej lub innej podobnej, prosząc o radę i koncept w przystrojeniu czépka podług swojego gustu.

Nim ten czépiec dostał się na głowę Marysi, kładziono jej po rozczesaniu warkocza różne czépki ofiarowane przez swachny, które ona zdejmując, chowa pod fartuch na kolana; następnie swachny zaczęły wydzierać chłopom czapki i pakować na głowę Marysi; ci dopiero byli w obowiązku datkiem pieniężnym każdy swoją czapkę wykupić, a pieniądze ztąd uzbierane są już wyłączną własnością panny-młodej. Kiedy już włożono czepek weselny, swachny, uważając ją wówczas za swoją, śpiewają:

154.

Nasa Ma — ry—sia nasa; bę—dzie go — rzoł — ki flasa.

Przyjdź panie młody do nos, wyku—pis se jum od nos.

1. Nasa Marysia, nasa;
   będzie gorzołki flasa.
2. Przyjdź panie młody do nos,
   wykupis se jum od nos [1]).

_____

[1]) W Czarnymlesie śpiewają:

155.

Przyńdzie Jasieńko głupi,
to se jum (ją) od nos kupi.

17*

3. Nasa Marysia, nasa,
будzie gorzołki flasa.

4. Worta Marysia, worta,
będzie gorzołki kworta.

5. Walec Marysia, walec,
bedzie gorzołki gorniec.

6. Zrobiliśmy ci panią,
pięknie ci patrzyć na nią.

7. I w rzędzie będzie siodała,
i gorzołeckę pijoła [1]).

Przystąpił potém pan-młody, trzymając w ręku dwie flaszki, jednę z wodą, a drugą z w ó d k ą (gorzałką); nalawszy kieliszek wodą, podał go Marysi, doświadczając niby sprytu swej niewiasty; lecz .ta wziąwszy kieliszek z wodą, chlusnęła nią w twarz Jaśkowi, mówiąc, iż niezwyczajna pijać wodę kieliszkiem. Obrażone téż niby swachny takiém jego lekceważeniem młodej żony, wszczęły hałas i zaczynają się dopominać zadosyćuczynienia; więc pan-młody nalawszy kieliszek wódką, przy ciągłych okrzykach „Vivat", solennie wypił zdrowie Marysi; kieliszek od niego przeszedł do starszej swachny, od tej do panny-młodej, następnie do starszego swata, i tak dalej, wszystkich kolejno obchodząc.

Tymczasem grajek, miarkując według czasu i przyzwojitości, zaczął grać ochoczo „Chmiela", (pieśń zwaną chmielem), a starszy drużba, włożywszy pannie-młodej trzewiki, poszedł z nią w taniec, przy śpiewie druchen i drużbów.

157.

Ze — byś ty chmielu na tycki nie loz. Oj chmielu oj nie-bo-ze, niech ci Pon Bóg do-po-mo-ze chmielu nie-bo — ze.

1. Zebyś ty chmielu na tycki nie loz,
nie robiuł byś ty z panienek niewiost.

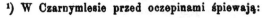

[1]) W Czarnymlesie przed oczepinami śpiewają:

156.

A juz ci prec mo—ja Ka—sin juz ci prec,
ciónij stązki na ga — łąz—ki wdziej cy — piec.

Oj chmielu, oj nieboze,
niech ci Pon Bóg dopumoze,
chmielu nieboze [1]).

2. Ale ty chmielu po tyckach łazis,
nie jedną pannę z wiunecka zrozis.
Oj chmielu, oj nieboze i t. d.

2. Oj chmielu, chmielu, ty bujne ziele,
nie będzie przez cię zadne węsiele.
Oj chmielu, oj nieboze i t. d.

4. Oj chmielu, chmielu, ty rozbójniku,
rozbiułeś dziewcynę na pasterniku.
Oj chmielu, oj nieboze,
niech ci Pon Bóg dopomoze,
chmielu nieboze.

Przy tym śpiewie Marysia, przetańczywszy ze dwa razy około izby ze starszym drużbą, każdemu z obecnych poczęła skłaniać się do nóg i prosić z sobą do tańca, niepomijając najmniejszego dziecka; — było-by dla niej wielkiem zmartwieniem, gdyby ktoś odmówił jej prośbie. Nieraz na weselu znajduje się gromada złożona z 60 lub 80 ludzi; ze wszystkimi jednak choćby dwa razy wkoło izby trzeba się pokręcić. To téż pot strumieniami się lał z czerwonej twarzy Marysi. Ale za to, kiedy skończyła taniec, rozpoczęła się nader pocieszająca dla niej ceremonija; gdyż starszy drużba, wziąwszy przygotowany talerz białą nakryty serwetą, i każdego z gości obchodząc, rozpoczął kwestę, przy której towarzyszące mu druchny śpiewały:

159.

Trzeba i daó nie za — lowaó, trzeba i dac ciele z kojca,

¹) W Czarnymlesie śpiewają:

158.

Po — sła dziew-cy-na ku o — gród — kowi I do—le—cka
ko — pać do — le—cka swemu wian — kowi i wiu-ne — cka

nie sko—pa—ła
nie scho—wa—ła chmielu nie — bo — ze

trze — bać i trze—bać i bo juz i—dzie od mać, trze—ba i

dać nie za—ło — waé.

1. Trzebá i doć, nie załowoć;
trzebá i doć ciele z kojca,
odstępuje matki, ojca.
2. Trzeboć i, trzeboć i,
bo juz idzie od maci.
3. Trzebać i dać na sitko,
będzie miała na wsytko.
4. Trzeboć i doć na wrzeciuno,
powi Jasio: dobra zuno.

5. Trzeboć i doć na niecułkę,
będzie mioła kumpać córke.
6. Trzeboć i doć na garnusek,
będzie jodał bębełusek (mały chło-
7. Trzeboć i doć na fiaseckę [piec)
una lubi gorzołecke.
8. Trzeboć i doć na miske,
trzeboć i doć na łyzke.

9. Trzeboć i doć na wsytko,
na gospodarstwo nie załowoć.

Posypały się przeto złotówki i dziesiątki; każdy, z jakim
mógł, pospieszył datkiem. Starszy drużba zgarnął zebrane pieniądze, które zwykle kilkadziesiąt złotych, a czasem nierównie
więcej wynoszą, — i na nowo obchodzić zaczął, poczynając od
rodziców panny-młodej:

1. Pani matko, nie załujze,
chuć talorka podarujze.

A gdy mu dano miedziaka:

2. Oj nie tego, nie tego,
trzeba ij dać biołego.
3. Panie ojce nie załuj-ze,
chuć talorka podarujze.
4. Starsy swacie nie załuj-ze,
chuć talorka podarujze.
5. Starsa swachno, nie załujze,
chuć talorka podarujze.
6. Młodse swaty, nie załujciez,
chuć talorka podarujciez.
7. Młodse swachny nie załujciez,
chuć talorka podarujciez.
8. Starsa druchno, nie załujze,
chuć talorka podarujze.
9. Młodse druzby, nie załujciez,
choć talorka podarujciez.
10. Młodse druchny, nie załujciez,
chuć talorka podarujciez.
11. Muzykoncie, nie załujze,
chuć talorka podarujze.

12. Panie - młody, nie załujze,
    chuć talorka podarujze.
13. Oj nie tego, nie tego,
    trzeba i doć biołygo.

A gdy pan-młody ociągał się z datkiem:

14. Panie-młody nie bundź taki,
    bo ij trzeba na pieluchy.
15. Panie-młody nie załujze,
    chuć talorka podarujze.
16.   Oj nie tégo, nie tégo,
    trzeba i doć biołygo.

Pan-młody oddał więc swoją k a l a t k ę (woreczek) z pieniędzmi; musiał jednakże wysłuchać przymówkę:

Ceber wody wychłeptoła,
nim selunzek *(szeląg)* wydeptała.

Rozmajite sceny miewają prócz tego miejsce, jakoto: kulenie panny-młodej, gdy kto mały datek położy, podkówanie jej nóg głownią, udawanie przez nią bydlęcia, źrebicy i t. p., wzakże sceny te, dawniej może konieczne, dziś nie należą do obrzędu, a odgrywanie ich jest raczej skutkiem podnieconej wesołości, bawiących się dobrego humoru i wystawności wesela.

W końcu nastąpiła kolacyja, w czasie której posługiwali podług zwyczaju drużbowie. Ci wnosząc misy z potrawami, za każdą razą pozdrawiali biesiadujących „P o c h w a l o n y m“, śpiewając stosownie do potrawy, jaką wnosili:

160.

1. Niesiem rosół z gajdokami *(kartoflami)*
   i różnémi mięsiwami.
2. Niesiem miskę pełną jogły *(kaszy jaglanéj)*,
   zeby się druchny najodły.
3. Niesiem gojdy z kapustą,
   smacno, słono, i tłusto.

Zasiedli potém drużbowie, a druchny zaczęły im nawzajem usługiwać. Na ostatnie danie wniosły ogromny garnek, przykryty miską i stawiając go na stole, zaśpiewały:

Niesiem wam zwiezynę, zwiezynę,
jakiejście nigdy nie jedli.

Starszy drużba wstał z ciekawością, zdjął pokrywę, a wtém ogromny kot, buchnąwszy z garnka na stół, przestraszony, czmychnął wprost na przypiecek czy do sieni. Śmiech i wrzask

powstał wielki, szczególniej między druchnami i całą płcią nie-
wieścią, ucieszoną konceptem niezupełnie świeżym, gdyż bardzo
często na Weselach się powtarzającym.

Sagan krupniku zakończył tę kolacyję; zanim jednakże goście stół opuścili, starszy drużba wziąwszy do ręki warząchew,
uderzył nią w stół i zawołał:

Nasa kuchorecka gotowała pieprzno, słuno,
tera prosi żeby ij co dano.

Posypały się znów piątki, trzygrośniaki — i kucharka znalazła sowite wynagrodzenie za swoją pracę. — Przy przenosinach:

161.

Kiedy po mnie przyjedziecie,
  za piecem będę,
będe wam się upiérała,
  gwałtem mnie weźcié. —
Niéma garka ni pokrywki,
niéma o cém chować dziwki;
niéma o cém dziwki chować,
trzeba samej nadskakować,
  rób-ze tu wilku!

Na tém zakończył się obrzęd weselny Marysi Fijołkównej
z Czaplina, wychodzącej za Jaśka Gugulaka, syna gospodarskie-
go z Wincentowa, chociaż często na innych weselach rozochoceni
ludziska przez kilka dni jeszcze piją i hulają.

Przed laty, ku wielkiemu zawsze zmartwieniu rządców
i ekonomów, wesela nigdy krócej nie trwały nad tydzień; chociażby najpilniejsza była w polu robota, jeżeli we wsi lub w drugiej było wesele, nie było co robić, tylko poddawszy się losowi,
cierpliwie czekać, póki nie przejdzie weselny tydzień i wódka
chłopom z głowy nie wyszumi. Po weselu dopiero następowały
częste i gęste razy, — ale wszystko to napróżno; był to już taki
zwyczaj, a zwyczaj u chłopa, zwłaszcza taki, do którego wcho-

dziła zabawa i wódka, był prawem świętém, nietykalném, którego strzegł jak oka w głowie i obstawał za nim tak, jak dawniejsza drążkowa szlachta za swojém L i b e r u m v e t o. Dzisiaj, czegoby wówczas nic w świecie nie oduczyło, tego po części biéda, a głównie zmiana stosunków włościańskich oducza. Rzadko już usłyszeć o weselu, któreby tydzień trwało; po większej części ograniczają się teraz na t r z y d n i ó w c e. Radykalna zmiana, jakiej od pewnego czasu uległ odwieczny byt naszych włościan, przez zniesienie pańszczyzny i usunięcie ich z pod władzy dziedziców, nie mogła pozostać bez ogromnego wpływu na ich zwyczaje i tradycyje. Ostatecznie zerwany został węzeł patryarchalny, który niegdyś łączył pana z chłopkiem; pilno temu ostatniemu zakosztować nowej swobody, i ani chce wiedzieć o zwyczajach, jakich się trzymali ojcowie względem panów. Tak np. bywał przed laty zwyczaj, który jeszcze przed r. 1846 zapamiętam, żo ojcowie łączącej się pary przed weselem przychodzili do dziedzica radzić się, jak powiadali, s t a r s z e j g ł o w y, i prosić o pozwolenie i błogosławieństwo dla swych dzieci. Po weselu znów trzeciego dnia (we Wtorek), zwykle oboje państwo-młodzi przychodzili zrana do dworu, przynosząc państwu w ofierze kawałek ciasta pszennego i séra. Nazywało się to S t ó l i n a m i, może jako pochodzące ze stołu, to jest z wieczerzy, pożywanej drugiego dnia (czyli w Poniedziałek); i za ofiarę tę nowożeńcy hojnie bywali wynagradzani. Sięgało to może jeszcze odwiecznych czasów przedchrześcijańskich; najpierwsza ta ofiara, jaką odbierał dziedzic od nowożeńców, była może przypomnieniem pogańskiej k u n i c y. Ale zwyczaj ten dawno już poszedł w zapomnienie; a tak samo wiele innych tradycyj i pamiątek, dawnych stosunków, dawnego społeczeństwa, pojęć, wyobrażeń, instytucyi i przesądów, które przez ciąg mnogich wieków pomiędzy ludem naszym się kołatały, bezpowrotnie dziś ginie i wiecznemu ulega zapomnieniu.

Wesele.

Zaprosiny na wesele przez drużbę starszego w asystencyi młodszego wygłoszone:

Przysłał mnie tu pan-ojciec i pani matka, pan-młody i panna-młoda,
    ja od niego — sługa jego,
      by-ście odmowni nie byli
    na tego wieprzko paśnego — miotłą potrąconego,
    i na parę kuropat — co ich jastrząb nie dopad.
    Proszę was na wołu — co go podadzą do stołu,
    i na te kapłony — co już usmarzony.
    Poszę was na liście — co się składają cyście (kapusta),
    i na te koła — co się potocą do kościoła.
    Niech będzie pochwalony!

Wójcicki P. l. II, 26.

W sobotę wieczór schodzą się goście na r o z p l e t y. Nie-brak przy tym akcie żartów i figli; np. nakładą młodej we włosy wiele szpilek, aby się rozplatający warkocz niémi pokłuł i t. p. Drużbowie i druchny śpiewają:

162.　　　Adamowice

A usiądź — ze, a usiądź — ze mło — da panno na dziezy,
młoda panno na dziezy, niechze ci się niechze ci się zło — ty warkoc
roz—pierzy, zło-ty war-koc rozpie—rzy

1. A usiądź-ze　　　niech-ze ci się
panno-młoda　　　złoty warkoc
na dziezy (:),　　　rozpierzy (:).

---

[1] W Adamowicach, Osuchowie i t. d. gdy proszą na wesele, jest zwyczaj, że Młoda (osobliwie idąc do dworu i księdza) z drużbą starszym, postępuje tuż za nim i trzyma go za wstążkę 2 do 3 łokci długą, wiszącą od ręcznika, do którego jest przywiązaną. Ręcznik ten ma drużba przepasany przez ramię.

2. A powoli
dobrzy ludzie,
powoli, —
a któ-z to tu
złoty warkoc
pozwoli?
3. A jest-ci tu
starsy druzba
słuzka twój.
Starsy druzba, starsa druchna,
to oni go pozwolą.

4 A jak-ze go, złoty warkoc
rozpletać, —
kiedy było w niego śpilek
nie wtykać.
5. A jest-ci tu starsy druzba,
służka twój,
starsy druzba, starsa druchna,
to oni go rozpletą.

Przed włożeniem wieńca na rozczesane włosy Młodej: (Pieśń
tę powtarzają i przy zdjęciu wieńca przed oczepinami).

Nuta taż sama.   **164.**

1. A w tém kole, mój wianecku,
w tém kole,
potoc-ze się do pań-ojca
po stole.
2. A pan ojciec jéj wianecka
nie przyjmuje,
swojej córce na rok słuzbę
rozkazuje.
(toż: do pań-matki, siostry, brata).
3. A w tém kole, mój wianecku,
w tém kole,
potoc-ze się do wsystkich swatów
z wesela.
4. Wsyscy swaci jej wianecka
nie przyjmują,
tocyć mu sie do pana-młodego
rozkazują.
5. A w tém kole, mój wianecku,
w tém kole,
potoc-ze się do Jasieńka
po stole.

Waryant.   **163.**   Ruda-Guzowska. Guzów

A usiądź — że, a usię lá — ze pan-no mło — da na dzié — ty,

niechże ci się, niechże ci się zło — ty warkocz roz — pie — rzy.

6. A przyjmuję, moja Maryś,
   przyjmuję,
   na tém weselu ślubować
   się podejmuję.

Po rozplotach warkocza ubierają pannę-młodą do ślubu. We włosach jej i wstążkach na głowie zieleni się pozatykany tam rozmaryn, ruta i inne zioła [1]. Czerwona barwa (jak wszędzie na Mazowszu i dalej) jest z ubrania wyłączoną.

Wybierając się do ślubu, proszą rodziców i gości o błogosławieństwo.

165.   Grzymkowies.

Błogo — sław — ze błogosław — ze nam matko moja, nam matko moja, bo jus idziemy bo jus idziemy do kościoła, bo jus idziemy do kościo — ła.

1. Błogosław-ze nam, matko moja,
   bo jus idziemy do kościoła.
2. Błogosław-ze nam, ojce mój,
   bo jus idziemy na ten ślub.
3. Błogosław-ze nam, siostro moja,
   bo jus idziemy do kościoła.
4. Błogosław-ze nam, bracie mój,
   bo jus idziemy na ten ślub.
                          (J. Konopka P. l. Kr. str. 46).

166.   Grzymkowice,

1. Pod borem so—éna, pod nią topo—la, oczeń się Jasieńku, kiej ci niewo — la.

2. Nie tak niewola,
   jak mi cię trzeba,
   żeby się z tobą Maryś
   dorabiać chleba.
3. Konicek w lesie,
   siodełko niesie, —
   cekaj muie moja Maryś
   za rocek jesce.

4. Co-ześ ty pán,
   co cię cekać mám?
   Wsystka moja substancyja
   ten modry zupan.
5. I tyś nie pani,
   co gardzis nami,
   wsystka twoja substancyja,
   wiánek ruciany.
                 Lud, Ser. III, nr. 53, 72. — Ser. XII n. 37.

[1]) Niéma tylko barwinku, gdyż jest przekonanie, że z barwinku (krzaczastego, krzewistego) zwinąłby jej się kołtun. Odwar bowiem z barwinku służy jako środek wywołania prędszego zwija-

W drodze do kościoła śpiewają drużbowie:

Nuta nr. 174. 167. od Mszczonowa.

1. A w sadecku jabłonecka,
   w ogródecku dwie;
   ulubiłem kochanecke
   ludziom nie sobie.
   Ej zal mi jej będzie,
   biorą mi ją dobrzy ludzie,
   moją nie będzie.

3. Siodłaj konia, siodłaj chłopcze,
   pojedziem za nią,
   będziem jej się przypatrywać,
   cy będzie panią.
   Juz koniki osiodłane,
   juz wozy powytacane,
   z bica trzaskają.

4. Ona siadła przy druchnickach
   kieby lelija,
   a ón za nią na koniku
   ciągle wywija.
   Ej zal niepomału,
   kochałem cię, dziewce, z mału,
   ludziom nie sobie.

2. Jeden mówi do drugiego:
   moja to będzie!
   Drugi mówi do trzeciego:
   jak Bóg rozsądzi.
   Czwarty siedzi na kamieniu,
   trzyma dudki na ramieniu,
   panu ojcu gra.
   (*Lud,* Ser. II, nr. 295).

5. Ona siadła przy druchnickach
   jako rózy kwiat,
   zapłakała carne ocki,
   zmienił ji sie świat.
   Ej zal niepomału,
   kochałem cię, dziewce, z mału,
   ludziom nio sobie.

6. Ona klęcy przed ołtarzem
   między druchnami,
   jako miesiąc najślicniejsy
   między gwiazdami.
   Ej zal nie pomału,
   kochałem cię, dziewce, z mału,
   ludziom nie sobie.

Wchodząc do kościoła, do ślubu (który, jeśli w Niedzielę, to po nabożeństwie się odbywa), trzyma się Młoda za końce wstążki białej (lub niebieskiej, długiej na 2 łokcie), którą Młody ma uwiązaną u boku, a końce jej wiszą od piersi na dół. Toż samo i każda druchna, postępując tuż za swojim drużbą, trzyma się końca jego wstążki. Pan-młody wchodzi do kościoła w towarzystwie dwóch drużbów (starszego i młodszego), którzy mu asystują po obu bokach.

Z kościoła jadą do karczmy na przekąskę i zabawę.

168.

1. A do koła drużeb-kowie do ko — ła,
   za—pra—sajcie dobrych ludzi do sto — ła

2. A juz-eśmy zaprosili, juz siedzą,
   a dajciez im co dobrego, to zjedzą.

nia się włosów u kołtunowatych. Druchny jednak kładą go do włosów między inne ziele.

Po powrocie z karczmy do domu, zasiadają do objadu, na który znów drużba zaprasza w podobny sposób jak zapraszał na wesele, wymieniając różne potrawy. Przy ich podaniu nie brak i przymówek. Śpiewają wtedy i pieśń o g r o c h u (na nutę nr. 157).

W czasie oczepin śpiewają Chmiela. Po oczepinach różne następują igraszki. Wreszcie śpiewają:

169.

1. Zakukała kukaweczka — za borem,
   zapłakała Młoda — za stołem.
2. A wyléź-ze panno-młoda — z za stoła,
   podziękuje wsystkim ludziom — z wesela.
3. A jak-ze mám wsystkim ludziom — dziękować,
   nie chcieli mnie przez ten rocek — przechować.

Lud, Ser. VI, nr. 139.

Skrzypek przygrywa:

170.

171.

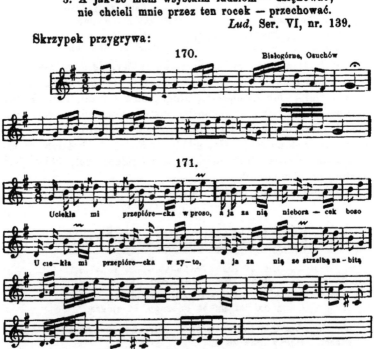

1.

Trzeba jej dać na miseckę,
trzeba jej dać na łyzeckę,
trzeba jej dać, nie żałować,
trzeba jej na sitko.

2.

Trzeba jej dać na fartusek,
bo jej podrze bębełusek,
trzeba jej dać, nie żałować,
trzeba jej na wsystko.

2.

Jakze ja będę z wami siadała,
kiedym się z domem nie pozegnała.
Bądźcie zdrowe łyski, miski,
i wy druchny towarzyski,
co'm tu bawiała.

Budnicy od Wiskitek.

Parobek pewnego obywatela polubił dziewę; oboje mieli
po 30 lat wieku i wzajemny do siebie pociąg czuli, tak dalece,
że przez lat kilka, pomimo niejednokrotnych czułych szturhań-
ców i innych przygód ludzkich, niezmiennymi dla siebie pozostali.
Czuły ten romans, Bóg wie jak długo bez zawiązku pozostałby,

jeśliby obywatel czyli p a n ich, troskliwy o ich szczęście, do skojarzenia tej pary szczerze się nie przyłożył. Gdy już wreszcie stanęła ostateczna dobra wola, po trzykrotnych zapowiedziach państwo-młodzi udali się do kościoła, gdzie po odbyciu spowiedzi nierozłącznym węzłem ślubnym połączeni zostali. Radość obojga z tego wypadku jawną była, gdy oboje nowożeńcy śród grona życzliwych osób w karczmie przy kielichu zasiedli. Po krótkim zasiłku orszak godowy ruszył ku domowi, od kościoła parafijalnego o milę odległemu. Kmiotek mazowiecki, powracający z miasta z pieniędzmi, za sprzedane produkta wiejskie nabytémi, z trudnością omija witające go po drodze karczmy; a tém bardziej orszak godowy znajduje dla siebie w tym domu uciechy przyciągający magnes. Tak i nasi weselnicy wstąpić musieli do jednej, drugiej i trzeciej karczmy, aż nim domu swojego nie ujrzeli. Wreszcie pod wieczór na dwóch ogromnych brykach, przy brzmieniu rzępolisty - skrzypka i huku bębenka, godowy orszak wjechał na dziedziniec swego dziedzica. Niemała liczba mężczyzn, kobiet i dzieci, ze wszech stron pieszo przybyłych, dopełniła grono weselników.

Pierwszym obrzędem było przywitanie dziedziców, którym cały orszak weselny, za przewodnictwem państwa-młodych, kłaniali się, ściskając ich kolano. Pan-młody ubrany był w sukmanę długą granatową, pasem s i a t k o w y m przepasany, na głowie furażkę czyli czapkę z daszkiem [1]), na piersiach zaś z lewej strony, to jest na sercu, miał przypięty bukiet z długiemi na łokieć wstążkami. Panna-młoda miała na sobie suknię białą perkalową z falbaną, u przodu fartuszek zielony kamlotowy, a na głowie wieniec z mirtu i rozmarynu, białą wstążką przeplatany. Drużba także był w kaftanie z bukietem u piersi.

Po uraczeniu się wódką na przywitanie, biesiadnicy okrążyli ogromny stół na dziedzińcu wystawiony, na którym suta uczta dla nich przygotowaną była. Trzeba podziwiać talent i wytrwałość samouczka-grajka, który tak w czasie podróży, jak i przy

---

[1]) Budnicy uważali się za coś pośredniego między włościaninem (czynszowym) a mieszczaninem. Ztąd téż i ubiory, zwyczaje i ich wesela mieściły w sobie mięszaninę odrobiny zwyczajów już to miejskich już wiejskich.

uczcie weselnej, zresztą niemal od rana do wieczora, prawie bez przerwy: i bez żadnego na pozór utrudzenia, rzempoli melodye weselne i tanecane.

Po uczcie starsi mężczyźni, zapewne swatowie, dziękowali dziedzicom w imieniu całego grona biesiadników za suty objad; przyczem jeden wydeklamował o r a c y ę. Następnie panna-młoda położyła na stół tacę serwetą pokrytą, tańcsyła kolejno z każdym mężczyzną, po przetańcowaniu każdy z nich kładł na tacę pieniądze na czépek dla panny-młodej.

Ponieważ wesele trwa od trzech dni do tygodnia, stosownie do zamożności, i zwykle na trzeci dzień, bywają o c z e p i n y panny-młodej, zatém i nasi państwo-młodzi z całym orszakiem weselnym, podziękowawszy dziedzicom za ich łaski, udali się na wieś do krewnych, wesele zwykłym sposobem odbywać [1]).

W e s e l e.

VII.

Biblioteka Warszawska (Listopad, 1854).

Opis obrzędu weselnego z okolic Gombina i Sochaczewa.

Lud nasz zawiera małżeńskie związki, wyszedłszy zaledwie z dzieciństwa. Skoro młodzian dojdzie lat ośmnastu, już mu rodzice obmyślają żonę. Upatrzywszy więc we wsi dziéweczkę, posyłają s w a c h ę, zwykle we Środę wieczór, do domu jej rodziców. Po pozdrowieniu: „Niech będzie pochwalony", na zapytanie po co przyśli, odpowiadają: że szuka zabłąkanej jałówki, lub gąski. Matka zarzeka się, że jej na oczy nie widziała. Swa-

---

[1]) Niniejszą wzmiankę o b u d n i k a c h wyjęliśmy z *Gazety Codziennej* (Warszawa, 1853, nr. 258), która opisując tryb życia tych osadników w leśnych obszarach Mazowsza (np. w puszczy Kampinowskiej), daje także i krótki zarys ich w e s e l a, którego autor artykułu był świadkiem.

cha wpiéra z swej strony, a potém zapytuje o dziewczynę. Gdy dziewczę przywołane wchodzi, swacha odzywa się wesoło: „Otóż to ta sama jałówka, której szukamy; gdzieżeś się nam oto zabłąkała?" Na te słowa zawstydzona dziewczyna boczy się i ucieka, zasłaniając oczy fartuchem.

Po owym zwyczajnym wstępie następuje wyraźne oświadczenie. Matka zdraża się zrazu: „Szkoda dziewczyny — mówi; nabiedujeć się jeszcze niemało na świecie; tyle jej dobrego, ile użyje u rodziców w chacie". Swacha znowuż zachwala pana-młodego, wylicza jego dostatki i zalety: „Nie pójdzieć wasza dziewka na puste kąty, mówi ona; chłopak dobry, urodziwy, z poczciwego gniazda; nie będzie krzywdy waszemu dziecku. Nareszcie zwraca się do dziewczęcia i czyni jej takież same przedstawienia. „A cóż Maryś, będziesz-że go chciała? — pyta nakoniec stanowczo". „Czy ja tam wiem" — oto zwykła odpowiedź dziewczyny, która wstydzi się, płacze, zasłania oczy i kryje się w najciaśniejszy kątek izby, a najczęściej tuli się za piecem. Swacha mimo oporu dziéweczki, woła na nią o kieliszek. Wówczas matka przemawia do córki, wystawiając jej ciężkie obowiązki nowego stanu. Swacha z swej strony przekłada jej, że nie pójdzie przecie na żadną poniewerkę. Dziewczyna wkońcu wychodzi z za pieca i podaje kieliszek. Bliższa rodzina zbiera się na radę. Swacha klasnąwszy w ręce na znak radości, że sprawa już ubita, błogosławi kieliszek, nalewa go wódką, którą wszyscy piją dokoła. Po wódce przybywa ochoty, następują narady co do posagu. Rodzice dziewczęcia zastrzegają sobie jeszcze czas do namysłu do dnia następnego. Pan-młody nie bywa nigdy obecnym owym przedwstępnym układom.

We Czwartek wieczorem odbywają się formalne oświadczyny; przychodzi więc pan-młody w towarzystwie ojca lub matki, jakotéż swachy i kogoś z rodziny lub kumów. Matka dziewczęcia oczekuje już na gości i przyrządza na ich przyjęcie placki, sér, miód, gorącą wódkę że słoniną: słowem co się znajduje w domu. Jeżeli chata bardzo uboga, musi być przynajmniej chléb z solą. Pan-młody dobywa flaszkę z wódką, pije do dziewczyny, która po zwykłém zdrażaniu podaje kubek, pije sama, a za nią reszta rodziny. Potém następują dokładniejsze niż dnia poprzedniego umowy co do wesela, co do zaproszenia gości, w czasie których oboje młodzi zawstydzeni i nieśmieli, nie wychodzą prawie z za pieca.

W Sobotę wieczór pan-młody idzie prosić dwóch statecznych i możniejszych gospodarzy w dziwosłęby. Uprosiwszy, przyprowadza ich do domu rodziców panny-młodej. Rodzice pana-młodego, jakotéż starsi z rodziny lub kumów przybywają także. Po hojném uczęstowaniu składają wszyscy stanowczo naradę co do wesela. Dziewosłęby (ludzie żonaci) wyprowadzają z kątów państwa-młodych, przemawiają do nich, wskazując im nowe obowiązki; nareszcie skłaniają ich, aby sobie nawzajem podali ręce. Obrzęd ten zowie się zrękowinami.

W niedzielę rano starszy dziewosłąb przychodzi z koszałką do rodziców panny-młodej. Dziewczę kładzie mu w koszałkę kapłona lub kurę jako dar dla plebana. Po zwykłém uczęstowaniu, dziewosłąb idzie do kościoła, niosąc pieniądze na zapowiedzi. Państwo-młodzi nie bywają w dniu tym w kościele, ale pozostawszy w domu, czynią przygotowania na przyjęcie gości. Po nabożeństwie idą oboje na wieś i spraszają na objad tych wszystkich, którzy mają być zaproszeni na wesele; zbiera się czasem do kilkudziesięciu osób. Po sutym objedzie, złożonym zwykle z czarniny, gęsi, kapusty, skopowiny i kaszy, muzyka gra, młodzież tańcuje, a starsi odbywają naradę. W tym dniu stanowią ostatecznie, kto ma być zaproszony na drużbów i druchny, zkąd sprowadzić grajków: słowem jak wystąpić najprzyzwoiciej, żeby przecie wszyscy we wsi długo pamiętali wesele. Jeżeli rodzice panny-młodej należą do zamożniejszych we wsi, wówczas podejmuję sami koszta weselnego obrzędu, które są znaczne, bo częstokroć do trzechset złotych dochodzą; w przeciwnym razie, każdy z zaproszonych w dzień zapowiedzi oświadcza, w czém się przyczyni do składki, a nazajutrz zrana przynosi do chaty co przyrzekł. Do owej składki należy zboże wszelkiego rodzaju, wódka, piwo, kasza, mięsiwa: słowem, na co kogo stanie. Panna-młoda z swej strony w niedzielę wieczór zamawia sobie druchny, pan-młody drużbów, których liczba zwykle parzysta dochodzi do sześciu lub ośmiu.

W następną Niedzielę rodzice panny-młodej jadą wraz z nią do bliskiego miasta, gdzie zakupują wszystko co potrzeba na wesele. Druchny idą także po wstążki: słowem wszyscy prawie zaproszeni na gody, zwłaszcza jeżeli wieś zamożna, znajdują się w dniu tym w miasteczku.

We Czwartek przed ślubem, panna-młoda jakkolwiek ma już zamówione druchny, idzie przez ceremonią do domu ich rodziców z prośbą, aby dali pozwolenie córkom; pan-młody z swej strony uprasza o drużbów gospodarzy. Otrzymawszy pozwolenie, wybiera z pomiędzy nich dwóch, którzy mają być starszymi drużbami i prowadzi ich do weselnego domu (tak się bowiem nazywa dom rodziców panny-młodej). Po hojném uczęstowaniu, dwaj drużbowie idą sami do wszystkich domów zaproszonych już na wesele i powtarzają jeszcze zaprosiny. Ceremonia ta odbywa się zawsze w nieodmiennej formie: są na to właściwe słowa oracyi. Starszy drużba czyta ją niby z książeczki lub papieru, który trzyma w ręku. Wszedłszy do chaty, po zwykłém pozdrowieniu: „Niech będzie pochwalony" stojąc u progu mówi:

Winszujemy dnia dzisiejszego;
Przysłani my tu od dwojga państwa młodego.
Nas dwóch braci zebrali,
bym wszystkiego waspaństwa spraszali,
byście państwo nie wymowni byli,
dwojga państwa-młodego
do stanu małżeńskiego
doprowadzili.
Ten stan małżeński nie za nas się począł,
nie za nas się skończy;
począł się z żebra Adamowego,
które nie słuchało przykazania boskiego.
I to bystre ptaszyna
pod obłoki latało,
różnego-rozmaitego
ziółka szukało.
I nas téż pan-młody
szukał do swojej upodoby;
jak znalazł do swojej upodoby
nie udał się nigdzie,
tylko do Stwórcy jedynego
i do domu tutejszego.
Łaskawe państwo, byście nie wymowni byli,
dwojga państwa-młodego
do stanu małżeńskiego
doprowadzili.
Od stanu małżeńskiego
do domu karczemnego,

a z domu karczemnego
do domu weselnego,
na miłe posiedzenia,
na miłe pogadanie,
na sądek wódeczki,
na piwa dwie beczki,
 na war piwo,
na chleba pieczywo
na szarońdca (zająca) szpilkowanego;
kto tego szarońdca zażyje,
te się dobrze piwka napije.
Będzie tam grała sekunda i bas,
kto się nie naje, nie napije,
pójdzie do dom wczas.
Nie masz ci to nie masz
jak starszemu drużbie;
do garnka się przymknie,
sztuczkę sobie wymknie,
do komory się dotłoczy,
piwka sobie utoczy,
 i komu innemu
 i koledze swemu;
I my téż z braciszkiem
będziem się starali,
byśmy się dobrego
 piwka napijali.
Panie ojcze, pani matko,
po weselach bywacie,
wiecie co jadacie;
 groch i jagły —
 i tak zawdy.
Panie ojcze, pani matko,
prosim was na tego wolcu,
co wisi na krępolcu,
 drugi na oborze
 i ten nam dopomoże;
trzeci rogami po ścianie szoruje,
 bo rzeźnika w domu czuje.
Panie ojcze, pani matko,
prosimy was na tego wieprza karmnego,
 miotłą potrąconego,
 igłą zakłutego.
I na kaczorów pięciu,
na skopów dziesięciu.
Panie ojcze, pani matko,
prosim byście darowali,
w czémem się nie spodobali,

czyli w śpiewie, czyli w mowie,
bom się nie uczyli w szkole,
jeno u cepów w stodole.
Niech będzie pochwalony Jezus Chrystus.

Po owej oracyi drużbowie skłoniwszy się, wychodzą za
próg, i udają się z kolei do wszystkich chat, zkąd poprzednio
goście sproszeni już byli.

Niekiedy idą i na wsi okoliczne. Zaprosiwszy już całą drużynę, wracają do domu weselnego, gdzie zdają sprawę ze swych
czynności, a uczęstowani znowu, rozchodzą się każdy do siebie.

Przez Piątek odbywają się w domu przygotowania. Zabijają
wołu, wieprza, barany, gęsi, mielą kaszę; słowem, sposobią
wszystko. Gospodarz wystawia piec w sieni, ażeby w dniu wesela nie zaprzątać miejsca w izbie. Kucharka ugodzona na
wszystkie dnie, już od piątku zajmuje się przyrządzaniem strawy.

W Sobotę rano starszy dziewosłąb przychodzi po pannę-
młodą; uczęstowany jak zawsze, prowadzi oboje Młodych do
spowiedzi. Matka panny-młodej zostaje zazwyczaj w domu zajęta
przygotowaniem. Dziewosłąb (starosta) w imieniu pana - młodego
opłaca księdza. Po powrocie do domu, częstują się w domu wszyscy
gorącą wódką z miodem i plackiem. Dziewosłąb wraca do siebie,
pan-młody zaś zajmuje się sprowadzeniem muzykanta; to jedno
wyłącznie należy do niego, wszystkiem innem zresztą zajmują
się drużbowie. Panna-młoda idzie na wieś, pożycza zewsząd misek, łyżek, talerzy i znosi to wszystko do domu.

Przybywszy wieczorem z grajkami, pan-młody idzie sam po
drużbów, a panna-młoda sprowadza druchny. Młodzież zszedłszy
się do chaty, raczy się hojnie przekąską, poczém drużbowie idą
znowu na wieś i spraszają całą weselną drużynę na rozpletki.
Każdego z przybywających rodzice panny - młodej częstują we
drzwiach kieliszkiem wódki i kawałkiem placka; a panna-młoda
każdego z obowiązku obejmuje za nogi, na znak ukorzenia
i przychylnego w dom przyjęcia, z wyjątkiem tylko młodych i to
nieżonatych. Po takiém powitaniu, każdy idzie na izbę i śmiało
się rozgaszcza w chacie. Muzyka gra, młodzież tańczy, przyśpie-
wując i bijąc w obcasy, a starzy siadają na ławach, i przypatrują się radzi powszechnej ochocie. Gdy się wszyscy poschodzą, drużbowie wystawiają stoły, pokrywają je czystém płótnem,

rozstawiają miski, łyżki i noże, krają chleba dostatkiem, i przynoszą na stół postną strawę, która w dniu tym, jako w sobotę,
składa się zwykle z kapusty i kaszy tatarczanej z olejem. Po
objedzie, skoro drużbowie powynoszą znów stoły, jeden z dzie-
wosłębów wyprowadza na izbę pannę-młodą i oddaje ją druchnom. Grajkowie sadowią się przy drzwiach, weselna drużyna ob-
stępuje ich wkoło, a druchny oprowadzają po izbie pannę-młodą
jakby w polonezie. Tu następują śpiewy. Drużbowie przyśpiewują jedną zwrotkę, przemawiając do panny młodej w imieniu
pana-młodego; druchny w imieniu panny-młodej odśpiewują za
nią. Po każdej zwrotce przygrywają grajkowie.

Drużbowie śpiewają naprzód:

175.

Siwa gołębica
przez pole leciała,
powiedz-że moja Kasiu,
czy mnie będziesz chciała?

Na to odpowiadają druchny:
Jużem ci powiedziała,
prawą rączkę dała,
że cię będę mój Jasieńku
do śmierci kochała.

Drużbowie:
Bom ja zmókł, bom ja zmókł,
suknia na mnie zmokła,
stojący Kasieńku
u twojego okna.
Połamały' mi się
u żupana fałdy,
dowiadujący się
u Kasieńki prawdy.

Druchny:
Oj co za pan, co za pan
przez te pole jedzie.
Starszy-ć to dziewosłąb,
Kasi wianek wiezie.
A wiezie-ć go, wiezie,
konik pod nim skacze;
hej nasza Kasieńka
swego wianka płacze.

Drużbowie:

Nie płacz Kasiu, nie płacz,
wianeczka nie żałuj,
jnny ci uwiją,
ty mi ten podaruj.

Druchny:

Siada Kasia z żalem
na białym kamieniu,
i rozpuszcza swój warkoczyk,
po prawém ramieniu.
„Nieszczęśliwa ja sierota
na świecie,
a któż mi ten warkoczyk
rozplecie!“

Drużbowie:

„A chodzi-ć ta starsa druchna
po sieni,
nosi ona złoty grzebień
w kieszeni,
i wstążeczki cztery łokcie
do tego,
aby zapleść do wianeczka
małego.

Druchny:

Hej już potoczę, potoczę
swój wianeczek po stole,
a weźcież go panie ojcze,
a weźcież go odemnie.

Drużbowie:

Córko moja, córko droga,
wianeczka ci nie biorę,
ale ciebie precz od siebie
już na zawsze oddalę.

Tym sposobem prześpiewują kolejno do matki, sióstr, braci,
i bliższych z rodziny; po każdej zwrotce panna-młoda obejmuje
z płaczem nogi wzmiankowanych w pieśni osób. Nakoniec
d r u c h n y śpiewają, zwracając się do całej weselnej drużyny:

176.

Oj potoczę ja potoczę
mój wianeczek po stole,
a weźcież go już odemnie,
weźcie go przyjaciele.

Drużbowie odśpiewują na to:

> Kasieńku moja, Kasieńku,
> wianka ci nie bierzemy,
> ale ciebie już na zawsze
> Jasiowi oddajemy.

W czasie śpiewania, przystępują druchny ze wstążką i grzebieniem, rozplatają warkocz pannie-młodej, rozpuszczają jej włosy po plecach, przypinając do nich wstążki. Po rozplecinach druchny śpiewają razem:

177.

> Oj nasza, nasza, nasza
> jeszcze do jutra,
> nastąpi-ć nam potem
> godzina smutna.

Śpiew dotąd smutny był i żałosny; odtąd zaś grajkowie przygrywają weselej, młodzież tańczy dokoła izby, a drużbowie w imieniu pana-młodego śpiewają znów ochoczo:

178.

> A ryżały moje konie, ryżały,
> Kiedy po wianeczek Kasi leciały. —
> A nie ryżcie moje konie, nie ryżcie,
> popasę ja was, popasę na życie.

Panna-młoda obchodzi wszystkich i z płaczem obejmuje każdemu nogi. Wszyscy ją zosobna błogosławią; późno w noc rozchodzą się do domów. Starszy dziewosłąb z obowiązku bierze do siebie grajków i drużbów, daje im nocleg wygodny, a obfite nazajutrz śniadanie. Przy śniadaniu druchny przynoszą wianki, które uwiły dla drużbów: z kapłonich piór, szychu, kwiatów robionych i wstążek, i te przypinają im na kapeluszach, do piersi zaś na lewej stronie długie czerwone wstążki. Same druchny suto postrojone w wstążki, których czasem do 30 łokci spływa im dokoła głowy w rozmaitych kolorach; na sobie mają białe lub pstre spódnice i czarne albo błękitne gorsety.

Druchny i drużbowie wraz z dziewosłębami i grajkiem idą następnie do weselnego domu. Panna-młoda oczekuje na nich ubrana w co ma najlepszego. Unika tylko mieć na sobie cokolwiekbądź czerwonej barwy, ta bowiem użyta w dzień weselny, zapowiada ogień. Po wódce i przekąsce drużbowie idą na wieś spraszać po raz ostatni drużynę. Wchodząc do chaty, kłaniają się, a pozdrowiwszy jak zawsze w imię Jezus, mówią: „Panie ojcze, pani matko, prosiemy z sobą na weselne gody". Wszyscy więc zaproszeni idą razem z drużbami do domu weselnego, gdzie po wódce, starszy dziewosłąb staje na środku izby w obecności wszystkich sproszonych i przemawia do państwa-młodych zwyczajne słowa błogosławieństwa i mówi:

„Kochane dzieci, przyozdobiliście się, jedno koroną na głowie, drugie bukietem przy boku; ale na miłość Boga, przed którego majestatem za kilka chwil staniecie, żeby wykonać sobie przysięgę, proszę was, abyście się zastanowili, że przysięga znaczy to, iż nigdy już rozłączeni być nie możecie, aż wtenczas, kiedy was ten sam Bóg zawoła do grobu. Odmieni wam się los, w jakim dotąd zostawaliście, odmieni wam się wesołość i płochość, w kłopot, umartwienie i wylanie łez, z któremi, Boże zachowaj, żebyś ty córko, co w młodości twych lat odchodzisz od rodziców, nie stanęła za kilka miesięcy lub tygodni pod ich oknem i nie wołała: Ojcze, matko! otwierajcie prędko, a zobaczycie, wiele bólu i udręczenia ponoszę od swojego męża a waszego zięcia! Pamiętaj synu (to mówiąc dziewosłąb, obraca się do pana-młodego), pamiętaj, że nie na to zobowiązujesz się być małżonkiem, żebyś miał być udręczycielem, ale żebyś był ojcem, opiekunem i miłośnikiem tej małżonki, która za kilka chwil stanie się twoją. Ojcze i matko! zbliżcie się do swych dzieci, które ostatni raz w takim widzicie stanie. Pobłogosławcie im i oddajcie je opiece Bogu, przed którego majestat odchodzą. Ja z wami razem łączę moje błogosławieństwo i imieniem wszystkich obecnych mówię te słowa: „Idźcie moje dzieci w imię Boga, w imię Ducha świętego, w imię Trójcy najświętszej, wezwijcie na pomoc najświętszej Panny Maryi, aniołów stróżów, patronów i patronek waszych i wszystkich Świętych, aby byli teraz i na wieki z wami. Idźcie w imię Boskie, w imię Ojca i Syna i Ducha świętego. Amen".

Przy ostatnich słowach owej przemowy, dziewosłąb macza kropidło w święconej wodzie i pokrapia niém państwa-młodych. Po błogosławieństwie, państwo młodzi kłaniają się wszystkim koleją; każdy zosobna ich żegna, wszyscy płaczą serdecznie rozrzewnieni.

W tém muzyka zagra wesołego marsza, i cała drużyna idzie społem do kościoła, skacząc i wykrzykując ochoczo. Jeżeli niema kościoła we wsi, wszyscy siadają na wozy, grajkowie jadą w samym końcu. Przyszedłszy lub przyjechawszy przed kościół, idą ku ołtarzowi w jednakim zawsze porządku. Naprzód postępują dwie starsze druchny, prowadząc się przez białą chustkę, którą każda trzyma za róg oddzielny. Dalej w tenże sam sposób starszy drużba prowadzi pannę-młodą, za témi znów idą druchny parami, w końcu pan-młody prowadzony przez drugiego drużbę, a naostatku cała weselna drużyna.

Po ślubie, który odbywa się zawsze po skończoném nabożeństwie, wszystkie pary w tymże samym porządku odchodzą od ołtarza. Jeżeli ślub odbywa się w obcej wsi, wstępują na godzinkę do miejscowej gospody, poczém siadają na wozy; a zajechawszy do wsi, znów do karczmy wstępują. Jadąc od ślubu, grajkowie poprzedzają wesele. W własnej karczmie rozpoczyna się przedwstępna zabawa: kobiety rozchodzą się do domów i za chwilę wracają znowu, znosząc placki, sér, masło, pieczone prosięta, kiełbasy, gęsi, kury: słowem, co która może, i każda z osobna rozkłada co przyniosła na stole, nakrywszy go białém płótnem, i częstuje krewnych, kumy i przyjaciół. Na pierwszém miejscu za stołem zasiadają państwo-młodzi otoczeni druchnami. Rodziców panny-młodej niema najczęściej ani w kościele ani w karczmie. Wszyscy zgromadzeni z wyłączeniem państwa-młodych i druchen składają się na wódkę i piwo. Muzyka gra od ucha, drużbowie śpiewają, skaczą, biją w obcasy i wykrzykują wesoło. Zabawa i tańce przeciągają się do szarej godziny.

Przychodzi wreszcie ojciec panny-młodej lub kto inny z weselnego domu i prosi za sobą całą weselną drużynę. Niektórzy przez ceremonią rozchodzą się do domów, ale drużbowie są obowiązani wynaleźć i sprowadzić każdego. Skoro się wszyscy zgromadzą w chacie, rozpoczynają się tany. Następnie drużbowie wnoszą nakryte stoły, rozkładają na nich łyżki i talerze. Państwo-młodzi i druchny zajmują znowu pierwsze miejsce i rozpoczyna się objad weselny, przed rozpoczęciem którego gospodarz zwykle błogosławi strawę, mówiąc:

„Pożywajcie śmiele
póki dusza w ciele;

bo jak dusza wyjdzie z ciała,
pożywać nie będzie chciała".
W imię Ojca i Syna i Ducha świętego. Amen.

Zabierają się wszyscy do strawy złożonej z czarniny, mięsiwa wszelkiego rodzaju, kilkorakiej kaszy i kapusty. Dzieci z całéj wsi bądź zaproszonych, bądź niezaproszonych na ucztę kobiet, zbierają się do koła chaty i snują się dokoła stołu, a po objedzie dostają wszystko co pozostaje. Nazywają je w tym dniu grabarzami. Po uczcie sprzątają znowu stoły i roznoszą kołacza czyli placek z wołową pieczenią: każdy bierze go i chowa na potém. Dzielą ów kołacz na równe i spore części, żeby się wszystkim do domu po kawałku dostało. Po uczcie poczynają się tańce, które późno w noc trwają.

Z Niedzieli na Poniedziałek starszy dziewosłąb bierze znowuż na noc drużbów i muzykanta; ale drużbowie zamiast spoczynku, rozchodzą się po wsi i kradną co kto może. Zabierają w każdym domu rozmajite rzeczy do ubrania i jedzenia, co się któremu wziąść uda. Zrana wchodzą na dachy i zakładają niby tasy z pokradzionych przedmiotów. Sami zaś przebierają się za żydów, brody przywiązują sobie z pakuł poczernionych sadzami, czapki wykrojone z papieru lub sklejone ze starych kożuchów kładą na głowy i udawając żydowską mowę, wołają na przechodzących, aby kupowali od nich rozmaite rzeczy. Każdy więc rad wykupuje swoje, a za zebrane pieniądze drużbowie zakupują wódkę i piwo, aby tym sposobem użyć dziewosłębowi, który w tym dniu podejmuje całą weselną drużynę. Kobiety tymczasem przebrane za baby, a mężczyźni i inni za dziadów, kwestują po wsi szpérki, jaja i inne rzeczy, które zarówno znoszą do domu dziewosłęba. Ten przysposobiony oddawna, w obiadowej godzinie rozsyła po wsi drużbów po weselną drużynę. Zgromadzają się wszyscy, jedzą, piją i tańczą; przed wieczorem zaś idą do karczmy, a ztamtąd po nowych zaprosinach udają się znowu do weselnego domu, gdzie około godziny 9-tej pożywają nową ucztę, która w tym dniu, jako przy oczepinach, ze wszystkich dni najwspanialszą i najobfitszą bywa.

Przy każdej potrawie śpiewają dnia tego zastosowane piosenki. I tak przy grochu odzywają się drużbowie:

„Nasieliście groszku
przy rozłożku;
a w tym groszku trzoda ryje.

Oj wyryła-ó złote ziarno!
Gdzież to ziarno podziejemy,
do złotnika powiesiemy,
aby wykuł óbrączkę
dla Kasieńki na rączkę.

Przy kluskach śpiewają znowu:

179.

„Włożyliśmy drewek na ogień,
już na piecu garnek, kluski w niém;
a będęż się przemykał,
po jednemu wymykał,
aż je zjem — aż je zjem".

Przy kapuście śpiewają chórem:

180.

„Siedzi zając pod miedzą,
a druchenki o nim nie wiedzą;
siedzi o tam bieluchny,
patrzy sobio na druchny,
na druchny.

Gdy podają kołacz, odzywają się w końcu:

„Mości państwo gmurzy *(bogaci chłopi)*,
jedzie kołacz duży,
potrochu go zajadajcie,
na grabarzów pamiętajcie,
bo mali — bo mali!

Po objedzie powstają wszyscy z miejsc; zostają tylko za stołem druchny dokoła panny-młodej i dziewosłęby z żonami. Drużbowie przynoszą na stół cztéry butelki z wódką, piwem, wodą i burakowym kwasem. Wodę przezywają winem, burakowy kwas ratafią, piwo porterem, wódka tylko pozostaje wódką. Koło butelek stawiają próżny talerz.

Muzyka odzywa się na ton żałosny, a starsza dziewosłąbka (starościna) rozbiéra ze wstążek głowę panny-młodej. Druchny tymczasem śpiewają naprzemiany z muzyką:

181.

1. Oj szczerze-m ja Panu Bogu służyła,
   kiedy-m ja tę jabłoneczkę sadziła.
2. Sadziłam ją w ogródeczku przy drodze,
   a którędy mój Jasieczek pojedzie.

3. Pojedzie on koło okien ściankami
koło mojej jabłoneczki kochanej.
4. I nie wyszło jabłoneczce dwie lecie,
a już moja jabłoneczka ma kwiecie.
5. Czerwone mi jabłuszeczka rodziła,
zielonemi listeczkami przykryła.

Za każdą zwrotką, dopóki panna-młoda niema czépka na głowie, druchny wykrzykują społem: „Oj nasza, oj nasza!“ Przy odjęciu korony śpiewają znowu:

182.

O już to precz moja Kasiu — już to precz,
zdejm wianeczek, a na głowę włóż czépiec.
A już to precz mój Jasieńku — już to precz,
a przedajże parę wołów na czépiec.

Na to drużby dodają niby żartem:

A przedajże mój Jasieńku i kurę,
sprawże Kasi ochędóżkę na skórę.

Kobiety wreszcie kładą pannie-młodej czépek, ona zrzuca go z głowy niby z płaczem; kładą jej następnie drugi, trzeci, aż do ostatniego, który zwykle bywa najładniejszy. Panna-młoda zdejmuje wszystkie, ostatni dopiero zostawia na głowie. Dziewosłąbki (mężatki) tymczasem wyprawiają druchny z za stołu, i sadowią się w ich miejscu, wykrzykując ochoczo: „Już nie wasza, ale nasza, ej hu ha!“

Potém zaś owe dziewosłąbki przebierają się za żydówki, wiążąc chustki na głowę w właściwy żydówkom sposób, zmieniają mowę niby na żydowską i częstują się naprzód wódką z panną-młodą na znak, że już należy ona do grona niewiast. Wypiwszy kieliszek, składają pieniądze na talerz; za niemi wszystkie kobiety schodzą się do stołu po kolei niby na ową mniemaną ratafią i wino, i płacą za nie ile kto może. Te pieniądze przeznaczone są na czépek dla panny-młodej. Po kobietach przychodzą i mężczyźni, wszyscy bez wyjątku. Przez ten czas panna-młoda siedzi za słołem między starszemi niewiastami.

Po skończonych oczepinach, przychodzi starszy drużba w imieniu pana-młodego, przynosi w torbie natłuczone skorupki, niby ruble, i targuje pannę-młodą od mniemanych żydówek. Przy kupnie dziewosłąby przychodzą do żon, przebrani również za żydów, i dopomagają im w sprzedaży panny-młodej. Starszy

dziewosłąb wyprowadza ją z za stołu i wodzi po izbie niby ja-
łoszkę. Dopóki ją dziewosłąb prowadzi, ona idzie dobrze; skoro
drużba bierze ją za rękę, zaczyna kuléć. Ceremonia ta trwa dosyć długo, wreszcie gdy kuléć przestaje, drużba przybija kupno,
płaci skorupkami, bierze w taniec pannę-młodą, a nakoniec oddają ją panu-młodemu, ale zcicha, nieznacznie, tak, że ona sama
tego nie spostrzega.

Muzyka zaczyna grać C h m i e l a, drużbowie biorą koleją
w taniec pannę-młodą, za nimi druchny z głośnym okrzykiem:
„Oj nasza, jeszcze nasza". Starsze niewiasty kłócą się niby
z druchnami, wołając z swej strony: „Oj nie wasza, jeno nasza!"
Wreszcie wszyscy, tak starzy jak młodzi, obowiązani są prze-
tańczyć z panną-młodą parę razy dokoła izby. Po tańcu drużbowie śpiewają żałośnie w imieniu pana-młodego:

183.

Hej siadaj, siadaj moje kochanie,
nic nie pomoże twoje płakanie;
nic nie nada, nie pomoże.
stoją konie, stoją w wozie — już zaprzągane.

Druchny odśpiewują w imieniu panny-młodej:

A jakże ja z wami będę siadała,
kiedym się z matką nie pożegnała?
Bywaj zdrowa pani matko,
chwałaś mnie zawsze gładko — teraz nie będziesz!

Drużbowie znowu śpiewają jak poprzednio. Druchny odśpiewują im:

A jakże ja z wami będę siadała,
kiedymci się z ojcem nie pożegnała?
Bądźcie zdrowi panie ojcze,
chowaliście dla mnie wolce — już nie będziecie!

Gdy drużby wciąż nalegają, panna-młoda żegna niby koleją siostry i braci. Do siostry śpiewają druchny:

Bywaj zdrowa moja siostro,
bywałaś ty na mnie ostrą — teraz nie będziesz.

Do brata przyśpiewują:

Bywaj mi zdrów, panie bracie,
pierałam ja chusty na cię — teraz nie będę.

Zwracają się wreszcie do przyjaciół:

Bywajcie mi zdrowi wszyscy przyjaciele,
bywalim u siebie wesoło i śmiele — teraz nie będziemy.

Pożegnawszy wszystkich panna-młoda, a raczej za nią
druchny już żegnają wszystkie kąty, śpiewając:

A jakże z wami będę siadała,
kiedym się z piecem nie pożegnała.
Bądźcie zdrowe cztery ściany,
i ty piecu malowany — już ja odjeżdżam.

Przy owej smutnej pieśni, przy której zwykle wszyscy płaczą, grajkowie zaczynają znów grać weselej, jakby na rozwese-
lenie panny-młodej. Po niedługim tańcu wszyscy rozchodzą się
do domów. Na noc, któryś z bogatych kumów lub krewnych za-
biera do domu grajków i drużbów, a nazajutrz prosi wszystkich
na objad, zwykłym sposobem rozsyłając drużbów po gości. Zawsze jednak druga uczta odbywa się wieczorem, u rodziców panny-młodej. Jeżeli wesele wielkie, trwa niekiedy i do piątku;
jedni drugim oddają grajków i drużbów na noc, a we dnie po-
dejmują drużynę. Ostatniego dnia przeprowadzają weselni pannę-młodą do
chaty pana-młodego. Jeżeli ten mieszka w innej wsi, zaprzęgają
wozy i wiozą ją wraz z muzyką. Matka mężowska wyprawia
sute przyjęcie; na widok zajeżdżających wychodzi przed chatę
z chlebem i solą, łącząc do tego trochę cukru i octu, na znak,
że trzeba jej przyjąć wszystko, złe i dobre pospołu. Zsadzają
z wozu pannę-młodą i wprowadzają ją do chaty z wielkiem po-
szanowaniem, podczas gdy muzyka przygrywa marsza. Panna-
młoda musi chuchać w komin, co ma jej dopomódz do prędszego przyswojenia się u obcego ogniska. Następują: uczta
i tańce, po nich wszyscy rozchodzą się do domów, i na tém
kończy się obchód weselny.   *Jarosza.*

Wesele.

VIII.

184.

od Kiernozi.

A usiądź — ze a usiądź — ze panno młoda a usiądź — ze na dzieży,

niechze ci się, niechze ci się złoty warkoc niechze ci się rozplezy.

185. [1])

od Kiernozi.

A puscę ja swój wiane — cek po sto — le po sto — le,
u — pa — dnie on pa — nu oj — cu na lo — no, na lo — no

1. A puscę ja swój wiánecek
   po stole (:)
   upadnie on panu ojcu
   na łono.

2. Przyjmij-ze go, panie ojce
   do siebie.
   — Nie przyjmę go, moja córko
   ni ciebie.

3. A puscę ja swój wianecek
   po stole,
   upadnie on starséj swatce
   na łono.

4. Przyjmij-ze go, starsa swachno
   do siebie.
   — Nie przyjmę ja ni wiánecka,
   ni ciebie.

Grajek przygrywa do rozpleciu:

186.

Kozłowice, Gusów

tr

tr

[1]) Pieśń tę powtarzają także i przed oczepinami, zdejmując Młodej wianek.

187.

Chochołów. Tretki

1 Pod borem so — sna   pod nią to — po—la,   o — zeńze   sie

mój ty Jasiu   boć ci   piewo — la.

2. Nie tak niewola,
   jak mi cię trzeba,
   zebyśwa się dorabiali
   kawałka chleba.

W drodze do kościoła:

188.

Złaków kościelny

Sto—ja—ła   li — pa   przy do — le,   przy do — le,   przy do — le.

1. Stojała lipa przy dole,
   przy organiścinej stodole.
2. Tam-ci Kasińka stojała,
   rosicka na nią padała.
3. Bieg(ł)-ci Jasiniek na rolą,
   wziął sukmaniska, odział ją.
4. Śpij-ze Kasińku po woli,
   niech cię głowecka nie boli.

5 Kasieńka wstała skoro dzień,
   posła-ci ona po ogień.
6. Nie po ogień-ci chodziła,
   jéno Jasieńka budziła.
7. Wstań-ze Jasiu mój, umyj się,
   na! gorzałecki, napij się.
8. Ja gorzałecki nie piję,
   jéno Kasieńkę za syję.

Druchny:

189.

Drużbowie.   Złaków.

Jesce'm   ja nie twoja   jesce'm ja jest wolna.   A jak pójdzies
Jesce'm   „   „   „   „   A jak wrócis

do kościoła,   a tak będzies   mo—ja.
od oł—ta—rza   „   „   „   Ser IX str. 174, nr 30.

Wracając z kościoła po ślubie:

190.

Tretki Chochołów.

Oj w po—lu   o—gró—de—cek   wpo—lu ma—lo—wa—ny.

1. Oj w polu ogródecek,
   w polu malowany, —
   da któ-z-ci go malował?
   Jasieńko kochany.

2. Oj a w tym ogródecku
   cerwone goździki, —
   zaprzęgaj-ze, Jasieńku,
   te kare koniki.

3. A jak-ze ich zaprzęgać,
   kiedy się motają?
   Da ciężki zal dziewcynie,
   kiedy jej ślub dają.

4. Da w bęben zabębnili,
   da winokrat (Veni creator) za-
   da mojej kochanecce   [grali,
   da wianek odebrali.

191.

od Wiskitek.

W karczmie.

Pieśń tę śpiewają w czasie, kiedy Młoda obnosi (na głowie trzymając) chléb świeżo upieczony dla biesiadujących.

1. Naokoło izba, w koło piec
   nie umiała Młoda chleba piec.

   Tylko jedne kukiełecke,
   tylko iedne nám upiekła,
   a ta jéj chyzo z pieca
      uciekła.

2. I stanęła sobie na moście,
   i kłaniała się staroście.

   A do domu, kukiełecko,
   a do domu, a do domu,
   nie kłaniaj się po gościeńcu
      nikomu.

      Lud, Ser. VI, n. 76.

192.

Zakończenie:

6. Urwała ich panna-młoda — dwanaście,
   i zaniosła jegomości — staroście.

7. A starosta bardzo im rad, — mocny pán,
   zasadził-ci pannę-młodą — za swój stół.
      (ob. *Lud*, Ser. XVI, n. 269.

193.

od Wiskitek

ty nie—bo — ze, to na dół, to ku gó — rze, chmielu nie — bo — ze.

194. od Wiskitek.

1. Przede dworem wielki sad,
nie przeleci tam záden ptak.
Jéno jeden malusieńki
do Kasieńki na obiad.

2. Wystawiła mu dwa séry,
i na półmisku gęsiny.
Jédz sam Jasiu, nieboze,
bo Kasieńka nie moze.

Przyjaciel ludu z r. 1846, str. 200.

Oczepioną w komorze pannę-młodą i otuloną w płachtę prowadzą na izbę wraz z kilku niewiastami podobnież osłoniętemi (między któremi niekiedy znajdują się i wiekowe), i każą panu-młodemu żonę swoją odgadywać. Z wybraną tedy (choćby i nie odgadł), winien on iść w taniec do koła izby, nim sztrof zapłaci. Mimo sztrofu, i łatwości rozpoznania swej małżonki, udaje on czas jakiś oszukiwanego i bierze w taniec parę innych niewiast, bo go igraszka ta, równie jak i drugich, niewymownie bawi. A wtedy usłużni drużbowie zwykli się odzywać na wiwatową nutę, przyśpiewywując i krytykując niby w jego imieniu tańcującą z nim niewiastę:

197.

A ja ba—bu—leń—ce do pal—ca, bab—cia stara ledwo ła—zi
mo—ja ba—bu—leń—ka hop walca

dia—beł z babcią nie po—radzi.

1. A ja babuleńce do palca (u nóg),
moja babuleńka: hop! walca.
Babcia stara ledwo łazi,
diabeł z babcią nie poradzi.
2. A ja babuleńce do pięty,
moja babuleńka: mój święty!
Babcia stara i t. d.
3. A ja babuleńce do kostek,
moja babuleńka — wyrostek.
4. A ja babuleńce do kolán,
moja babuleńka: pozwalám.
5. A ja babuleńce do uda,
moja babuleńka: ja chuda.
6. A ja babuleńce do pępka,
moja babuleńka — jak kępka.
7. A ja babuleńce do pasa,
moja babuleńka: hopsasa!
8. A ja babuleńce do cycy,
moja babuleńka — aż kwicy.
9. A ja babuleńce do gęby,
moja babuleńka — gdzie zęby?
10. A ja babuleńce do nosa,
moja babuleńka — jak osa.
11. A ja babuleńce do oka,
moja babuleńka — wysoka.
Babcia stara ledwo łazi,
diabeł z babcią nie poradzi.

Wesele.

IX.

Zaprosiny na Wesele, odbywają się w podobny sposób jak to na str. 276 przytoczono, lubo przemowa drużby bywa tu krótszą.

Druchny śpiewają: 198. Rzeczyca.

Pod borem so—śnia gorza — ła, I—skry na nią pa—da—ły,
pod nią dziew—cy—na sia—da — ła

suknie na ni go—rza—ły as do dnia, as do dnia

1. Pod borem sośnia gorzała,
   pod nią dziewcyna siadała.
     Iskry na nią padały,
     suknie ná ni gorzały
       az do dnia.

2. Przyjechał do ni pán stary,
   prosił o wiánek ruciany.
     Nie dám ja ci wianecka,
     boć ja grzecna dziéwecka,
       tyś stary.

3. Przyjechał do ni pán średni,
   prosił o wiánek, o śrebny.
     Nie dám ja ci wiánecka,
     bo ja grzecna dziewecka,
       tyś średni.

4. Przyjechał do ni pán młody,
   prosił o wiánek, o złoty.
     Nie dám ja ci wiánecka,
     bo ja grzecna dziewecka,
       tyś młody.

5. Przyjechał do ni młodzieniec,
   ona mu nie wié, co mu rzec.
     Na łózku się nie zmieści,
     w kolébce się rozpieści,
       no, z nim w piec.

6. Trzeba łucywa smolnego,
   podpalić pana młodego.
     Nie trzeba go podpalać,
     obiecał się poprawiać
       ze złego.

7. A popraw·ze sie, Jasiu mój,
   kupię ja tobie w mieście dom.
     A w Warsawie kamienicę,
     a w Krakowie subienicę,
       Jasiu mój!

Waryant. 199. od Rawy, Skierniewic

Pod bo em sośnia sto—ja — ła I—skry na nią pa—da—ły,

su—kuie na ni go — rza — ły aż do dnia

W czasie jazdy do kościoła przygrywa grajek marsza:

200 [1]).

[1]) Na tę nutę śpiewają i pieśń: A przyjechali deputacy z wojny
i t. d. (ob. *Lud*, Ser. IV n. 110. — Ser. XIV nr. 405).

201.

Drużbowie:

Oj nie wi—dzia—ze Kasiu   da tę wy — so—ką wieżę,
da tam wa — ju z Jasieńkiem   da do ślu — bu powie—zą.

202   Rzeczyca.

Kobiety:

Dziewcy—no   mo — ja   niescy—rość two—ja,   nie scérze   mię za—

nu—jes,   a ja się w tobie   scy — rze za—kochał,   a ty ze   mnie zar—tu—jes

1. Dziewcyno moja, niescyrość twója,
    niescérze mnie ranujes,
    a ja się w tobie — scyrze zakochał;
    a ty ze mnie zartujes.
2. Koniki'm trudził, sam'em się ludził,
    podarunki'm kupował,
    a bodaj·ze ten — ni scęścia nie miał,
    kto ci będzie ślubował.

3. Wysła na pole, — stanęła sobie
    pod jaworem w chłodzie,
    i wyglądała swego kochanka,
    z której strony pojedzie.
4. Oj jedzie, jedzie, — oj jedzie, jedzie,
    oj tym bitym gościńcem,
    wiezie mi wiezie, wiezie mi wiezie,
    da pudełecko z wieńcem.

203.   Lubochnia Starzyce

A na o—néj   gó—rze, na je — dwabnym śnu — rze,   dwoje drzewa,

dwo—je drzewa   pły—wa pły — wa

1. A na onej górze — na jedwabnym śnurze,
   dwoje drzewa pływa (:).
2. Jedno kalinowe, oj i kalinowe,
   drugie jaworowe, oj i jaworowe.
3. A pod kalinowem, pod kalinowem,
   dziewcyna białem syciem wysywa.
4. A pod jaworowem, pod jaworowem,
   nadobna dziewcyna do ślubu się wybiéra.
5. Oj cy-li ci ojca zal, cy ci matki zal?
   — Ojca nie zal, ojca nie zal, matki nie zal.
6. Komu'm rąckę raz dała, raz dała,
   temu będę ślubowała, oj ślubowała.

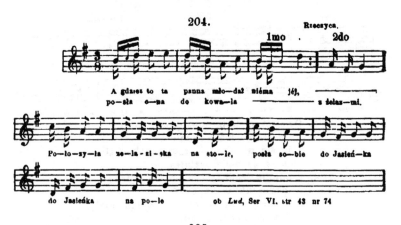

A gdzież to ta panna mło—dał ziéma jéj,
po—sła o—na do kowa—la s żelaz—mi.

Po—lo—zy—la ze—la—zi—ska na sto—le, posła so—bie do Jasień—ka
do Jasieńka na po—le ob *Lud*, Ser VI. str 43 nr 74

Do oczepin. **205.** Rzeczyca.

A jakeś mi mawiał kiedyś mnie na—mawiał, u ma—tu—li za drzwiami

1. A jak'eś mi mawiał,
   kiedyś mnie namawiał
   u matuli za drzwiami?
   Kiej cię napadała
   ta wilcza choroba,
   scękotałeś zębami.

2. A jak'eś mi mawiał,
   kiedyś mnie namaw.ał
   u matuli przed sienią?
   kiedyś mi zdejmował
   te złote pierścienie,
   chowałeś je w kiesenią.

3. A jak'eś mi mawiał,
   kiedyś mnie namawiał,
   u matuli w komorze?
   A powiadałeś mi
   da o stadzie bydła
   da na swojéj oborze.

4. A ja do obory,
   a tylko dwa woły
   a i to lada-jakie.
   — A doglądaj-ze ich,
   moja kochanecko,
   da nie będą ony takie.

5.　A jakeś mi mawiał,
　　kiedyś mnie namawiał
u matuli w oborze.
　　Opowiadałeś mi
　　da o swojém zbozu,
a ze je mas w komorze.

6.　A ja do fasecki,
　　tylko dwie garstecki,
i to jesce z plewami.
　　— A wysiéj-ze ich ty,
　　moja kochanecko,
będzies miała chléb ładny.

206.　　　　　Rzeczyca.

Oj chmielu chmielu pachną-ce zie—le, Ni we—se—le ni chrzciny,
ja — kiez bez cie—bie będzie we — se—le.

a—ni za—dne zmówi—ny chmielu nie—bo—ze

Na dzień dobry.　　　207.　　Lubochnia, Starzyce

Pierwse ku — ry za - pia—ły, ni — ze—li był dzień bia—ły,

otwórzze mi na — dobna dziewcy—no, do téj no—wéj ko—mo—ry,

do téj no — wéj ko — mory

1.　Pierwse kury zapiały,
　　nizeli był dzień biały.
Otwórz-ze mi, nadobna dziewcyno
do téj nowéj komory.

2.　A choćbym otworzyła,
　　kiedy nie mám łucywa (poświecić).
A otwórz mi, nadobna dziewcyno,
choć tak posiedziewa.

3.　Stojał Jasio godzinę,
　　stój-ze jesce i chwilę;
póki ja tu memu panu ojcu,
kosulecki dosyję.

(W tenże sam sposób śpiewa się dalej, zmieniając jedynie:

póki ja tu mojej pani matce
cepecka dosyję).

Pomiędzy tańcami prędszego tempa, ulubiony jest tak zwany goniec, w rodzaju walca.

208.   Lubochnia.

PRZYPISY.

Do stronicy 7.

1.

O początkach Warszawy obiegają następujące podania:

Ł. Gołębiowski (*Opisanie Warszawy*, Warsz., 1827, str. 4) powiada:

„Jest podanie gminne między ludem, którego pominąć nie mogę. W miejscu, gdzie teraz pomieniona stolica, były przedtém rozległe puszcze, w zwierzynę obfite. Król polski imieniem Kazimierz rad w nich polował. Polując raz, zabłąkał się od swego dworu, a szukając schronienia, w którémby odpoczął, spostrzegł lepiankę. W niej zastał matkę, która świeżo b l i ź n i ę t a na świat wydała. Ten dobry monarcha trzymał je do chrztu; jedno z nich nazwał on W a r czyli W a r a, drugie S a w a. Nie szczędził swych łask dla biednej rodziny, i ta szczodrobliwością jego wkrótce dla siebie wygodniejsze mieszkanie wzniosła [1]). Względy, jakich doznawali, i spływające na nich dostatki, to sprawiły, że wnet i inni koło nich gnieździć się zaczęli, i powstało miasto, które od tych bliźniąt Warsawą nazwane zostało".

„W owych wiekach, kiedy wzrost ludności tyle był pożądanym, b l i ź n i ę t a oznaczały błogosławieństwo niebios; dla matki ich, dla dzieci i rodziny całej, a nawet dla tego miejsca, w którém przemieszkiwali, cześć wielka była oddawaną; moc im szczególniejszą przypisywali wszyscy i władzę niejako nadprzyrodzoną, zwłaszcza jeśli jedno było płci męzkiej, drugie żeńskiej (które-to mniemanie dotąd w umyśle gminu wpojone głęboko), jak zdaje się, że było właśnie w tém podaniu. Kiedy zakładano miasto i okrążano pługiem jego przyszły obwód, który granicę miał stanowić, usilnie starano się, ażeby do pługa zaprządz było można b y k a i j a ł ó w k ę, razem z j e d n e j m a t k i zrodzone, i żeby tym pługiem kierować

---

[1]) Dowodem i to, że do późnych bardzo czasów był u nas obyczaj, iż rodzicom 12 synów, z których kraj mógł się posługi spodziewać królowie polscy dawali starostwa. (Ł. G.).

mogły bliźnięta równie, chłopiec i dziewczyna. Gdy to stać się mogło, poczytywano taki zakład za wróżbę szczęścia, za godło zachowania tego miejsca od morowego powietrza. Tego samego nawet używano środka, żeby karę niebios i srogość zarazy przerwać w osiadłém już mieście". (Lud, Serya XV, str. 12, n. 5).

Dalej mówi Gołębiowski: „Słowiańskie to są wyrazy starożytne: Wara i Sawa (wara w dawniejszych językach północnych znaczy: patrzyć, pilnować, ztąd: warta i t. d.). Pierwszy z nich (wara) oznacza u flisów czyli żeglarzy i myśliwców, a nawet w powszechném użyciu: strzeż się! pilnuj, lub nie rusz! (Ser. VI, n. 818). Drugi (Sawa) miał mieć zapewne znaczenie piękności kobiecej i t. d."

Dając dość racyonalne tłumaczenie wyrazu wara, nie pojmujemy, jak mógł Gołębiowski uwzględnić jako podanie skleconą przez kogoś niedorzeczną gadkę o warzeniu przez Ewę strawy dla zbliżających się do przystani żeglarskiej flisaków [1]).

Sobieczczański natomiast inaczej sobie nazwę miasta tłumaczy. Powiada on: „Początek założenia Warszawy, wywód nazwiska i pierwotne dzieje, nie są jeszcze dotąd krytycznie ustalone. Są jednak dwa prawdopodobne wywody. Z tych pierwszy, ogólno-słowiański jest, że wiele osad na wzgórzach (wersze) zakładanych, otrzymywały nazwiska Werszowy, a wedle statutu Duchana cara, wszystkie w tém położeniu miasta w Serbii, zwały się Wersze. Że zaś w najdawniejszych dyplomatach Warszawa pisana jest: Werschowa, Warsa, Warszewa, Varsevia, być zatem może, że ztąd (t. j. od wierzchu) właściwie pochodzi to miano. Za przypuszczeniem tem przemawiają liczne podobne nazwy w innych krajach słowiańskich, a nawet i w samej Polsce (Warszewice i t. d.).

Drugi wywód, mający za sobą także wiele popierających szczegółów, jest, że Warszawa winna swój początek i nazwisko, sławnym w historyi możnowładzcom czeskim Werszowcom, którzy zdawna będąc stronnikami królów polskich, i za to prześladowani w kraju, przenieśli się ostatecznie za panowania Władysława Hermana na Mazowsze i tu stale osiadłszy, założyli miasto, które od ich nazwiska miano swe otrzymało. Jakoż rzeczywiście, wedle archiwalnych dowodów, jeszcze w XIII wieku, można polska rodzina Warszów, później Warszewickich i Warszyckich, posiadała w samej Warszawie i w okolicy grunta i włości, które potem w skład jej weszły".

Atoli wywodowi temu sprzeciwiają się wyraźnie dzieje Czech, które ani słówkiem o podobnej emigracyi Werszowców do Polski

---

[1]) Jest bowiem i inne przez Gołębiowskiego i Wójcickiego zacytowane podanie, jakoby flisacy przybijający swe tratwy do przystani, wołali na żonę Warsza, Ewę, aby warzyła dla nich strawę: „Warz Ewo! — Nie wspominałbym o niém, jako widocznie naciąganém, gdyby nie ta okoliczność, że lud (w dalszym od miasta promieniu) bardzo często nazywa miasto to: Warsewa, a nawet Warsęga.

nie wspominają. A przecież wszelkie tej rodziny czyny, jak naj-
szczegółowiej w swej *Historyi Czech* opowiada Palacki. Nie było
zatem wcale podstawy ani potrzeby przenosić jej na Mazowsze
i mięszać z rodziną polską Warszów.

A. Wejnert w *Starożytnościach warszawskich* (T. IV, str. 419)
mówi o oryginalnym przywileju założenia Warszawy, o którym jest
ślad, że istniał jeszcze w r. 1617 za starostwa Stan. Warszyckiego,
wojewody Podlaskiego, lecz ten później zaginął.

2.

Wójcicki *(Stare Gawędy.* III, 118) także przytacza podanie
o początku Warszawy (słowami Bartosza): „Kędy tu widzita całe
nasze miasto, była dawniej wielka puszcza, pełna grubego zwierza
(niezbyt dawno pamiętano jeszcze nazwę: Suchy las, oznaczającą
miejsce na Długiej ulicy naprzeciw kościoła ks. Pijarów (dziś cerkwi), a w niej radzi polowali nasi królowie. Jeden z nich, Kazimierz, pędząc za jeleniem dzień cały, zabłąkał się w końcu, a od-
biwszy się od swego dworu, już trafić na drogę nie mógł; darł się
więc przez gąszcze, zarośle, błota, w których i konia zostawić musiał. Tak gdy się zmęczony błąka, zaskoczyła go noc ciemna: na
szczęście ujrzał małe światełko; było to ognisko z lichej lepianki,
gdzie w tę właśnie godzinę żona łowcy porodziła bliźnięta. Tu znalazł przytułek i wczas miły. Owoż trzymał sam nowo-narodzone do
chrztu świętego: chłopca z nich nazwał Wars, a dziewkę Sawa.
Nie zapomniał i później o tej rodzinie; pomógł łowcy, a on wysta-
wił ten sam dworek (na starém mieście), gdzie rybak z synami
mieszka. Odtąd i inni poczęli puszczę wycinać, wokoło się osie-
dlać, a tak rok po roku, z tego powstała zwolna Warszawa, boć
i Kraków nie za jeden rok zbudowano. Ten to młodzieniec (Wars)
idzie w prostej linii od tamtego Warsa a ma pięciu braci (w roku
1712). Ci jednak w tymże roku wymarli".

Do stronicy 8.

3.

Herb miasta Warszawy.

A. Wejnert w dziele swém: *Starożytności Warszawskie* (Warsz.
1848, tom I, str. 6), mówiąc o herbie Starej-Warszawy, Syrenie
(dziewicy z rybim ogonem zamiast nóg), dołącza w podobiznie dawne i nowsze tego herbu wizerunki, z pieczęci dokumentów z lat
1459, 1614, 1750, 1798 i 1816 skopijowane. Wizerunki te znaczne
w kształcie i rysunku przedstawiają między sobą różnice, spowodo-

wane głównie wyobrażeniem G r y f a, a mianowicie skrzydeł i łap
lub szponów jego, wsuniętych tu i przyczepionych do ł u s k i r y-
b i e j, w dolnej herbu połowie, gdy górna daje widzieć d z i e w i c ę
nagą z m i e c z e m czy pałaszem wzniesionym do góry w prawej
i t a r c z ą w lewej ręce, z wyjątkiem jedynie pieczęci z r. 1459,
gdzie w miejscu kobiety widzimy nagiego mężczyznę, t. j. figurę
przejętą jakoby z herbu książąt Mazowieckich, który-to ostatni ma
za godło rycerza w zbroji, lecz z mieczem spuszczonym i tarczą
opartą o ziemię.

Wejnert, by różnice te wyjaśnić historycznie, powiada, iż Ziemowit, książę młodszy Mazowsza, pojąwszy za żonę Aleksandrę
Olgierdównę, otrzymał od Jagiełły w posagu ziemię Bełzką, mającą
za herb Gryfa, skutkiem czego herb ten wcielił on do własnego.
Przekonać się ztąd łatwo, dla jakiej przyczyny i druga połowa
herbu Warszawy otrzymała Gryfa ziemi Bełzkiej, a raczej jego
skrzydła i łapy, które przeszedłszy do herbu książąt Mazowieckich,
dostały się następnie i do herbu Starej-Warszawy, będącej rezyden-
cyą dzielnicy tychże książąt. Przypuszczenia nasze (mówi dalej
Wejnert), poczynione względem zarodu herbu Warszawy z herbu
książąt Mazowieckich, tém większej nabierają tu mocy a nawet pe-
wności, że kiedy druga połowa herbu miasta, to jest Gryf, przeszła
doń bezpośrednio z herbu książąt Mazowieckich, to dla czegożby
z herbu tychże książąt nie mogła przejść (a raczej być integralném
jego godłem) i pierwsza (wyższa) połowa miejskiego herbu, to jest
ów rycerz z tarczą i mieczem w dłoni (tu już podniesionym do
góry), jak to pokazuje pieczęć z 1459 r., opisana najprzód przez
Koenne'go.

Przypuszczenia te, a nawet i pewność Wejnerta, łatwo atoli
dadzą się obalić. Bo lubo część dolna herbu na pieczęci z r. 1459
ukazuje w istocie łapy, skrzydła i ogon Gryfa, to osoba części gór-
nej, dość niekształtnie narysowana, niekoniecznie daje wizerunek
mężczyzny (jak to mieć właśnie chcą Wejnert i Koenne). Środkowa
przynajmniej część herbu, łuska rybia z cbnażonego wychodząca
łona, najwyraźniej wskazuje nam Syrenę. Dowód to starożytności
i pierwotności tego godła stolicy. Oskarżanie więc rysowników
o kaprys, lub o zniewieściałość mieszkańców grodu, lekkomyślnie
zmieniających w późniejszych (po roku 1459) wizerunkach postać
męzką na kobiecą, nie wytrzymuje krytyki. Pałasz i tarczę jedynie
możnaby poczytać za dziedzictwo po herbie książąt Mazowieckich
pozostałe, gdzie jednakże (lubo w ręku męzkim) są one spuszczone
na dół, gdy tymczasem w rękach chybkiej Syreny sterczą ostro do
góry, symbolizując poniekąd bieg czyli nurt rzeki i bezpieczeństwo
odbywanej po niej żeglugi.

W tomie II *Starożytności Warszawskich* (na str. 183), daje
nam Wejnert jeszcze dwa (później wynalezione) wizerunki herbu
Warszawy z lat 1589 i 1598, najwyraźniej Syrenę u góry, a Gryfa —
w połączeniu wszakże z rybią łuską — u dołu, przedstawiające.

F. M. Sobieszczański słusznie też mówi przy opisie Warszawy (w *Encyklopedyi większej* wydania Orgelbranda): „Herb miasta. O początku, powodach i formowaniu się wyobrażeń na pieczęciach miejskich, pisaliśmy w artykule: *Sfragistyka polska* (w tejże *Encyklopedyi*). Pomiędzy temi wszakże pieczęć Warszawy znakomicie się odszczególnia swojem wyobrażeniem . S y r e n y, która w kształcie swojim, ulegając różnym w odległych czasach zmianom, dała już powód uczonym do rozmajitych wniosków i przypuszczeń. A jednak krytycznie rzecz biorąc, sprawa łatwo objaśnić się daje, wyobrażenie albowiem Syreny jest mytem znanym w całym świecie pod różnemi tylko nazwiskami i postaciami, oznaczającym zwodne niebezpieczeństwo, grożące ludziom pływającym po morzach i rzekach. Postać tego mytu w różnych krajach i wiekach wielorako zmieniała się, dopóki ostatecznie w nowszych już czasach nie sformułowano sobie tego kształtu, w jakim obecnie Syreny przedstawiają. Otóż położenie Warszawy nad rzeką niestałego koryta i w wielu miejscach niebezpieczną dla pływaków, było powodem wyboru tego godła, które także znajdujemy na pieczęciach innych miast w Europie podobne mających położenie, lub będącego herbem rodowym starożytnych familij, np. francuzkiej Lusignan, wywodzącej swój początek od miejsca sławnego z podań o syrenach (do podobnych należy i nadreńska Lorelej i t. d.). A że dawniej Syrenę inaczej niż teraz wyobrażano, ztąd i warszawska na pieczęciach rozmajicie była przedstawianą“.

4.

Roman Zamarski (Zmorski) w dziele: *Podania i baśni ludu w Mazowszu* (Wrocław, 1852, str. 165) mówi o Syrenie:

„Jak wiadomo, miasto Warszawa ma za godło Syrenę, czyli jak ją gmin czasem nazywa, m o r s k ą - p a n n ę. Pochodzenie tego, w kraju od morza dalekim dziwnego herbu, dotąd podobno nie wyjaśnione. Wprawdzie F. M. Sobieszczański (*Wiadomości historyczne o sztukach pięknych w dawnej Polsce*) dokładnie wywodzi, że najdawniejsza, z XV wieku pieczęć Warszawy wyobraza w y r a ź n e g o g r y f a, m a j ą c e g o z a m i a s t g ł o w y p ó ł f i g u r y m ę ż c z y z n y, t r z y m a j ą c e g o n a d g ł o w ą w p r a w e j r ę c e p r o s t y m i e c z, w l e w e j o k r ą g ł ą t a r c z ę, w p o l u g a ł ą z k a m i o t o c z o n é m (pieczęć z r. 1459), — że w XVI wieku gryf przemienia się w człeka-smoka, że w XVII dopiero jawi się popiersie kobiece, z piersiami, u dołu smoczym ogonem w górę zakręconym zakończone, z skrzydłami, — że dopiero nakoniec w XVIII dolną połowę zastępuje rybia. Ale po nim, A. Wejnert w swojich *Starożytnościach Warszawy*, miał podobno, jak się z drugiej dowiaduję ręki (samego dzieła dotąd nie widziawszy), podnieść i wykazać ostatecznie pierwszeństwo Syreny" [1]).

„Nie od rzeczy będzie dodać tu szczegół, że Syrenę ma w herbie także miasto Schleusingen w Turyngii, podług podania, powstałe na miejscu, gdzie jakiś książę dziewicę wodną z władzy złego czarownika wyswobodził i zaślubił". (Der Sagenschatz des Thüringerlandes von L. Bechstein).

„Może nie bez związku z herbem warszawskim będzie podanie, które, dzieckiem będąc, pomiędzy staro-miejską ludnością zasłyszałem, że kiedyś, gdy jeszcze Wisła szła tuż pod zamkiem, w miejscu gdzie dziś jest ulica Dunaj, był strumień czy zdrój tegoż nazwiska (dunaju), a w nim mieszkała Syrena".

„Jakobądź dawno już dosyć, gdy mi to powiadano, jestem pewien, że mnie pamięć nie zawodzi, żem tu wiernie słyszaną rzecz powtórzył. Po roku 1840, gdym ze zamiarem szukał, ażali podania o Syrenie nie znajdę gdzie szerszego i szczegółowszego, już tylko kilka starych osób powtórzyć mi je umiało, — nic jednak więcej nad to, co już powiedziałem".

5.

Kościół N. Panny Maryi.

Było to dawnych, bardzo dawnych czasów, kiedy na miejscu, gdzie dziś stoji Warszawa, las jeszcze gęsty porastał, — nieopodal gdzieś, nad Wisłą, mieszkał był bogaty młynarz zwany Warsz. Przy pracy i oględności szczęśliwie mu się darzyło: chleba i miodu nie brakło, a grosza, co gdzieś tam w ziemi leżał w miedzianym zachowany kotle, mógłby mu pewnie niejeden z ówczesnych książąt pozazdrościć. Otóż zdawało się, że onemu młynarzowi nicby dolegać nie miało; on przecież często był smutny i często mówiąc do żony swej, powtarzał: „Bóg nam nie łaskaw". — I słusznie trapić się mógł, bowiem dotąd ich miłość, jak kwiat zawczesny, była bez owocu. Oboje tedy hojnie dawali jałmużny, a z porankiem powstając i kładąc się spać wieczorem, prosili gorąco Maryi Boga-rodzicy, aby im zesłać potomstwo raczyła.

I stało się, że jednego wieczora Warsz, modląc się dłużej niż zwykle, snem znużony zasnął był klęcząc. A gdy zasnął, przed olśnionemi oczyma jego ukazała się, — otoczona chórami aniołów, w szacie z kolorowej tęczy, z małym synaczkiem na ręku, — błogosławiona Boga-rodzica Marya. I kiedy młynarz ulągł się wielce, rzekła doń: „Nie trwóż się, miły człowiecze! a posłuchaj co ci po-

---

[1]) Przeciwnie, Sobieszczański wykazał Wejnertowi, obstającemu za Gryfem, pierwszeństwo Syreny, jak to powiedziano w poprzedzającym przypisie. (O. K.).

wiem i uczyń to, chcesz-li by wysłuchane były prośby twoje. Oto, skoro ranek, powstawszy wstaniesz i pójdziesz, idąc ponad brzegiem rzeki, i będziesz szedł aż dopóty, dopóki nie zobaczysz śniegu, bielejącego się na ziemi. I na miejscu tém zbudujesz kościół ku czci imienia mego i sam koło niego zamieszkasz. A narodzą ci się liczne niemowlęta i błogosławić im będę, jak długo w cnocie i wierze żyć będą". — To powiedziawszy, zniknęło widzenie; a młynarz, cały drżący, wstał ze snu. Na niebie właśnie poczynało świtać; przetoż upadłszy znów na ziemię, dziękował Bogu za objawienie, a pochwyciwszy wędrowną laskę, szedł, jako mu przykazano.

Było to w sam pośrodek żniw, w lato gorące i suche. Młynarz przecież, nie tracąc ufności, szedł wciąż po nad brzegiem Wisły, choć pod stopami jego piasek był jak żar gorący, a trawa, żółta od słońca, świeciła się po pagórkach. Aż-ci, gdy niedaleko jeszcze uszedł w swej drodze, o samym największym upale południa, ujrzy na wysokiej górze bielejący obrus świeżego śniegu. Złożył zatem na onym chłodnym kobiercu modły dziękczynienia gorące i wrócił wesół do domu.

Wnet zwołani rzemieślnicy jęli się budowy kościoła; a że bogaty młynarz niczego nie szczędził, rosła ona jak na drożdżach i w rok stanęła ona cała taką jaką jest po dzisiaj dzień. Na wieczną swego rzemiosła pamiątkę, rozkazał Warsz mularzom w tylną ścianę wbudować ogromny kamień młyński. Kościół poświęcony został pod nazwaniem N. P. Maryi śnieżnej, — a tegoż samego dnia chrzczono w nim dwoje bliźniąt, dziątek młynarzowych.

Do stronicy 10—11.

6.

Pan Jezus cudowny u Fary.

(Podania i baśni z Mazowsza, zebrał Roman Zamarski).
Wrocław, 1852, str. 168.

U Fary —
jest Pan Jezus stary.
(Przysłowie warszawskie).

W kościele katedralnym (dawniej kollegiacie), ś. Jana, czyli w Farze staro-miejskiej, w bocznej kaplicy koło presbyterium, zwykle od rana do wieczora modlącemi się zapełnionej, znajduje się drewniana figura ukrzyżowanego Jezusa w przyrodzonej wielkości, powszechnie za cudowną uznawaną. O niej są trzy następujące podania:

20*

I.

Kiedyś, podczas wojny z Turkami, wojownik jeden, rodem z Warszawy, dostał się w niewolę niewiernych. Zaprowadzony do tureckiej stolicy, został tamże przeznaczony do służby przy sułtańskich koniach. Przy studni, u której konie pajał, stała niedaleko wbita w ziemią figura męki Chrystusowej; do niej-ż Turcy swoje bydlęta wiązali, bluźniąc jej, plwając i smagając biczami. Zamiérało na ten widok serce prawowiernego Mazura ze zgrozy i umyślił sobie raz położyć przecie koniec pogańskiej swywoli. Jednego tedy wieczora, gdy go nikt nie uważał, pobiegł omackiem do studni, a wykopawszy krzyż z ziemi i ucałowawszy nogi Zbawiciela, r z u- c i ł g o w g ł ę b o k ą s t u d n i ę, mówiąc: „O Jezu mój! toć lepiej zgnić w w o d z i e wizerunkowi Twemu, niżeli cierpiéć zniewagę i urą- gowisko niezbożnych nieprzyjaciół Twoich!“

W kilka lat później udało mu się szczęśliwie uciec z niewoli i do rodzinnego wrócić miasta. Tu, dnia jednego, siedząc w oknie swego domu, posłyszał na ulicy zgiełk niezmierny biegnącego tłu- mnie ludu. Wychyliwszy się więc, pytał, co-by się takiego stało?— „Cud, cud na Wiśle pod zamkiem“ — odpowiedzieli z ulicy biegnący. I on zatem, wyszedłszy z mieszkania, podążał tam za drugimi. Na brzegu rzeki tłuszcza niezliczona narodu wszelakiego, klęcząc z od- krytemi głowy, modliła się głośno Bogu wobec widomego cudu: bo oto Wisłą, środkiem najsilniejszego prądu, krzyż z wizerunkiem Chrystusa płynął p r z e c i w w o d z i e, w postawie s t o j ą c y jakby na ziemi. Biskup od ś. Jana z duchowieństwem całem, w uroczy- stych szatach, z zapałonemi świecami, wsiedli do promu, chcąc pły- nąć na przyjęcie cudownego gościa; pomimo jednak ciszy zupełnej w powietrzu i usiłowań najlepszych przewoźników, żadną miarą ku niemu zbliżyć się nie mogli.

Ów zbiegły jeniec turecki poznał odrazu krzyż ten sam, który do studni był wrzucił. Stanąwszy tedy przed Biskupem, opowiedział mu rzecz całą. Gdy zaś, na rozkaz biskupi, siadłszy w łódź odbił od brzegu, cudowny wizerunek sam podpłynął doń i pochylił się w jego ramiona. Tak więc na brzeg wyniesiony, ze czcią niezmierną i radością mieszkańców do Fary zaprowadzon, — umieszczony jest w ołtarzu, w którym po dziś dzień z cudów mnogich słynie.

II.

Z czasem ołtarz ten okrył się licznemi dary pobożnych, a głowę Chrystusa przyozdobiła droga korona z brylantów, dotąd na niej błyszcząca. Zdarzyło się, że raz złodziej niejaki, skuszony chci- wością, zakradł się wieczorem do kaplicy, a w nocy, wszedłszy na ołtarz, ściągnął kosztowną koronę ręką świętokradzką. Lecz gdy z nią chciał znijść na ziemię, ręka cudownego posągu pochwyciła go — za jeden w ł o s tylko: a przerażony złoczyńca próżno silił się uwolnić, i jakby najtwardszym przykuty łańcuchem pozostał na ołtarzu do białego dnia. O świcie, dziadek kościelny, przyszedłszy zapalać świece do mszy, spostrzegł go i dał znać do księży. Zbiegło się zatem duchowieństwo całe i mnogość mieszczan z pobliska, a oburzeni zuchwałą zbrodnią, chcąc oddać go na ukaranie, ściągać złoczyńcę zaczęli. Lecz próżne były wszystkie wysilenia; — włos w ręku Chrystusa pozostały nie dał się ani zerwać, ni mieczem rozciąć, ani płomieniem przepalić. — Radzili tedy jedni: na miejscu zaraz go (złodzieja) ściąć; — drudzy: słomą ze smołą obwinąwszy spalić; — inni: kleszczami żelaznemi szarpać.

— „A ja zaś sądzę — odezwał się z tłoku chłop sędziwy, na targ do miasta przybyły, — woli go bożej najlepiej zostawić. Jeśli ukarać go zechce, bez ludzkiej zdolen uczynić to pomocy; a jeśli przebaczyć woli, jakoż mu się przeciwić godzi?"

— „Prawda twoja, ojcze!" — wykrzykli wszyscy przytomni — „niechaj się stanie, jako On rozsądzi".

I oto nagle rozwarły się palce zaciśnięte posągu, wolno puszczając grzesznika, dając znak narodowi o nieskończoném miłosierdziu boskiém. — Złodziej, skruszony łaską doznaną, odpokutował zeszłe występne życie i stał się odtąd cnotliwym człowiekiem.

III.

Dawniej bywało, że cudownej figurze rosły włosy na głowie, jakby żywej osobie, które biskup co rok zbierał i na relikwie wiernym rozdzielał. Od czasu wszakże, jak ktoś skrycie, niegodną obciął je ręką, włosy odrastać na zawsze poprzestały.

Do stronicy 14.

7.

W *Podaniach i baśniach* R. Zamarskiego (Wrocław, 1852, str. 175) czytamy:

Zaklęta księżniczka na Dynasowskiej górze. „Pomiędzy Kaźmierowskim i Ordynackim gmachem, nad Wisłą, na wysokiej, pustej górze, sterczą czarne, zrujnowane mury, przez niemieckiego książęcia de Nassau, za panowania Sasów, rozpoczętego, ale niedokończonego pałacu[1]). W obszernych pod nim, wodą zalanych piwnicach, pływać ma księżniczka, w kaczkę zaklęta[2]). Są chwile,

[1]) Dziś są w tém miejscu officyny do hr. Uruskich należące.
[2]) Podanie to odnoszą niektórzy do gmachu Ordynackiego (gdzie dziś się mieści Instytut Muzyczny).

kiedy wraca ona do postaci ludzkiej, a wtedy, jeśli komu spotkać się ją zdarzy, podaje mu warunki swego wybawienia, w nagrodę przyrzekając oddać rękę. Do wybawienia jej nie potrzeba ani męstwa, ani cnoty, ani wytrwania; dość tylko w jednym dniu na zbytki same strwonić sto dukatów, które księżniczka zalicza. Jakbądź się przecież lekkiém widzi to zadanie, nikt go dotychczas spełnić nie potrafił; i księżniczka wciąż zostaje pod mocą ciążącego na niej zaklęcia".

Przytaczając to podanie Zmorski, powiada: „Dla zupełności tylko zamieściłem tu i ten skarlałej i skoślawionej wyobraźni utwór, jakbądź pewien jestem, że nie na miejscu powstałym, lecz jest przynośnym towarem z Niemiec, gdzie mnóstwo podobnych napotyka się podań. Do nas przyniosła go zapewnie wędrująca czeladź rzemieślnicza, między którą też głównie się przechowuje".

Do stronicy 20.

8.

Ćwikowa góra.

Ł. Gołębiowski *(Lud polski,* str. 279) mówi:

Gaje święte, laski z tych gajów. Gaje święte nazywano bóżnicami, ołtarze zaś koło; takiemi były w pewnym kształcie składane ogromne kamienie. W wielu miejscach w Polsce są dotąd gaje lub uroczyska noszące Bóżnic nazwanie (bug-gaje); widział je Staszic w lasach Parczowskich (na Podlasiu) w zapadłej, ponurej krajinie i dotąd o tém ustroniu wiele jest podań i uprzedzeń. (Staszica dzieła in 4-to, tom 7).

Laska z gajów świętych za berło lub hetmańską buławę służyła. Takie u nas były pierwiastkowo dla wodzów rycerstwa, taki zapewne początek berła królów i książąt.

Garki w murach kościelnych. Jest prawdopodobne, że garki napełnione popiołem, znajdywane niekiedy w starych murach kościelnych, są to popielnice czyli urny pogrzebowe, w ściany kościoła (może niegdy bóżnicy) jak dziś w katakumby, wsuwane

Do stronicy 28.

9.

Żyrardów.

Gazeta Polska, Warszawa, 1865 nr. 8 donosi:

Przemysł płócienniczy w Polsce. Pod tym tytułem *Gazeta Handlowa* w numerach 3 i 6 swego pisma podaje ciekawy historyczny przegląd rozwoju płóciennictwa w Polsce, z którego wyjmujemy interesujące szczegóły statystyczne.

W r. 1822, kiedy rząd Królestwa tak zachętami, jak i ulgami, zdołał ściągnąć dość liczną ludność tkacką ze Szlązka i Morawii, powstało wiele warstatów tkackich w miastach i miasteczkach całego kraju. I tak, statystyka wylicza ich ogółem: w gubernii Warszawskiej 31, w Lubelskiej 23, w Płockiej 19, w Radomskiej 8 Osady te tkackie kwitnęły do r. 1831, a surowe ich wyroby wywożono za granicę, mianowicie do Hollandyi, gdzie odpowiednio wyblichowane, wracały znowu do nas i sprzedawały się pod nazwą płócien hollenderskich. Jednakże do tego czasu żadnej nie było większej fabryki płótna.

Dopiero później powstała współka, która zawarła kontrakt z Filipem Girard, wynalazcą machiny przędzalnianej i skutkiem tego układu, w powiecie Łowickim (pod stacyją dr. żel. Ruda Guzowska) stanął zakład Żyrardów zwany, który do dziś dnia w tej gałęzi przemysłu wszystkim innym przewodniczy. Zakład ten różne przebywał koleje, aż w końcu przez Bank Polski pp. Hill i Ditrich na wypłatę ustąpiony, dotąd w ich ręku pozostaje, a przy umiejętném prowadzeniu rozwinął się do tego stopnia, iż wyroby jego na wystawie powszechnej w Londynie wielkim medalem zaszczycone zostały. W r. 1863 zakład Żyrardowski posiadał 24 machin przędzalnianych, 360 warstatów tkackich i zatrudniał 782 ludzi. Produkcyja tej fabryki głównie zwróconą jest na wyrób płótna kopowego, którego w pomienionym roku przygotowano 2,212,500 łokci; drugie miejsce co do ilości zajmuje weba, której wyrobiono 319,583 łokci; drelichu 29,500 łokci i bielizny stołowej w wyborowych gatunkach 61,458 łokci. Wartość tych wyrobów podaną została na 3 miliony złotych polskich. W roku 1863/4 zakład ten spotrzebował przędzy lnianej 336,493 motków, to jest o 50,231 motków więcej jak w roku poprzedzającym; dzienna produkcya wynosi 1040 motków, a mimo to nie jest wystarczającą i fabryka znaczną ilość przędzy z zagranicy sprowadzać musi. W tymże roku sprzedano płótna za złp. 3,124,252 gr. 10. Kapitał obrotowy tego przedsiębiorstwa wynosi złp. 3,816,626 gr. 20, a wkładowy złp. 2,864,086 gr. 20.

Drugim zakładem płócienniczym w kraju, odznaczającym się sumienną produkcyją, jest fabryka p. Karola Dąbrowicza, na osadzie Stanisławów, we wsi Dobrowola, w powiecie Maryjampolskim, od roku 1839 nieprzerwanie trwająca. Produkuje ona wyroby tkackie ze swego materyału, ale też przyjmuje przędzę i do przerobienia. W r. 1863 fabryka ta sprowadziła przędzalnię mechaniczną, co bardzo przyczyniło się do rozwoju i postępu zakładu, który w r. 1857 liczył warstatów 40, zatrudniał ludzi 96, a wyrobił tkanin 21,238 łokci na wartość 102,000 złp. W r. 1863 zakład posiadał jedną machinę przędzalnianą i 40 warstatów i wyrobił 370 łokci weby, 7735 łokci kopówki, 16,960 łokci bielizny stołowej i 1653 łokci drelichu. Wartość tych wyrobów wynosiła złp. 398,446 gr. 20.

Fabryka Dobrowolska poświęca się głównie produkcyi bielizny stołowej, w czém też bezsprzecznie celuje.

Podobnemu przemysłowi, to jest produkcyi bielizny stołowej, oddają się także fabryki: w Zduńskiej-Woli (Hille'go), w Pabianicach (Krusche'go) i w Łodzi (Bille'go). Pierwsza zatrudnia 12 ludzi na 12 warstatach, produkując bielizny stołowej 4917 łokci, wartości 100.000 złp. Druga 18 ludzi na 12 warstatach i daje wyrobów 4917 łokci za złp. 97,780 złp. Nareszcie ostatnia zatrudnia 15 ludzi na 10 warstatach, wyrabia 7533 łokci, wartości złp. 355,533 gr. 10.

Nowa Reforma krak. z r. 1882 nr. 201 donosi:
Fabryka Żyrardowska. W sprawozdaniu urzędowem z wystawy w Moskwie, czytamy co następuje o fabryce płócien w Żyrardowie: „Na czele przemysłu tkackiego w państwie rosyjskiem winna być postawiona fabryka Hille'go i Dittrich'a nieopodal Warszawy. Wśród publiczności fabryka ta jest więcej znana pod nazwą Żyrardowskiej. Fabryka była założona w r. 1822 przez rząd ówczesny Królestwa Polskiego, przyczém przędzalnie lnu były urządzone według systemu inżyniera francuzkiego Filipa de Gérard, wynalazcy przędzalni mechanicznych. Ztąd pochodzi zachowana dotychczas nazwa fabryki. Do obecnych właścicieli fabryka należy od roku 1857 i przez nich jest doprowadzoną do stanu kwitnącego. Przy kupowaniu przez nich fabryki, liczba robotników wynosiła 500 osób; obecnie jest ona przeszło 12 razy większa, a mianowicie liczy robotników 7300. Wyrób roczny dochodzi do wartości 3,500,000 rubli; samych wyrobów pończoszniczych (pończoch) wyrabia fabryka za 500,000 rubli. Wyroby fabryki Żyrardowskiej odznaczają się dobrocią i rozmaitością towaru, jak pięknością i bogactwem rysunków, które często bywają przez innych fabrykantów zapożyczane.

Do stronicy 29.

10.

Miedniewice.

Poszanowanie grobów wrodzoném jest u wszystkich, najdzikszych nawet ludów, uczuciem i prawem. Oto, co donosi _Nowa Reforma_ (Krak. 1884, n. 92):

„W wiosce Lochmaddy na jednej z wysp Hebrydów w Szkocyi zdarzył się w tych czasach szczególniejszy wypadek. Przed kilkoma tygodniami zmarła tam nagle pewna stara kobieta, jak wieść niosła, wskutek otrucia. Władze poleciły ciało jej odgrzebać dla przeprowadzenia rozbioru chemicznego; polecenie to jednak nie mogło być spełnionem, gdyż mieszkańcy wsi, podburzeni przez trzech synów zmarłej, sprzeciwili się sądowej czynności, którą poczytywali za świętokradztwo. Musiano użyć pomocy wojska, które otoczywszy cmentarz, nie dopuszczało nań wzburzonych, podczas gdy urzędnicy sądowi w towarzystwie doktora zajęli się odkopaniem grobu i wydobyciem trumny. Zaledwie ją wszakże wydobyto na wierzch, wieko pękło z wielkim trzaskiem i komisarz policyi oraz doktór padli omdleni na ziemię, a ten ostatni nawet już więcej nie powstał. Zabójcze gazy, pochodzące z rozkładu ciała, wydobywszy się nagle z trumny, spowodowały cały wypadek; ale lud prosty przypisuje go karze boskiej za nieuszanowanie grobu.

Do stronicy 33.

11.

Brzeziny.

Ks. Szelewski w *Pamiętniku relig.-moral.* (Warsz. 1851, t. 20, str. 20) pisze:

„Rozpytując się najstarszych mieszkańców tutejszych o dawne podania, słyszałem od nich między innemi, że kiedyś-tam burmistrz miasta Brzezin, dobrawszy sobie dwunastu socyuszów, reprezentował Chrystusa między swemi apostołami, chodził po domach, naśladował różne sceny z historyi nowego testamentu, chleby rozmnażał, karczmę jakąś spalił i po spełnieniu tej zbrodni musiał uciekać przed pogonią z uczniami i t. d. Słysząc te wieści, z początku wziąłem je za urojone, ale potém przypomniawszy sobie, że w średnich wiekach dawano reprezentacye z życia i męki Chrystusa Pana i w innych krajach, zacząłem śledzić, czy i u nas co podobnego nie było. Odświeżyłem sobie w pamięci historyą b i c z o w n i k ó w (Flagellantium) czyli k a p n i k ó w w Polsce, i nareszcie wyczytałem w kronice Bielskiego, że na początku panowania Zygmnnta I-go, niejaki Jakób Mielśtynczyk w istocie należał do truppy 'tak pobożnych aktorów i że tradycye brzezinskich obywateli nie były płonne, że ci impostorowie przedrzeźniający Chrystusa i Apostołów wylęgli się z sekty biczowników (obacz także Józ. Muczkowskiego artykuł w *Dwutygodniku literackim*, wyd. w Krakowie r. 1844, gdzie również mowa o biczowaniu się ostrem księcia Albrechta Radziwiłła, kanclerza W. Ks. Lit.). Oto co mówi Bielski:

„Na początku panowania króla Zygmunta I, obrali się niektórzy szalbierze w Polsce, jako Piotr Zatorski z Krakowa, Jakób Mielstynczyk, wójt z Brzezin i drudzy, których było w liczbie trzynaście. Wybrali między sobą Chrystusa i dwanaście apostołów, chodzili po wsiach każąc i cuda czynili kuglarskim obyczajem: to jest wskrzeszali umarłe na zmowie, ryby łowili w kałużach na rozkazanie Chrystusowe, wsadziwszy je tam pierwej, takież i w piec chleby miotali, a za się w imię Chrystusa wybierali, z podziwieniem ludzi prostych, których za niemi wiele chodziło. Gdy do Śląska szli, wstąpili do Częstochowy w kapitulny czas, gdy tam bywa wielka ofiara (nie znano ich jeszcze), uczynili Judasza Obsessem (opętańcem), który nakładł sobie w zanadrze kamyków za koszulę od gołego ciała, a z wierzchu miał suknię dwojistą, w której była kieszeń niemała skryta. Wiedli tedy drudzy onego opętanego do ołtarza, aby go ofiarowali, a potem miano z niego czarta wyganiać. Opierał się Obsess, w rzeczy nie chciał do obrazu, a gdy go gwałtem przywiedli, rzucił się na ofiarę, wydarłszy się im z ręku, brał na ołtarzu pieniądze, a kładł do sowitej sukni, ostatki zrzucił z ołtarza. Przybiegli mniszy, odpasali go, mając za to, aby w zanadrzu kładł pieniądze. Wypadły tedy ony kamyczki, których był za koszulę nakładł, a pieniądze zostały między sukniami, tak, że wyszli precz z kościoła z pieniędzmi. Chodził Obses po gospodach, gdzie mięso ujrzał, tedy je brał, zrywał pieczenie z rożnów, a ciskał na swoje apostoły, a oni jedli a żegnali się, a tak się żywili, gdyż swojej kuchnie nie mieli. Gdy było w Śląsku, przyszli do jednej ziemianki na wsi, rzekli jej: Pani szlachetna, nawiedza cię Chrystus z apostoły swemi, ofiaruj im co. Rzekła: nie mam męża doma, przeto mi się nie godzi samej nic czynić. Rzekli: masz jakie obrusy, albo prześcieradła ku poświęceniu? Rzekła: mam, — a gdy ukazała, rzekli: to my weźmiemy z sobą, aby-ć się przędziwo rodziło. Rzekła, że: nie śmiem przed mężem, — a tak oni zawinęli żagwie (rzecz palną) kęs z ogniem w ono prześcieradło, dali jej zasię, włożyła je w skrzynią. Gdy to tam tlało, zapaliła się skrzynia, a od skrzynie dom. Mąż przyjechał, dom zgorzał. Powiedziała przyczynę: iż'em niewdzięcznie przyjęła Chrystusa z apostoły jego, przeto na mnie tę plagę przypuścił Pan Bóg. Rzekł mąż: Łotr-ci to jakiś był. Pytał drugich sąsiad(ów): gdzie się obrócili? — powiedzieli: ku Polsce. Zebrali się wszyscy, szli po nich. Obaczył Chrystus, rzekł swojim: Piotrze, już się moja męka przybliża. Piotr rzekł: i moja też z tobą, Panie! — Rzekł Chrystus: nie lża-ć mnie, jedno oknem (tylko oknem uciec). Rzekł Piotr: Panie, ja ciebie nie sstanę (rozstanę, opuszczę) pókim żyw. A gdy je chłopi obskoczyli w jednym domu, dołukli im (natłukli ich) kijmi w okniech. Wrócili się tedy z guzy do domów, a dalej nie chcieli chodzić po tej świąci. Kiął je biskup o to, ale mu powiedzieli, iż już za to pokutę odnieśli, gdy im kijem doprano. Przeto prosili o rozgrzeszenie, i byli rozgrzeszeni a polepszyli się. Jakoż te Franty niektóre, jam jeszcze na świecie zastał i znał".

„Wspomina tu Bielski o dwóch głównych osobach, Zatorskim i Mielstyńczyku, lecz pozostaje wątpliwość, którego z nich Chrystusem obrano. Tradycya wątpliwość tę rozwiązuje, głosząc, że wójt brzeziński był Messyjaszem. Scena ta impostorska miała się odbyć w Śląsku, jak kronikarz twierdzi, i mieszkańcy też brzezińscy utrzymują, że miała miejsce po za obrębem ich miasta, a szczegóły tradycyi zgadzają się zupełnie z tym opisem. Aby coś podobnego nie działo się i w samych Brzezinach, zaprzeczyć nie można. Miasto to słynęło z gorliwości religijnej, czego dowodem tyle w niem kościołów i pamiątek pobożnych dotąd zachowanych. Na każdej z czterech stron miasta stoji przy drodze figura murowana, czyli filar kwadratowy znacznej objętości z framugą (niszą) do krzyża lub obrazu, z okapem u szczytu, nad którym znowu krzyż mosiężny połyskuje. Te pomniki staro-polskiej religijności, dziś w części nadwerężone, zostały zapewne wzniesione po ustąpieniu z tej okolicy powietrza morowego, jeżeli czasem dawniejszych nie sięgają czasów".

„Do starożytności w tém mieście należy domek drewniany nrem 199 oznaczony, mający na belce modrzewiowej następujący napis łaciński:

Laudabile 8 I I¹-I 8. Sacramentum A. D. 1677. 1-a 7-bris.

Jest to rok niezawodnie założenia tego domu. Ale mamy przykłady, że budynki modrzewowe po tysiąc lat nawet stoją".

(obacz Lud, Serya VIII, str. 183).

Do stronicy 37.

12

J. Karłowicz w <i>Pamiętniku fizyograficznym</i>, Warszawa, 1882, tom II, przytacza nazwy: Mazury, Mazowsze, Mazowiecki. Wszystkie te trzy formy autor stara się wyprowadzić od zaginionej formy Mazowce, jak to pokazuje spotykane wyrażenie „do Mazowsz" (Mazowcze — Mazowsze) Dziś jeszcze istnieją osady z nazwiskiem Mazew, Mazów i Mazewo (np. w Łęczyckiem). Pierwiastek Maz wywodzą rozmaicie, np. od Masława, od węgierskiego wyrazu Mözo (pole), z serbskiego mezevo (równina). Nazwę Mazur autor uważa za formę żartobliwą, skróconą z Mazowiec. Na Litwie Mazur używa się pogardliwie, jako obelga. Na Podolu każdy mówiący po polsku, a nie Rusin, nazywa się Mazurem.

Do stronicy 39.

13.

Tygodnik literacki (Poznań, 1840, n. 9, str. 67) daje następujący artykuł, przez W. A. Maciejowskiego napisany.

Mazurowie. Kiedy ruskie ziemie i Małopolska wyludniane bywały przez napady Tatarów, tymczasem za Wisłą spokojnie siedzący

Mazurowie rozradzali się sporo i zaludniali piaszczyste swoje powiaty. Łatwo więc mogły z tej strony Polski przesiedlać się gromady, już-to do Prus, już na Ruś czerwoną, już do Litwy, już na Białą-Ruś; gdy przeciwnie, do Małopolski sprowadzać było potrzeba z zagranicy osadników, aby wyludnioną przez tatarskie napady zapełnić osadnikami obcymi. Pierwsze takie przesiedlenie Mazurów nastąpiło do Pruss po r. 1230, gdy utworzone nad Wisłą prusko-chełmińskie biskupstwo niszczący Prusacy (szczep litewski) aż do Mazowsza napadali [1]). Tak więc, gdy z porady Chrystyjana, prusko-chełmskiego biskupa (należącego do dzielnicy księstwa Mazowieckiego), tudzież Güntera biskupa płockiego, sprowadzeni Krzyżacy Prusaków poskramiać zaczęli [2]), radziła polityka mięszać z ujarzmionym pruskim ludem nowo tu sprowadzone osady Mazurów, i sadowić je w okolicy Gdańska i Królewca [3]). Dotąd istnieją tamże te osady, i chociaż z nich niektóre już zniemczały, przecież aż po dziś-dzień noszą nazwisko Mazurów. Przez te osady snać upowszechniły się tu obyczaje i prawa polskie, doszedłszy do Kurlandyi [4]). W wieku XIII sprowadzali na Ruś czerwoną Mazurów książęta Mazowieccy, na Halickim osiadając tronie. Aż dotąd są więc w ziemiach ruskich, a szczególniej pod Karpatami osady Mazurów. Na Litwę i na Białą-Ruś przesiedlili się Mazurowie w XIV i następnych wiekach i aż dotąd mieszkają tamże.

W politycznym swym składzie i w sposobie myślenia różnili się wielce Mazurowie od Wielko- i Mało-Polanów. Z potrzeby pobratali się panowie polscy ze szlachtą; w Mazowszu nie było nigdy powodu, ażeby toż samo nastąpiło. Dla tego też mazowiecka szlachta pozostała przy dawnej prostocie swojej, nie ubiegając się ani za pańskością, ani za wpływem na sprawy polityczne, tak dalece, że nawet nie widziała w tém własnego dobra, gdy za Zygmunta I znowu pozwoliły jej losy w jedno państwo sklejić się z Polską. Z czasem dopiero przejrzała i przekonała się o tém, że w połączeniu tém raczej zyszcze niż straci, pomimo to, że panowie w inszém

---

[1]) Dominik Szuc (O znaczeniu Pruss dawnych, Warsz. 1846, str. 35) powiada: „Voigt utrzymuje, że twierdza zbudowana była po przejściu Wisły w Turnie (Tarnowo, Thorn) darowanem Krystynowi biskupowi przez Konrada ks. Mazowieckiego w r. 1222. Ten zamek pod panowaniem polskiem zburzyli Prusacy przed przybyciem Krzyżaków, lecz w r. 1231 odbudowali Mazury dla braci szpitalnych i załogę zostawili pod dowództwem Hermana Balka. — Tenże Szulc (na str. 65) ze względu na prowincyą, uważ Kopernika za Mazura.

[2]) Długosz, I, str. 95. 644.

[3]) K. F. Eichorn: Deutsche Staats- und Rechtsgeschichte. Göttingen, 1835, t. II, str. 193.

[4]) Tym tylko sposobem wytłumaczyć sobie możemy zasadę prawa w statutach mazowieckich, str. 434 podług wydania J. W. Bandtkiego jus polonicum i kurlandzkim § 183 objawioną, która słowiańskim a nie germanskim oddycha duchem.

świetle wystawiali jej rzeczy, nie chcąc w politycznym względzie blisko zetknąć się z nieokrzesaną tłuszczą.

Mazur pozbawiony środków nabycia lepszego mienia, był ubogim, ale nie biednym; a nie zbliżywszy się nigdy do poloru zachodniej Europy, dlatego, że nie przebywał na dworach panów swojich, wielkim prostakiem a nawet głupcem zdawał się być Polakowi. Śmiech nawet i politowanie wzbudzał u rodaków swojich pańskiego stanu, gdy po śmierci Zygmunta Augusta po raz pierwszy pokazał się na polu publicznych obrad, w prostym swojim ubiorze, z kijem w ręku i kieszenią pustą, nie mając wyobrażenia nawet o tém, co się około niego działo. Panowie polscy żywili to ubóstwo, jeść im z własnych posyłając kuchni, a mazowieccy, wstydząc się za swojich ziomków, radzili im, ażeby raczej powrócili do domu, aniżeli daremnie zalegali pole. Ale się na nich ofuknęli Mazurowie [1]) i oświadczyli, że nie wprzód rozejdą się do domu, aż wybiorą na króla, bądź Gaweńskie książe, bądź Rdesta [2]). Odtąd Mazurowie pilnie uczęszczali na sejmy, widząc, że w massie mogą tu coś znaczyć, ale u siebie w domu unikali publicznych zjazdów, wiedząc o tém, że na nich przemagają panowie. Dlatego też (jak mówi Miaskowski), Mazur raczej na targ, niż na sejmik uczęszczać wolał.

Kiedy w XV i XVI wieku Wielko- i Mało-Polska protestantyzmem przesiąkły wielce, u Mazurów zachowywała się w czystości religija katolicka [3]). To, jak mniemam, było powodem (?) Zygmuntowi III, że tu przeniósł stolicę państwa i osiadł w Warszawie. Na co chętnie zezwolili panowie, wiedząc o tém, że najłatwiej będą mogli dokazywać na sejmach przez liczną drobną szlachtę, która jak roje mrówek mazowieckie zalegała piaski.

Wszystkie przymioty staro-słowiańskie cechowały Mazura. Był on mężny w boju, ale pokój nad wojnę przekładał. Spokojność i zatrudnienia domowe przenosił nad wszystko i wysoce cenił pracowite swoje i hoże niewiasty. Gościnność i mierność lubił, do zwady był skory, nie tak wszakże, ażeby sam zaczepiał wroga, lecz raczej, ażeby mężnie odparł zrobioną na siebie napaść, nie cierpiąc tego, jak mawiał, ażeby mu kto w kaszę dmuchał. Pełno na to dowodów dostarczają ówcześni pisarze.

Strykowski [4]) wychwala męztwo brata Mazura, uzbrojonego s z a r s z u n e m (broń sieczna), k i j c e m i p u k a w k ą (strzelbą). W czasie dobywania Wielko-łuków za Stefana Batorego, Wieloch

---

[1]) Bielski, *Kronika,* str. 697.
[2]) Tak nazywali oni księcia Andegaweńskiego (Anjou) Henryka i arcyksięcia rakuskiego Ernesta, nie umiejąc nawet imion ich wymówić należycie.
[3]) Tyczy się to Mazurów koronnych i litewskich, gdyż Mazurowie pruscy, idąc za przykładem szlachty i d u c h o w i e ń s t w a swego, przyjęli nową wiarę i odtąd stale jej się trzymają.
[4]) W *Pobudce.*

Mazur, poddany Lasockich ze wsi Miastkowa, chociał był postrzelony, przecież szedł oślep z ogniem w ręku i parkan fortecy palił: za co król, nagradzając jego męztwo, szlachcicem go uczynił [1]). Wśród boju tęsknił Mazur do żony i dziatek, niekiedy cichaczem wymykał się do domu, aby co prędzej mógł oglądać swoich [2]). Tam on słodkie wśród rolnych zatrudnień spędzał chwile, pianiem swego g o s p o d a r z a (tak nazywał on koguta) budzony do pracy, zachęcany do pracy przykładem swojej niewiasty, która była tu pracowitsza, niż gdzieindziej w Polsce [3]). Błogo było w domkach tych ludzi; pełne tam były obory, pełne gumna. Chociaż małe role, często nie większe nad trzy zagony, Mazur posiadał, jednakże nie zbywało mu nigdy, czém-by w chędogim swoim i skromniusienko urządzonym dworku hojnie przyjął gościa. Jeść i pić musiał gość potężnie, jeżeli nie chciał zmartwić uprzejmego Mazowszanina, który we wszystkiem skromny, w tej może mierze przesadzał. Głównym w domu sprzętem była wisząca na ścianie b a r d a (płocha) do wyrabiania płócien przydatna; odzieniem mieszkańca tego była gruba siermięga, jej ozdobą buława, którą zawsze nosił za pasem, — a krasą twarzy potężny wąs. Szczerość, cnota, bojaźń Boża i ochota do pracy cechowały mieszkanie i mieszkańca mazowieckiego dworka. Skorszym on będąc do z w a d y niż do r a d y, nie ruszył się nigdzie bez potężnego kija w ręku [4]). Dzielném tém narzędziem nakazywał on dla siebie uszanowanie, niem odpierał napaść, niem uskramiał wroga. Zdobiły Mazurów: [5])

Szarszan zardzewiały	Zstępuj mu z gościńca (drogi),
z poszew (pochwy) opadały,	rzuca się do kijca,
kijec granowity,	potem z harkabuza
harkabuz nabity.	wnet poprawi guza.
Tak idą na Roki,	
podeprą swe boki.	

Z uszanowaniem i bojaźnią [6]) przepływali flisowie około dwóch kęp, Drwalskiej i Nieznachowskiej, na Wiśle za Wyszogrodem położonych. Zamieszkiwali je kłótliwi Mazurowie, nazywani Nieznachami, którzy ustawicznie kłócili się między sobą, a nikomu mięszać się do siebie nie dali. Guzy potężne czekały nieproszonego rozejmcę. Czubiąc Mazur jeden drugiego, wiedział o tém dobrze, iż sowicie jutro odbierze, co dziś sąsiadowi udzielił hojnie.

Wielko- i Małopolanie wiele sobie opowiadali gadek o niezgrabnych i głupich Mazurach, którzy jak szczenięta rodzili się

[1]) Bielski, Kronika, str. 774.
[2]) Miaskowski w niżej przytoczoném miejcu.
[3]) Trzyprztyoki.
[4]) Dosłownie wyjęte z Miaskowskiego, I, str. 180 wydania r. 1622.
[5]) Tak mówi pieśń stara w Kiermaszu wieśniackim, pieśń VII.
[6]) Mówi Klonowicz we Flisie.

ślepo, o Bożym nie wiedzieli świecie, i nad głębokie swoje piaski riczego więcej nie znali; którzy skorymi będąc do kijca w domu, uciekali się do prawa (sądu), gdy im przyszło rozprawić się z nieprzyjacielem na polu bitwy. Wołał raz Mazur na Tatarzyna, gdy go ten porrął kieścieniem (broń tatarska nakształt toporu) po grzbiecie smarować: „Słysz, a czemu mnie bijesz? Jeżeli ja tobie co winien, patrz-że ty mnie sobie prawkiem (sądem), a daj mi pokój [1]). Takie szczególniej gadki bolały Mazurów. Przekonani będąc o swojem męztwie, najprzykrzej słuchali przymówek, czynionych sobie o tchórzostwo. Kiedy podochociwszy sobie na uczcie, śpiewali Wielko- i Małopolanie: [2])

Mazurowie mili,
gdzie-ście się popili?
W Warce na gorzałce,
w Czersku na złém piwsku.
    Skoro się popiją,
    wnet chłopa zabiją.

Mazurowie naszy,
po jaglanéj kaszy
słone wąsy mają,
piwem je maczają.

(o czem mówi i Pasek w swych *Pamiętnikach*) — to brat Mazur wcale się o to nie gniewał, bo dwa ostatnie wiersze rozbrajały gniew jego, z którym-by był wybuchnął niechybnie, gdyby mu męztwa jakośkolwiek nie przyznano. Owszem, jak gdyby go po sercu pogłaskał, odciął się wesołemu śmiałkowi rodzinną piosenką, w której po-krótce wszystkie dobre i złe wymienił zalety i wady:

Znaj Polaku pany,
śmiałe Mazosany,
gotowi do boju
w zwadzie y pokoju.

A nie wiele mierzą,
śmiejąc się uderzą;
chocia w piasku brodzą,
lec ostrożnie chodzą.

Do stronicy 43.

14.

Ł. Gołębiowski (w dziele: *Lud polski*) mówi:

„Szlachta drobna czyli zagonowa. Potomstwo dawnej szlachty rozrodzone, zubożałe, pozbawione oświaty, dziś wieśniakom niemal się równa, i dlatego wiadomość o niej tu położyć uważamy za właściwe. Władało przedtém szablą, sejmikowało, a te-

---

[1]) Gabryela Leopolity kasanie 3. zbioru IV.
[2]) *Kiermarz wieśniacki*, pieśń VII.

raz ziemię tylko orze [1]). Niegdyś obywatel najmożniejszy (a nawet sam król) nie inaczej do nich się ozwał, jak: P a n i e b r a c i e! bo należeli do wyborów i w nich liczbę stanowili. Powiadali więc z dumą: „Szlachcic na zagrodzie, równy wojewodzie".

Szlachta drobna w różnych województwach, to całkiem wsie niektóre osiadała, szlacheckiemi zwane, to łącznie z kmiotkami. Szczupłe ich posiadłości maluje przysłowie: „Jak pies usiądzie na dziedzictwie szlachcica, to ogon za granicą trzyma", i drugie kreślące ich dostatek błahy: „U szlachty, co dzbanek to panek".

Zachowali wszakże swą dumę starożytną i zawsze pomiędzy sobą używają słowa P a n albo W a s a n. Obcy niech się strzeże inaczej do nich przemówić, zaraz usłyszy: „znaj co jest szlachcic, wara ty-kać". Magnat jednak nie zawaha się przemówić doń: t y albo w a s z e ć.

Kmiotki nie lubią ich. Powiadają: „mądry szlachcic", to znaczy, że oszukać umie. „Nadął się jak szlachcic" służy do wyśmiewania ich dumy. „Wystroił się jak szlachcic do karczmy" — gdy kto w nowe suknie się ubierze, a przecie karczmy nie mija. „Chłopska rzecz siła jeść, ślachecka wiele pić" — opilstwo ich wyszydza; „Czarny tył jak u szlachcica" — nieochędóstwo.

Przesądni i zabobonni jak chłopi, leniwi do pracy, przesiąknęli wieśniaków zwyczajami. Obszerniejsze mają zabudowania, większe okna, ganek. Pańszczyzna ich nie ucięża jak kmiotka (Gołębiowski pisał to w r. 1830); idą wszakże na zarobek do żniwa, kosy i cepa. Czytać i pisać wielu umie, lecz nad książkę po przodkach nie znają innej, a częstokroć przeczytać jej nie zdołają: podpisać się, całą ich umiejętnością. Wytrwali na wszystko, jazda konna i w podeszłym wieku ich nie utrudza. Ubiorem jest: koszula, spodnie płócienne, chustka biała lub kolorowa na szyję, buty z dużemi podkówkami, kapota lub z taśmami bekiesza, najczęściej popielata, kapelusz czarny lub czapka z siwym baranem. Na Polesiu, taka jest jak u chłopów siermięga, innego koloru tylko (czerwony) pas, niegdyś szabla, a w jej niedostatku nasiekiwana pałka. W Pińszczyznie i Owruckiém takową szlachtę nazywano niegdyś o k o l i c z n ą: że sama szlachta zamieszkała w tej okolicy (u Rossyjan: o d n o d w o r c y). Dworski sługa lub kmiotek, gdy się żenił z ich córką, przybierał imie, herb tej rodziny i stawał się szlachcicem [2]).

---

[1]) Oczywiście nie mówimy tu o tych, którzy zawiesiwszy się u progów panów i możnych, przemienili się na ich posługach w officyalistów i dworaków; wszakże niejeden z nich z czasem do wielkiej doszedł zamożności i w istocie z panem swym mógł się bratać, a nawet przewyższyć go poniekąd. Szlachcianki zaś piastowały i piastują zwykle po dworach zamożniejszych, godności panien respektowych, fraucymeru, ochmistrzyń i t. p.

[2]) W *Encyklopedyi mniejszej* Orgelbranda (Warsz. 1874) czytamy co do Mazurów: „W obyczajach i prawodawstwie przedstawiają Mazury wiele

Dyalekt szlachty drobnej podlaskiej jest mazowiecki, poleskiej ruski. Obrządki weselne, pogrzebowe, takie niemal jak u ludu; podań dawnych i przywilejów tego stanu już nie pomną (Wójcickiego: *Rozprawa konkursowa*).

Włościanie. Kmieć polski (mówi Gołębiowski) w samem nazwaniu swojém znaczy gospodarza i właściciela roli; oddawna bowiem kmiecie polscy znali własność gruntów, ich wymiar i ograniczenie prac rolniczych dla pana. Za władzy Piastów sąd równy i tenże sam był dla pana co i dla kmiecia, przed królem swym lub jego powiernikami w różne części kraju rozsyłanemi. Zanim wiara chrześcijańska wprowadzoną została, wedle świadectwa dziejów, polski chłopek nie znał innych danin i podatków oprócz dziesięciny, którą z płodów swej ziemi i wszelkiego przychowku oddawać panującemu był obowiązany.

Za przyjęciem religii dziesięcinę ofiarowano duchowieństwu, nie ustawały przecież krajowe potrzeby; trojakiego więc gatunku

---

cech starożytnych lub odrębnych. Tak np. Galindowie (Mazury pruscy) podobnie jak Polanie u Nestora, a Ukraińcy za Władysława IV (Beauplan) dozwalali, żeby narzeczone bawiły u swych mężów aż do dnia ślubu (co błędnie W. A. Maciejowski uważa za obyczaj przez wdowy praktykowany). Za zabicie mazurskiej szlachcianki płacono karę zwaną rucha, wynoszącą 60 grzywien polskich, a za jej pobicie lub zranienie ruchę 15 kóp groszy. Za jej usilstwo przez szlachcica lub włodykę (miles), płacono 40 grzyw. groszy mazow. (Helcel: *S. P. Praw. Pol.*, I, 283), gdy w Polsce karano je oddaniem na łaskę krewnych i usilonej, oraz 70 gr. (art. Wiśl. 186). Podobna różnica była w opłacaniu kary za zabicie milesa przez milesa na Mazowszu *(Jus Polon.* Bandtkiego 419, — *Kod. Mazow.* n. 83 z r. 1363), a w Polsce 40 lub 20 grzyw. Obok tego na Mazowszu za zabicie szlachcica szlachcica płacił 48, za zabicie włodyki 20 kóp groszy, a w Polsce 60 grzywien za szlachcica, 30 grzywien za scartabella, 15 grzyw. za milesa z wieśniaka lub sołtysa. Na Mazowszu opłacano policzki; za oszczerstwo *(vituperium)* była kara 5 grzywien, a w Polsce 60 grzywien. Istniało nadto najdłużej rękojemstwo włościan, oraz system taki prawa rycerskiego, że je utracał każdy i stawał się kmieciem, kto osiadł na obcej ziemi i na tak długo, dopóki do swej ojcowizny nie wrócił. Nadto jeszcze w r. 1390 ślubne związki łączyły szlachtę i kmieci. Tu też bardzo długo istnieje system gmin (opoli) pod nazwę o s a d *(vicinia)*, które ku Prussom zwano bractwami (w końcu XVI wieku bractwo Borowskie w Sieluń'skiem). Te to o s a d y, lub arbitrowie starzy zwani s t a r c a m i, rozsądzali sprawy między szlachtą a kmieciami. Rozrodzenie się Mazurów i nieżyzność kraju była powodem do wielkiej ich emigracyi. Tym sposobem Podlasie, Ruś Czerwona od XIII do XV wieku została przez Mazurów skolonizowaną. Ubóstwo było tu w parze z ciemnotą umysłową; to też o ile pierwsze sprowadziło schłopienie stanu szlacheckiego w tak zwanych z a ś c i a n k a c h, o tyle drugie od czasu elekcyi króla Henryka Walezego, przenosząc miejsce wyborów króla pośród Mazurów, uczyniło najwyższy ten przywilej narodu całego igraszką kilku oligarchów, korzystających z przewagi Mazurów liczebnej w sejmach.

z koleją czasu powinności zjawiły się, to jest: 1) pieniężne opłaty, 2) daniny wszelkiego rodzaju i 3) posługi.

Do stronicy 49 i 59.

15.

List Wójcickiego do red. *Tygodn. illustr.* (*Tygodn. ill.*, Warsz. 1864, nr. 248) mówi w krótkości o ubiorze i pomieszkaniu.

Ubiór. Barwa jasna lub ciemna ściśly ma związek z charakterem ludu. Gdzie przemagają kolory jasne, jak: biały, czerwony, niebieski, zielony, lud niezawodnie raźny, ochoczy, wesoły, jak to mówią: i do tańca i do różańca. Gdzie barwy ciemne górują, lud ociężały, smutny, mniej ruchliwy i ponury. Gdzie barwa jasna, muzyka skoczna i wesoła, gdzie ciemna, tam żałośliwa i żałobna. Barwa jasna idzie od Pomorza, po wybrzeżach Wisły, Narwi, Pilicy, w góry między Podhalan i Hucułów.

Najstarożytniejsze ubiory przechowały się dotąd głównie u ludu, lubo gdzieniegdzie utrzymały się także po miasteczkach mniejszych, już w osadach szlachty zagonowej. W Galicyi u mieszczan widzieliśmy ponsowe żupany, ulubiony w XV i XVI wieku kolor, który dał początek przysłowiu: Cnota w czerwieni chodzi, bo wówczas takiej barwy sama tylko używała szlachta. Niewiasty noszą buty safianowe żółte lub czerwone, dawnego także pokroju. Szlachta zagonowa zachowała ze starożytnych ubiorów (głównie w Podlaskiem i Augustowskiem) opończe czyli płaszcze bez peleryn z kapturkami i czapki z całemi lisiemi ogonami.

Pomieszkanie. W budowie chat i zabudowań gospodarskich i wewnętrznym ich układzie, lud przechował w wielu miejscach jeszcze kształt i sposób pogański. Kominy i piece oddawna na jeden sposób budowane. Styl dawny zachował się w starożytnych kościołach i cerkiewkach, wielu dworkach szlachty uboższej i gumnach. Również w sprzętach rolniczych, jak: socha, pług, płużyca, naczynia gliniane, laski i t. p., w uprzęży, czy w hołoblach pojedyńczego konia, czy w parze o jednym léjcu, czy w czwórce po krakowsku. Kosa jednak góralska niemało się różni od kosy zwyczajnej; pierwsza jest szersza i dłuższa; to też Góral do każdego pokosu nieco przysiada, a jak tnie, to niemal półkole zakreśli odrazu, gdy zwyczajny kosiarz ledwie czwartą część dokoła przed sobą kładzie pokosu.

Godną uwagi jest zdolność do rzeźby u naszego ludu; utwory nie dłutem, ale prostym nożem lub kozikiem wykonane dziwią znawców (jak np. chłopa jednego ze wsi Korzeń, w dobr. Łącko pod Płockiem i t. d.). Najwydatniej one widne w tak zwanych figurach czyli krzyżach przydrożnych, w wystrugiwaniu ptaków

różnych, kogutka obrzędowego i t. p. Na Gody czyli Boże Narodzenie przebierają się pacholęta i wyrostki za żurawie, tury lub
niedźwiedzie; głowa żurawia bywa wystrugiwaną z drzewa, zarówno
jak łby niedźwiedzia i tura z wielkiemi rogami, brodą i grzywą.

Wielką rozmaitość spostrzegamy w narzędziach muzycznych,
jak w fujarkach i ligawkach. Dudy zwyczajne nadymane ustami,
miejscami bywają udoskonalone, bo nadymają się mieszkiem przy
prawym biodrze umocowanym; inny nieco mają kształt u mieszkańców pól, inny u Górali, inny u Rusinów. Niemniej na uwagę zasługująca rzewna lira, przechowana dotąd na Rusi i górali Hucułów.

Do stronicy 57.

16.

D a r y.

Dary tego rodzaju rozsyłano i przy wielu innych okoliczno
ściach, gdy się nastręczyła do tego sposobność. Wejnert *(Starożytn.
Warsz.* IV, str. 437) powiada, iż: Zwyczaj utrzymywał się w Warszawie, iż znakomitszych urzędników kraju, Magistrat miasta, przy
objęciu urzędu, obdarzał darami pieniężnemi, drogocennemi owocami, rybami lub towarami; podarki te zwano: p r z y w i t a n e.

Do stronicy 71.

17.

Pamiętnik ks. K i t o w i c z a opisuje nabożeństwo w Polsce
i zwyczaje przy niem zachowywane.

Po dworach, pisze tenże, modlitwy ranne, wieczorne, w kaplicy z litaniami i pieśniami, pokropieniem wodą święconą przez kapelana, były odbywane. Rannych pacierzy całego dworu czasem robota nie pozwalała, wieczorne przynajmniej zawsze były wspólne,
tudzież niedzielne i świąteczne. Gdzie nie było kapelana, szlachcic
sam zastępował jego miejsce, i w możniejszych domach to zachowywano. Pomnę ten obyczaj u rodziców moich równie w skromném
ich pomieszkaniu. Oboje, częstokroć matka, gdy ojciec był zatrudniony, przy wspólnej pracy jakiej nawet, zasiadłszy z dziatkami
i czeladzią w około długiego stołu, śpiewali część właściwą różańca,
koronkę, godzinki, litanije.

Dobycie szabel z pochew w czasie mszy świętej.
Dawni Polacy wydobywali szable z pochew do połowy, gdy zaczynano ewangeliją czytać lub śpiewać, chociażby kiedy na chórze odśpiewano: *Gloria tibi Domine!*

Błogosławieństwo na drogę. Zawsze z Bogiem poczynający wszystko przodkowie nasi, udając się na wyprawę i przed każdą większą zwłaszcza podróżą brali błogosławieństwo na drogę. Pontyfikalne było dla królów, albo takich osób, którym tę cześć uczynić chciano.

Przyjmowanie do kościoła przychodzących. Znakomite osoby, wchodzące do kościoła, przyjmowano podając im święconą wodę, prowadząc je do miejsca przygotowanego, na którém klęczeć miały; tam bywał kobierzec rozesłany, poduszka i pulpit albo jaka balustrada, o którąby wzniesione oparli ręce.

Posty, post wielki. Posty za wprowadzeniem wiary snać niemałej doznawały trudności i duchowieństwo mocno za niemi obstawało, kiedy mersburski Dytmar na początku księgi ósmej, tak surowe Chrobrego na łamiących posty wzmiankuje prawo: *et qui post septuagesimam carnem manducasse deprehendetur, abscissis dentibus graviter puniatur;* przydając tę uwagę, że więcej to będzie skutkować jak rozkazy kościoła. Zdaje się, że ta ustawa dla postrachu była tylko, i nie mamy śladu, czyli komu za złamanie wielkiego postu rzeczywiście wybijano zęby. Później, gdy religijność przemogła, nawyknienia dawne, zbyt ściśle u nas, zbyt surowo i nad przepisy kościoła rzymskiego nawet, zachowywano posty. Miała ich wiele Ruś i Łacinnicy je przyjęli, obchodzono więc w całej Polsce: Filipówki, Petrówki i Spasówki. Naruszewicz w kilku miejscach *Historyi polskiéj* jest tego zdania. Nadto był Adwent i Post wielki. Za Wstydliwego Bolesława przed zapustami teraźniejszemi wstrzymywano się od mięsnych pokarmów i dlatego niedziela ta dotąd zowie się *carnisprivii* (Naruszewicz, t. VI, str. 309). Podobnież i adwent był dłuższym jak teraz, przed każdém wielkiem świętem albowiem czterdzieści dni poszczono i dlatego się nazywał czterdziestnicą (*Słownik* Lindego). Nadto suchedni, krzyżowe dni, wilije obchodzono, i przyjęte dobrowolnie do Serca Jezusowego, N. Panny bolesnej, Ś. Antoniego, Ś. Jana Nepomucena i innych świętych 5, 7, albo 9 dni postu, po jednym w każdym tygodniu poprzedzającym. Suszono poniedziałki, środy, piątki, soboty, tak, że czasem 3 dni tylko, a u skrupulatniejszych za postami ledwie jeden dzień zostawał do mięsnych pokarmów. Lecz kraj był rybny, Polacy dawni wstrzemięźliwi, i nic to im nie szkodziło. Nie dozwalali sobie maślnych pokarmów nawet, przestając na ściśle postnych. Wprawdzie nie mieli oliwy, lecz konopny, przesmażony z cebulą, wypryskany z octem, makowy, orzechowy, bukwiany, słonecznikowy olej był dostateczny.

Nie dochować postu, największym poczytywano grzechem, zwłaszcza w niższych klasach pemiędzy ludem i pomiędzy Rusinami. I wyżsi w dnie postne kawę nie ze śmietanką, lecz z ukropkiem, albo migdałowém pijali mlékiem. Do czasu saskich Augustów i Poniatowskiego jeszcze powszechną była niemal ścisłość w zachowaniu postów. Ku końcowi rządów tego króla, możniejsi, wojskowi i młodzież, zaczęli się od niej wyłamywać pod pozorem słabego zdrowia; dziś (1830) ledwie kto pości, mówi Gołębiowski. Lecz owszem, po roku 1830, gorliwość religijna powiększyła się nieco, a z nią i posty.

———

Bractwa sodalisów miały swego prefekta i kongregacyję (mówi ks. Kitowicz); ekskluzyja z bractwa tak była straszna, jak gdyby klątew. Były dwa stopnie tego bractwa: sodalisów i tyronów. Za przewinienie dowiedzione z panienką i mężatką, wyłączenie pospolicie następowało i w przydatku sto batogów. Zaklęcie ut sum sodalis marianus, było stanowczym dowodem prawdy. Bractwo to upowszechniło się w szkołach, palestrze i magistracie lubelskim (i innych). Bractwo literackie, tak się nazywało, że jego członkowie umieli czytać po polsku, nawet i po łacinie, chociaż ostatniego języka nie rozumieli; mieszczanie i sami tylko mężczyźni do niego należeli. Były jeszcze bractwa: szkaplerzne, serca P. Jezusa, pocieszenia N. Panny, Ś. Ducha, różnych świętych i t. d. Promotor różańcowy u Dominikanów, miał drugą porcyją nazwaną piktancyą. Księżna wojewodzina ruska i kanclerzyna, Czartoryskie, bardzo często bywały z córkami na różańcach. Sądzono, że paciorki w kieszeni mniej dawały odpustu jak u pasa noszone; ztąd wielu ze szlachty i chorągwie pancerne w Krzepicach i Wieruszowie tak je nosili. Dwie procesyje w święto różańcowe i N. Panny odbywały się (i dotąd odbywają uroczyście w październiku od Dominikanów w Krakowie): Chorążowie nieśli chorągwie, chorążanki niosły obrazy (lub asystowały im w szeregach), marszałkowie laski pozłotą i farbą ozdobne; potem była wspólna uczta. Posty zachowywano ściśle we środy, piątki, soboty, poniedziałki, przydając do tego suche dni, piątki marcowe, nowenny i wllije. Tercyarze i Tercyarki chodzili w szaryźnie, choć pod inną suknią; dewoci i dewotki osiadali przy klasztorach.

———

Świece ofiarowane kościołom. Tyle funtów starano się ażeby ważyły, ile lat kto sobie liczył; takie świece ofiarowali kościołom majętniejsi lub pobożniejsi, takie J. Kr. Mość kościołowi w Wilnie (Kuryer polski, r. 1732).

———

Agnusek. Baranek wyrobiony z wosku poświęconego w Rzymie (przy baranku umieszczano niekiedy małą chorągiewkę). Jarzęcy wosk na to dobierano; przydawano ktemu balsam i wodę kryżmową. Powstał ten obyczaj za Urbana V, przeszedł do nas za Zygmunta III-go. W pobożności ducha, przypisywano agnuskom wielką moc przeciw ogniom, wodzie, piorunom. Robiono je i z kruszcu, z szczerego złota, z alabastru, i nie było przedtém domu, którenby w tę świętość nie był opatrzony.

Uderzenie dzwonu w jednę stronę 9 razy po wieczornych pacierzach. Po przedzwonieniu na anioł-pański wieczorem, jest zwyczaj w wielu miejscach kraju naszego, mianowicie po wsiach i miasteczkach, a przedtém snać powszechny: że dziewięćkroć w jedną stronę dzwonu uderzają. Taki obyczaj wspomina *Kuryer Warsz.* (1828, n. 238) w Jazgarzewie o staję od Gołkowa koło Warszawy (i Grójca); taki w Dąbrowicy (na Polesiu wołyńskiem) chodząc do szkół, i wielu innych miejscach później słyszał Ł. Gołębiowski. Każdy kościelny dziadek i każdy z ludu tłumaczy: że to za poległych w boju, lecz nie powié, z jakiej epoki. Świadomi zapewniają zgodnie, iż to od czasów Bolesława Wstydliwego i klęsk pierwotnych przez Tatarów zadanych, które tyle przeraziły umysły, taką boleść sprawiły. Przypominając tym smutnym odgłosem zgon braci, dawano razem ostrzeżenie, że tak powiem, ażeby i w nocy nad bezpieczeństwem własném czuwać, a nadewszystko prosić Boga o odwrócenie tej klęski. Inni chcą mieć, że to na pamiątkę odniesionej pod Warną klęski, w której i król Władysław poległ 10 Listopada 1444 roku. (*Lud*, Serya V, str. 15, nr. 9. d.).

Woźnice zakonników. U woźniców dominikańskich i bernardyńskich był zwyczaj, że gdy się zjadą na kapitułę do klasztoru, ksiądz jaki bywa naznaczony koniuszym; lecz oni wybierają pomiędzy sobą marszałka, instygatora i 2 patronów. Marszałek zbiera składkę na wotywę, której słuchają parami klęcząc z biczem w ręku. Obchodzi marszałek stajnie wraz z innemi urzędnikami, a jeśli znajdzie nieporządek około koni, wozów albo furmanów samych, jeśli który w stajni nie nocował, marszałek liczbę plag oznacza, instygator to wypełnia, patronowie zaś trzymają, opatrzywszy wprzódy, czy niema jakiej podkładki. Woźnica prowincyjała lub przeora miejscowego zwykle marszałkiem bywał.

Do stronicy 92.

18.

Nowy rok.

Pamiętnik naukowy (Kraków, 1837, II, str. 45) mówi:

„Nowy rok u wszystkich ludów europejskich z odznaczającą się uroczystością obchodzony bywa. Osoby przyjazne albo znajome życzą sobie w tym dniu wzajemnie pomyślności, — i przeszło to już w niejaki obowiązek składać życzenia ustnie lub piśmiennie każdemu z krewnych, przyjaciół, dobroczyńców i t. d. W dawnych latach spotykano się u Polaków życzeniem: „bóg cię stykaj! [1]), ale w następstwie czasu krótkie to wyrażenie zastąpiły naprzód rozmaitej treści oracye, perory, komplimenta, a potem zimne, czcze bilety, które służący roznosi, albo dla większej wystawy koczem lub karetą pańską rozwozi. Zwyczaj ten po wielkich miastach szczególniej w powszechne poszedł używanie; mieszkańcy zaś wiosek posyłają sobie wzajemnie listy, w których szczerze lub obłudnie, krótko lub długo, z życzeniami się rozpisują. Odwiedziny w dzień Nowego roku bywają rzadkie, a jeżeli się jedzie, to tam tylko, gdzie hucznej i wesołej zabawy niechybna nadzieja, bo Nowy rok koniecznie wesoło przepędzić trzeba“.

„Zdarzy się jednak dotąd spotkać zabytek starożytnego zwyczaju życzeń. Jeszcze niekiedy po miastach większych, roznosiciel afiszów lub listów, a po miasteczkach i wioskach kościelny sługa lub organista, idzie z ustną lub wypisaną oracyą tam, gdzie się datku, a przynajmniej poczęstnego spodziewa. Zbierają się też czasem powoźnicy (dorożkarze) i trzaskaniem z batów słowne zastępują życzenia. Mnóstwo podobnych zwyczajów ma każda okolica, a dowcipniejsi mnożą je i zmieniają według potrzeby i upodobania“.

„Wiele osób przestrzega ściśle, żeby w dzień Nowego roku w zupełnie nową ustroić się odzież, a jeśli jakiemś zdarzeniem coś starego się zaplącze i niepostrzeżenie za ubiór posłuży, smutnej to bardzo przepowiedni znakiem. Zabobon ten, prawie wszystkim ludom Europy wspólny, sam w sobie przedwiecznej starożytności ukryte ma źródło“.

„Podobnie pospolitym jest zwyczaj nie wydawania w dniu tym ognia do domu obcego. Mieszkaniec Szkocyi nie dozwoli nawet wynieść ani drzewa, ani węgla na opał, w obawie, ażeby z czasem do czarów przeciw niemu użyte nie były. Ślady tego przesądu widoczne są u Rzymian i Greków“.

„Myśliwi na łowach, gracze w kartach szukają w dniu Nowego roku szczęśliwej wróżby. Rozkochani z przyjaźnych, czułych, albo

---

[1]) Gołębiowski, nie przytaczając powodów domniemania swego, powiada, że dawni Polacy, wyrażeniem „bóg cię stykaj!“ polecali się błogosławieństwu Wszechmocnego.

obojętnych słówek wnoszą o skutku swoich zamiarów. Tu zapewnie ma początek owa żartobliwa kradzież, dozwalająca w przeddzień Nowego roku pochwycenia tajemnie cudzej własności, a kto ją niepostrzeżoną do Trzech-króli u siebie przechowa, sądzi, że mu wszystko w nowo zaczętym roku pójdzie dobrze. Żart ten wszakże pomiędzy złemi ludźmi często na prostą przemienia się kradzież".

„Ale nietylko zwyczaj życzenia pomyślności odznacza dzień Nowego roku. W Anglii, a szczególniej w okolicach Szkocyi południowej, skoro zegar wybije północ 31 Grudnia, czyli zapowie skon starego a narodziny nowego roku, najstarszy wiekiem mieszkaniec wioski, wybiera się skrzętnie z domu, a otoczony gronem mężczyzn i kobiet, śpieszy nad brzeg wody i czerpie kubkiem najpierwsze jej warstwy. Tak zebrana woda ś m i e t a n k ą s t u d n i się zowie; całe towarzystwo rozpoczyna śpiew wesoły:

The flower of the well to our house gaes
an' d'll the bouniest lad get.
(Kwiat studni idzie do nas, a najpiękniejszy z okolicy
młodzian moim mężem będzie).

Jak bowiem zebrane pierwsze warstwy wody ś m i e t a n k ą s t u d n i, tak znowu pierwszy jej kubek k w i a t e m s t u d n i zowią. Młode dziewczęta ubiegają się o jego otrzymanie, a której się dostanie, nie wątpi uradowana, że najpiękniejazego z całej okolicy zaślubi w tym roku młodzieńca. Zwyczaj ten sięga bardzo odległej starożytności i jest niewątpliwie zabytkiem uwielbienia, z jakiem Piktowie byli dla studni. Znany on był i Rzymianom; wieszczkowie nawet z pewnego sposobu pienienia się wody w ręku, przyszłe przepowiadali zdarzenia.

„We Francyi, oprócz składania życzeń w dzień nowego roku, istnieje zwyczaj podarków, połączony z trzykrotném pocałowaniem twarzy. Wzbronne inną razą dla młodych wobec świadków łakocie, nie zapłonią w dzień nowego roku i najskromniejszej dziewicy, pocałunek na twarz młodzieńca kładnącej. Najpospoliciej przy pocałowaniu pomarańcza jest objętą (ofiarą). Godna rzecz zastanowienia, że zwyczaj ten u Rossyan w powszechnem jest używaniu, z tą różnicą, że nie w dzień nowego roku, ale w i e l k i e j - n o c y, i że pomarańczę zastępuje ubarwione jajko, k r a s z a n k ą [1]), albo jak na Mazowszu: p i s a n k ą zwane.

_____ .. .

[1]) K r a s z a n k ą, że k r a s o czyli c z e r w o n o najczęściej ubarwione bywa.

Do stronicy 108.

19.

Trzej-króle.

Pamiętnik naukowy (Kraków, 1839. II, str. 50) mówi:

„Zwyczaj jedzenia ciast w uroczystość t r z e c h - k r ó l ó w, i przytém żartobliwego obierania w tym dniu k r ó l a i k r ó l o w e j, bardzo odległych zasięga czasów. Po miastach i wszechnicach (uniwersytetach) niemieckich uczniowie i inni mieszkańcy dają w dzień trzech-króli wspaniałą ucztę, i większością głosów wybierają jednego z pomiędzy siebie na króla".

„We Francyi obiór króla takiego losem rozstrzygany bywa. W tym celu ukrywają w jedném cieście ziarnko b o b u, a komu się takie ciasto dostanie, urząd k r ó l a b o b o w e g o (roi de la féve) przez cały rok sprawuje".

„Tenże sam zwyczaj w wielu okolicach Polski długo się przechowywał; w końcu obiadu roznoszono ciasto, w którego jednej sztuce ukryty był m i g d a ł. Kto go (z mężczyzn) z ciastem otrzymał, królem okrzyknięty został i mianował królowę, bukiet jej ofiarując".

„Zwyczaj ten niezawodnie przeszedł do nas od Greków i Rzymian. U Greków był wybierany *Sympasiarchos vasileus* i t. d., u Rzymian *Rex modimperator* i t. d."

Do stronicy 111.

20.

S. Agnieszka.

Pamiętnik naukowy (Kraków 1837, II, str. 54) pisze:

„Liczne przesądy z uczuciami miłości w związku do uroczystości dnia tego są przywiązane (na Zachodzie przeważnie). Tak naprzykład: jeżeli młoda dziewica w wiliją Ś. Agnieszki wieczorem weźmie cały arkusz s z p i l e k i odmawiając „Ojcze nasz", powyjmuje wszystkie kolejno, a potém, do snu się zabierając, jednę z nich w rękaw swojej bielizny zatknie, nie wątpi, że się jej przyśni młodzieniec, którego z czasem zaślubi".

„Młode dziewczęta we Francyi zwykły noc przed Ś. Agnieszką przepędzać na ustroniu, gdzie najmniej lub nigdy nie przebywają. Gdy się rozbiorą (z sukien i bielizny) każda z nich przywiązuje p o d w i ą z k ą z lewej nogi pończochę z prawej nogi, zostawując drugą podwiązkę i pończochę nietknięte. Przy związywaniu robi kilka w ę z e ł k ó w, a za każdym z nich powtarza następujące słowa:

Ce noeud je le fais encore,
pour savoir ce que j'ignore,
et pour que je puisse voir
l'époux que je dois avoir,
et son maintien et son habit,
et la manière dont il vit...

„Poczém szczęśliwa zasypia, a we śnie musi koniecznie ujrzéć przeznaczonego sobie małżonka, i twarz, i postawę, i ubiór, i sposób życia jego".

„Rzymianie mieli także zwyczaj robienia węzłów, dla przywiązania do serc swojich serca ukochanej osoby".

Do stronicy 112.

21.

Ś. Wincenty.

Pamiętnik naukowy (Kraków, 1837, II, str. 55) mówi:

„Powszechnie uważają czy słońce świeci w dzień ś. Wincentego. Dr. Förster sądzi, że to powstało z mniemania niektórych, że słońce n i e ś w i e c i w rocznicę dnia, w którym tego ś. męczennika spalono, a jeśli świeci, przepowiada niezawodnie szczęśliwe jakieś zdarzenie. Atoli domysł, że zwyczaj ten odnosi się do starej przypowieści winiarzy francuzkich:

La fête de saint Vincent
le vin monte dans la sarment,
et en va bien autrement
si il gèle, il en descend.

(W dzień ś. Wincentego dziczeje wino, a wcale jest inaczej, jeżeli mróz trzyma),
ma także swoją powagę.

Podobnież i dzień N a w r ó c e n i a ś. P a w ł a (15 Stycznia) uważają w wielu krajach za przepowiednię stanu powietrza, w rozpoczęty rok szczególniej mającego się odznaczyć.

Si le jour de saint Paul voit briller le soleil,
abondante moisson le laboureur espère i t. d.

Do stronicy 114.

22.

D. Oczyszczenia.

Pamiętnik naukowy (Kraków, 1837, II, str. 56) mówi:

„Dzień Gromnic czyli oczyszczenia P. Maryi uważają wieśniacy, podobnie i wiele innych dni, za przepowiednię ogólnych własności powietrza w rozpoczętym roku. Całej niemal Europie — powiada Tomasz Browne — spólne to mniemanie, że, jeżeli słońce w dzień g r o m n i c świeci czyli ciepło jest, zima długo jeszcze trwać będzie. — Brand w *Starożytnościach gminnych* przytacza stary kalendarz angielski, w którym znajdujemy pytanie: „Do czego służą gromnice poświęcone? — „Do rozpędzenia grzmotów i wsparcia konających".

„W wielu okolicach Hiszpanii, Francyi, Anglii i Niemiec długo utrzymywał się, a we Włoszech gdzieniegdzie dotąd utrzymuje się jeszcze zwyczaj przyodziewania w dzień gromnic młodej dziewczyny w b i a ł e s z a t y, która w licznem towarzystwie młodzieńców, przedstawiających a n i o ł ó w, z których dwaj nieśli dwie s y n o g a r l i c e, szła w uroczystym pochodzie do kościoła odmawiać jakieś wiersze odwiecznego układu, i składała w skromnym podarku owe dwie synogarlice".

„Na początku miesiąca Lutego obchodzono niegdyś w Rzymie uroczystość f e b r u a zwaną; było to także święto o c z y s z c z e n i a. Rzecz oczyszczona przez poświęcenie zwała się f e b r u a t u m, a miesiąc ztąd właśnie wziął nazwę Februarius".

Do stronicy 116.

23.

Ś. Walenty.

Pamiętnik naukowy (Kraków, 1837, II, str. 58) mówi:

„Jest-to jedno z najpospolitszych mniemań w Anglii, że dwie p i e r w s z e różnej płci osoby, spotykające się w poranku dnia ś. Walentego, jeśli są wolne, jeszcze niezaślubione, mogą mieć p e-w n ą połączenia się nadzieję".

„Długo utrzymywano, że w uroczystość ś. Walentego p t a k i gromadzić się zwykły, i to dało powód zapewne do uważania go za dzień postrzeżeniom miłości wyłącznie przeznaczony. Jakoż rozsyłane w dniu tym słodkie listy, wzięły imię tego świętego i zowią się W a l e n t y n k a m i".

„We Francyi i Anglii młodzieńcy układają w dzień ś. Walentego tak zwany K a l e n d a r z k o c h a n i a, piszą w tym celu na

listkach oddzielnych imiona dziewic znajomyoh; ciągną potém, a którą
któremu los w ręce poda, Walentynką jego się zowie. Radość
to wielka i nadzieja dobra, jeżeli los z życzeniem się zgodzi".

„Podobnej próby używają w Polsce w wieczór przed ś. Ję-
drzejem dziewczęta, a przed ś. Katarzyną chłopcy, z tą tylko różnicą,
że listki z imionami kładą się pod poduszkę i dopiero nazajutrz się
wyciągają".

„Nie podpada wątpliwości, że pospolita w Polsce nazwa
Bogdanki, dawana narzeczonej, odpowiada Walentynie we Francyi i Anglii używanej".

Do stronicy 120.

24.

Zapusty.

Pamiętnik naukowy (Kraków, 1837, II, 60) pisze:

1. „Jeszcze huczniej niż tłusty czwartek obchodzić się zwykły
ostatki, zapusty lub kuse dni. Koniec to mięsopustu i zabaw
karnawałowych, do tego czasu przywiązanych, a które tak dosadnie
acz krótko opisał śpiewak *Maryi*, Malczewski. Dnie od tłustego
czwartku, a mianowicie niedziela, poniedziałek i wtorek przed środą
wstępną należą do nich; wszakże dostanie się czasem i popielcowi,
jeżeli się towarzystwo rozhula; ale najpospoliciej trwają zabawy do
święta wstępnej środy, a w niektórych miejscach do północy tylko".

2. „Cała Europa chrześciańska z niezwyczajną wesołością obchodzi dnie zapustne, każdy zaś naród właściwym sobie sposobem.
Ostatni wtorek najhuczniejszy bywa. W wielu miejscach zowią go
wtorkiem pączków; zwyczaj ten wymagał niegdyś, żeby każda
osoba tyle własną ręką usmażyła pączków, ile zjeść miała".

3. „W dawnym poemacie angielskim *Pasqul's stolinotia* (Lon-
dyn, 1634, w 8-ce) czytamy ustęp: „Było to w dzień, kiedy bogaci
i ubodzy jedzą pączki z jednego półmiska, kiedy wszystkie myśli
ludzkie zwracają się tylko do pączków, kiedy chłopcy i dziewczęta
kolejno smażą pączki na ogniu, i kiedy cała kuchnia rozlega się
głośnym śmiechem na widok pączka lecącego na ziemię".

4. „Rozrywką najpospolitszą w dzień wtorku ostatniego w Anglii były walki kogutów. Godnem jest uwagi, że i u nas w Polsce, choć wcale walki kogutów nieznane, było niegdyś w zwyczaju
po wioskach, że w ostatni wtorek parobczaki obwozili po chałupach
kurka drewnianego. Wieczerza nawet po jadle mięsném
w ostatni wtorek zwała się podkurkiem [1]), dawana jako przej-
ście od mięsa do ścisłego postu".

---

[1]) Sądzimy jednak, że nazwa ta odnosi się do rannego, hasła dającego,
piania kura czyli koguta.

5. „Do najbardziej uderzających dziwactw zapustnych (wedle zdania autora), należy uroczysta w ostatni wtorek przechadzka t ł u- s t e g o w o ł u po ulicach miast francuzkich. Jak we wszystkich zbytkach na obrazę rozsądku wymyślonych (!), i w tym także Paryż naczelne miejsce przed innemi miastami trzyma. Nie przepchasz się wtedy przez ulicę oświeconego miasta, wszystkie nawet czynności publiczne i prywatne ustają, bo ważniejsza rzecz nad nie, pochód tłustego wołu (ze złoconemi rogami i kwiecistym wieńcem na szyi), oczy i umysł całkowicie zajmuje. Kto nie widział tego obrzędu, nie jest wstanie pojąć, jak silną i zaciętą walkę zdoła z rozumem i oświatą głupstwo i ciemnota (!) prowadzić" [1]. (Wspomnimy, iż prócz tego ukazywały się w ostatki na ulicach Paryża maski i obsypywano także przechodniów mąką przy barrière du Trône — w czasie t. z. descente de la courtine).

6. „Mniej karnawałowych uciech, albo wcale nie napotykamy ich śladów w krajach protestanckiego wyznania, bo należą do dziwactw najsrożej ustawami wiary tej wzbronionych. W rzeczy samej, maskarady i tańce karnawałowe są zabytkami dawnych świąt, S a- t u r n a l i a zwanych; kościół nawet katolicki od początku istnienia swego surowo przeciw tym nadużyciom uciech powstawał, a gminne powieści pełne są podań o karach, które wyrokiem tajemniczym zbytkujących w tego rodzaju uciechach spotykały; przytaczamy jednę z liczby tysiącznych".

„W roku 1032, w chwili, gdy Robert, proboszcz jednego kościoła w Saksonii, zaczynał mszę świętą, przerwał mu nabożeństwo hałas, wszczęty na ulicy. Był to niejaki Others, który w towarzystwie piętnastu mężczyzn i trzech niewiast karnawałową zabawę odprawiał. Wierni upominali Othersa i towarzyszów, żeby zaprzestali tańców, ale ci zagrzani napojem, zważać nie chcieli. Robert tedy prosił Boga, żeby Others z towarzyszami przez r o k c a ł y na t a ń c e ska- z a n y został, i wysłuchał Bóg prośbę księdza Roberta, a weselnicy 365 dni i nocy, choć słońce ich paliło, choć deszcz moczył, choć mróz ziębił, nic nie jedząc ani pijąc, tańczyli. Napróżno krewni i przyjacieli wołali na nich, zajęci tańcem nie słyszeli głosu ludzkiego; odzież ich i obuwie nie podlegały zniszczeniu, ale ziemia od ciągłych skoków na jedném miejscu znacznie z a p a d a ł a i już prawie po pas wybrzeżami sięgać poczęła. Synowiec Roberta ulitował się nad siostrą i chciał ją wyrwać z grona nieszczęsnych tancerzy; pochwycił ją więc za rękę, lecz r ę k a po ramie o d e r w a n a, została w jego dłoni, a siostra, najmniejszego niewydawszy krzyku ani znaku boleści, dalej tańcowała. Rok tak upłynął; aż nakoniec ś. Herdbert, arcybiskup Koloński, ulitowany, z d j ą ł k l ą t w ę z grzesznych i z kościołem ich pojednał. Wszakże wielka z nich część

---

[1] Zwyczaj odwieczną uświęcony tradycyą, autor widocznie bierze za wymysł kapryśny pojedyńczej jakiejś osoby.

wkrótce pomarła, a ci, którzy czas jakiś żyli jeszcze, do śmierci mimowolnego drgania członków doznawali". (Porównaj: Baśń o cudownej piszczałce).

7. „Do rzędu dziwactw starego świata należał we Francyi obrzęd pogański Lupercalia, czyli święto bożka Pana, przypominający. Ludzie prawie całkiem obnażeni, przebiegali w ostatni wtorek ulice i smagali przechodzących worami napełnionemi popiołem, lub zasypywali im oczy. Podobny był obyczaj i w Polsce w czasie środopościa".

8. „W następną środę chłopcy i dziewczęta w Frankonii zaprzęgały do wozów konie i psy, przy odgłosie trąb przejeżdżając ulice, ciągnęły nad brzeg rzeki lub jeziora, gdzie jakby na Bachusową objatę wpadali do wody, różne przy tej zabawie odśpiewując piosnki. — Podobny zwyczaj był także i w Polsce i Litwie, iż dziewczęta ciągną na wozie kloc drzewa, zatrzymując się przed każdym domem gdzie mieszka młodzieniec, który okupić im się winien".

9. „Wspomnieliśmy już wyżej, że wszystkie obrzędy tego rodzaju czasów pogańskich są zabytkiem, tu dodać musimy, że podług zdania bardzo upowszechnionego w Niemczech, u Hebrajczyków szukać początku chrześciańskiego karnawału potrzeba. I w rzeczy samej, Żydzi aż dotąd podczas świąt Hamana (Aman) i dnia sądnego (Purim), które przypadają około zapustnego wtorku chrześcian, oddają się zabawom, wielką styczność z uciechami naszego karnawału mającemi; większa jednak część uczonych przychyla się do zdania, że tak Żydzi jak Chrześcianie od pogan karnawałową zabawę przyjęli".

25.

Maskarady warszawskie, w salach redutowych (Wielkiego-teatru) dawane, osobliwie czwarta z rzędu, ściągały niegdyś liczną, żądną zabawy publiczność. Czasopismo *Korrespondent* (Warszawa, 3 Lutego 1835, nr. 32) powiada: „Onegdajsza maskarada nieporównanie świetniejszą była od poprzedzających. Natłok był tak wielki, iż prawie niepodobna było przypatrzyć się mnóstwu pięknych masek. Mało było kostiumów charakterystycznych, wszystkie prawie były fantazyjne, niektóre odznaczały się gustem i świeżością. Piękne i bogate domina kryły zapewne najpowabniejsze wdzięki. Z charakterystycznych kostiumów odznaczały się szczególniej: żydówka, żyd faktor, armer Reisender, kilku staroświeckich panów w aksamitnych, bogato haftowanych frakach, murzyn, murzynka, kobiecina w adamaszkowej jupce; lecz nad wszystko najbardziej zajęła, najbardziej podobała się cyganka Meg-Meryllis: wróżyła wszystkim wierszami ze swojej kądzieli i rozdawała wiersze na karteczkach. Zdawało się, że wszystkich zna, że wszystko wie, że prawdziwie posiada sztukę czarnoksięską. Była wyborna, niespracowana, bezprzestannie otoczona tłumem, nie mogła wystarczyć wszystkim ciekawym, chociaż paręset kartek rozdała. Dostało nam się z nich kilka, które tu umieszczamy, aby dać wyobrażenie o jej sposobie wróżenia. Na samym wstępie dała się poznać, że jest Meg-Meryllis (z powieści Walter-Scotta), gdy, stanąwszy w gronie kobiet, w te do nich przemówiła słowa:

Opuściłam Szkockie góry,
By wam wróżyć, polskie córy;
Wróżba moja niezawodna:
Każda z was kochania godna!

Oto wiersze kilku innych karteczek:

Meg-Meryllis stara,
A więc wiary godna;
Życie płonna mara,
Wieczność niezıwodna.

———

Życie tak szybko jak cień przemija,
Jak wonna róża, czucie więdnieje;
Kochaj panienko, póki ci sprzyja
Wesoła młodość i jej nadzieje.

———

Nadzieja jest płonna mara,
Będziesz sobie: panna stara.

———

Czas żeby rozum rozdarł zasłonę,
Rozwiał już płonne omamień mary;
Masz przecie dzieci, masz przecie żonę,
A przytem pomnij, żeś już dość stary.

———

O! chłopiec z ciebie jedyny!
Nosisz sylwetkę Malwiny,
I włosy nadobnej Rózi,
A skrycie wzdychasz do Zuzi.

———

Poznałam łatwo z jednego wejrzenia:
Chciałbyś się żenić, boisz ożenienia.

~~~~~~~~

Korrespondent (Warszawa 10 Lutego, 1835, nr. 39) powiada: „Stosownie do naszego przyrzeczenia, wymieniamy celniejsze maski, które znajdowały się na onegdajszej maskaradzie. Wymowna kabalarka z kart wróżąca; dwie czarne ładne Wróżki rozdawały wiersze w różnych rodzajach na kartkach pisaue; grono Izraelitów z Pińczowa, zbierające składkę na podróż do Jerozolimy; Górale z jemiołuchami, łapkami na myszy, w ubiorach bardzo charakterystycznych, gdyż nawet co do czystości nie ustępowały znanym u nas druciarzom; bardzo zgrabny Kominiarz; trzy Szwabki, jedna z nich gustownie ubrana; śliczne boginie Nocy powszechne wzbudziły zajęcie; Szkot, którego zgrabna kibić i noga zdradzały płeć przybraną; Chińczyk, witający znajomych swoją przeraźliwą trąbką; ładny Papajeno; Turek, kilku Hiszpanów, poważny Kapucyn z ładną siwą brodą, ubiór włoski Bandyty, śmiały Krakowiak, domina białe w błękitne centki były bardzo świeże i gustowne; wesele niemieckie, poprzedzane skrzypkiem na czele, przyczyniało się wiele do uprzyjemnienia zabawy. Oprócz wyszczególnionych tu ubiorów, było także wiele innych fantazyjnych, bardzo ładnych; szkoda tylko, że szczupłość sal nie pozwalała wszystkim dobrze się przypatrzyć, lecz podobno ta niedogodność ma być usuniętą na przyszły karnawał przez ukończenie dużej sali redutowej.

Do stronicy 131.

26.

Wielki tydzień [1]).

Pamiętnik naukowy (Kraków, 1837, II, str. 68) pisze:
„Pierwsza Niedziela wielkanocna. „W Szkocyi i północnych ziemiach Anglii, Niedziela ta zowie się Carlin-Sunday. Zdaje się, że przedtem zwano ją Care-Sunday, albo Niedzielą cierpienia i męki, co odpowiada wyrazowi Passya. W późniejszych czasach nastał zwyczaj jedzenia w tym dniu pewnego rodzaju szarego grochu zwanego carlings, który przez noc moczono w wodzie, a potem w oleju smażono. Zresztą, pewną jest rzeczą, że gatunek tego grochu wziął nazwę od tej uroczystości, nie zaś uroczystość od grochu, albowiem Niedziela ta zowie się w niemieckim języku die Charwoche, co znaczy: tydzień boleści".
„Niedziela Kwietnia. Niedziela ta w Anglii zowie się Palm-Sunday (dominica ad palmas), w Polsce kwietnia albo wierzbowa, z powodu obnoszonych powszechnie gałązek, na pamiątkę owych, któremi słano drogę Zbawicielowi, gdy do Jerozolimy wchodził. Palma nie rośnie w północnych stronach; przeto na jej miejscu używają gałązek bukszpanowych, oliwnych lub wierzbowych. Ztąd nawet lud w hrabstwie Cumberland w Anglii wierzbę nazywa palmą".
Wielki Czwartek. Szczególna nazwa, jaką dzień ten w Anglii mianują, Manudy Thursday, pochodzi, jak mówią, z łacińskiego Dies mandati, dzień, w którym Zbawiciel wzajemną zalecał miłość i umywał nogi swym uczniom. Umywanie nóg

---

[1]) Czasopismo *Magazin des Auslandes*, 1840, podaje artykuł o obchodzie wielkiego tygodnia i wielkiejnocy pod tytułem: *Die Osterfeier in Warschau.*

(starcom) jest dotąd w zwyczaju w krajach katolickich; dopełnia ich monarcha albo naczelnik duchowieństwa.

W Anglii dwunastu sierotom dają po szylingu i bułce chleba w imieniu króla. W Hollandyi wielki Czwartek zowie się Witte Donderdag, biały czwartek. Ta nazwa przyjęta jest i w niektórych ziemiach Francyi, a to dlatego, że w dniu tym rozdają ubogim bułki białe. W Niemczech zowią go grüner Donnerstag.

Wielki Piątek. Niektórzy pisarze angielscy utrzymują, że nazwa dnia tego po angielsku Good Friday, wyłącznie tylko angielskiemu służy kościołowi, ale błędne jest to mniemanie. Holendrzy bowiem, chociaż kalwini, zwią go także Gvéde vrydag, dobry piątek, — i tę nazwę przenieśli dawniej do Niemiec i Danii. W niektórych angielskich miastach, a mianowicie w Londynie, jedzą w Wielki piątek pewien rodzaj drobnego pieczywa z mąki z wyciśniętem na niem wyobrażeniem krzyża, co zowią Gross bunns. Bryant podaje szczególny wywód wyrazu bunns. „Objaty, które poganie zwykli byli nieść swojim bożkom, kupowały się przy wstępie do świątyni, szczególnie różne rodzaje święconego chleba. Jeden z tych nazywał się po grecku boun, i ten podług Hesichiusa i Julijana Polluksa nacechowany był wyobrażeniem dwóch rogów". — Należy tu zważyć, że chléb ten nazywany jest od Hesichiusa bous, i chcąc z niego zrobić boun, trzeba wziąć wyraz w czwartym przypadku, co poniekąd odejmuje wagę wywodowi Bryanta.

Do stronicy 137.

27.

Wielkanoc.

Pamiętnik naukowy (Kraków, 1837, II, str. 74) mówi: „W Anglii Wielkanoc ma nazwę Easter; nazwa ta wywołała wielkie spory między uczonymi. Dr. Forster sądzi, że east (jak i niemieckie Ostern) oznacza Wschód, stronę, gdzie gwiazdy wschodu się udają, i że dlatego wybrano ten wyraz dla oznaczenia uroczystości zmartwychwstania Jezusa Chrystusa. Ale uczony Bede inny tej nazwie naznacza początek; wywodzi on ją od pogan. „Easter — nazwa wzięta od bogini czczonej przez Saksonów i innych północnych ludów, a zwanej Eostre; święto jej obchodzono w tym miesiącu, a do wyrażenia uciechy, z powodu nowéj uroczystości, użyto wyrazu, który przez kilkowiekowe użycie domową stał się własnością".

„Zwyczaj jaj wielkanocnych, tak powszechny niegdyś prawie na całym stałym lądzie, zatracił się w wielu krajach, trwa jednak jeszcze w Szkocyi i wielu okolicach północnej Europy. W Polsce nawet dotąd wraz z święconem niepospolitą odgrywa rolę".

Wielkanoc.

28.

Pismo tygodniowe *Nowy-Czas* (Cieszyn, 1884, nr. 17) podaje wiadomości, zebrane i streszczone z różnych dzieł, mianowicie niemieckich, które tu, jako pomocne do ogólnego poglądu na znaczenie Wielkiejnocy, przytaczamy:

"Zwyczaje wielkanocne. Święto Zmartwychwstania Pańskiego przypada na początek wiosny, kiedy i ludy pogańskie obchodziły nader uroczyście święto wiosny, jako pory budzącej się do życia i odradzającej się nanowo przyrody. Zatem téż poszło, że z Wielkanocą chrześciańską, czyli uroczystością Zmartwychwstania Pańskiego połączyły się u ludów, które przyjęły naukę Chrystusową, rozmaite zwyczaje, jeszcze w pogaństwie początek mające. Jajko, przy którém składamy sobie życzenia, jaja kraszone czyli tak zwane "pisanki" na Rusi, polskie "Święcone", śmigus, a oblewany poniedziałek na Rusi, niezaprzeczenie z owych pochodzą czasów.

W Niemczech samo święto chrześciańskie zatrzymało nazwę pogańską; nazwa bowien "Ostern" pochodzi od nazwy pogańskiej bogini "Ostera", na której cześć w uroczystość wiosny palono ognie. W wielu okolicach lud niemiecki roznieca ognie takie po dziś dzień w święta wielkanocne. I inne zwyczaje pogańskie, jak niegdyś wyrobiły się przy święcie wiosny, przechowały się tam i występują na jaw podczas chrześciańskich świąt wielkanocnych. I tam także kraszą na wielkanoc jaja na żółto lub czerwono, pierwotnie na pamiątkę powracającego blasku słonecznego. Jaja te, według mitologii germańskiej, znosił zając, jako zwierzę poświęcone owej bogini Osterze. (ob. *Zbiór wiad. do Antropologii*, Krak. 1884, t. VIII, str. etnol. (69) n. 14).

W niektórych okolicach środkowych Niemiec, w górach Hercyńskich, a także na Łużycach i na Szlązku przechował się zwyczaj spuszczania czyli staczania po pochyłości pagórków jaj kraszonych. Jaja te żółte lub czerwone, każde osobnym znakiem oznaczone, toczą się z pagórków i pierwsze, które stanie na dole, wygrywa. W innych okolicach puszczają z wierzchołka pagórka koła, słomą owinięte, które zapalają. Tak owo staczanie jaj jak i tych kół ognistych, działo się niegdyś na cześć powracającego wiosennego słońca. Na Rękawce, którą obchodzą we wtorek po Wielkiejnocy na Podgórzu pod Krakowem, ciskają z wierzchołka pagórka, na którego szczycie znajduje się kopiec Krakusa, gotowane jaja, wprawdzie niekraszone, bułki i t. p., * za którémi czekający u podnóża paupry krakowskie gonią, aby je zdobyć. Kto wie, czy w tym dzisiejszym, zmienionym zwyczaju, obchodzonym trzeciego dnia po Wielkiejnocy, który już nie jest świętem, nie tkwi pierwotnie ten sam zwyczaj pogański, przechowywany do dziś w Niemczech.

Dziewczęta wiejskie na Rusi dają po dziś dzień na Wielkanoc pisanki w darze parobkom, zwłaszcza drugiego dnia świąt, w tak zwany oblewany poniedziałek, aby się tym sposobem uwolnić czy to od kąpieli natryskowej, czy co gorsza od kąpieli w stawie lub sadzawce, bo i to, przynajmniej dawniej, się działo. Podobnie i dziewczęta w Niemczech kraszonemi jajami obdarzają młodzieńców, osobliwie tych, dla których żywią miłość, lubo tam owe oblewania wodą lub śmigus nie jest w zwyczaju. Mają też te niemieckie kraszanki napisy miłośnej treści, np.:

> „Ich lieb', was fein ist,
> wenn's auch nicht mein ist", —

albo: „Aus lauter Lieb' und lauter Treu'
schenk' ich dir das Osterei",

albo też: „So lang ich lebe lieb' ich dich;
wenn ich sterbe, bet' für mich".

Tak więc kraszanka niemiecka jest oznaką miłości, ale również służy ona za jej czar; zgotowana bowiem przy ogniu, wznieconym zapomocą zarzewia wziętego z ognia palonego w święta wielkanocne, zapewnia dziewczynie dającej ją młodzieńcowi, jego miłość.

Wspomnieliśmy o poniedziałku oblewanym i o śmigusie. W zwyczajach tych woda na pierwszy plan występuje. I w wielkanocnych zwyczajach niemieckich woda także ma swe znaczenie. Woda wielkanocna — „Osterwasser" — czarodziejskie wywiera skutki. Dziewczęta czerpią ją w niedzielę wielkanocną. Ale powinna to być woda płynąca, zatém czerpana z rzeki lub strumyka, i to między północą i wschodem słońca. Nadto dziewczyna, która ją niesie, niepowinna, dopóki nie stanie w domu, mówić do nikogo ani słowa; inaczej czar wody zniknie. Potrzeba do tego niemało mocy nad ruchliwym niewieścim językiem, prawdziwego zaparcia się swej natury, osobliwie, że nie braknie do mówienia pokusy; chłopcy bowiem czatują na dziewczęta i drażnią je w sposób rozmaity. Wymienione warunki, tyczące się czerpania wody i milczenia, gdy się ją niesie do domu, spotyka się prawie powszechnie u ludu niemieckiego; prócz tych, są wedle różnych okolic jeszcze inne. Tak np. w Niemczech północnych należy czerpać wodę przeciw biegowi rzeki, w południowych z biegiem wody. Tam przypisują tej wodzie własność chronienia od skwaru słonecznego i piegów, wszelako tylko wtedy, gdy ją czerpano przy wietrze wschodnim; tu utrzymują, że woda wielkanocna chroni od bólu twarzy, jeśli ją czerpano podczas porannego dzwonienia w kościele. Woda ta jest także kosmetykiem, daje piękność, gdy dziewczyna wprost ze strumienia umyje twarz, także podczas porannego dzwonienia. Prócz tego zabezpiecza ona od czarów, od różnych chorób, zwłaszcza oczu, a gdy się nią pokropi izbę, wypędza owady. Ma ona jeszcze tę własność, że przez cały rok nie psuje się, lecz pierwotną zachowuje świeżość.

Z pogańskiem świętem wiosny, jako porą odradzającego się życia przyrody, a z niem i poczynającej się pracy około roli, łączyły się także i obrzędy, mające na celu bądź uproszenie błogosławieństwa dla tejże pracy, bądź ochronienie plonów od klęsk elementarnych. W tym téż ostatnim celu zbierano popiół z o g n i, palonych na cześć wiosennego słońca, i zakopywano go po polach, aby je uchronić od gradu, albo na czterech rogach pola zapalano ognie, wzniecane zarzewiem z ogni świątecznych. Na Łużycach i dziś jeszcze , gdy w sobotę wieczorem odezwą się po rezurekcyi dzwony, zatykają na czterech rogach pola laski bzu, które zabezpieczyć mają pole od kretów.

W czasach chrześciańskich p a l m y, w niedzielę kwietnią poświęcane, służą w Niemczech w wielu okolicach do ochrony pól i zagród gospodarskich. Gałązki palm zatykają po polach dla zabezpieczenia od szkód elementarnych, tak np. w Westfalii, gdzie zwyczaj ten nazywają „den Roggen palmen" (palmować żyto).

Tak tu, jak w Bawaryi, używają w tym celu także skorup z jaj wielkanocnych, które napełniają wodą i w ziemię zakopuja. (ob. *Pokucie*, I, Rachmanski wełyk-deń).

Prócz tego z gałązek palm, zwłaszcza z prętów leszczyny, których między innemi do palm używają, robią krzyżyki i po polach zatykają. Ale z prętów tych przed poświęceniem zdejmują korę, aby uwolnić je całkiem od złych duchów; te bowiem umieją i w najciaśniejszem ukryć się miejscu, nawet między drzewem a korą.

Palma święcona ochrania domy i zabudowania gospodarskie od szkodliwych żywiołów przyrody. Dlatego téż podczas burzy i piorunów rzuca się cząstkę palmy na ogień, aby je zażegnać.

Zresztą i dzisiejsze „Święcone" sięga w zarodzie swym w czasy pogańskie. W święto wiosny czyniono różne ofiary i różne téż na tę uroczystość przyrządzano jadła. Za czasów chrześciańskich Kościół poświęca je.

W Niemczech katolickich w wielu stronach gospodynie niosą w niedzielę wielkanocną do kościoła kosze, różnem jadłem napełnione; zazwyczaj znajdują się tam gotowane jaja, na czerwono pomalowane, sól, chrzan, chleb, placki i mięsiwa. Właścicielki koszów ustawiają się przy ołtarzu bocznym, a każda stara się być jak najwcześniej w kościele, aby jak najbliższe koło ołtarza zająć miejsce, gdzie kapłan poświęca te jadła.

Dawniej pieczono w Niemczech placek wielkanocny w kształcie zająca, w czasach chrześciańskich, zwłaszcza w krajach katolickich, zastąpił go baranek wielkanocny. Takiemi barankami z cukru obdarzają się tam wzajemnie znajomi.

W krajach protestanckich widać w miastach po cukierniach wyroby cukiernicze tak jaj wielkanocnych, jakotéż pogańskiego zająca. Czasem zając ten siedzi jakby kura na jajach; w tym kształcie jest on jeszcze w całej pełni owym zającem, bogini Osterze poświęconym. Sól święconą przechowują rok cały, uważając ją za dobry środek na różne choroby bydła.

Jedna z dołączonych do *Nowego-Czasu* rycin, przedstawia obyczaj niemiecki (w Bawaryi, Tyrolu, Szwajcaryi) zbierania jaj, roz-
łożonych rzędem, o zakład. Kto w pewnym czasie jaja te bez stłu-
czenia nie pozbiera, ten płaci trunki i na jego koszt rozpoczyna
się zabawa.

Druga rycina przedstawia zwyczaj tyrolski chodzenia w nocy
z sobotę na niedzielę wielkanocną z muzyką od domu do domu
i śpiewania przy świetle pochodni pieśni wielkanocnych, poczem zazwyczaj młody chłopak zbiera dla muzykantów do kosza jaja, chléb,
wino i t. d."

Do stronicy 138.

29.

Święcone [1]).

Ł. Gołębiowski (*Lud polski*, str. 309) mówi: „W jednym ze
starych kalendarzy poznańskich znajduje się opis bez daty; zdaje
się jednak, że to musiało być za Władysława IV. Wojewoda Sa-
pieha w Dereczynie takie wyprawił święcone, na które zjechało się
co niemiara panów z Litwy i Korony. Na samym środku był baranek, wyobrażający *Agnus Dei* z chorągiewką, calutki z pistacyjami;
ten s p e c y a ł dawano tylko damom, senatorom, dygnitarzom i du-
chownym. Stało 4 przeogromnych dzików, to jest tyle, ile części
roku. Każdy dzik miał w sobie wieprzowinę, *alias:* szynki, kiełbasy,
prosiątka. Kuchmistrz najcudowniejszą pokazał sztukę w upieczeniu
tych odyńców. Stało *tandem* 12 jeleni także całkowicie pieczonych
z złocistemi rogami, cale do a d m i r o w a n i a; nadziane były roz-
majitą zwierzyną, *alias:* zającami, cietrzewiami, dropami, pardwami.
Te jelenie wyrażały 12 miesięcy. Naokoło były ciasta sążniste, tyle,
ile tygodni w roku, to jest 52, cale cudne placki, mazury, żmudz-
kie pirogi, a wszystko wysadzane b a k a l i j ą. Za niemi było 365
babek, to jest tyle ile dni w roku. Każde było a d o r n o w a n e
i n s k r y p c y a m i, f l o r e s a m i, że niejeden tylko czytał, a nie jadł.
Co zaś co do b i b e n d y: było 4 puchary (*exemplum* 4 pór roku),
napełnione winem jeszcze od (czasów) króla Stefana. *Tandem*
12 konewek sróbrnych z winem po królu Zygmuncie; te konewki
exemplum 12 miesięcy. *Tandem* 52 baryłek także sróbrnych *in gra-
tiam* 52 tygodni; było w nich wino cypryjskie, hiszpańskie i włoskie. Dalej 365 gąsiorków z winem węgierskiem, *alias* tyle gąsior-

---

[1]) *Tygodnik Literacki* (Poznań, r. 1840, nr. 15. 16) podaje opis wspaniałego święconego na Litwie u księcia Radziwiłła.

ków, ile dni w roku. A dla czeladzi dworskiej 8760 kwart miodu robionego w Berezie, to jest tyle, ile godzin w roku". *(Kuryer Warsz.*, r. 1828, nr. 88).

30.
Święcone.

Kuryer Warszawski z r. 1865 nr. 87, donosi co następuje:

„Onegdaj (w pierwsze święto Wielkiejnocy), dopełniając uroczystego zwyczaju dzielenia się święconém jajkiem, nie zapomniano także i o braciach w Chrystusie, tak s t a r c a c h jak i s i e r o t a c h, pod opieką Warszawskiego T o w a r z y s t w a D o b r o c z y n n o ś c i zostających. Około więc 10-tej godziny rano, tak szanowne opiekunki tego Towarzystwa, jak i członkowie (prezes administracyi, opiekuni sierót) i inni, zebrali się w gmachu Dobroczynności i tam, korzystając z pięknej i łagodnej pogody (16 Kwietnia), urządzili w dziedzińcu gmachu święcone przy pomocy miejscowych Sióstr Miłosierdzia, tak chętnie zawsze śpieszących z każdą chrześciańską przysługą dla biednych. Ceremonii poświęcenia przy nader trafnie zastosowanej do okoliczności przemowie, dopełnił ks. kanonik Chmielewski, poczém przystąpiono do podziału święconych darów. Z otaczających stół starców najsędziwsza wiekiem była Helena Retwińska, mająca lat 103, oraz Andrzej Szczeciński lat 92; z sierotek zaś, z 90 chłopców najstarszy lat 13, a najmłodszy lat 4".

„Wczoraj w podobnyż sposób odbyło się święcone w sali O c h r o n y na Nowym-świecie, a po pobłogosławieniu darów przez ks. Rutkowskiego, przystąpiono do rozdziału takowych wobec członków Dobroczynności pomiędzy sieroty. W ogóle w tych dniach prawie we wszystkich zakładach i dobroczynnych Instytucyach, nie zbrakło na darach bożych, którémi chętnie dzielono się z bliźnim, uświęcając niejako w ten sposób ową uroczystą pamiątkę Zmartwychwstania Pańskiego".

„Nic nowego pod słońcem, — powiedział mędrzec. Kiedy Prisnitz wynalazł swój oryginalny pomysł leczenia wodą, krzyknęli wszyscy: Dziwo! Tymczasem wczorajszy odwieczny S z m i g u s, wyprzedził o wieki Prisnitza w Grefenbergu, — a dziś wszyscy powinnibyśmy być zdrowi jak ryby i zakonserwowani jak śliwki marynowane w spirytusie, boć nam łaskawe damy nie żałowały ani wody, ani wódki kolońskiej, ani szmigusowych preparatów p. Elsnera (aptekarza). Już-to, jeżeli kiedy, to wczoraj, dostało nam się od płci pięknej za kołnierz!"

„Szmigus bardzo dawnych sięga czasów, a niewiadomy autor dwieście czterdzieści lat temu, bo w r. 1624, poświęcił opisowi tej zabawy całą wierszowaną broszurę, dając jej tytuł: *„Szmigurzt* (tak) *na wesołe Zmartwychwstanie Pańskie*". Początek tej broszury, starym obyczajem, odznacza się pokrojem ascetycznym, chociaż wierszem nieszczególnym:

Dzień to przenajświętszy, po wszem świecie sławny,
w którym Pan piekło zburzył y wziął tryumf prawny.
Dzień ten jest wszech radości Rajskich napełniony,
w którym Pan chwałę zjawił Swą na wszystkie strony.

„Otóż i po świętach! Ustały gastronomiczne wizyty (tłumniejsze), umilkł nieco brzęk kieliszków, zgrzytanie nożów i pisk widelców, a na biesiadnych stołach jak na pobojowisku!... tu stoją baby z wyszczerbionemi bokami, owdzie szynki błyszczą nagą kością, bieleją zgliszcza indyków. Znikły sążniste kiełbasy, rulady, ozory, a butelki, pozbawione wszelkich wewnętrznych przymiotów, stoją lub leżą w smutnych i rozpaczliwych pozycyjach, tylko gdzie-niegdzie jeszcze g ł ó w k a p r o s i a k a, pozbawionego swojej ponętnej figury, połyskuje białym j a j k i e m w z ę b a c h, przypominając, jak ważną grała rolę w tej niecierpliwie oczekiwanej uczcie. Słowem wszystko prawie znikło, zostały tylko wspomnienia, niestrawność i kości! *Sic transit gloria mundi*".

„A plac Ujazdowski kołysał się jak morze bałwanami różnorodnych czapek i kapeluszy. Na dnie tego oceanu małe rekiny eskamotowały chustki i tabakierki, licząc na gapiostwo ich właścicieli, lub na spirytualija czmerzące w czubach wesołego p l e b s u. M ł y n y d j a b e l s k i e obracane jakby przez dwór zacnego papy L u c y p e r a, przenosiły z sztańską szybkością z góry na dół, i odwrotnie — istny to obraz losu ludzkiego! — Bohaterowie rycerskich k a r u z e l i czasem zręcznie chwytali kółka, lub bez miłosierdzia rozbijali deski; na wysokie zaś s ł u p y, zachęcani nadzieją zdobycia 6-ciu rubli, butelki wina i nowego garnituru (ubrania), różni pięli się gimnastycy. Słowem ludek bawił się wesoło, a często oddając ukłony Pistoryuszowi (gorzałce), nie zatrważał się ani wysokością słupów, ani mydlaną drogą, prowadzącą na ich szczyty. Jedną nagrodę zdobył Aleksander Rejmanowski, mularczyk, lat 27, który wczoraj wdarł się na szczyt słupa, i Jan Owczarski także mularczyk, który o godzinie 6-tej z południa zdobył słup drugi".

Do stronicy 176.

31.

Wianki.

Powiedzieliśmy, że niezawsze kapryśne Wisły nurty sprzyjają zabawie puszczania wianków; zwłaszcza, gdy rozhukane jej fale wyszedłszy nagle o tej porze z brzegów, stają się nieprzeliczonych szkód przyczyną. Otóż, wedle brzmienia czasopism naszych, „Wianki warszawskie z powodu tegorocznego (1884) wylewu Wisły, odłożono na odpowiednią chwilę. Tylko około Solca puścił ktoś na fale wiślane wianek z następującym wierszem:

„Płyń mój wianku... Tam w nizinie
rozpaczliwie słychać echa,
więc wraz z tobą niechaj płynie
dla nieszczęsnych ta pociecha,
że choć klęska spadła sroga,
to otuchę naszą budzi,
iż nad sobą mamy Boga
a dokoła — dobrych ludzi".

Do stronicy 177.

32.

Sobótka.

J. S. Bandtke (*Pamiętnik Warszawski* z roku 1819, tom 14, str. 375) mówi:

„Góra sobótska, Mons sabothus, w środku Szlązka położona, o 5 mil od Wrocławia, o 2 od Świdnicy, tuż nad miasteczkiem Zobten, dawniej po polsku Sobótka zwanem (jak twierdzi Ditmar), była miana za górę świętą u pogan, którzy nietylko rodu byli polskiego, ale wtedy nawet i Polakami. Dziś tam już Niemcy siedzą".

„Jest powiastka, że na górze tej palili poganie swe sobótki, które po całym Szlązku dolnym w wiliją św. Jana przypadają. Jak bowiem w Krakowskim i Krzeszowskim powiecie palą chłopcy w wieczór dnia drugiego Zielonych Świątek tysiączne sobótki, — tak też w Szlązku, Saksonii i Turyngii świecą się takież ognie, świętojańskiemi zwane (das Johannisfeuer), a to czasem i przez całą noc, przed św. Janem Chrzcicielem. W Czechach dzieje się to samo, ale nie wiem którego czasu. Przeprowadzają tam nawet bydło przez sobótki w niektórych okolicach, aby mu czary nie szkodziły".

„W Warszawie po nad-Wiślu pali także pospólstwo sobótki, a mianowicie chłopcy od rzemieślników zgromadzeni i służące klas niższych, wieczorem w wiliją św. Jana Chrzciciela, przez które-to ognie przeskakują, wróżąc sobie z zręcznego lub mniej zręcznego przeskoczenia o wczesném lub późniejszém, pomyślném lub mniej pomyślném małżeństwie. W tenże sam dzień puszczają kobiety niezamężne na Wisłę wianki, z których szybkiego lub powolnego płynienia tworzą sobie prognostyki o zamężciu. Tysiące osób różnego stanu corocznie owego wieczora zgromadza się na most warszawski dla przypatrywania się tej zabawie pospólstwa, niezawodnie od czasów jeszcze pogańskich pochodzącej".

„Na Rusi są także Sobótki i palą się w jednych okolicach na Zielone Świątki, w drugich na św. Jana Chrzciciela. Na Ukrainie i na Wołyniu ognie święto-Jańskie nazywają się K u p a j ł o ś. J a n a, kąpiel św. Jana, ale że był i starożytny bożek Kupało, wiadomo z mitologii Kaisarowa, lubo podobno ten bożek nieco jest wątpliwym, jak Józef Dubrowski w *Słowiance* t. II twierdzi".

„W niektórych wsiach o mil dwie od Krakowa, np. w P r z e g i n i, palą oprócz Sobótek, na Zielone Świątki zwyczajnych, takież zrana w wielki Piątek pod krzakami przed domem. Toż samo dzieje się i koło Niepołomic za Wisłą, ale w innych okolicach nie masz tego zwyczaju". (Ognie te wszakże, inne niż sobótkowe mają znaczenie).

„Wszystkie te nocne z ogniem obrządki zasięgają aż do najstarożytniejszych bałwochwalstwa czasów, bo jak niemal większa narodów wschodnich liczba cześć oddawała ogniowi, już to temu, co do życia ludzkiego, do ugotowania potraw, do rękodzieł i t. d. służy, tak temu, który od słońca wydany, urodzaje sprawia. — Uczoną w tej mierze rozprawę napisał Jan Gotlob Worbs, pastor w Priebus (Przybuż) w księstwie Zegańskiem (Sagan): „O czczeniu ognia w Europie, dla wyłuszczenia przyczyn do świętojańskich sobótek w Szląsku i Łużycach wyższych, w Czechach i gdzieindziej palonych", pag. 19—85 w *Archiv für die Geschichte Schlesiens* i t. d. Sorau, 1798, 8-vo.

S o b ó t k a.

33.

Ł. Gołębiowski w dziele swém: *Gry i zabawy* (Warsz., 1831) str. 294, zebrał o Sobótce wiadomości, które tu przytaczamy:

„W dawnych wiekach dziewica Sobótka (?) kochała Sieciecha, gdy z wojny powrócił i ulubionej swej wiary dochował; już weselne zapalono ognie, w około nich pląsano i bawiono się, w tém znowu pokazał się tłum najezdników; rzucili się wszyscy do broni; w walce tej śmiertelny pocisk odnosi Sobótka, lecz nieprzyjaciel odparty. Na jej cześć zabawy podobnej w dzień ś. Jana została pamiątka, i obchód ten Sobótką nazwany. Takie jest podanie ludu (!!), wyrażone w dumce pod tyt.: S o b u t k i w *Pszczółce Krakowskiej* z roku 1820, tomik III, str. 3".

„W wiliją ś. Jana Chrzciciela niecą ognie radosne, skaczą przez nie dziewice, wianki puszczają na wodę, chłopcy je łapią; w sposobie: jak płyną, przybywają do brzegu, z wiankiem chłopca stykają się lub oddalają, — pomyślnych, prędkich związków, lub niestałości, albo przeszkód jakich upatrują wróżbę. Jak niegdyś w narodzie walecznym młodzież płci obojej wtargnienie najezdców odpierała, jak przedtém i dziś miłość ją połącza, tak i zabawa ta ich jednoczy. Po całym kraju zachowany ten obrządek, pogańskich zapewne sięgający czasów. Opisał go Jan Kochanowski; oto szczegóły ważniejsze z tego opisu:

Gdy słońce raka zagrzewa,
a słowik więcej nie śpiéwa,
Sobótkę jako rzecz niesie
zapalono w Czarnym-lesie.
Tak to matki nam podały,
same także z drugich miały,
że na dzień świętego Jana,
zawżdy Sobótka palana.

Niećmy ogień do świtania
nie bez pieśni, nie bez grania;
Skokiem taniec najsnadniejszy
kiedy w bęben przybijają.
Wystąp ty coś ciągnął kota,
a na chwilę puść się płota.

Dwanaście dziewek jednako ubranych
bylicą opasanych,
śpiewać nauczone,
w tańcu niezganione.
Ogień napalono na dworze
czekano rannej zorze. —

„W pałacu biskupa krakowskiego, Woronicza, odmalował obrzęd ten Stachowicz".

„Są miejsca, gdzie takowa zaoawa i w drugi dzień Zielonych Świątek powtarzaną bywa".

„Początek zabawy Sobótką zwany, chcieli upatrywać niektórzy w innych krajach i ztamtąd pochodzenie jej naznaczać; w dowód przytaczali Warrona i Owidyusza piszącego, że 20 Kwietnia skakano przez snopki siana zapalonego i zwano to święto Politia na cześć bogini Pales. Włochy mają Sobótki pod imieniem Sabatina; znane są i w Niemczech. Wszystko to atoli przekonywa raczej, że upowszechnione w całej Słowiańszczyźnie i pod imieniem Sobótek i Kupały istniejące dotąd, tego ludu wielkiego pierwiastkowym są obyczajem. Jako zabytek pogaństwa zakazywał je Serwiusz III czyli zbiór carogrodzki, zabraniał ich Józef I, syn Leopolda r. 1711".

„U Serbów (łużyckich) czczono Sobótki i z różnych ziół wianki zawieszano po chlewach i dachach".

„W dzień ś. Jana gmin u Polaków opasywać się bylicą i całą noc około ognia zwykł skakać, powiada Rey w *Postylli* pp. 5. Krakowskie Sobótki obchodzono na Krzemionkach i Zwierzyńcu (lecz nie w dzień ś. Jana), Warszawskie na brzegu wiślanym i kępie, Saską dziś zwanej; po całym kraju palono je na błoniu równém i przy lesie; wszędyś ujrzał po domach kwiaty i zioła, mówi w swej podróży do Polski Ogièr r. 1635 (w 3 tomie *Pamiętników* Niemcewicza). Przesądni i dawnym obyczajom nienawistni przeciw nim powstawali. Marcin z Urzędowa tak powiada: „U nas w wilią ś. Jana niewiasty ognie paliły, tańcowano, śpiewano, diabłu cześć i modły czyniąc; tego pogańskiego obyczaju do tych czasów w Polszcze nie chcą opuszczać, czyniąc z bylicy ofiarowanie, wieszając ją po domach i opasując się nią, czynią Sobótki, paląc ognie, krzesąc je tarciem drzewa, aby była prawie świętość diabelska, śpiewając pieśni i tańcując. Gdzie obcego rodu zagnieździły się i przemogły Lutry, tam Sobótek odprawiać nie wolno było".

„Wiersz Kaspra Twardowskiego pod tytułem: Bylica Ś.-Jańska, we Lwowie r. 1630, takie mieści opisy:

> Wszyscy na rozpust, jako wyuzdani
> idą bylicą w poły przepasani.
> Świerkowe drzewa zapalone trzeszczą,
> dudy z bąkami jak co złego wrzeszczą.
> Dziewki muzyce, po szelągu dali,
> aby skoczniej w bęben przybijali.
> Włodarz, jako wódz przed wszystkiemi chodzi,
> on sam przodkuje, on sam rej zawodzi.
> Za nim jak pszczoły, drużyna się roi,
> a na murawie beczka piwa stoi.
> Co który umié, każdy dokazuje,
> ten skacząc wierzchem, płomienie strychuje;
> ów pożar pali, drudzy huczą, skaczą,
> aż ich dzień zdybie, to się wżdy zobaczą (przecie upa-
> [miętają).

„Juszyński w *Dykcyonarzu poetów polskich*, wiersz: *Bylica ś. Jana*, w Krakowie, w drukarni Ant. Kosińskiego r. 1641 wytłoczony, twierdzi być Zygmunta Januszowskiego dziełem. Siarczyński ma na wydaniu 1630 roku że to Kaspra Twardowskiego. Czyli oba jedno pisali? czy omyłka i u kogo? sprawdzić należy". *Obraz wieku Zygmunta III*, p. Siarczyńskiego [1]).

---

[1]) W. noworoczniku *Ziewonia* (1834): „Mieszkańcy jednej lub kilku osad gromadzili się d. 24 Czerwca w jedno miejsce, nakładali wielki ogień, tańczyli około niego, śpiewali, czynili rozmaite wróżby, to skacząc przez płomień, to wianki na wodę puszczając. Zdaje się, że Sobótka, w czasach przynajmniej późniejszych, znaczyło to samo, co późniejszy obcy wyraz „wigilija. Kołontaj nazwę s o b o t y wyprowadza od wyrazów: s o b i e r o b o t a (?), t. j. że w tym dniu lud wiejski już nie panu, ale dla siebie pracował".

34.

Pieśni sobótkowe.

1.　　　　　　　　(obacz nr. 65).

Święty Janie! pytam się ciebie samego,
Cóżeś nam przyniósł nowego?
　　Przyniosłem wam rosy
　　Parobkom do kosy.
　　Przyniosłem wam piwa
　　Dziewczętom do żniwa.
Czyjże to wianeczek płynie po wodzie
　　W trawie, w zieleni
　　Z zgrają jeleni?
　　To mój wianeczek płynie
　　W trawie, w zieleni,
　　Z zgrają jeleni:
　　Płynie po wodzie,
　　Płynie po dole.
Pieśń tę śpiewają dziewczęta w wigilią ś. Jana, gdy przeď
Sobótkami puszczają wianki na wodę i z nich starodawnym zwycza-
jem wróżą, która prędzej pójdzie za mąż lub zostanie panną.

Wójcicki P. l. I, str. 197.

2.

Janie! Janie! święty Janie!
Cóżeś nam przyniósł nowego,
Cóżeś nam przyniósł pięknego?
Janie! Janie! święty Janie!

Przyniosłem ja rosy,
Dzieweczkom do krasy.
Także macierzanki
Panienkom na wianki.
Janie, Janie, święty Janie!
　　Ż. Pauli P. l. p., str. 26,

3.

　　Kasia do Jasia tużyła,
Parę wianków uwiła:
Na bystry Dunaj rzuciła.
Płyńże wianeczku do młyna!
Jaś białe rączki umywa.
Płyńże wianeczku tam nazad,
Będziesz u Kasi na objad.

　　Oj mój Jasieńku klejnocie
Chodziłam przy tobie w złocie.
Oj teraz będziesz w zieleni,
Pójdziesz za mąż w jesieni.

　　Wójcicki II, str. 316.
obacz nr. 194. — Lud, Ser. I, str.
206 (n. 17 a), str. 190 (n. 15 b).

4.

Ku Dunajowi ku głębokiemu — leluja,
Ku gaikowi ku zielonemu — leluja.
I zapalili sobótkę — leluja.
I piją piwo i piją wódkę — leluja.
Chodzi, brodzi nadobna Kasieńka:
Chodzi za nią grzeczny parobeczek.

Oj! poczekaj, poczekaj Kasieńko,
Oj mam gadeczkę, zgadnę ci ja — leluja.
Cółbym ja była za krasna panna,
Żebym gadeczki zgadnąć nie miała?
A cóż rośnie bez korzenia — leluja?
Kamień rośnie bez korzenia.
A cóż kwitnie bez kwiateczka — leluja?
Oj paproć kwitnie bez kwiateczka.
Cóż gore bez płomienia?
Cnota gore bez płomienia.

Wójcicki, I, str. 203. — *Pokucie*, II, str. 24.

5.

Ku Dunajowi ku głębokiemu
Oj ku lasowi ku zielonemu
Oj palą palą sobótkę,
I piją piwo i wódkę.

Kto na sobótce nie będzie,
Główka go boleć wciąż będzie.

Ż. Pauli, P. l. p. str. 25.

6.

Dziewcze piękne na urodzie
twarz jak dwie jagodzie.
Stojała nad brzegiem rzeczki
i rzucała dwa wianeczki.
Oj płyną, płyną!
oj toną toną!
Marysia się smuci —
Bo już Jasio jej kochany
do swej dziewczyny,
do swej jedynej
pewnie nie wróci.

I rzuciła trzeci wianek;
oj czy po kolędzie (t. j. w zapusty)
jej Jasieczko ukochany,
tam jak kościół malowany
brać z nią ślub będzie?
Wianek pływał, wianek pływał,
Jasio się zadumał:
Ty Jasieńku, ty mój pierwszy! —
Już nie pójdę do inszej.

Pojedziewa do kościoła,
moja Maryś niewesoła —
tam nam będą grać
i ślub nam dawać. Wójcicki, I, str. 198. (Weselna).

7.

Niechaj ruta w ogniu trzeszcze,
Czarownica z złości wrzeszczy.
Niech bylicy gałęź pęka,
Czarownica próżno stęka.

Myśma tu przyszły zdaleka
Popalili zioła święte;
Nie zabiorą już nam mléka
Czarowniče przeklęte.

Spokojnie nam ogień świeci
I ziołeczko każde tleje,
Oj nie pomrą nasze dzieci,
Oj nie będzie swaru doma. Wójcicki, I, 253.

8.

(Przeróbka z Sobótki J. Kochanowskiego?).

Juże wieczór teraz krótki,
Hej! zapalmy sobótki.

Dalej dziewki wybrane
Bylem (bylicą) w poły przepasane,

Tańcujcie na dworze
Aż do rannej zorze,
Aże do świtania,
Ale nie bez grania.
Dalej dudarzu teraz brzmij,
Niechaj nasze pole grzmi.
A ty włodarzu pilnuj dudarza,
Boć to powinność pana włodarza.
A na murawie stoi beczka piwa
Skaczże Kasiu skaczże, pókiś jeszcze
[żywa,

A wy chłopcy pożar palcie
I z dziewkami sobie skaczcie:
Kładźcie sirkowe,
Drzewa cisowe —
Niechaj w bęben przybijają
A wesoło wywijają —
Boć wieczór krótki
palmy sobótki.

Wójcicki, I, str. 200.

(z Mazowsza).

9.

Przyszedł już przyszedł
Świętego Jana wieczór,
  Woj Jana, Jana! woj Jana!
Nałożem my ognia
Na trzy strony słońca.
  Woj Jana Jana! woj Jana!

Jeden my nakładziem
Na wychód słońca,
Drugi my nakładziem
Na zapad słońca —
  Woj Jana Jana, woj Jana!

Czarna była choina
Wynieśże mnie na podwórzec
  Woj Jana Jana, woj Jana!
Wyniesiem, wyniesiem
Da Pan Bóg na jesień —
  Woj Jana Jana, woj Jana.

Wójcicki, I, str. 276 (Pieśń Słowaków nad Granem w Węgrzech).

Do stronicy 198.
35.
Ś. Mikołaj.

A. Wejnert w *Starożytnościach Warszawskich* (t. III, str. 31, 53) mówiąc o zapisach posagowych dla ubogich panien, cytuje między innemi zapis księdza Koszewskiego z r. 1540 i ks. Andrzeja Młodziejowskiego, bisk. pozn. i warsz. z r. 1780. Co do tej ostatniej fundacyi, powiedziano tam, że: sposób oddawania tych posagów był następujący: żeby ta fundacya pobożna, oprócz istotnego dobrodziejstwa dla ubogich a cnotliwych panienek, służyła jeszcze za przykład, raczy JK. biskup poznański i warszawski, jako opiekun wszystkich pobożnych fundacyj, w swojej dyecezyi d. 6 Grudnia w dzień św. Mikołaja biskupa (który zostawił wielorakie przykłady ratowania ubogich panienek i opatrywania im posagów, żeby łatwiéj znalazły postanowienie i zwrócone były od niebezpieczeństw życia niewstrzemięźliwego), — albo d. 8 Grudnia w święto Niepokalanego Poczęcia N. Maryi Panny w kollegiacie warszawskiej sam przez się, albo przez kogo innego, na godności biskupiej postanowionego, odprawić mszę świętą solenną, na której ubogie panienki, mające odbierać posagi, po spowiedzi zrana odprawionej obecne, przyprowadzone od sióstr miłosiernych, powinny z rąk celebrującego komunią świętą przyjąć, a po skończonej mszy, rzeczony JW. JK. biskup celebrujący, te posagi rozdawać mający, albo przez się sam mieć będzie homilię, albo mieć ją zaleci kaznodzieji, dla przełożenia ważnych celów takowego miłosierdzia, jakie się przez tę fundacyą czyni, w szczególności dla nauki sierót i innych przytomnych.

Po homilii albo nauce czyli kazaniu, jeden z administratorów tej fundacyi czytać będzie z rogestru imiona i przezwiska panien, dla których wyciągnięte (losem) są posagi, począwszy od 12 panien szlacheckich, a potem 12 miejskich, nakoniec czytane mają być panny stanu włościańskiego (także w liczbie 12), każda zaś panna, jak tylko imię i przezwisko jej przeczytane będzie, zbliży się do ołtarza i uklęknie, a JW. biskup albo jej samej, albo przytomnym rodzicom lub opiekunom (jak się to jaśniej niżej opisze) posag dla niej wyciągnięty, zapieczętowany i podpisany odda; albo też kartkę podpisaną przez wszystkich trzech administratorów, z oświadczeniem: jako panna N. kondycyi N. ma posagu N., który w skarbcu kollegiaty warszawskiej dla niej jest złożony. JW. biskup rozdawszy tym sposobem posagi, w kilku słowach powie jeszcze pannom mającym posagi, aby Bogu za odebrane dobrodziejstwa dziękowały, za fundatora Andrzeja biskupa modliły się, a odebrawszy postanowienie, żeby się starały być cnotliwemi żonami.

Po tej ceremonii panny, które odebrały posagi, pójdą za administratorami tej fundacyi do zakrystyi albo osobnej kaplicy, i tam każda w protokóle podpisze się, jako posag swój odebrała, albo jeżeliby go rodzice lub inni zaręczyciele odebrali, tedy ci się podpiszą, a za panny, nieumiejące pisać, świadkowie od nich przystawieni, powinni się podpisać.

Fundacya ta, której dobroczynne zamiary spełniano przez lat kilka, upadła następnie skutkiem burz politycznych, jakie na kraj spadły, jak i niedbalstwa jej szafarzy, jak o tém szeroko Wejnert się rozwodzi.

Omyłki i sprostowania.

Omyłki w nutach.

SPIS RZECZY.

Lightning Source UK Ltd.
Milton Keynes UK
UKHW021846210521
384163UK00002B/216